高等学校高速铁路系列教材

本书获国家自然科学基金项目（51668037 铁路隧道 TBM 施工组织

高速铁路
桥梁工程

主　编　◎ 丁南宏　廖伟华
主　审　◎ 刘世忠

西南交通大学出版社
·成　都·

图书在版编目（CIP）数据

高速铁路桥梁工程 / 丁南宏，廖伟华主编. —成都：西南交通大学出版社，2022.3
高等学校高速铁路系列教材
ISBN 978-7-5643-7740-3

Ⅰ. ①高… Ⅱ. ①丁… ②廖… Ⅲ. ①高速铁路–桥梁工程–高等学校–教材 Ⅳ. ①U448.13

中国版本图书馆 CIP 数据核字（2020）第 196162 号

高等学校高速铁路系列教材
Gaosu Tielu Qiaoliang Gongcheng
高速铁路桥梁工程

主　编/丁南宏　廖伟华　　　　责任编辑/王同晓
　　　　　　　　　　　　　　　封面设计/何东琳设计工作室

西南交通大学出版社出版发行
（四川省成都市金牛区二环路北一段 111 号西南交通大学创新大厦 21 楼　610031）
发行部电话：028-87600564　028-87600533
网址：http://www.xnjdcbs.com
印刷：四川森林印务有限责任公司

成品尺寸　185 mm×260 mm
印张　16　　字数　395 千
版次　2022 年 3 月第 1 版　　印次　2022 年 3 月第 1 次

书号　ISBN 978-7-5643-7740-3
定价　59.00 元

课件咨询电话：028-81435775
图书如有印装质量问题　本社负责退换
版权所有　盗版必究　举报电话：028-87600562

高等学校高速铁路系列教材

【编审委员会】>>>>

主　　任	杨子江　李引珍
副 主 任	刘振奎
委　　员	张友鹏　钱勇生　丁旺才　牛惠民
	石广田　陈小强　闫光辉　虞庐松
	李海军　王海涌　马元琳

【兰州交通大学高等学校高速铁路系列教材目录及主编人】

序号	教材名称	主编人
1	高速铁路客站工程	蔺鹏臻
2	高速铁路线路工程	李斌
3	高速铁路桥梁工程	丁南宏
4	高速铁路隧道工程	梁庆国
5	高速铁路施工组织与计价	顾伟红
6	动车组运用与管理	朱喜锋
7	动车组牵引传动与控制	车军
8	动车组车辆设计技术	商跃进
9	动车组制造与修理工艺	冉虎珍
10	机车车辆概论	金花
11	动车组工程	石广田
12	高速铁路车站计算机联锁系统	谭丽
13	高速铁路分散自律调度集中（FZ-CTC）	张雁鹏
14	铁路专用通信	樊子锐
15	高速铁路无线通信系统与应用	谢健骊
16	LTE-R铁路移动通信技术	周冬梅
17	高速铁路信息安全技术	李强
18	高速铁路调度指挥	刘斌
19	高速铁路列车运行图	田志强
20	高速铁路站场设计	张春民
21	高速铁路车站工作组织	杨信丰
22	高速铁路客运管理	张玉召

【序　言】 >>>>

高速铁路是中国名片和国之重器。中国国家铁路集团有限公司2020年8月出台《新时代交通强国铁路先行规划纲要》，明确提出要加快构建现代高效的高速铁路网，深化高铁关键核心技术自主创新，造就高水平科研人才和建设高技能产业大军，至2035年率先建成现代化铁路强国。把握高速铁路技术发展新特征，面向高校专业人才培养和铁路企业职工培训新需求，编写一套先进适用的高速铁路特色教材，显得重要而迫切。

兰州交通大学为中国国家铁路集团有限公司与甘肃省人民政府共建高校，素有"铁路工程师摇篮"之称。新时期学校致力于培养铁路高素质工程技术人才，高度重视教材编写工作，专门设立"兰州交通大学高速铁路特色系列教材"项目，成立编审委员会，组织协调学校轨道交通相关专业骨干教师和中国铁路兰州局集团有限公司工程技术人员，广泛收集技术资料，深入铁路设计、施工、制造、运输企业调研，依照高速铁路技术标准，历时4年，反复讨论与修改，终在高速铁路建设新征程开启之际，完成22部高等学校高速铁路系列教材的编写任务并出版。

本套教材具有系列化和专适性特点，涵盖高速铁路线桥隧工程、动车组、通信信号、站场设计、运输组织等专业领域，注重介绍高速铁路新理论、新技术、新装备、新材料和新工艺，理论联系实际，资料翔实，图表丰富，可作为高校轨道交通专业的教学教材，亦可作为轨道交通行业企业技术管理人员的培训教材。

本套教材是校企深度合作的成果，谨向大力支持教材编写工作的中国铁路兰州局集团有限公司致谢！

兰州交通大学高等学校高速铁路系列教材编审委员会
2020年9月

【前　言】 >>>>

2004年1月，国务院发布《中长期铁路网规划》，并于2008年进行调整，确定了"到2020年建设客运专线16 000 km以上"的发展目标。从此，中国铁路拉开了以"四纵四横"、客运专线和城际快速客运系统为重点的大规模高速铁路建设序幕。2014年，中国高速铁路营业里程超过1.6万公里，稳居世界第一。截至2020年底，全国铁路营业里程14.63万公里，其中高铁3.79万公里。预计到2021年底，全国铁路营业里程达到15万公里左右，其中高铁3.96万公里左右。现已成为世界上高速铁路发展最快、运营里程最长、运营速度最高、在建规模最大、系统技术最全、集成能力最强的国家。

2016年，兰州铁路局与兰州交通大学联手组织局内铁路技术专家、工程技术人员及校内教师，在全面系统总结我国高速铁路试验研究及建设实践经验的基础上，广泛吸收国外先进技术，精心编著而成"高速铁路"丛书。

本教材共分七章。第一章绪论介绍了高速铁路桥梁的发展、高速铁路桥梁的组成分类及结构体系。第二章和第三章是高速铁路桥梁总论部分，第二章全面介绍了高速铁路桥梁设计技术标准，第三章介绍了高速铁路桥面构造。第四章至第五章比较详细地介绍了高速铁路桥梁常用结构体系的构造及施工，第四章介绍了混凝土简支梁桥，第五章介绍了预应力混凝土连续梁

（刚构）桥，第六章介绍了高速铁路桥梁支座墩台与基础，第七章介绍了钢桁架桥。

　　本书第一章由丁南宏编写，第二章由廖伟华编写，第三章 3.1~3.3 由丁南宏编写、3.4~3.7 由廖伟华编写，第四章 4.1~4.3 由林丽霞编写、4.4~4.5 由朱金涌编写，第五章 5.1~5.4 由林丽霞编写、5.5 由朱金涌编写，第六章由孙迎秋编写，第七章由冀伟编写。丁南宏、廖伟华担任全书主编。全书由刘世忠教授主审，他为本书提出了许多宝贵的修改意见，在此表示衷心的感谢！

　　本书编撰过程中，引用了大量的参考文献资料，特向原作者个人和单位表示感谢。由于编者水平所限，书中难免存在疏漏和不足之处，恳请读者批评指正，以便不断完善。

丁南宏
2021 年 3 月

【目录】>>>>

1	绪 论	001
	1.1 高速铁路的定义	001
	1.2 高速铁路桥梁的发展	002
	1.3 高速铁路桥梁的组成分类及结构体系	014
2	高速铁路桥梁设计技术标准	022
	2.1 高速铁路桥梁设计的一般规定	022
	2.2 高速铁路桥梁建筑限界、孔径和净空	022
	2.3 高速铁路桥梁设计荷载	024
	2.4 刚 度	033
	2.5 高速铁路桥梁基础的沉降	037
	2.6 结构计算与构造规定	038
	2.7 高速铁路桥面布置及附属设施	039
	2.8 接口设计	040
3	高速铁路桥面构造	042
	3.1 桥面布置及桥面构造	042
	3.2 电缆槽、人行道、挡砟墙（防护墙）及接触网支柱	044
	3.3 声屏障	052
	3.4 桥面防排水系统	056
	3.5 高速铁路桥梁伸缩缝	062
	3.6 高速铁路桥梁救援疏散设施	066
	3.7 高速铁路桥梁综合接地	069
4	高速铁路混凝土简支梁桥	072
	4.1 高速铁路常用跨度桥梁上部结构形式	072
	4.2 预应力混凝土简支梁基本类型	076
	4.3 预应力混凝土简支梁设计要点	080

4.4　高速铁路简支梁通用图 ································· 085
4.5　高速铁路简支梁桥施工 ································· 090

5　高速铁路预应力混凝土连续梁（刚构）桥 ··············· 111
5.1　高速铁路常用跨度混凝土连续梁基本类型 ············· 111
5.2　混凝土连续梁设计要点 ································· 113
5.3　混凝土连续梁通用图 ··································· 118
5.4　钢筋混凝土刚构连续梁 ································· 121
5.5　高速铁路连续梁（刚构）桥施工 ······················· 139

6　高速铁路桥梁支座、墩台与基础 ·························· 162
6.1　高速铁路桥梁支座 ····································· 162
6.2　桥　墩 ··· 180
6.3　桥　台 ··· 195
6.4　基　础 ··· 205

7　高速铁路钢桁架桥 ··· 218
7.1　概　述 ··· 218
7.2　桁梁桥构造 ·· 222
7.3　工程实例 ··· 235

参考文献 ··· 242

参考标准及图集 ··· 243

Part 1 绪 论

1.1 高速铁路的定义

早先国际铁路联盟 UIC（英文全称是 International Union of Railways，UIC 是法文全称的缩写）对高速铁路的定义是：允许速度至少达到 250 km/h 的专线或允许速度达到 200 km/h 的既有线。后来国际铁路联盟 UIC 高速部，在《速度 320～350 km/h 的新线设计科技发展动态(第一部分)》(2001 年 10 月 25 日版本)的资料中提到:新建高速铁路的速度目标值是 320～350 km/h。

1964 年 10 月 1 日，日本东海道新干线开通，是世界上第一条实现运营速度高于 200 km/h 的高速铁路。从此以后，法国、德国、意大利、西班牙、瑞士、韩国及中国等也相继发展了高速铁路，目前最高运营速度 350 km/h。国际上比较通行的说法是把新建铁路旅客列车运行速度达到或超过 250 km/h 的客运专线铁路，或列车运行速度达到 250 km/h 的客货共线运行铁路和既有线通过改造使基础设施适应速度 200 km/h 的铁路称为高速铁路。

根据使用功能和时代背景的不同，我国高速铁路分为客运专线、城际铁路、客货共线铁路和提速铁路，但至今对于准确的高速铁路定义仍然没有一个统一的、明确的说法。

（1）客运专线。

顾名思义客运专线就是以客运为主的快速铁路，且主要是长途的大城市之间的高速铁路。客运专线运量大、效能高，社会经济效益显著，列车密度可达每小时 20 对，列车定员可达 3200～3600 人/对，理论上每小时最大输运能力可达 6.4 万～7.2 万人，能够实现大量、快速和高密度的运输，如北京—石家庄—武汉—广州、哈尔滨—大连，大都是以客车运行速度 350 km/h 为设计速度目标。

（2）城际铁路。

城际铁路主要是短途且沿线都是人口密集的城市的客运专线，如珠江三角洲中的广州—东莞—深圳、环渤海的北京—天津，是以客车运行速度 250～350 km/h 为设计速度目标。

（3）客货共线铁路。

对于开发地区和扩展完善路网为目的建设的高速铁路，高速运行客车的同时还要兼顾货物列车的运行，尚采用中国普通铁路客货混运标准进行检算设计，如石家庄—太原、宁波—台州—温州、温州—福州、福州—厦门、厦门—深圳、合肥—南京等，以客车运行速度近期 200 km/h、预留 250 km/h 为设计速度目标。

（4）提速铁路。

2007年4月18日，我国铁路成功实施第六次大面积提速。铁路第六次大面积提速后，速度200 km/h及以上线路延展里程一次性达到6003 km，其中速度250 km/h的线路延展里程达到846 km。《铁路主要技术政策》（铁科技〔2004〕78号）第九条对旅客列车行车速度有"客运专线200~350 km/h；客货运共线主要干线≤200 km/h，一般干线≤160 km/h，其他线路≤120 km/h；既有线提速改造经技术经济分析论证，应努力达到运行速度200 km/h"的要求。

综上可知，以往我国旅客列车运行速度达到或超过200 km/h的新建铁路和既有铁路可称为高速铁路。然而，根据我国目前高速铁路发展的现状，并遵循国际通行的惯例，把旅客列车速度250 km/h及以上的新建客运专线、城际铁路、客货共线铁路以及既有线提速速度200 km/h及以上铁路称为高速铁路更为确切。

1.2 高速铁路桥梁的发展

1.2.1 国外高速铁路桥梁的发展

1. 日本

世界上首条投入商业运作的高速铁路是日本的东海道新干线，于1964年正式营运。东海道新干线列车由川崎重工建造，行驶在东京—名古屋—京都—大阪的东海道新干线，营运速度超过200 km/h。随着新干线建设不断延伸，日本相继又完成了山阳、东北、上越、北陆、山形、秋田等新干线，形成了2 175 km的新干线网。

东海道新干线除高架桥外，近50%的桥梁为钢桥和结合梁桥，之后的几条新干线上钢桥数量越来越少。出于养护维修方面的考虑，山阳新干线冈山以西开始大量采用板式整体无砟轨道，高架桥和混凝土桥的比例也越来越大，东北新干线混凝土桥占线路总长度的70%。

（1）钢桥和结合梁桥。

东海道新干线钢桥大多为有砟轨道结构的钢板梁桥，大量使用钢板桥面系。上承式桥梁最大跨度为54 m，下承式桥梁最大跨度为45 m，结合梁最大跨度为47.5 m，钢桁梁最大跨度为79 m。

山阳新干线大量采用结合梁桥，双线单箱结合梁最大跨度为64 m，同时开始使用SRC（Steel Reinforced Concrete，劲性骨架混凝土或型钢混凝土）结构高架桥和SRC结构高架车站。东北新干线在居民区和商业区尽可能不用钢桥，全线钢桥（包括结合梁）总延长仅为3 km，占全线桥梁延长4%。上越新干线除长冈站采用SRC结构高架桥外，均为混凝土桥梁。

（2）混凝土桥。

新干线混凝土桥梁主要有RC（Reinforced Concrete）梁、PC（Prestressed Concrete）梁及RC刚架桥等，混凝土桥占桥梁总长75%。新干线PC简支箱形梁最大跨度67 m，PC槽形梁最大跨度为61.4 m。简支工字形梁最大跨度为49 m，PC连续梁最大跨度为110 m，混凝土斜拉桥最大跨度为135 m。

（3）高架桥。

出于经济方面考虑，在土质较好的区间，路堤填土高度超过6 m或在软土地段为了防止基础下沉带来养护维修困难和行车安全隐患时，新干线一般采用高架桥形式通过，高架桥的平均高度一般为 7~11 m。新干线高架桥多采用 RC 刚架式和 PC 箱形梁式高架桥，在地形平坦地段一般都采用 RC 刚架式高架桥，约占新干线高架桥总长的 80%；地形不平坦区段多采用 PC 箱形梁式高架桥，约占新干线高架桥总长的 20%。高架桥的基础形式多为桩基或带基础梁的框架基础，北陆新干线还采用了一柱一桩的基础形式。

2. 法国

法国在高速铁路方面具有独特的地位。第一条法国高速列车（法文 Trainà Grande Vitesse，TGV）是 1981 年开通的巴黎—里昂线。1972 年的试验运行中，TGV 创造了当时 318 km 的高速轮轨时速。从此 TGV 一度牢牢占据高速轮轨的速度桂冠，2007 年 4 月 3 日 13 时，"V150" 列车从刚刚竣工的巴黎—斯特拉斯堡东线铁路 264 km 处启动，行驶 73 km 后，列车速度达到 574.8 km/h，相当于短程货运螺旋桨飞机的速度。目前，法国高速铁路的运营速度可以达到 300 km/h，TGV 东线的运营时速已经达到 320 km，即将投入运营的 TGV 北线也将实现 320 km 的运营时速。法国 TGV 的最大优势在于传统轮轨领域的技术领先。

法国从 1981 年开始至 2001 年的 20 年间总共修建约 1 520 km 高速铁路（$v>200$ km/h），先后建成 TGV 东南线、大西洋线、北方线、地中海线和东部线。

在东南线和大西洋线上所选用的桥梁结构平均跨度为 40 m，均采用双线箱形等高度预应力混凝土连续梁，梁体现场现浇，用顶推法施工，结构工程严格遵守线路标准。北方线由于需要跨越高速公路、较大河流，并且土质较差，其桥梁总长度是大西洋线的 2 倍，但施工工期却相对缩短，所以在北方线上建造了跨度 50 m 左右的结合梁和一孔跨度 93.30 m 的下承式钢桁结合梁。从北方线开始，在巴黎地区联络线、东南延伸线上，预应力混凝土材料和钢材的使用量约各占 50%。

随着法国对 TGV 在桥梁上运行要求的逐步提高，不但要求桥梁结构不得有任何缺陷，具有足够的疲劳耐久性和便于对桥梁结构进行检查，减少和简化维修，降低噪声水平等，而且要求改善桥梁结构的动态性能。确保列车按 300 km/h 运行时的行车安全性和乘坐舒适度。

（1）小跨度桥梁。

铁路跨越普通公路普遍采用刚构混合体系桥梁，其跨度在 25 m 以下，桥长在 100 m 以内，混凝土板梁高为 0.8~1.0 m，椭圆形桥墩，墩台顶中央设有横向限位装置，桥台多采用柱形肋式变截面埋台，施工均采用就地膺架法施工。

（2）中等跨度桥。

① 预应力混凝土连续梁。预应力混凝土连续梁跨度一般在 40~80 m，梁高为 3.5~5 m，采用导梁顶推法施工。

② 钢-混凝土结合梁。钢-混凝土结合梁被普遍采用，约占桥梁总量的 70%，钢梁形式上多采用上承式板梁。跨中梁部腹板厚约 25 mm，支座处下缘厚 80~100 mm。支座处腹板设加劲肋板，腹板间横联采用钢板；下平联为米形杆件，螺栓连接的节点板多与横联杆连为一体。钢梁上缘顶部焊接栓钉。桥面板采用 43 cm 厚的钢筋混凝土板。钢梁由工厂分段预制，现场焊接组装顶推就位，现浇混凝土桥面（多采用商品混凝土）。钢梁阶段现场吊装焊接后，采用悬吊滑动脚手架绑扎桥面混凝土钢筋骨架。

（3）大跨度桥梁。

在跨河流和高等级公路时采用大跨度桥梁。在满足结构强度、构造要求的前提下，结构形式不拘一格，梁、墩、台的造型、色彩、装饰都注意与周围环境的协调。

（4）桥墩结构。

① 一般桥墩为椭圆形、圆形、矩形等。墩顶不设墩帽时，墩顶中央设有与桥墩一体的横向限位装置；设墩帽时，必须是装饰性外形。

② 当桥梁与河流或公路斜交时，采用斜向墩身、正向墩帽，以简化梁部结构，改善结构受力状态。

③ 根据梁部结构形式及跨越公路的需要，也采用交错独立圆柱混凝土双支座桥墩。

④ 混凝土桥墩根据情况，有空心和实体两种墩形。

3. 德国

德国的 ICE（Inter City Express）是目前西方国家高速铁路中起步较晚的项目。ICE 的研究开始于 1979 年，其内部制造原理和制式与法国 TGV 有很大相似之处，目前的最高时速是 1988 年创下的 409 km。

目前已投入运营的五条高速铁路为汉诺威—维尔茨堡，线路长 327 km；曼海姆—斯图加特，线路长 107 km；汉诺威—柏林，线路长 264 km；科隆—法兰克福，线路长 204 km+15 km（机场）；纽伦堡—英戈尔斯塔特—慕尼黑，线路长 89 km+82 km。其中，设计允许速度最高的是科隆—法兰克福（莱因/美茵）线，最高允许速度可达 330 km/h。

德国高速铁路桥梁的标准跨度是 25 m、44 m 和 58 m。25 m 跨度主要用于高架桥，44 m 和 58 m 跨度主要用于山谷桥。桥梁结构通常采用预应力混凝土简支箱梁，一般采用就地灌筑、移动支架或简支梁连续顶推等方法现场制梁。

大跨度桥梁则采用连续梁、V 形刚构（135 m）和拱桥（162 m），钢桥采用钢桁梁或钢箱梁混凝土桥面的结合梁。在采用连续梁时，通常将固定支座设在桥台上，并将箱梁底板和桥台连成整体，以便将桥上纵向水平力直接传递到桥台，在活动端桥台上设置钢轨伸缩调节器，以释放钢轨附加应力。

德国特别重视高速铁路桥梁的构造细节处理和耐久性，要求能使检修人员达到桥梁桥墩、桥台和支座的任何部位，以便进行检修。在箱形梁的内部要能走行检查小车，以便检查梁体内部。对桥面的人行通道、电缆沟槽及排水沟处理均做了详细的规定。

科隆—法兰克福高速铁路从北向南穿越三座中等大小的山脉，线路最大坡度为 4‰，速度 300 km/h 的无砟轨道，最小曲线半径为 3 425 m。该线除了为数众多的小型桥梁外，还架设了 18 座大型谷架桥。最长桥梁是 992 m 的哈勒巴赫塔耳谷架桥，最大跨度是美因河桥的中跨 130 m。在 18 座谷架桥中，桥梁的跨度和结构高度分别与当地的环境协调一致，跨度一般在 29~65 m，梁高在 3~3.5 m，横截面为箱形。兰河谷架桥跨度为 116 m，在历史古城堡附近，为拱桥形式。

其他欧洲国家，如西班牙、英国、荷兰、比利时、意大利、俄罗斯，及美国、韩国、中国台湾，从 20 世纪 90 年代后陆续建成自己的高速铁路。

国外高速铁路中，跨度超过 100 m 的桥梁不是很多，见表 1-1。

表 1-1　国外高速铁路部分大跨度桥梁汇总

序号	结构形式	主桥跨度/m	线路名	桥名	建成年份
1	预应力混凝土连续梁桥	130	德国法兰克福—科隆	美因河桥（无砟）	2002
2		5×105	日本东北新干线	第二阿武畏川桥	1975
3		110	日本上越新干线	太田川桥	1978
4		105	法国地中海线	罗格莫尔桥	2001
5		10×100		阿维尼翁桥	2001
6		100		旺它勃朗桥	2001
7	预应力混凝土V形刚构桥	135	德国汉诺威—维尔茨堡	美因河桥	1984
8	预应力混凝土T形刚构桥	2×109.5	日本上越新干线	武妻川桥	1978
9	预应力混凝土斜拉桥	2×133.9	日本北陆新干线	第二千曲川桥（无砟）	1995
10		2×105		屋代南桥（无砟）	1996
11	预应力混凝土刚梁柔性拱桥	126	日本上越新干线	赤谷川桥	1978
12	上承式混凝土拱桥	162	德国汉诺威—维尔茨堡	美因河桥	1987
13		4×127.5		瓦尔泽巴赫桥	1988
14		116	德国法兰克福—科隆	拉恩特尔桥（无砟）	2002
15	钢系杆结合梁拱桥（混凝土桥面）	124	法国地中海线	阿维尼翁桥	2001
16		121.4		莫纳斯桥	2001
17		2×115.4		阿德玛桥	2001
18	下承式连续钢桁梁桥	3×103	日本北陆新干线	第三千曲川桥	1996

1.2.2　中国高速铁路桥梁的发展

1. 中国高速铁路发展历程

我国一直密切跟踪世界高速铁路技术的发展，并开展了大量的研究工作。到 2021 年底，全国已基本实现了内外互联互通、区际多路畅通、省会高铁连通、地市快速通达。如今，中国高铁终于实现由"追赶者"到"引领者"的角色转换，成为了中华民族伟大复兴的"加速器"，中国新的"外交名片"和"形象代表"。

扩展：京沪高铁主要工作

为满足快速增长的旅客运输需求，建立省会城市及大中城市间的快速客运通道，"十一五"铁路网规划"四纵四横"等客运专线以及经济发达和人口稠密地区城际客运系统。建设客运专线 1.6 万千米以上。

《中长期铁路网规划》（2016 年版）提出：到 2025 年，铁路网规模达到 17.5 万千米左右，其中高速铁路 3.8 万千米左右。展望到 2030 年，在"四纵四横"高速铁路的基础上，增加客流支撑、标准适宜、发展需要的高速铁路，部分利用时速 200 km 铁路，形成以"八纵八横"主通道为骨架、区域连接线衔接、城际铁路补充的高速铁路网，如图 1-1 所示。

审图号：GS（2020）5635号

图 1-1 中国高速铁路网中长期（2030 年）规划示意图

2. 中国高速铁路桥梁情况

根据国内外的科研成果和经验，我国相继制定了速度 200～250 km/h 及 300～350 km/h 的新建铁路桥涵设计、施工和质量验收的相关规定。在秦沈客运专线中，首次采用了预制双线整孔箱梁、无砟轨道箱梁、四片式 T 梁、连续结合梁及刚构连续梁等一批新结构。

从表 1-2 可以看出，在我国已建成和相继开工的客运专线、城际铁路中，桥梁所占比例较大，且大量采用高架桥梁，占线路总长的 54%以上。京津城际铁路桥梁比重达到 87.8%，桥梁比重最高的广珠城际铁路达到 90%以上，全长 1318 km 的京沪高速铁路桥梁总长达 1 060 km，桥梁比重为 80%，其中昆山特大桥 164.8 km 为我国客运专线中桥梁长度之最。除大量采用简支箱梁预制架设外，跨越山谷、河流、铁路、道路等采用大跨度连续梁等特殊结构。高速铁路桥梁一般选用简支梁、连续梁、连续刚构、拱及组合梁等刚度大的桥型，并尽量采用双线整孔箱形截面，跨度一般不超过 100 m。大跨度桥梁由于对外界影响因素敏感性强，且结构庞大，不易更换，对其物理力学性能及结构的可靠性要求比小跨度桥梁要高。

表 1-2　我国客运专线、城际铁路桥梁工程概况表

线路名称	设计速度/km/h	全长/km	桥梁/km	桥梁比例/%	开工日期	建成日期	备注
昌九城际	200	91.6	32	34.9	2007年6月	2010年6月	城际铁路
广珠城际	200	142.3	134.1	94.2	2005年12月	2010年12月	城际铁路
合宁铁路	250	166	32	19.3	2005年6月	2008年4月	属沪汉蓉客专
胶济四线	250	169.9	30.9	18.2	2007年1月	2008年12月	新建长度
合武铁路	250	359.4	118.8	33.1	2005年8月	2009年4月	属沪汉蓉客专
石太客专	250	189.9	39.2	20.6	2005年6月	2009年4月	属青太客专
甬台温铁路	250	282.4	91.4	32.4	2004年12月	2009年9月	属杭福深客专
温福铁路	250	298.4	77.1	25.8	2005年10月	2009年9月	属杭福深客专
福厦铁路	250	274.9	84.8	30.8	2005年9月	2009年12月	属杭福深客专
海南东环	250	308.1	103	33.4	2007年9月	2010年12月	城际铁路
长吉城际	250	96.3	30.3	31.5	2007年5月	2010年12月	城际铁路
厦深铁路	250	502.4	204.2	40.6	2007年11月	2011年1月	属杭福深客专
大西客专	250	678.4	485.6	71.6	2010年3月	2013年12月	大同西安客专
京津城际	350	115.2	100.2	87.8	2005年7月	2008年8月	属环渤海
武广客专	350	1068	468	43.8	2005年6月	2009年12月	属京港客专
郑西客专	350	485	312	64.3	2005年9月	2010年2月	属徐兰客专
沪宁城际	350	300	150	50	2008年8月	2010年7月	城际铁路
沪杭客专	350	202	181	89.9	2009年2月	2010年10月	属沪昆客专
广深港客专	350	104.6	59.2	56.7	2008年4月	2011年12月	广深段

续表

线路名称	设计速度/km/h	全长/km	桥梁/km	桥梁比例/%	开工日期	建成日期	备注
盘营客专	350	89.4	46.9	52.5	2009年5月	2011年12月	属京哈客专
哈大客专	350	903.9	663.3	73.7	2007年8月	2011年12月	属京哈客专
京沪高铁	350	1318	1140	86.5	2008年4月	2011年6月	—
京石客专	350	281	218.5	77.7	2008年10月	2011年12月	属京港客专
石武客专	350	840.7	456.7	54.3	2008年10月	2009年12月	属京港客专
津秦客专	350	261	160.7	62.3	2008年11月	2011年12月	属京哈客专
杭甬客专	350	149.9	121.8	83	2008年4月	2011年12月	属杭福深客专
西宝客专	350	138.1	120	87	2009年11月	2012年12月	属徐兰客专
杭长客专	350	984.2	645.5	65.6	2009年12月	2013年7月	属沪昆客专
长昆客专	350	1167.8	345.3	29.3	2010年7月	2015年7月	属沪昆客专
成渝客专	350	308.2	172.1	55.8	2010年9月	2014年8月	城际铁路
合福高铁	300	813	673	83.5	2009年12月	2015年6月	属京福高铁
哈齐高铁	350	282	140	49.6	2009年7月	2015年8月	城际铁路
沪昆高铁	350	2252	1959	87	2009年2月	2016年12月	城际铁路
郑徐客专	350	362	338	93.5	2012年12月	2016年9月	属徐兰高铁
宝兰客专	250	403	95	23.5	2012年10月	2017年7月	属徐兰客专
西成高铁	250	658	202	30.1	2012年10月	2017年12月	—
杭黄高铁	250	287	211	73.5	2014年6月	2018年12月	属杭昌高铁
京包高铁	350	659.9	470	71.2	2009年3月	2019年月	京兰通道
成贵高铁	250	648	192	29.7	2008年12月	2019年12月	兰广通道
银西高铁	250	543	168	31.1	2009年5月	2020年12月	城际铁路
郑太高铁	250	432	213	49.3	2009年12	2020年月	呼南通道
赣深高铁	350	436	188	43.2	2016年12月	2021年12月	属京港通道
郑万高铁重庆段	350	184	120	65.4	2016年2月	2022年7月	属郑万高铁

（1）秦沈客运专线桥梁。

秦沈客运专线是我国第一条速度200 km/h以上的客运专线，是具体落实铁路主要技术政策的体现，也是我国铁路向高速发展的前奏。

秦沈客专全线桥梁以24 m双线整孔箱梁为主，配之以20 m单、双线和24 m、32 m单线箱梁的主要结构形式。32 m双线整孔箱梁，由于受当时运架能力的限制，未能预制，但在辽河桥和小凌河桥上采用了移动支架阶段拼装法和移动模架现浇的施工方法现场制梁。除简支梁外还分别采用了悬臂灌筑的预应力混凝土连续箱梁、钢-混凝土连续结合梁和斜交刚构连续梁等，其中钢-混凝土连续结合梁和刚构连续梁桥在我国铁路工程中首次采用。

传统的制、架梁技术一直是制约铁路桥梁整体技术水平提高的主要因素之一，在秦沈客专桥梁施工中，除少数设备由国外引进外，在各类箱梁的预制、架设工艺和架桥设备等方面多数是依靠自己的力量完成的，基本达到或接近世界制架梁先进水平。先进设备应用和施工水平保证了箱梁的现场预制、运输和架设的顺利进行，使铁路桥梁建设的整体水平得到了提升，也为高速铁路建设进行了技术储备。

（2）武广客运专线桥梁。

武汉到广州客运专线是京港客专的一部分，线路主要穿越湘江流域和北江流域，湘江流域沿线湖泊河流众多，水系发育；北江流域陆路和水路交通发达，水网交织，水库塘泊密布，沟河交错。该线路桥隧相间，桥梁分布密集，工程量较大。

（a）武广高铁东湖特大桥　　　　　　（b）清远北江特大桥

（c）武广高铁梁家湾特大桥（112 m提篮拱）　　（d）黄土湾大桥（70 m+70 mT形刚构）

图1-2　武广客运专线桥梁

武广客运专线全长1068 km，其中桥梁468 km，占全线总长度的43.8%，桥梁总数684座，典型桥梁如图1-2所示。全线以32 m简支箱梁为主导梁型，部分桥梁采用主跨100 m以下的混凝土连续梁。大禾特大桥墩高42 m，为全线最高桥墩。韶关至花都段为越岭地段，沟壑交错，桥隧密集相连，桥隧占本段线路长度的76.8%，其中桥梁97座70.4 km。根据工程条件，分别采用了整孔箱梁割部分翼缘板运输通过隧道、增加两个小制梁场、采用移动模架现浇整孔箱梁等施工方法，解决了客专桥隧密集相连地段整孔箱梁运输、架设问题。特殊工点桥梁有：

① 汀泗河跨京珠高速采用了主跨140 m钢箱系杆拱桥，胡家湾特大桥及梁家湾特大桥跨京珠高速采用跨度112 m的提篮拱结构形式。

② 株洲西湘江特大桥和衡阳湘江特大桥分别采用了（60+5×100+60）m连续梁和（64+4×116+64）m连续梁跨越湘江的结构形式。

③ 王灌冲大桥跨京珠高速采用了（70+125+70）m 混凝土连续梁形式。

④ 黄土湾大桥跨河谷采用了（70+70）m 混凝土 T 形刚构形式。

⑤ 白庙北江特大桥为（48+2×80+48）m 预应力混凝土箱形连续梁跨越Ⅳ级航道，采用悬臂灌筑施工；用 40 跨简支箱梁跨越连江和大堰河，采用移动模架施工。

⑥ 花都特大桥桥长 9 676.1 m，除采用 32 m 整孔箱梁外，还采用了多座主跨 48 m、64 m、80 m 和 100 m 的预应力混凝土箱形连续梁桥跨越道路和铁路。

（3）郑西客运专线桥梁。

郑州到西安客运专线沿线地质构造除低山丘陵外，大部分被第四系土层覆盖，线路北临黄河、横穿渭河及其支流，黄河上的三门峡水库使本线路多条河流形成河水倒灌，全线 80% 的地段处于湿陷性黄土地区，是世界上首条修建在大面积湿陷性黄土地区的高速铁路。

郑西客专全长 485 km，其中桥梁 312 km，占全线总长度的 64.3%，桥梁总数 137 座。最长桥梁为位于新华山站至新临潼站区间内的渭河特大桥，全长 79.47 km，其中包括设于该桥上的渭南北站，使渭南北站成为世界上第一座设在高速铁路高架桥之上的全封闭式车站。如图 1-3 所示。特殊地区的桥梁有：

① 湿陷性黄土地区桥梁桩基础。本段线路所经地区多为湿陷性黄土，具有松软、空隙大、不稳定等工程地质条件差的特性，所以墩台基础绝大部分采用桩基础。桩径一般以 $\phi 1.25$ m、$\phi 1.5$ m 钻孔桩为主，简支箱梁桥每墩台桩数为 8~10 根，跨渭河的大跨连续梁采用 $\phi 1.8$ m 的钻孔桩。一般简支梁桥墩桩长为 50~55 m，本段桥梁桩基最长者为渭南跨渭河的连续梁主桥，桩长达 75 m。

图 1-3 郑西高铁桥梁

② 造桥机节段拼装桥梁。潼关境内黄土台塬区四座隧道之间有潼洛川、列斜沟、磨沟河等三座大桥。由于整体式箱梁横截面尺寸大于隧道宽度，架桥机高度大于隧道净高，无法用大型架桥机施工，所以隧道间的桥梁采用 32 m 简支梁造桥机节段拼装施工方法，合计为 23 孔。渭南一跨渭河和两跨渭河大桥之间的 40 m 跨度桥梁采用造桥机节段拼装法施工。

（4）京沪高速铁路桥梁。

北京至上海高速铁路经过海河、黄河、淮河、长江四大江河流域的下游地区，线路全长 1318 km，其中桥梁 230 座 1140 km，占全线总长度的 86.5%。京沪高铁全线长度超过 5 km 的桥梁共计 32 座，京徐段 15 座，徐宁段 17 座。一般地段的桥梁大多为 32 m、24 m 预应力混凝土简支箱梁桥，大于 40 m 时采用预应力混凝土连续梁或 56 m 钢混结合梁，大于 80 m 时采用预应力混凝土连续梁、刚构连续梁、系杆拱桥和钢桁拱桥等桥梁形式。特殊工点桥梁有：

京徐段的特殊桥梁主要有（68+110+68）m 连续梁桥，（80+128+80）m 连续梁桥，9×24 m 空间刚架，（32+108+32）m 中承式钢箱拱桥，跨度为 80 m、96 m、112 m 系杆拱桥。

徐沪段的特殊桥梁主要有（48+5×80+48）m 连续梁桥，（18+31+18）m 连续刚构，（40+68+40）m 连续梁，（40+64+40）m 单（多）线连续梁，（70+125+70）m 连续梁，（70+136+70）m 连续梁拱桥，（48+80+48）m V 形墩连续刚构，高架车站等。

济南黄河大桥主桥长 5143 m，跨黄河主桥采用五跨连续钢桁柔性拱（112+168+168+168+112）m，6 个主墩，其中 3#主墩基础采用 24 根 ϕ2.5 m 的钻孔桩基础，圆端形承台平面尺寸 36 m×23.2 m，桩长 80 m。如图 1-4 所示。

图 1-4 京沪高铁济南黄河大桥

南京大胜关长江大桥是京沪高速铁路和沪汉蓉铁路——越江通道，同时搭载双线地铁，为六线铁路桥。大桥全长 14.789 km，跨水面正桥长 1615 m，采用双孔通航的六跨连续钢桁拱桥（109+192+2×336+192+109）m，采用三桁承重结构，三个主墩基础采用 46 根 ϕ3.2 m/ϕ2.8 m 的钻孔桩基础，承台平面尺寸为 34 m×76 m，桩长 107～112 m。主跨分别为 168 m 下承式钢桁梁桥和两孔 336 m 钢桁拱桥。如图 1-5 所示。

图 1-5 南京大胜关大桥

位于丹阳昆山段的丹昆特大桥全长 164.85 km，为该线最长桥梁，也是目前世界上最长的铁路桥，该桥除少数特殊跨度外，大量采用 32 m 简支箱梁。

（5）哈大客运专线桥梁。

哈大客运专线自大连至哈尔滨，沿线经过低山、剥蚀丘陵区、滨海平原和冲洪积平原等地貌。线路全长 904 km，其中桥梁 162 座 663 km，占全线总长度的 73.7%。一般地段的桥梁为 32 m、24 m 预应力混凝土简支箱梁,以 32 m 跨度为主,24 m 主要用于桥跨调整,简支箱梁以现场集中预制架设为主。特殊工点桥梁有:

① 普兰店海湾大桥。该桥跨越普兰店海湾,全桥长 4 960.85 m,主跨采用 18×56 m 双线简支箱梁,单孔箱梁重 2 200 t,采用造桥机节段拼装施工。其余地段采用 32 m、24 m 简支箱梁跨越。如图 1-6 所示。

② 富岭 2 号特大桥。该桥长 1171.86 m,跨越疏港高速公路干道及匝道,采用（45+70+70+70+45）m 连续梁,是哈大客专全线最长的连续梁。

③ 新开河特大桥。新开河特大桥跨越长春市宽 80 m 的富民大街,与线路斜交 59°,采用 1 孔 138 m 跨度的钢箱系杆拱桥。

图 1-6 哈大普兰店海湾特大桥

由于国情和地理条件的制约,在我国客运专线中跨度超过 100 m 的大跨度桥梁很多,在建和拟建的客运专线中,100 m 以上跨度的桥梁超过 300 座,其中的杰出代表是已经建成的武广高速铁路的武汉天兴洲长江大桥和京沪高速铁路的南京大胜关长江大桥。我国高速铁路典型大跨度桥梁见表 1-3。

表 1-3 我国高速铁路典型大跨度桥梁

序号	结构形式	主桥跨度/m	线路名	桥名	建成年份
1	公铁两用钢桁梁双塔悬索桥	84+84+1092+84+84	连镇高速铁路	镇江五峰山长江大桥	2019
2	公铁两用钢桁梁斜拉桥	98+196+504+196+98	武广高铁	武汉天兴洲长江大桥	2009
3		101.5+188.5+580+217.5+159.5+116	宁安客专	安庆长江铁路大桥	2012
4		90+240+630+240+90	合福高铁	铜陵长江公铁大桥	2015
5		99.3+238+588+224+85.3	商合杭高铁	芜湖长江三桥	2019
6	公铁两用六塔连续钢桁结合梁单索面斜拉桥	120+5×168+120	石武客专	郑州黄河大桥	2010
7	独塔斜拉连续刚构桥	100+2×210+100	广珠城际	西江特大桥主桥	2009
8	公铁两用多塔刚构斜拉桥	58.5+116+3×340+116+58.5	珠机城际	金海特大桥	2020
9	公铁两用连续钢桁拱桥	108+192+336+336+192+108	京沪高铁	南京大胜关长江大桥	2010

续表

序号	结构形式	主桥跨度/m	线路名	桥名	建成年份
10	双曲弦连续钢桁梁	120+82m	潍荣高铁	潍荣高速铁路右线跨青荣城际铁路特大桥	2020
11	预应力混凝土连续梁桥	80+128+80	京津城际	北京跨五环主桥	2008
12		80+3×144+80	福厦铁路	乌龙江大桥	2009
13		78.8+144+78.8	日兰高铁	肖家庄特大桥	2018
14	连续刚构桥	88+160+88	温福铁路	田螺大桥	2008
15		108+2×185+115	广珠城际	容桂水道大桥	2010
16		104+2×168+112	京港客专	紫坭河大桥	2010
17		80+3×145+80	温福铁路	白马河大桥	2008
18	加劲钢桁连续刚构组合结构	97+2×180+97	银西高铁	漠谷河2号特大桥南段	2019
19	预应力混凝土T构	160	郑太高铁	白水河特大桥	2019
20	下承式钢箱系杆简支拱桥	140	武广高铁	汀泗河大桥	2009
21		128	福厦铁路	木兰溪和丘后特大桥	2009
22		336	成贵高铁	宜宾金沙江公铁两用特大桥	2017
23	下承式钢管混凝土提篮系杆简支拱桥	112	武广高铁	胡家湾大桥	2009
24	下承式钢箱简支叠拱桥	138	哈大客专	新开河大桥	2010
25	刚架系杆拱桥	128	昌九城际	永修大桥	2009
26	上承式钢筋混凝土拱桥	445	沪昆高铁	北盘江特大桥	2015
27	中承式系杆钢管混凝土拱桥	50+180+50	莞惠城际	东莞水道特大桥	2014
28	连续梁拱桥	64+136+64	温福铁路	昆阳特大桥主桥	2008
29		76+160+76	京港客专	沙湾水道特大桥	2009
30		90+180+90	京沪高铁	镇江京杭运河桥	2011
31		112+224+112	商合杭高铁	淮河特大桥跨东淝河主桥	2019
32		110+228+110	盐通高铁	盐城南双线特大桥跨通榆河连续梁拱	2020
33	连续刚构柔性拱桥	112+228+112	商合杭高铁	淮河特大桥	2019
34	V构-拱组合桥	100+220+100	广珠城际	小榄特大桥	2010
35	连续钢桁梁柔性拱桥	99+198+99	福厦铁路	闽江特大桥	2009
36		99+242+99	新广州站	东平水道桥	2009
37		112+3×168+112	京沪高铁	济南黄河大桥	2010

截至2020年底,全国铁路营业里程14.63万千米,其中高铁3.79万千米。预计到2021

年底，全国铁路营业里程达到 15 万千米左右，其中高铁 3.96 万千米左右。

1.3 高速铁路桥梁的组成分类及结构体系

1.3.1 桥梁的组成

桥梁组成部分的划分与桥梁结构体系有关。如图 1-7，常见的简支梁桥一般由以下部分组成：

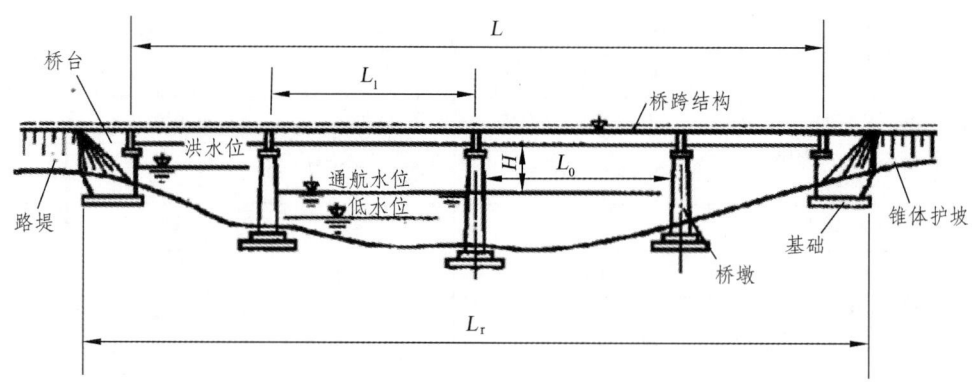

图 1-7 桥梁的基本组成

1. 上部结构

上部结构指桥梁位于支座以上的部分。它包括桥跨结构和桥面构造两部分，前者指桥梁中直接承受桥上交通荷载的、架空的主体结构部分；后者则指为保证桥跨结构能正常使用而建造的桥上各种附属结构或设施。

桥跨结构的形式多样。对梁桥而言，其主体结构是梁；对拱桥而言，其主体结构是拱；对悬索桥而言，其主体结构是主索，也称为大缆。桥面构造是指公路桥的行车道铺装，铁路桥的道砟、枕木、铁轨，伸缩装置，排水防水系统，人行道，安全带（护栏），路缘石，栏杆，照明等。

2. 下部结构

下部结构，指桥梁位于支座以下的部分，也叫支承结构。它包括桥墩、桥台及墩台的基础，是支承上部结构、向下传递荷载的结构物。桥梁墩台的布置是与桥跨结构相对应的。桥台设在桥跨结构的两端，桥墩则分设在两桥台之间。桥台除起到支承和传力作用外，还起到与路堤衔接、防止路堤滑塌的作用。为此，通常需在桥台周围设置锥体护坡。墩台基础是承受由上至下的全部荷载（包括交通荷载和结构重力）并将其传递给地基的结构物。它通常埋入土层之中或建筑在基岩之上，有时需要在水中施工。

3. 支座

在桥跨结构与桥梁墩/台之间，还需设置支座，以连接桥跨结构与桥梁墩/台，提供荷载传递途径，适应结构变位要求。支座提供的约束影响上部结构的受力行为，因此，可视支座为上部结构的一部分。

4. 其他结构及相关术语解释

除此之外，根据具体情况，与桥梁配套建造的附属结构物可能有：挡土墙、护坡、导流堤、检查设备、台阶扶梯、导航装置等。

结合图 1-7，对桥梁工程常用的专有名词和技术术语阐述如下：

（1）正桥与引桥：对规模较大的桥梁工程，通常包含正桥与引桥两部分。正桥指桥梁跨越主要障碍物（如通航河道）的结构部分。一般，它采用跨越能力较大的结构体系，需要深基础，是整个桥梁工程中的重点。引桥指连接正桥和路的桥梁区段，其跨度一般较小，基础一般较浅。在正桥和引桥的分界处，有时还会设置桥头建筑（桥头堡）。

（2）跨度：也称跨径，表示桥梁的跨越能力。对多跨桥梁，最大跨度称为主跨。一般而言，跨度是表征桥梁技术水平的重要指标。桥跨结构相邻两支座间的距离 L_1，称为计算跨径。桥梁结构的分析计算以计算跨径为准。

（3）孔径：对梁式桥，设计洪水位线上相邻两桥墩（或桥台）间的水平净距 L_0，称为桥梁的净孔径。各孔净孔径之和，称为总孔径，它反映出桥位处排泄洪水能力的大小。

（4）跨径：对公路梁桥，把两桥墩中线间距离或桥墩中线与台背前缘（胸墙）的间距，称为标准跨径 L_K（也称为单孔跨径）。当跨径在 50 m 以下时，通常采用标准跨径（从 0.75 m～50 m，共 21 级，常用 10 m、16 m、20 m、40 m 等）设计。对铁路梁桥，则以计算跨径作为标准跨径（从 4 m～168 m，共 18 级，常用 20 m、24 m、32 m、48 m、64 m、96 m 等）。采用标准跨径设计，有利于桥梁制造和施工的机械化，也有利于桥梁养护维修和战备需要。

（5）桥长：对梁桥，两桥台侧墙或八字墙尾端之间的距离 L_T，称之为桥梁全长。它标志桥梁工程的规模。两桥台台背前缘（对铁路桥，指桥台挡砟前墙）之间的距离 L，称之为多孔跨径总长（公路）或桥长（铁路）。它仅作为划分特大桥、大桥、中桥、小桥和涵洞的一个指标，具体分类方法见表 1-4。

表 1-4　桥梁涵洞按跨径分类

桥涵分类	公 路 桥 涵		铁 路 桥 涵
	多孔跨径总长 L/m	单孔跨径 L_K/m	桥长 L/m
特大桥	$L > 1000$	$L_K > 150$	$L > 500$
大　桥	$100 \leqslant L \leqslant 1000$	$40 \leqslant L_K \leqslant 150$	$100 < L \leqslant 500$
中　桥	$30 < L < 100$	$20 \leqslant L_K < 40$	$20 < L \leqslant 100$
小　桥	$8 \leqslant L \leqslant 30$	$5 \leqslant L_K < 20$	$L \leqslant 20$
涵　洞	①	$L_K < 5$	②

注：① 对管涵和箱涵，不论孔数多少和跨径大小，均为涵洞；
　　② 拱涵一般指 $L_1 < 6$ m 且顶上填土高度 $\geqslant 1$ m 者。

（6）桥下净空高度：设计洪水位或设计通航水位与桥跨结构最下缘标高的高差 H，称为桥下净空高度。桥下净空高度应大于通航及排洪要求所规定者。

（7）桥梁建筑高度与容许建筑高度：桥面（或铁路桥梁的轨底）到桥跨结构最下缘的高

度 h，称为桥梁建筑高度。公路或铁路桥定线中所确定的桥面（或轨底）标高与通航及排洪要求所规定的净空高度之差，为容许建筑高度，显然，桥梁建筑高度不得大于容许建筑高度。

1.3.2 桥梁的分类

桥梁有各种不同的分类方式，每一种分类方式均反映出桥梁在某一方面的特征。

按工程规模划分，有特大桥、大桥、中桥、小桥等，见表1-4。

按桥梁用途划分，有铁路桥、公路桥、公铁两用桥、人行桥等。铁路桥专供铁路列车行驶，桥的宽度和跨度有限，其所承受的车辆活载相对较大，由于铁路迂回运输不易实现，桥必须结实耐用且易于修复。与铁路桥相比，公路桥的车辆活载相对较小，桥的宽度和跨度相对较大。公铁两用桥指能同时承受公路和铁路车辆荷载的桥。我国长江上的主要特大桥（如武汉、南京、枝城、九江、芜湖等城市的长江大桥）都是如此。一般认为：在增加费用不多的情况下（桥梁墩/台和基础可以共用），将公路、铁路桥合建，就可把专为公路建桥的时间大为提前。随着经济发展，公路交通量剧增，专为公路修建特大桥的事现已屡见不鲜。人行桥指专供行人（有时包括非机动车）使用的桥。它跨越城市繁忙街道处（也叫天桥），或市区内河流，或封闭高速公路，为行人（及非机动车）提供方便。除高速公（铁）路上的桥梁外，其他桥梁通常提供行人过桥的通道。

相对于公路桥和铁路桥而言，在城市范围内的桥梁（包括立交桥及人行桥，但不包括铁路桥）也被称为城市桥，其设计荷载标准与公路桥的有所差别，桥梁的造型和景观也需适当考虑城市环境因素。

按桥跨结构所用的材料来划分，有钢桥，钢筋混凝土桥，预应力混凝土桥，结合梁桥，用砖、石、素混凝土块等砌体材料（习称圬工）建造的拱桥，木桥等。由于钢材具有匀质性好、强度高、自重小等优点，钢桥具有较大的跨越能力，在跨度上一直处于领先地位。在我国，传统上铁路桥采用钢桥（钢板梁桥、钢桁梁桥）较多。近年来随着大跨度公路悬索桥和斜拉桥的发展，公路钢桥也越来越多。钢筋混凝土桥和预应力混凝土桥的建造费用较少，养护维修方便，是目前应用最为广泛的桥梁，在中、小跨度内已逐步取代钢桥，在大跨度范围内也具有较强的竞争力。结合梁桥主要指钢梁与混凝土桥面板组合成的梁桥或加劲梁。圬工桥主要指石拱桥，其取材方便，构造简单，适用于跨度不大、取材方便的山区拱桥。

按结构体系桥梁可分为梁桥、拱桥、悬索桥三种基本体系，以及由两种基本体系或一种基本体系与梁、柱、塔及索等构件形成的组合体系，如图1-8（i）所示的斜拉桥。

按桥跨结构与桥面的相对位置划分，有上承式、下承式和中承式桥。对梁桥和拱桥，桥面布置在桥跨结构顶面的，为上承式桥；相应地，布置在底面的称为下承式桥，如图1-8（j）所示；布置在中间的称为中承式桥，如图1-8（c）所示。桥面位置的选择与容许建筑高度和实际需要有关。上承式桥被广泛采用，适用于容许建筑高度较大的情况，其特点是上部结构的宽度较小，墩台的圬工数量有所节省，桥面视野开阔等。在容许建筑高度很小、布置上承式桥困难时，可采用下承式桥。由于桥跨结构在桥面之上且需要满足桥上净空的要求，故结构横向宽度相对较大，墩/台尺寸也相应有所增加。有时因地形限制或结构造型需要把桥面布置在桥跨结构高度的中间部位，形成中承式桥。因承重结构有一部分是位于桥面之上，占用了桥面宽度；为使桥面宽度满足要求，必需加宽两片拱肋或桁梁的中心距，这将使横梁跨度增加，用料偏多。在同一座桥中，桥跨结构与桥面的相对位置可有所变化。

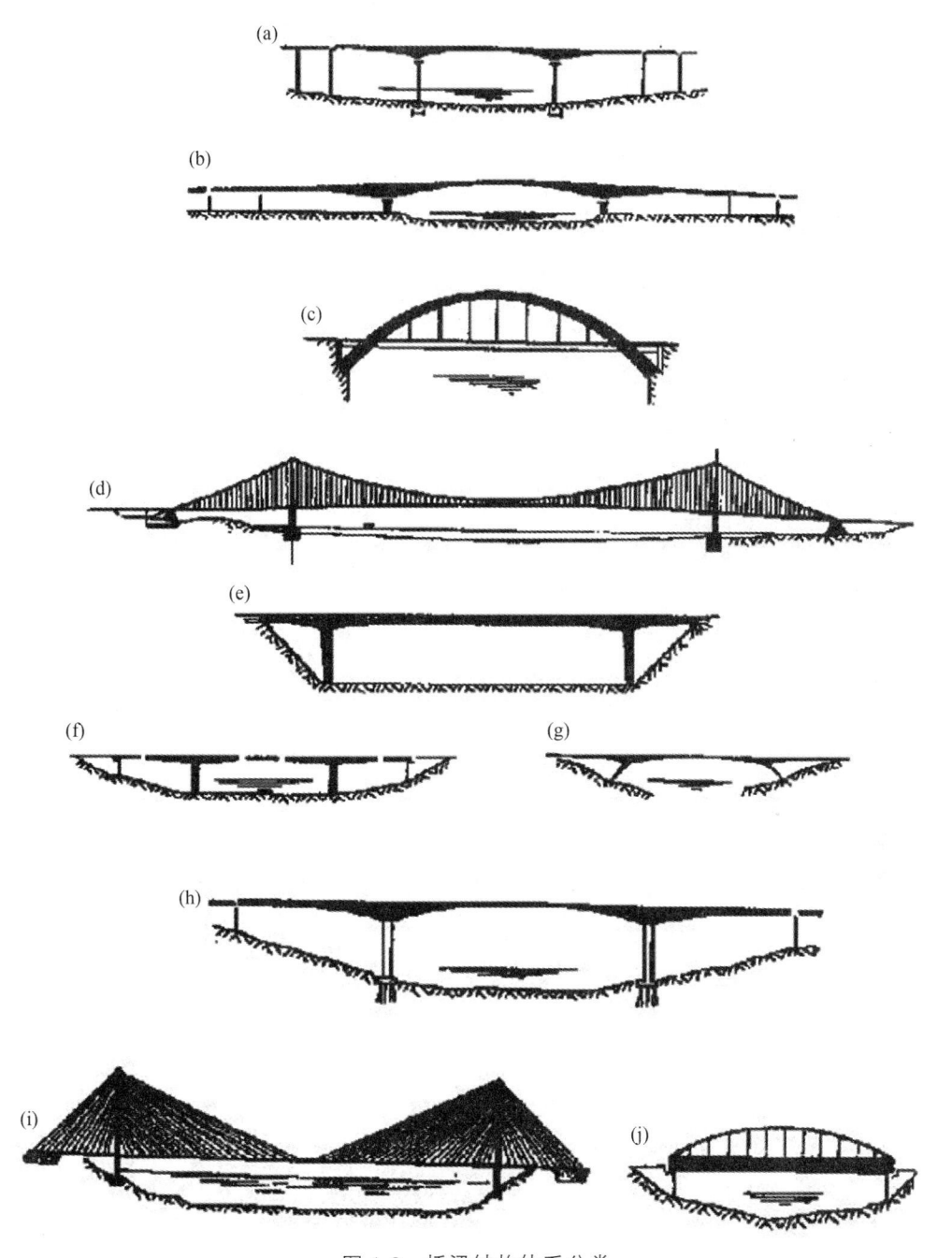

图 1-8 桥梁结构体系分类

按桥梁所跨越的对象划分，有跨河桥、跨谷桥、跨线桥、立交桥、地道桥、旱桥、跨海桥等。大部分桥梁是跨越河流的。修建跨河桥，不可使河流功能受到损害。为此，必须遵循桥渡勘测设计规范的要求，使桥的孔径、跨度、桥面高程、基础埋深等既能保证桥在排洪和通航时的安全，又不碍及河流的功能。跨谷桥指跨越谷地的桥梁。谷地的特点是地形变化大、地质变化大、水流变化大、谷底至桥面较高，不适于采用跨度小、跨数多、桥墩高的结构形式。通常，对于较窄的河谷，可考虑采用一跨结构（如拱或斜腿刚架）作为正桥越过，避免修建高桥墩；对于较为开阔的河谷，可考虑采用跨度较大的多跨连续梁（刚构）桥。直接跨越其他线路（公路、铁路、城市道路等）的桥梁称为跨线桥。当跨线桥还需要与其所跨越的线路互通时，就形成立交桥。跨线桥和立交桥多建于城区，囿于桥下净空和桥面高程的要求，容许建筑高度有限，需考虑采用建筑高度小的桥跨结构。当桥梁采用下降方式（而不是架空方式），从被跨越线路的下方穿过时，因其主要部分位于地下，便称为地道桥。旱桥指建在无水地面的桥。其跨度一般不大，其桥墩截面形状不需适应水流需要。对于引桥的不过水区段，有时用此名称。跨海桥泛指跨越海峡、海湾或为连接近海岛屿而向海上建造的桥。在通航频繁的海峡或海上航道处，多采用特大跨度的悬索桥或斜拉桥作为正桥；对水域相对宽阔的海面，引桥可采用多跨的预应力混凝土梁。跨海桥的长度，从几千米到几十千米，需在自然条件复杂的海洋环境中施工，对质量（尤其对材料耐久性和防腐蚀）的要求高，应采用以大吨位预制浮运架设为主的施工方法，尽量减少在海上作业量及对海洋环境的影响。

按桥梁的平面形状划分，有直桥、斜桥、弯桥。绝大部分桥梁为直桥或正交桥，其纵轴线方向与水流方向或所跨越的线路方向正交（严格讲，应是桥梁纵轴线方向与支承边方向正交）。斜桥指桥梁纵轴线方向与水流方向或所跨越的线路方向斜交的桥（严格讲，应是桥梁纵轴线方向与支承边方向斜交）。由于斜桥所提供的桥下净空的有效宽度比直桥提供者小，为提供同样的桥下有效宽度，斜桥的跨度就需加大，因此，不宜使桥梁斜交过甚。在水平面上呈曲线状的桥，称为弯桥或曲线桥。当桥位于线路曲线区段、桥跨不大时，可将多跨直线梁按折线布置，仅让桥面适应曲线要求；若跨度较大，便应改变梁的平面形状，使桥跨结构本身呈曲线状。

1.3.3 桥梁的结构体系

按结构体系及其受力特点，桥梁可划分为梁、拱、索三种基本体系和组合体系。不同的结构体系具有不同的结构型式和受力特点。

1. 梁桥

梁桥是古老的结构体系之一。梁作为承重结构，主要是以其抗弯能力来承受荷载的。在竖向荷载作用下，其支承反力也是竖直的；简支梁桥的梁部结构只受弯、剪，不承受轴向力。

常用的简支梁的跨越能力有限，跨度通常不超过 40 m，为加大跨度，悬臂梁和连续梁[图1-8（a）和（b）]得到发展。它们都是利用增加中间支承以减少跨中正弯矩，更合理地利用材料并分配内力，提升跨越能力。悬臂梁采用铰接或一简支跨（称为挂孔）来连接其两个端头，其为静定结构，受力明确，计算简便；但因结构变形在连接处不连续而对行车和桥面养护产生不利影响，近年来已很少采用。连续梁因桥跨结构连续，克服了悬臂梁的不足，是目前采用较多的梁式桥型。

梁式体系分实腹式和空腹式。实腹梁的横截面形式多为 T 形、I 形和箱形等，空腹梁主要指桁架式桥跨结构。梁的高度和截面尺寸可在桥长方向保持一致或随之变化。对中小跨度的实腹梁桥，常采用等高度 T 形梁（混凝土）或 I 形梁（钢）；跨度较大时，可采用变高度

(在中间支承处增大梁高)的箱形截面预应力混凝土连续梁(刚构)桥或钢桁架梁,并配合悬臂方法施工。

2. 拱桥

拱桥[图 1-8(c)]的主要承重结构是具有曲线外形的拱圈。在竖向荷载作用下,拱圈主要承受轴向压力,但也受弯、受剪。拱脚处的支承反力除了竖向反力外,还有较大的水平推力。

根据拱的受力特点,多采用抗压能力较强且经济合算的砌体材料(石材等)和钢筋混凝土来修建拱桥,也因拱是有推力的结构,对地基的要求较高,故一般宜建于地基良好之处。按照静力学划分,拱分成单铰拱、两铰拱、三铰拱和无铰拱。因铰的构造较为复杂,通常采用无铰拱体系。

随着施工方法的进步,除了传统的满堂支架施工法或拱架施工方法外,现可采用缆索吊装施工法、悬臂施工法、转体施工法和劲性骨架施工法等新技术。这对拱桥在更大跨度范围内的应用,起到了重要的促进作用。

3. 悬索桥

悬索桥主要由缆(又称索)、塔、锚碇、加劲梁等组成,见图 1-8(d)。对跨度较小(通常小于 300 m)、活载较大且加劲梁较刚劲的悬索桥,可以视其为缆与梁的组合体系。但大跨度悬索桥的主要承重结构为缆,组合体系的效应可以忽略。在竖向荷载作用下,其索受拉,锚碇处会承受较大的竖向(向上)和水平(向河心)力。索通常用高强度钢丝制成圆形大缆,加劲梁多采用钢桁架或扁平箱梁,桥塔可采用钢筋混凝土或钢。因大缆的抗拉性能得以充分发挥且尺寸基本上不受限制,故悬索桥的跨越能力一直在各种桥型中名列前茅。不过,由于结构较柔,悬索桥较难满足当代铁路桥的要求。

在修建跨度相对较小(通常不大于 300 m)的悬索桥时,如果两岸用地受到限制而无法布置锚碇时或出于景观需要,可采用自锚式悬索桥。其特点是:将大缆的两端固定在加劲梁的两端,省略了大体积的锚碇,但导致了梁的材料用量的增加,也增加了施工难度。

4. 组合体系

组合体系桥指承重结构采用两种基本体系,或一种基本体系与某些构件(梁、塔、柱、斜索等)组合在一起的桥。在两种结构系统中,梁经常是其中一种,与梁组合的,则可以是柱、拱、缆或塔及斜索。代表性的组合体系有以下几种:

1)刚架桥

刚架桥是梁与立柱(或称为墩柱)的组合体系。刚架桥中的梁与立柱刚性连接,形成刚架,见图 1-8(e)。其主要特点是:立柱具有相当的抗弯刚度,故可分担梁部跨中正弯矩,达到降低梁高、增大桥下净空的目的。在竖向荷载作用下,主梁与立柱的连接处会产生负弯矩;主梁、立柱承受弯矩,也承受轴力和剪力;柱底约束处既有竖直反力,也有水平反力。刚架桥的形式多半是立柱直立的、单跨或多跨的门形框架,柱底约束处可以是铰接或固结。钢筋混凝土刚架桥适用于中小跨度的、建筑高度要求较严的城市或公路跨线桥。

立柱斜向布置的刚架桥称为斜腿刚架桥[图 1-8(g)],其受力特点与刚架桥大致相同。

在竖向荷载作用下，斜腿以承压为主，两斜腿之间的梁部受到一定的轴向力。斜腿底部可采用铰接或固结形式，并受到较大的水平推力。对跨越深沟峡谷、两侧地形不宜建造直立式墩柱的情况，斜腿刚架桥表现出其独特之处。另外，墩柱在立面上呈V形并与梁部固结的桥梁，称为V形刚架桥，其在受力上具有连续梁和斜腿刚架的特点。由于V形支撑的作用，支点负弯矩及梁高可适当减小，跨度可适当加大，外形也较美观。

2）T形刚构桥和连续刚构桥

随着预应力技术和对称悬臂施工方法的发展，具有刚架形式和特点的桥梁可用于跨径更大的情况，如T形刚构桥（简称"T构"），见图1-8（f）。预应力混凝土T形刚构桥是因悬臂施工方法的发展而衍生出来的一种桥型。其桥墩的尺寸及刚度较大，墩顶与梁部固结，墩底与基础固结；仍在跨中设铰或挂孔来连接邻近T构。它融合了悬臂梁桥和刚架桥的部分特点：因是静定结构，能减少次内力、简化主梁配筋；T构有利于对称悬臂施工，但粗大的桥墩因承受弯矩较大而费料；桥面线形不连续而影响行车。目前，已很少采用这种桥式。

在连续梁桥的基础上，把主跨内较柔细的桥墩与梁部固结起来，就形成所谓的连续刚构桥[图1-8（h）]。其特点是：桥墩（为单壁或双薄壁墩）较为纤细，以受轴向力（而不是弯矩）为主，表现出柔性墩的特性，这使得梁部受力仍然体现出连续梁的受力特点（主跨梁部仅受到较小轴向力作用）。这种桥式除保持了连续梁的受力优点外，还节省了大型支座的费用，减少了桥墩及基础的工程量，改善了结构在水平荷载下的受力性能，有利于简化施工工序，适用于需要布置大跨、高墩的桥位。

为突出结构造型上的不同，将T形刚构桥和连续刚构桥划归为组合体系。但从主要受力特点上看，T形刚构桥和连续刚构桥仍主要表现出梁的受力特点。字面上，"刚构"一词可以理解为墩梁刚性连接形成的桥跨结构。

3）斜拉桥

斜拉桥[图1-8（i）]是梁与塔、斜索组成的组合体系，结构形式多样，造型优美壮观。在竖向荷载作用下，梁以受弯为主，塔以受压为主，斜索则承受拉力。梁体被斜索多点扣住，表现出弹性支承连续梁的特点；这样，梁所承受的恒载弯矩减小，梁体高度可以降低，结构自重可以减轻，跨度可以增加；另外，塔和斜索的材料性能也能得到较充分地发挥。因此，斜拉桥的跨越能力仅次于悬索桥，是近几十年来发展很快的一种桥式。由于刚度问题，斜拉桥在铁路桥梁上的应用有限。

4）梁、拱组合体系

梁、拱组合体系同时具备梁的受弯和拱的承压特点。组合形式可以是刚性拱及柔性系杆（称为系杆拱），也可以是柔性拱及刚性梁[图1-8（j）]，铁路桥因刚度要求大，多采用刚性拱及刚性梁的组合形式。这类结构的主要优点是：利用系杆或梁部受拉（若是混凝土梁则对其施加预应力）来承受和抵消拱在竖直荷载下产生的水平推力。这样，桥跨结构既具有拱的外形和承压特点，又不存在大的水平推力，可在一般地基条件下修建。相对而言，梁、拱组合体系的施工较为复杂。

5）其他组合体系

其他组合体系主要包括斜拉体系（塔及斜索）与梁、拱、索的组合。

（1）矮塔、斜索与变截面预应力混凝土连续梁或连续刚构形成的组合体系（国内称为矮塔斜拉桥或部分斜拉桥）。这种桥型将原来置于梁体内的一部分预应力钢筋外置，以便提高预应力效率；外形上与斜拉桥相近，但受力上介于传统梁桥和斜拉桥之间。典型的桥例有：瑞士的甘特桥（主跨 174 m，1980 年），日本的揖斐川桥（主跨 271.5 m，2001 年），中国的柳州三门江桥（主跨 160 m，2006 年）。斜拉体系也可以与大跨度钢桁架梁组合。在这种体系中，主要承重构件是钢桁架梁，斜拉体系只起到辅助施工和分担荷载的"加劲"作用，如芜湖长江大桥。

（2）斜拉体系与拱的组合，形成斜拉拱桥。在这种桥式中，将斜索下端锚于桥面以分担荷载，如马来西亚的斯里绍嘉娜大桥（主跨 300 m，2002 年）。

（3）将斜索布置在悬索桥桥塔两侧，形成斜拉-悬索组合体系。这一桥式主要用于悬索桥加固，也曾作为一些跨海峡特大桥（如直布罗陀大桥，印度尼西亚的爪哇-巴厘桥等）方案。

对结构体系的分类，无一定之规，上述分类也不可能涵盖式样繁多的桥型。需要强调的是，仅仅对桥梁的结构体系有所了解，还远不能完全把握住桥梁的结构特点。在结合桥位情况选择某种结构体系的同时，还需要对与这一结构体系相适应的建桥材料（钢、混凝土或两者）、结构横截面形状及布置（或多主梁，或箱梁，或桁架梁）、结构的横向和立面布置（如斜拉桥和索面的布置和造型）、重要构造细节（如预应力配筋方式，节点处理）、施工方法（如浮运、顶推、悬臂施工等）等进行比较、分析和选择。这样，才能建造出符合工程规律、具有经济效益的桥梁。

Part 2 高速铁路桥梁设计技术标准

2.1 高速铁路桥梁设计的一般规定

本章依据现行《铁路桥涵设计规范》《高速铁路设计规范》，介绍高速铁路桥梁设计技术标准的一些主要规定。

（1）桥涵的洪水频率标准，应符合现行《铁路桥涵设计规范》中Ⅰ级铁路干线的规定。

（2）桥涵结构应构造简洁、美观、力求标准化、便于施工和养护维修，结构应具有足够的竖向刚度、横向刚度和抗扭刚度，并应具有足够的耐久性和良好的动力特性，满足轨道稳定性、平顺性的要求，满足高速列车安全运行和旅客乘坐舒适度的要求。

（3）桥涵主体结构设计使用寿命应达到 100 年。

（4）桥涵结构所用工程材料应符合现行国家及行业标准的规定。

（5）桥梁上部结构形式的选择，应根据桥梁的使用功能、河流水文条件、工程地质情况、轨道类型及施工设备等因素综合考虑。桥梁上部结构宜采用预应力混凝土结构，也可采用钢筋混凝土结构、钢结构和钢-混凝土结合结构。预应力混凝土简支梁结构，宜选用箱形截面梁，也可根据具体情况选用整体性好、结构刚度大的其他截面形式。

（6）桥梁结构应设计为正交。当斜交不可避免时，桥梁轴线与支承线夹角不宜小于 60°，斜交桥台的台尾边线应与线路中线垂直，否则应采取特殊的与路基过渡措施。

（7）桥面布置应满足轨道类型、桥面设施的设置及其养护维修的要求。

（8）涵洞宜采用钢筋混凝土矩形框架涵。

（9）相邻桥涵之间路堤的距离，要综合考虑高速列车行车的平顺性要求及路桥（涵）过渡段的施工工艺要求及经济造价等因素合理确定。两桥台尾之间的路堤长度不宜小于 150 m，两涵（框构）之间及桥台尾与涵（框构）之间的净距离不宜小于 30 m，对于特殊情况路堤长度不满足上述长度要求时，路基应特殊处理。

（10）无砟轨道桥涵变形及基础沉降应设立观测基准点进行系统观测与分析，其测点布置、观测频次、观测周期应符合《客运专线铁路无砟轨道铺设条件评估指南》的有关规定。

（11）桥涵混凝土结构尚应符合现行《铁路混凝土结构耐久性设计暂行规定》的有关规定。

2.2 高速铁路桥梁建筑限界、孔径和净空

桥梁建筑限界基本尺寸及轮廓线如图 2-1 所示。曲线地段建筑限界应考虑因超高产生车

体倾斜对曲线内侧的限界加宽。其加宽量 W(mm)为

$$W = \frac{H}{1\,500}h \tag{2-1}$$

式中　H——轨顶面至计算点的高度（mm）；
　　　h——外轨超高值（mm）。

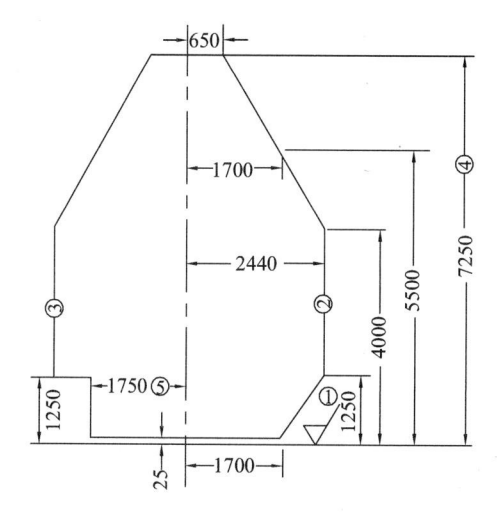

图 2-1　高速铁路建筑限界图（单位：mm）

① 轨面；
② 区间及站内正线（无站台）建筑限界；
③ 有站台时建筑限界；
④ 轨面以上最大高度；
⑤ 线路中心线至站台边缘的距离（正线不适用）

加宽范围包括全部圆曲线、缓和曲线和部分直线，采用阶梯加宽方法，如图 2-2 所示。缓和曲线中点外 13 m 之间的曲线加宽量 W，缓和曲线中点外 13 m 至直缓点外 22 m 加宽 $0.5W$。

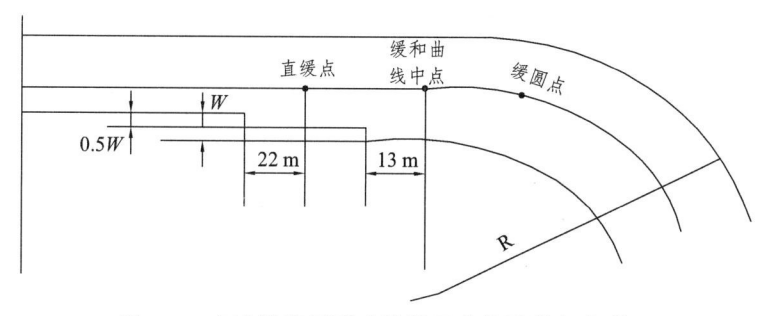

图 2-2　高速铁路桥隧建筑限界曲线阶梯加宽范围

行洪桥涵孔径应能正常通过 1/100 频率的检算洪水；技术复杂、修复困难或重要的特大桥、大桥应能安全通过 1/300 校验频率的洪水。对特大桥、大桥及中桥，若观测洪水（包括调查洪水）频率小于 1/100，但不小于 1/300 时，将观测洪水频率作为检算洪水频率；频率小于 1/300 时，按 1/300 作为检算洪水频率。不通航的行洪桥下净空高度见表 2-1。通航的桥孔，其桥下空高度及航行水位，按设计确定的标准执行。行洪涵洞孔径一般按无压状态检定，即按涵洞净高的 1.2 倍临界状态的水位检定。无压涵洞内顶点高出洞内检定水位的净空满足表 2-2 的要求。桥涵排水与自然水系、地方排灌系统、市政排水系统等衔接完善。

表 2-1 不通航的行洪桥下净空高度

桥的部位		高出检算水位的最小高度/m		高出校验水位的最小高度/m	
		钢梁	钢筋混凝土或预应力混凝土结构	钢梁	钢筋混凝土或预应力混凝土结构
梁底	一般情况	0.25	0.25	0.00	—
	洪水期有大漂流物	1.50	1.25	0.75	0.50
	有泥石流	1.00	1.00	0.50	0.50
支承垫石顶		0.00	—	—	—
拱肋和拱圈的拱脚		0.00	—	—	—

注：① 实体无铰拱桥洪水期无大漂流物时，检定洪水位到拱顶净空高度不应小于拱矢高的 1/4。
② 严重泥石流时，或在洪水期有特大漂流物通过时，可视具体情况，采用大于表列的净空高度。
③ 表列水位及注①中所指水位应根据河流具体情况，计入可能产生的壅水、浪高、水拱、局部股流涌高、河流超高和河床淤积等影响的高度。

表 2-2 涵洞净空高度

涵洞净高 H/m	涵洞类型		
	圆涵	拱涵	框构涵
≥3	$\geqslant \frac{1}{4}H$	$\geqslant \frac{1}{4}H$	$\geqslant \frac{1}{6}H$
>3	≥0.75 m	≥0.75 m	≥0.5 m

注：拱（框构）桥与拱（框构）涵的区分：跨度>6 m，且拱或框构顶至轨底的高度（即填土高度）<1 m 为拱（框构）桥，否则为拱（框构）涵。

在铁路线路下通行机动车辆的立交桥涵，其桥涵下净空高度不足 5 m 时，设置限高防护架。

2.3 高速铁路桥梁设计荷载

桥梁应根据结构设计的特性和检算内容按表 2-3 所列荷载，以其最不利组合情况进行设计。桥梁设计仅考虑主力与一个方向（顺桥或横桥方向）的附加力组合。长钢轨伸缩力、挠曲力、断轨力及其与制动力或牵引力等的组合，应符合《新建铁路桥上无缝线路设计暂行规定》的规定；流水压力不与冰压力组合，两者也不与制动力或牵引力组合。列车脱轨荷载、船只或排筏的撞击力、汽车撞击力以及长钢轨断轨力，只计算其中的一种荷载与主力相组合，不与其他附加力组合。地震力与其他荷载的组合见国家现行的《铁路工程抗震设计规范》。

表 2-3　高速铁路桥涵荷载

荷　载　分　类		荷　　　载
主　力	恒　载	结构构件及附属设备自重 预加应力 混凝土收缩和徐变的影响 土压力 静水压力及水浮力 基础变位的影响
	活　载	列车竖向静活载 公路竖向静活载（需要时） 列车竖向动力作用 长钢轨伸缩力、挠曲力 离心力 横向摇摆力 列车活载所产生的土压力 人行道及栏杆的荷载 气动力
附加力		制动力或牵引力 风力 流水压力 冰压力 温度变化的影响 冻胀力
特殊荷载		列车脱轨荷载 船只或排筏的撞击力 汽车撞击力 施工荷载 地震力 长钢轨断轨力

2.3.1　活载

1. ZK 活载

规范采用 0.8 倍 UIC 活载（图 2-3）作为高速铁路桥梁设计活载，也就是规范上列出的 ZK 标准活载图式，如图 2-4。ZK 活载作为中国高速铁路设计活载，其静、动载效应均大于跨线列车和高速列车的静、动载效应，并有一定余量，且设计活载与实际运营活载间的余量和既有铁路设计活载（中—活载，如图 2-5 所示）与实际运营活载间的余量相当。

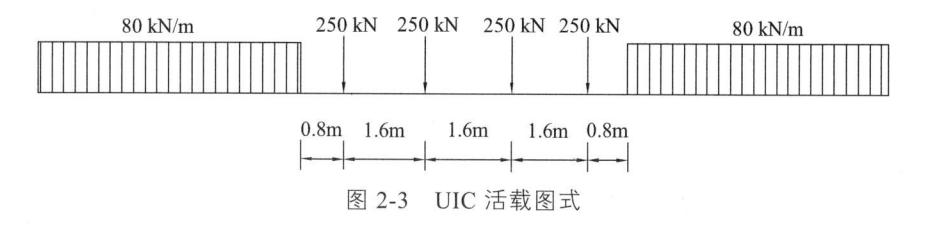

图 2-3　UIC 活载图式

（a）ZK 标准活载

（b）ZK 特种活载

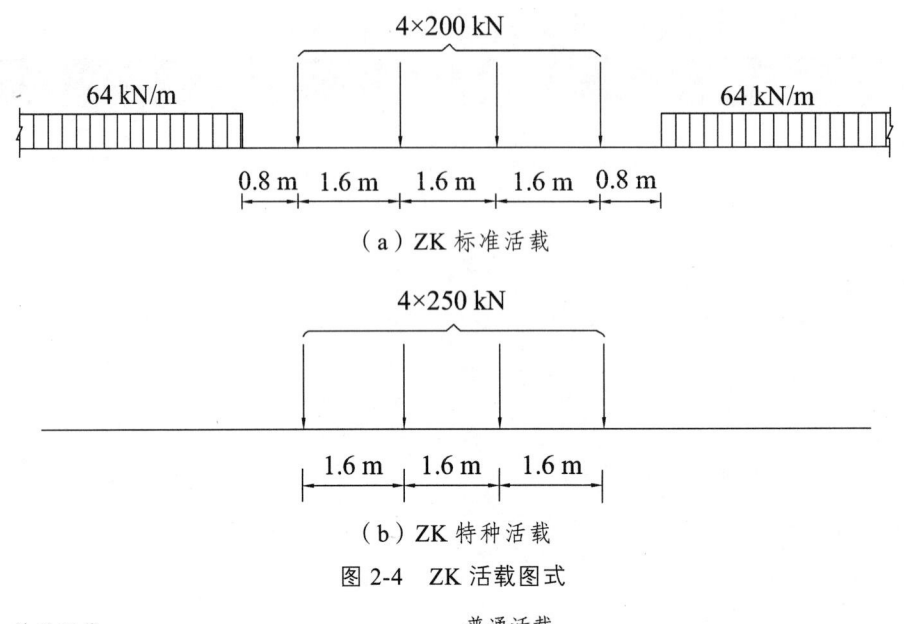

图 2-4　ZK 活载图式

图 2-5　中—活载图式（距离单位：m）

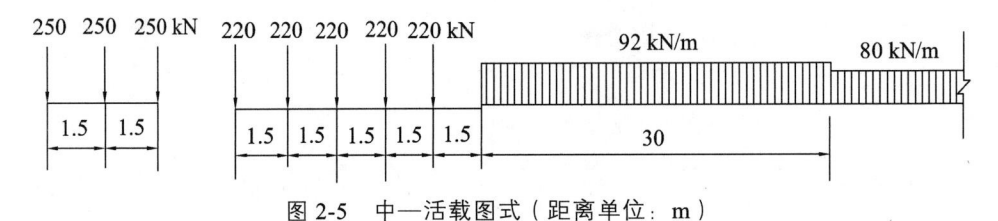

列车竖向静活载采用 ZK 活载应符合以下规定。

（1）对于单线或双线的桥梁结构，各线均应计入 ZK 活载作用。

（2）对于多于两线的桥梁结构，应按以下最不利情况考虑。

① 两条线路在最不利位置承受 ZK 活载，其余线路不承受列车活载。

② 所有线路在最不利位置承受 75% 的 ZK 活载。

（3）设计加载时，活载图式可以任意截取。对多符号影响线，在同符号影响线各区段进行加载，异符号影响线区段分以下两种情况考虑：

① 异符号影响线区段长度不大于 15 m 时可不加活载。

② 异符号影响线区段长度如果大于 15 m 时，按空车静活载 10 kN/m 加载。

（4）用空车检算桥梁各部分构件时，其竖向活载应按 10 kN/m 计算。

（5）桥跨结构或墩台尚应按其实际使用的施工机械和维修养护可能作用的荷载进行检算。

2. ZC 活载

我国设计时速 300～350 km 的高速铁路均采用 ZK 活载，但是设计时速 200～250 km 的铁路分为三类：

（1）采用 ZK 活载，例如昌九线、海南东环线、长吉线。

（2）同时考虑 ZK 活载和中—活载（图 2-6），例如合宁线、合武线、石太线、温福线、甬台温线和福厦线。

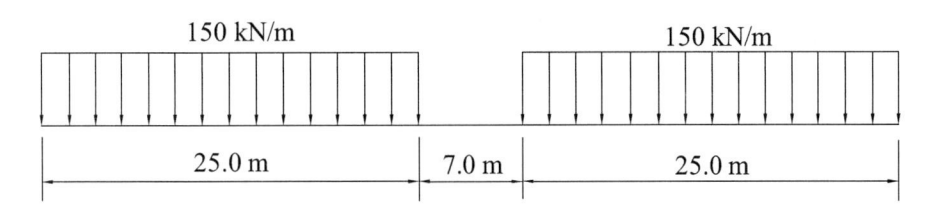

图 2-6 中—活载（2005）长大重车检算图式

（3）采用 ZC 活载，成灌线和广珠线。

ZC 活载图式标准采用 UIC 活载图式值乘以系数 $\alpha = 0.6$，如图 2-7 所示。

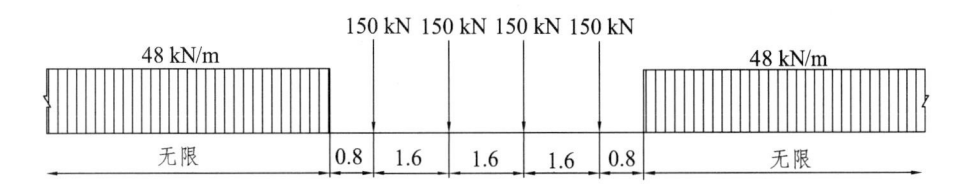

图 2-7 ZC 活载图式（距离单位：m）

跨度小于 10 m 梁或进行局部构件检算时，计算效应 0.6UIC 比实际车辆运营活载小，特别对临时施工设备用的铺轨机、架桥机荷载作用时，0.6UIC 并不能完全包络，因此，另考虑验算车辆荷载，采用四轴轴重为 19.5 t 如图 2-8 所示活载图式作为 ZC 验算活载图式，同时也作为小跨度桥涵结构活载的补充。

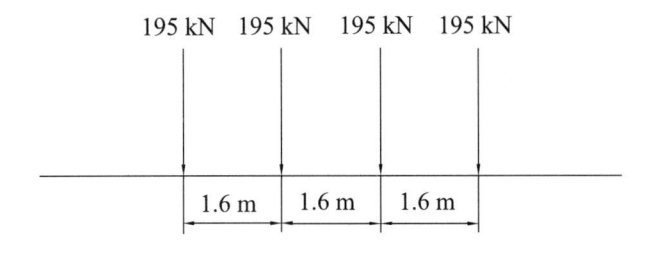

图 2-8 ZC 验算活载

3. 中—活载（2005）标准

中—活载（2005）图式继承了我国原设计规范基本体系，其标准比原中—活载标准（图 2-5）适当提高，达到了全路设计活载图式统一和客运、货运铁路分线目的，满足 250 kN 轴重列车和铁路运输发展需要，也为货运专线运输的发展创造了条件，并兼顾了长大车运行的需要。在工程量增加较少的前提下，使桥梁安全储备综合指标更加均衡和合理。

中—活载（2005）图式包括设计活载图式和长大重车检算图式。中—活载（2005）设计活载图式见表 2-4，长大重车检算图式如图 2-6 所示。

表 2-4 中—活载（2005）设计活载图

线路类型	图式名称	荷载图式 普通荷载	荷载图式 特种荷载
高速铁路	ZK	64(kN/m) 200 200 200 200(kN) 64(kN/m)　任意长度 0.8m 1.6m 1.6m 1.6m 0.8m 任意长度	250 250 250 250(kN)　1.6m 1.6m 1.6m
城际铁路	ZC	48(kN/m) 150 150 150 150(kN) 48(kN/m)　任意长度 0.8m 1.6m 1.6m 1.6m 0.8m 任意长度	190 190 190 190(kN)　1.6m 1.6m 1.6m
客货共线铁路	ZKH	85(kN/m) 250 250 250 250(kN) 85(kN/m)　任意长度 0.8m 1.6m 1.6m 1.6m 0.8m 任意长度	250 250 250 250(kN)　1.4m 1.4m 1.4m
重载铁路	ZH	85(kN/m) 250z 250z 250z 250z(kN) 85(kN/m)　任意长度 0.8m 1.6m 1.6m 1.6m 0.8m 任意长度（荷载系数 z≥1.0）	280z 280z 280z 280z(kN)　1.4m 1.4m 1.4m（z≥1.0）

注：距离单位为 m。

2.3.2 动力系数

考虑列车活载竖向动力作用时，列车竖向活载等于列车竖向静活载乘以动力系数 $(1+\mu)$，$(1+\mu)$ 应按以下公式计算。

ZK 活载作用下：

（1）桥跨结构

$$1+\mu = 1 + 1.44 / \left(L_\phi^{0.5} - 0.2\right) - 0.18 \tag{2-2}$$

其中，$(1+\mu)$ 计算值小于 1.0 时取 1.0。

式中　L_ϕ——加载长度（m），其中，$L_\phi<3.61$ m 时，按 3.61 m 计；简支梁时为梁的跨度；

　　　n——跨连续梁时取平均跨度乘以下列系数：

$n=2$ 时，取 1.20；

$n=3$ 时，取 1.30；

$n=4$ 时，取 1.40；

$n \geq 5$ 时，取 1.50。

当计算 L_ϕ 小于最大跨度时，取最大跨度。

（2）涵洞及结构顶面有填土的承重结构，当顶面填土厚度 $H_C>3$ m 时，不计列车动力作用，当 $H_C \leq 3$ m 时按下式计算：

$$1+\mu = 1+\left[1.44\Big/\left(L_\phi^{0.5}-0.2\right)-0.18\right]-\mu_{折减} \tag{2-3}$$

其中，$(1+\mu)$ 计算值小于 1.0 时取 1.0。

式中　L_ϕ——加载长度（m），其中，$L_\phi<3.61$ m 时按 3.61 m 计；

$\mu_{折减}$——涵洞动力系数折减系数，可按下式计算：

$$\mu_{折减} = 0.63 - \frac{0.5}{H_C - 0.8} \tag{2-4}$$

其中　H_C——涵洞及结构顶面至轨底的填土厚度（m）；

（3）计算实体墩台、基础和土压力时，不计动力作用系数。

（4）支座动力系数的计算公式应采用相应的桥跨结构动力系数 $(1+\mu)$ 的计算公式。

2.3.3　离心力

曲线桥梁应考虑列车竖向静活载产生的离心力的作用，离心力计算应符合以下要求。

（1）离心力应按以下公式计算：

对集中活载 N：　　$F = \dfrac{V^2}{127R}(f \cdot N)$ 　　　　　　　　　　　　　（2-5）

对分布活载 q：　　$F = \dfrac{V^2}{127R}(f \cdot q \cdot L)$ 　　　　　　　　　　　（2-6）

式中　N——ZK 活载图式中的集中荷载（kN）；

q——ZK 活载图式中的分布荷载（kN/m）；

V——设计速度（km/h）；

R——曲线半径（m）；

f——竖向活载折减系数：当 $L \leqslant 2.88$ m 或 $V \leqslant 120$ km/h 时，值取 1.0；当计算 f 值大于 1.0 时取 1.0；当 $L>150$ m 时，取 $L=150$ m 计算 f 值；当设计速度 $V>300$ km/h 时，取 $V=300$ km/h 计算 f 值。

$$f = 1.25 - \frac{V-120}{800}\left(\frac{814}{V}+1.75\right)\left(1-\sqrt{\frac{2.88}{L}}\right) \tag{2-7}$$

其中　f——桥上曲线部分荷载长度（m）。

（2）离心力按水平向外作用于轨顶以上 1.8 m 处。

（3）当计算设计速度大于 120 km/h 时，离心力和竖向活载组合时应考虑以下 3 种情况：

① 不折减的 ZK 活载和按 120 km/h 速度计算的离心力（$f=1.0$）；

② 折减的 ZK 活载（fN, fqL）和按设计速度计算的离心力（$f<1.0$）；

③ 曲线桥梁还应考虑没有离心力时列车活载作用的情况。

2.3.4　活载在桥台后的侧向土压力

列车竖向静活载在桥台后破坏棱体上引起的侧向土压力，应按活载换算为当量均布土层厚度计算，如图 2-9 所示。

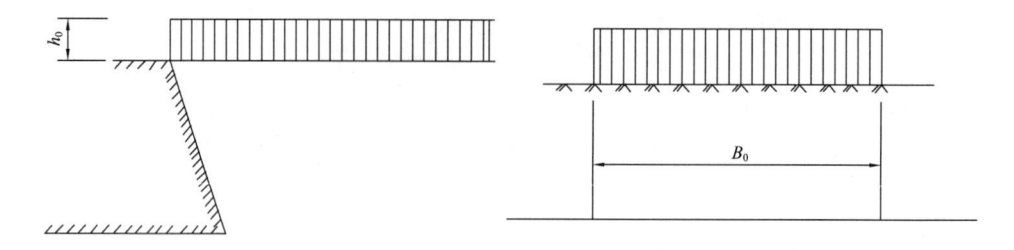

图 2-9 活载换算土层厚度

活载换算当量均布土层厚度 h_0（m），可按下式计算：

$$h_0 = \frac{q}{\gamma} \tag{2-8}$$

式中 q——轨底平面上活载竖向压力强度（kPa），计算活载竖向压力强度时横向分布宽度按 3.0 m 计，纵向分布宽度当采用集中轴重时为轴距，当采用每延长米荷重时为 1.0 m；

γ——土的重度（kN/m³）。

每线台后活载计算宽度 B_0 可取 3.0 m。

2.3.5 列车脱轨荷载

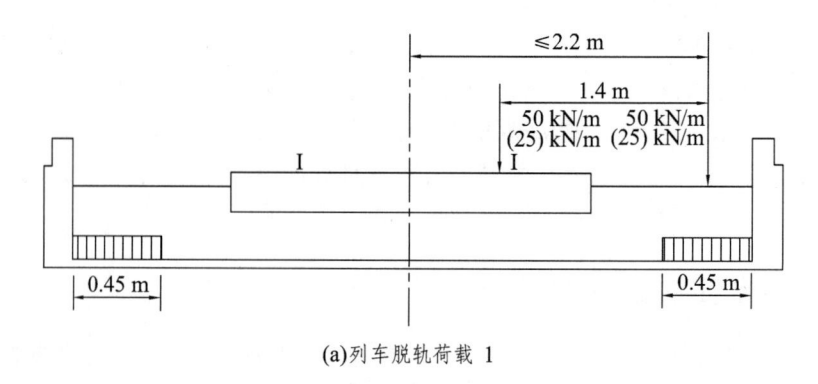

长度大于 15 m 的桥梁，应考虑列车脱轨荷载。列车脱轨荷载不计动力系数。多线桥上，只考虑单线脱轨荷载，且其他线路上不作用列车活载。列车脱轨荷载应按以下两种情况考虑：

（1）列车脱轨后一侧车轮仍停留在桥面轨道范围内的情况。

两条平行于线路中线、相距为 1.4 m 的线荷载，作用于线路中线两一侧 2.2 m 范围以内且不超过挡砟墙或防护墙内侧的最不利位置上。该线荷载在长度为 6.4 m 的一段上为 50 kN/m，前后各接以 25 kN/m，见图 2-10（a）。

（2）列车脱轨后已离开轨道范围，但没有坠落桥下，仍停留在桥面边缘的情况。

一条长度为 20 m，平行于线路中线，作用于挡砟墙或防护墙内侧的线荷载，其值为 64 kN/m，见图 2-10（b）。

(a) 列车脱轨荷载 1

(b)列车脱轨荷载 2

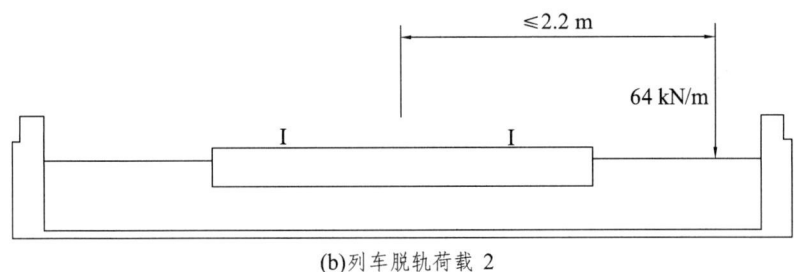

图 2-10　列车脱轨荷载

2.3.6　列车引起的气动力

气动力计算应符合下列规定：

由驶过列车引起的气动压力和气动吸力，应由一个 5 m 长的移动面荷载及一个 5 m 长的移动面荷载组成。

气动力应分为水平气动力 q_h 和垂直气动力 q_v。水平气动力作用在轨顶之上的最大高度为 5 m。水平气动力 q_h 可由图 2-11 的曲线查取。垂直气动力 q_v 应按下式计算：

$$q = 2q_h \frac{7D+30}{100} (kN/m^2) \qquad (2-9)$$

式中　q_h ——水平气动力（kN/m^2）；

　　　D ——作用线至线路中心距离（m）。

对顶盖下的建筑物或构件，q_h 与 q_v 应乘以 1.5 的阻挡系数。声屏障设计时面荷载 q_h 和 q_v 应与有车的风荷载叠加。

对于因气动力可能引起自振的结构，其气动力还应考虑动力放大系数，该系数通过研究确定。

2.3.7　作业通道设计荷载

当桥面上布置有作业通道时，作业通道设计时竖向静活载应采用 $5 kN/m^2$。当桥上走行检查小车时尚应考虑检查小车竖向荷载。主梁设计时作业通道的竖向静活载不应与列车活载同时计算。

在检算栏杆立柱及扶手时，水平推力应按 0.75 kN/m 考虑。对于立柱，水平推力作用于立柱顶面处。立柱和扶手还应按 1.0 kN 的集中荷载检算。

2.3.8　其他设计作用

（1）长钢轨伸缩力、挠曲力和断轨力引起的墩台顶纵向水平力，应按梁轨共同作用进行计算。符合《新建铁路桥上无缝线路设计暂行规定》的计算条件时，应按该规定计算。断轨力为特殊荷载，单线桥和多线桥均只应计一根钢轨的断轨力。

（2）横向摇摆力应取 100 kN，作为一个集中荷载取最不利位置，以水平方向垂直线路中线作用于钢轨顶面。多线桥梁只计算任一线上的横向摇摆力。

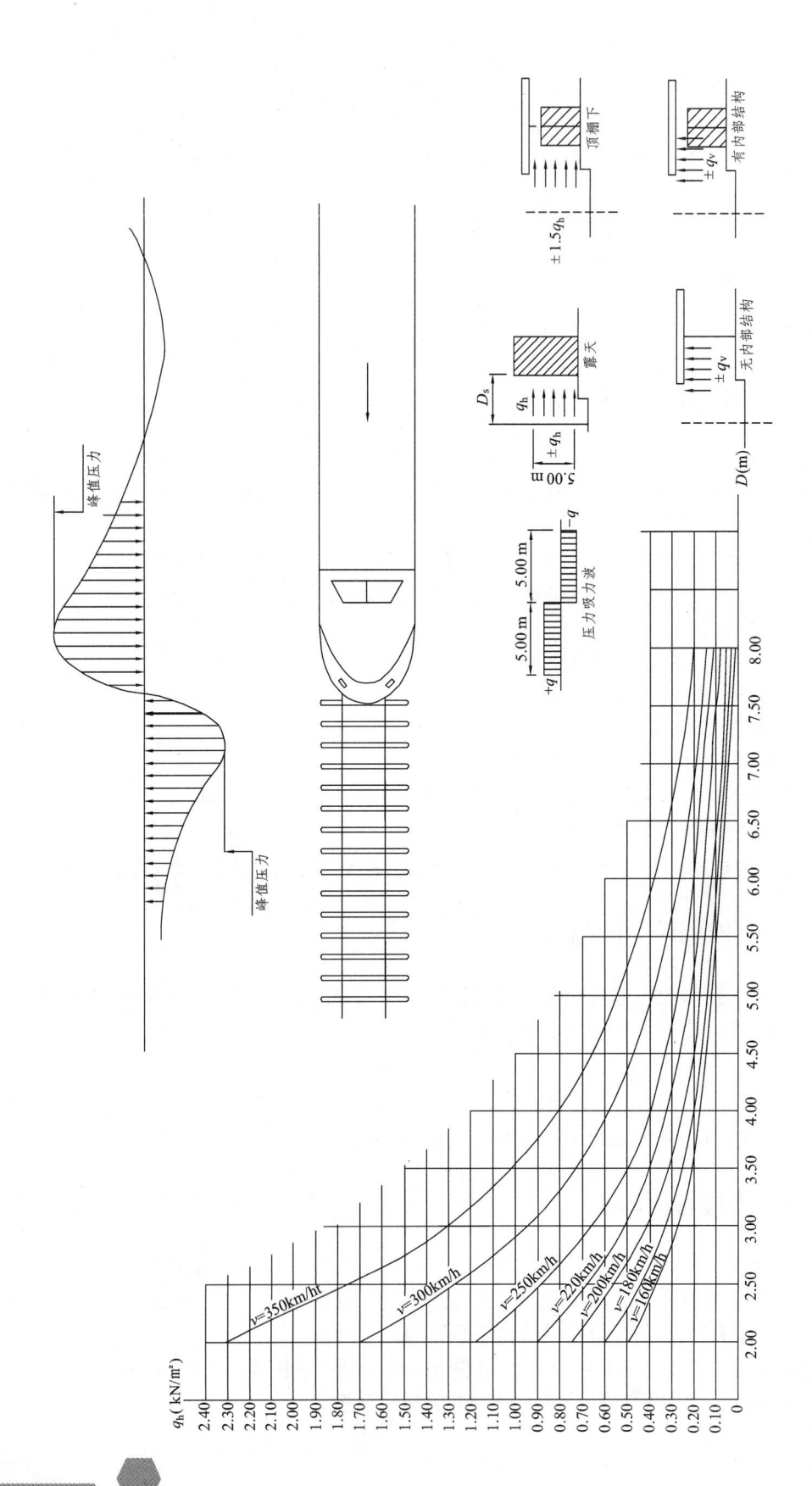

图 2-11 驶过的列车对建筑物或构件的气动力

（3）桥上列车制动力或牵引力应按列车竖向静活载的10%计算。但当与离心力或列车竖向动力作用同时计算时，制动力或牵引力应按列车竖向静活载的7%计算，具体作用位置按《铁路桥涵设计基本规范》办理。区间双线桥应采用单线的制动力或牵引力，车站内双线桥梁应根据其结构形式考虑制动和启动同时发生的情况进行设计；三线或三线以上的桥梁应采用双线的制动力或牵引力。

（4）作用于桥梁上的风力、流水压力、水浮力、冰压力、冻胀力、船只或排筏的撞击力、施工荷载，应按现行《铁路桥涵设计基本规范》规定计算。

（5）当墩柱有可能受到汽车撞击时，应设置坚固的防护工程。当无法设置防护工程时，必须考虑汽车对墩柱的撞击力。撞击力顺行车方向应采用 1 000 kN，横行车方向应采用 500 kN，两个等效力不同时考虑，作用在路面以上 1.20 m 高度处。

（6）温度变化（如整体温升、整体温降、日照、寒潮）的作用，应按现行《铁路桥涵设计基本规范》《铁路桥涵钢筋混凝土和预应力混凝土结构设计规范》的规定计算。结构构件应考虑截面的不同侧面或内外面温差产生的应力和位移。

（7）地震力的作用，应按现行国家标准《铁路工程抗震设计规范》的规定计算。

2.4 刚 度

桥涵设备要求具有足够的刚度、良好的动力性能及耐久性，满足轨道稳定性、平顺性要求，满足高速列车安全运行和旅客乘坐舒适度的要求。本节规定的桥梁梁部及墩台刚度的限值，仅适用于跨度小于 96 m 的结构。

2.4.1 梁体竖向挠度变形限值

挠度是衡量桥跨结构竖向刚度的标志，限制挠度的主要原因：一是挠度大引起桥跨结构端部转角大，各跨相邻处线路不能成为连续的平顺曲线，使此处受到冲击力而产生病害，还会引起车辆振动加大，影响行车安全及旅客舒适度；二是挠度大引起桁梁杆件次应力也大。活载作用下，梁体竖向挠度限值主要根据乘坐舒适度来确定。旅客的乘坐舒适度评定的最基本指标是车体的竖、横向振动加速度。

梁体竖向变形、变位限值应符合以下规定要求：

（1）梁部结构在 ZK 竖向静活载作用下，梁体的竖向挠度不应大于表 2-5 的数值。

表 2-5　梁体的竖向挠度限值

速度/(km/h)	跨度/m		
	$L \leqslant 40$ m	40 m$< L \leqslant 80$ m	80 m$< L \leqslant 96$ m
250	$L/1400$	$L/1400$	$L/1000$
300	$L/1500$	$L/1600$	$L/1100$
350	$L/1600$	$L/1900$	$L/1500$

注：① 表中限值适用于 3 跨及以上的双线简支梁，对 3 跨及以上一联的连续梁，梁体竖向挠度限值按表中数值的 1.1 倍取用；对 2 跨一联的连续梁、2 跨及以下的双线简支梁，梁体竖向挠度限值按表中数值的 1.4 倍取用。
② 对单线简支或连续梁，梁体竖向挠度限值按相应双线桥限值的 0.6 倍取用。
③ 表中的 L 为简支梁或连续梁检算跨的跨度。

（2）拱桥、刚架及连续梁桥的竖向挠度，除考虑列车竖向静活载作用外，尚应计入温度的影响。梁体竖向挠度按下列情况之不利者取值，并应满足表2-5的限值要求：

① 列车竖向静活载作用下产生的挠度值与0.5倍温度引起的挠度值之和。

② 0.63倍列车竖向静活载作用下产生的挠度值与全部温度引起的挠度值之和。

（3）桥面附属设施宜尽量在轨道铺设前完成。轨道铺设完成后，预应力混凝土梁的竖向残余徐变变形应符合以下规定：

有砟桥面：梁体的竖向变形不应大于20 mm。

无砟桥面：$L \leqslant 50$ m时，竖向变形不应大于10 mm；$L>50$ m时，竖向变形不应大于，$L/5\,000$且不大于20 mm。

（4）对于设有纵向坡度的无砟轨道桥梁，应考虑梁体纵向伸缩引起的梁缝两侧钢轨支承点竖向相对位移对轨道结构的影响。

2.4.2 梁体横向变形限值

控制梁体横向挠度和梁端横向折角，主要是为了保证轨道的方向性。梁体横向变形的限值应符合以下规定：

（1）在列车横向摇摆力、离心力、风力和温度的作用下，梁体的水平挠度应小于或等于梁体计算跨度的$1/4\,000$。

（2）无砟轨道桥梁相邻梁端两侧的钢轨支点横向相对位移不应大于1 mm。

2.4.3 梁体扭曲变形限值

桥面过大扭曲会产生较大的轮重减载，影响行车安全。ZK静活载作用下梁体扭曲引起的轨面不平顺限值，以一段3 m长的线路为基准，一线两根钢轨的竖向相对变形量t不大于1.5 mm（图2-12）。

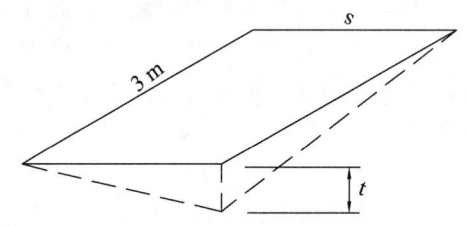

图2-12 桥面扭曲变形（s为钢轨中心距）

2.4.4 梁端竖向转角限值

梁端竖向转角（图2-13）是控制桥上列车运行安全性和平稳性的控制因素之一。在ZK竖向静活载作用下，有砟轨道和无砟轨道桥梁梁端竖向转角限值要求符合表2-6所规定的限值。

图2-13 梁端转角示意图

表 2-6 梁端转角限值

桥上轨道类型	位置	限值/rad	备注
有砟轨道	桥台与桥梁之间	$\theta \leqslant 2.0‰$	
	相邻两孔梁之间	$\theta_1 + \theta_2 \leqslant 4.0‰$	
无砟轨道	桥台与桥梁之间	$\theta \leqslant 1.5‰$	梁端悬出长度≤0.55 m
		$\theta \leqslant 1.0‰$	0.55 m<梁端悬出长度≤0.75 m
	相邻两孔梁之间	$\theta_1 + \theta_2 \leqslant 3.0‰$	梁端悬出长度≤0.55 m
		$\theta_1 + \theta_2 \leqslant 2.0‰$	0.55 m<梁端悬出长度≤0.75 m

注：① θ 为梁体的梁端竖向转角，$\theta_1 + \theta_2$ 分别为相邻梁跨梁梁体各自的梁端竖向转角；
② 对于大跨度无砟轨道桥梁，当梁端转角不满足上述要求时，应检算梁端转角变形对轨道结构的影响，并采取相应措施。

2.4.5 梁端水平折角限值

对于高速铁路，满足高速运行时列车安全性和旅客乘坐舒适度要求的桥墩台横向刚度的要求应更高，桥梁下部结构的横向刚度对车桥耦合振动体系的影响是较为明显的，尤其是对横向动位移的影响更大。在 ZK 活载、横向摇摆力、离心力、风力和温度力的作用下，墩顶横向水平位移引起的桥面处梁端水平折角不大于 1.0‰弧度。梁端水平折角如图 2-14 所示。

Δ——墩台横向水平位移差；
θ——水平折角

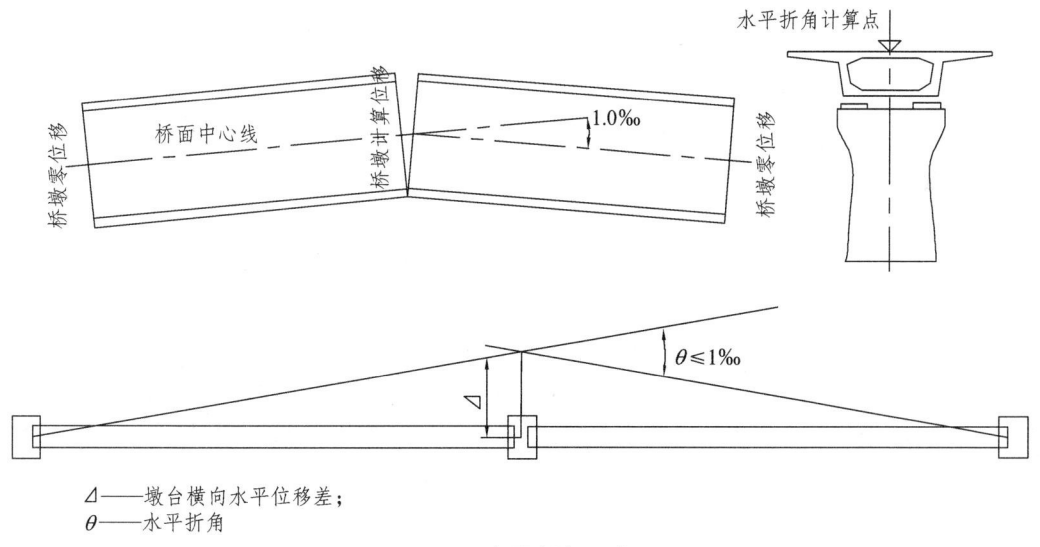

图 2-14 水平折角示意图

2.4.6 墩台顶纵向水平线刚度限值

我国高速铁路采用跨区间无缝线路，为保证桥上无缝线路的稳定和安全性，必须检算由于温度变化、列车制动（起动）等产生的钢轨附加应力。同时为了保证桥梁的受力安全，检算相应墩台附加力。位于有砟轨道无缝线路固定区的混凝土简支梁，墩台顶纵向水平线刚度符合表 2-7 的限值要求。非纵联型无砟轨道亦可采用该限值。

表 2-7 墩台顶纵向水平线刚度限值

墩台顶	跨度/m	纵向水平线刚度/(kN/cm)	
		双线墩台	单线墩台
桥　墩	≤12	100	60
	16	160	100
	20	190	120
	24	270	170
	32	350	220
	40	550	340
	48	720	450
桥　台		3 000	1 500

注：高架车站到发线有效长度范围内双线墩台的纵向水平线刚度限值按表内单线墩台的 2.0 倍取值。

2.4.7 简支梁竖向自振频率限值

影响高速铁路桥梁动力作用的因素有桥梁结构的竖向固有频率（自振频率）、列车轮对的间距、列车通过桥梁的运行速度、桥梁结构的重量和阻尼、桥梁及桥面系均匀分布的支撑和结构（例如：横梁、轨枕……）、车轮的缺陷（轮缘扁疤）、轨道的垂直缺陷等。其中桥梁的竖向固有频率（自振频率）是促使桥梁动力系数出现峰值的根本原因。

（1）简支梁竖向自振频率不应低于以下限值：

$$\begin{cases} n_0 = 80/L, L = 20 \text{ m} \\ n_0 = 23.58L^{-0.592}, 20 < L \leqslant 96 \end{cases} \quad (2\text{-}10)$$

式中　n_0——简支梁竖向自振频率限值（Hz）；
　　　L——简支梁跨度（m）。

（2）对于运行车长 24~26 m 的动车组、$L \leqslant 32$ m 混凝土及预应力混凝土双线简支梁，当梁体自振频率不低于表 2-8 的限值要求时，梁部结构设计可不再进行车桥耦合动力响应分析。

表 2-8 常用跨度双线简支梁不需进行动力检算的竖向自振频率限值

跨　度/m	设计速度		
	250 km/h	300 km/h	350 km/h
12	100/L	100/L	120/L
16	100/L	100/L	120/L
20	100/L	100/L	120/L
24	100/L	120/L	140/L
32	120/L	130/L	150/L

2.4.8 脱轨系数、轮重减载率、轮轨横向水平力及构架横向加速度

列车运行安全性主要涉及车辆在桥上是否会出现脱轨及对轨道产生过大横向力的问题。对于不满足表 2-8 要求的简支梁及其他桥梁，结构设计除进行静力分析外，尚应按实际运营

客车通过桥梁情况进行车桥耦合动力响应分析（最大检算速度应按 1.2 倍设计速度取值），并符合下列规定：

（1）脱轨系数、轮重减载率、轮对横向水平力、车体竖向和横向振动加速度、旅客乘坐舒适度指标：

脱轨系数　　　　$Q/P \leqslant 0.8$
轮重减载率　　　$\Delta P/P \leqslant 0.6$
轮对横向水平力　$Q \leqslant 10+P_0/3$

式中　P_0——静轴重（kN）。

（2）桥面竖向振动加速度指标。

桥面在 20 Hz 及以下强振频率的竖向振动加速度限值：

有砟桥面 $\leqslant 0.35g$
无砟桥面 $\leqslant 0.50g$
车体竖向振动加速度　$a_z \leqslant 0.13g$（半峰值）
车体横向振动加速度　$a_y \leqslant 0.10g$（半峰值）

式中　g——重力加速度（m/s²）

（3）旅客乘坐舒适度指标。

斯佩林舒适度指标

$W \leqslant 2.50$，优
$2.50 < W \leqslant 2.75$，良
$2.75 < W \leqslant 3.00$，合格

2.4.9　道岔区桥梁结构要求

道岔区桥梁结构要求符合道岔对结构变形和变位的要求。

2.5　高速铁路桥梁基础的沉降

墩台基础的沉降量应按恒载计算。墩台基础工后均匀沉降量和相邻墩台沉降量差满足表 2-9 和表 2-10 限值要求。对超静定结构，除满足限值要求外，还要根据沉降差对结构产生的附加应力的影响确定。

表 2-9　有砟轨道墩/台基础工后均匀沉降量限值

设计速度	沉降类型	限值/mm
250 km/h 及以上	墩/台均匀沉降	30
	相邻墩/台沉降差	15
200 km/h	墩/台均匀沉降	50
	相邻墩/台沉降差	20
160 km/h 及以下	墩/台均匀沉降	80
	相邻墩/台沉降差	40

表 2-10　无砟轨道墩台基础工后均匀沉降量限值

设计速度	沉降类型	限值/mm
250 km/h 及以上	墩/台均匀沉降	20
250 km/h 及以上	相邻墩/台沉降差	5
200 km/h 及以下	墩/台均匀沉降	20
200 km/h 及以下	相邻墩/台沉降差	10

涵洞基础工后沉降量限值要求与相邻路基工后沉降量限值相一致。隧道基础工后沉降量限值不大于 15 mm。无砟轨道区段桥台、涵洞边墙、隧道洞口与路基交界处的工后沉降差不大于 5 mm，工后沉降差造成的折角不应大于 1/1000。工后沉降量超过限值时，要求有计划进行整治、加固。

2.6 结构计算与构造规定

桥涵结构的计算及构造要求应满足现行《铁路桥涵设计规范》《铁路桥涵混凝土结构设计规范》《铁路桥梁钢结构设计规范》《铁路桥涵地基和基础设计规范》的相关规定执行。

1. 混凝土桥跨结构

（1）箱梁。

① 箱梁内净空高度不宜小于 1.6 m，并应根据需要设置进入孔，进入孔宜设置在两孔梁梁缝处或梁端附近的底板上。

② 梁端桥轴方向的受拉预应力钢筋应不少于 1/2 伸过支点并锚固。

③ 对箱梁梁端各倒角部位、吊点下方顶板与梗肋交界部位、梁端底板、进入孔等部位应进行预加应力、存梁、运架梁等施工阶段的局部应力分析，在上述部位构造应适当加强以防裂纹产生。

④ 宽跨比较大的箱梁，在截面设计时应考虑剪力滞的影响，有效宽度折减系数可按《铁路桥涵混凝土结构设计规范》中的要求计算。

⑤ 有砟（无砟）箱梁设计应考虑铺砟前（无砟轨道铺设前）施工阶段及成桥后各种工况时温度梯度对箱梁受力的影响。

⑥ 预制（现浇）箱梁，（需要时）尚应考虑运架设备通过对箱梁的影响。

⑦ 双线箱梁横向内力分析宜采用整体计算。

（2）T 梁。

① 为便于支座安装和检查，T 梁端隔板高度应比梁底向上减小 10 cm。

② 多片式 T 梁横向须形成整体截面，使各片主梁之间能共同分担活载，在分片架设后必须将横隔板和翼缘连成整体，并施加横向预应力。

③ 多片式 T 形梁可作为由主梁及横隔梁组成的格子结构进行分析。

④ 分片架设预制 T 梁，湿接缝宽度不宜小于 300 mm；湿接缝处钢筋构造应满足整体截面受力要求。

（3）预应力钢筋或管道的净距及保护层厚度应符合以下规定：

① 预应力钢筋管道间的净距，当管道直径小于或等于 55 mm 时，不应小于 40 mm；当管道直径大于 55 mm 时，不应小于管道直径。

② 预应力钢筋或管道表面与结构表面之间的保护层厚度，在结构的顶面和侧面不应小于 1.0 倍的管道直径并不小于 50 mm，结构底面不应小于 60 mm。

（4）当要求严格控制结构的徐变变形时，恒载作用下，混凝土应力不宜大于 0.4 倍的混凝土轴心抗压强度，并应分阶段按相应的混凝土龄期计算混凝土的徐变变形。

（5）预应力混凝土梁的封锚及接缝处，应在构造上采取防水措施，防止雨水渗入。各种接缝应尽量避开最不利环境作用的部位。对于结构有可能产生裂纹的部位，应适当增设普通钢筋防止裂纹发生。

2. 支座

（1）桥梁支座宜采用盆式橡胶支座和钢支座，橡胶支座应水平设置。对于沉降难以控制区段的桥梁，经技术经济比较，可采用可调高支座。

（2）梁横向宽度较大的梁，其支座部分必须能横向移动及转动，否则在计算支座时应考虑端横梁和末端横框架固端弯矩在支承线上所引起的约束作用。

（3）对斜交梁，支座纵向位移方向应与梁轴线或切线一致。

（4）支座设置应满足检查、维修和更换的要求。支承垫石到墩台边缘距离及垫石高度应考虑顶梁的空间。

3. 桥墩与桥台

（1）桥梁墩台宜采用混凝土或钢筋混凝土结构。

（2）承台桩基布置在满足刚性角的情况下，承台底部应布置一层钢筋网，当钻孔桩桩径为 $\phi 1.00$ m 时，钢筋直径不小于 20 mm；当钻孔桩桩径为 $\phi 1.25$ m 或 $\phi 1.50$ m 时，钢筋直径不小于 25 mm；钢筋间距均为 10 cm。

（3）混凝土实体桥墩应设置护面钢筋，竖向护面钢筋直径不宜小于 14 mm，间距不大于 15 cm；环向箍筋直径不小于 10 mm，间距不大于 20 cm，墩底加密区采用 10 cm。空心桥墩的箍筋间距，在固端干扰区为 10 cm，其他区段不大于 20 cm。

（4）桥梁墩台顶面尺寸应满足架设、检查、养护、维修和支座更换及顶梁的要求，并应设排水坡。

4. 涵洞

（1）涵洞顶至轨底的高度不宜小于 1.5 m。

（2）涵洞可布置成斜交，但斜交涵洞的斜交角度不宜大于 45°。

（3）涵洞宜采用钢筋混凝土框架箱涵，沉降缝不应设在轨道下方，可设在两线中间，轨下涵节长度不宜小于 5 m。

（4）软弱地基上的涵洞，涵洞地基处理应与两侧路基地基处理协调一致。

2.7 高速铁路桥面布置及附属设施

1. 桥面布置的规定

（1）桥上有砟轨道轨下枕底道砟厚度不应小于 0.35 m。

（2）桥上应设置挡砟墙或防护墙，其高度采用与相邻轨道轨面等高。直线和曲线，曲线内侧和外侧可采用不同的高度。

（3）有砟轨道桥梁，直线上时线路中心线至挡砟墙内侧净距不应小于2.2 m。

（4）曲线地段桥上建筑限界加宽按《高速铁路设计规范》的规定处理。

（5）桥面应为主要设备的安装预留位置。

（6）桥上栏杆高度不应小于1.0 m。

（7）强风口地段应设置防风设施。当设置防风设施时，桥上栏杆或声屏障与防风设施要结合考虑，同时要考虑旅客观光需要。

（8）线路中心线距接触网支柱内侧最小距离不应小于3.0 m。曲线地段接触网支柱内侧边缘至线路中心净距应满足建筑限界加宽的要求。当接触网支柱设置在桥面上时，不宜设在梁跨跨中。

（9）主梁翼缘悬臂板端部宜设遮板。

（10）桥面宽度应按照建筑限界、作业维修通道及电缆槽、接触网立柱构造宽度的要求计算确定。

2. 附属设施的规定

（1）桥长超过3 km时，应结合地面道路条件，每隔3 km（单侧6 km）左右，在线路两侧交错设置1处可上下桥的救援疏散通道。救援疏散通道侧对应的桥上栏杆或声屏障位置应预留出口。

（2）桥涵结构构造应便于检查和养护，根据需要设置检查设施。

（3）桥梁必须设置性能良好的防、排水设施。

① 梁部或墩台的表面形状应有利于排水，对于可能受雨淋或积水的水平面做成斜面。桥梁顶面宜设置不小于2%的横向排水坡。桥梁墩台的顶面应设置不小于3%的排水坡。

② 桥梁端部应采取有效防水构造措施，防止污水回流污染支座和梁端表面。

③ 有砟轨道、CRTS Ⅰ型双块式无砟轨道桥面应为两列排水方式，CRTS Ⅰ型板式、CRTS Ⅱ型板式无砟轨道桥面应为三列排水方式。

2.8 接口设计

（1）桥梁和其他专业间的接口设计应满足以下原则：

① 高速铁路桥梁应统筹考虑与其他专业的接口设计。

② 桥梁设计应考虑和轨道的梁轨相互作用及构造协调。

③ 桥梁设计应综合考虑声屏障、接触网、桥梁综合接地、沉降观测标、救援疏散通道等设施的设置要求。

④ 桥梁设计应考虑通信、信号、供电、电力等专业电缆上下桥的要求。

⑤ 桥梁设计必须考虑环境保护的要求。

（2）桥梁与主要站前站后专业的接口设计应符合以下具体要求：

① 桥梁设计时应根据轨道形式进行系统性设计，桥上伸缩调节器的设置应进行充分的经济和技术比较论证后慎重确定。桥上设置伸缩调节器时应满足轨道技术要求。

② 桥梁救援疏散通道的设置和桥下维修通道、绿色通道及地面道路统筹考虑。

③ 桥梁设计应做好与路基的衔接过渡。

④ 桥上应根据环保专业的要求预留声屏障基础。桥上救援逃生通道设置宜避开声屏障范围。

⑤ 桥梁应根据信号专业的要求，在基础、墩台和梁部设置综合接地装置，包括接地装置在墩梁之间的连接。

⑥ 桥梁设计应根据通信、信号、电力和电气化专业的要求预留设置电缆槽道、电缆上下桥设备、接触网支柱等设施条件。

⑦ 对于车站范围内的桥梁，桥梁设计应根据信号专业的要求预留转辙机等室外设施安装位置；站内桥墩的设计应符合建筑总体设计的要求。

⑧ 上跨高速铁路的公路桥应设置防落物网和防护墙，当防灾专业在公路桥上设置坠落物监测报警装置时，应在公路桥上预留相应条件。

Part 3 高速铁路桥面构造

3.1 桥面布置及桥面构造

3.1.1 桥面布置

影响桥面宽度的主要因素有:
(1) 线间距:线间距随列车运行速度的不同而不同。
(2) 养护作业方式:设置维修作业通道或不设置维修作业通道。

如考虑养护维修的便利性,桥面应考虑预留不小于 0.8 m 的养护维修通道,同时针对检查车的构造特点,养护维修通道设置于接触网支柱外侧。

(3) 养护机械工作空间:如有砟铁路考虑大型养路机械的工作空间,线路中心至挡砟墙净距为 2.2 m。
(4) 接触网支柱至线路中心线的最小距离:考虑曲线上超高等因素影响,接触网支柱内侧距线路中心的最小距离为 3.0 m。
(5) 电缆槽的构造空间:通信、信号、电力等电缆槽的宽度在 0.2~0.3 m。
(6) 人行道遮板的安装宽度:考虑构造要求最小安装宽度为 0.1 m。

1. 设置维修作业通道的桥面布置

我国《新建时速 300~350 公里客运专线铁路设计暂行规定》中设置维修作业通道的有砟桥面布置见图 3-1。

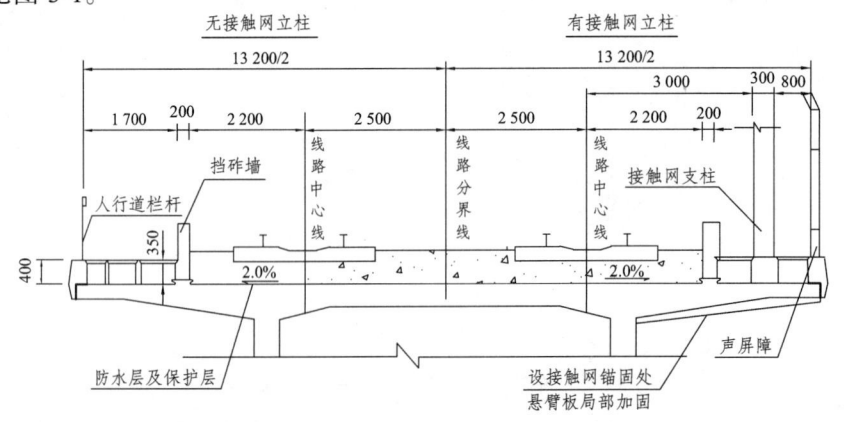

图 3-1 设置维修作业通道的有砟桥面布置图(单位:mm)

为便于桥上线路养护维修作业，我国客运专线铁路桥面不采用护轨，而采用加高挡砟墙的措施，以防止列车倾覆。有砟桥面线路中心至挡砟墙净距 2.2 m 是为满足道床清筛的要求而定；无砟轨道时线路中心至挡砟墙净距 1.9 m 即可满足要求。为使桥面设计标准统一规定线路中心至挡砟墙净距也为 2.2 m。为满足桥上行走桥梁检修小车的要求，触网支柱外侧至护栏内侧至少需要 0.80 m 的宽度。

《新建时速 300~350 公里客运专线铁路设计暂行规定》中无砟桥面布置见图 3-2。

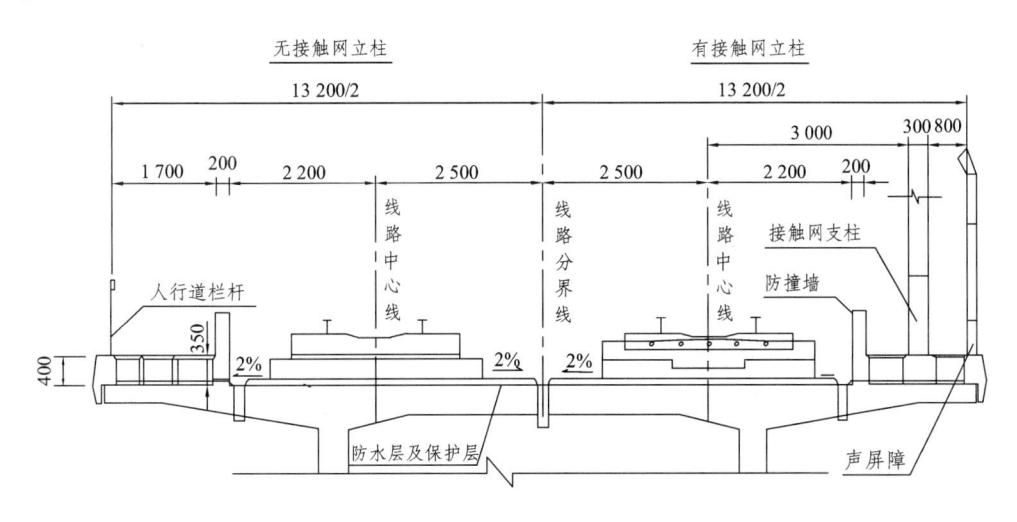

图 3-2 设置维修作业通道的无砟桥面布置（单位：mm）

2. 不设维修作业通道的桥面布置

有砟桥面总宽 12.6 m，无砟桥面总宽 12.0 m。不设检查车通道的有砟桥面布置如图 3-3 所示，不设检查车通道的无砟桥面布置如图 3-4 所示，详见《客运专线铁路常用跨度梁桥面附属设施》（通桥〔2008〕8388A）。

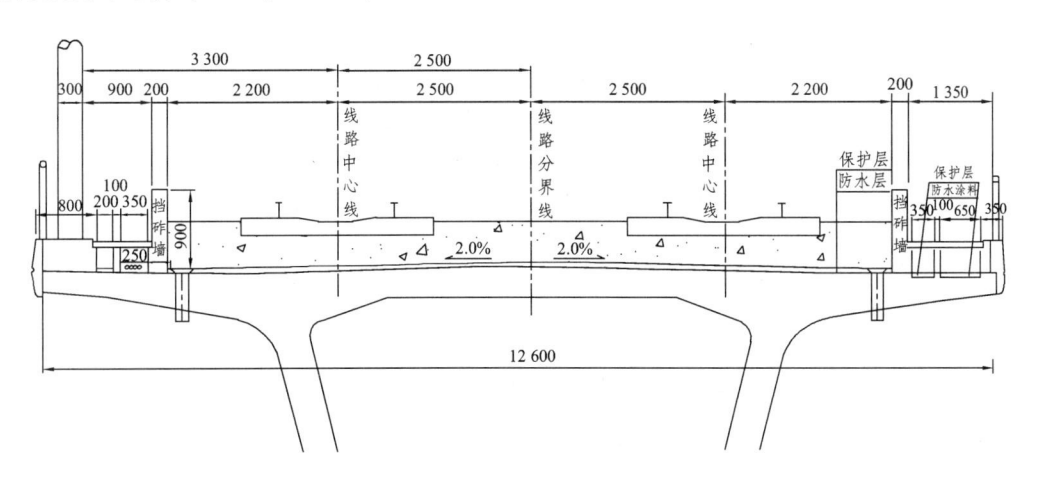

图 3-3 不设检查车通道的有砟桥面布置图（单位：mm）

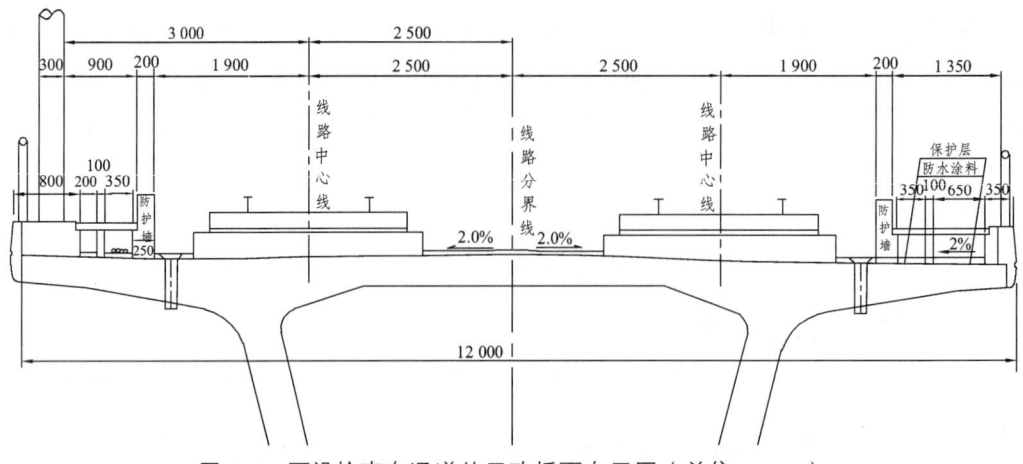

图 3-4 不设检查车通道的无砟桥面布置图（单位：mm）

3.1.2 桥面构造

桥面构造由以下几部分组成：桥面排水系统、防水层、保护层、泄水管及配件；电缆槽、人行道盖板及挡砟墙（防护墙）；人行道遮板、挡板与栏杆；声屏障；伸缩缝；电气化接触网支柱；综合接地；紧急救援通道；桥梁检查设备。

3.2 电缆槽、人行道、挡砟墙（防护墙）及接触网支柱

3.2.1 电缆槽

高速铁路桥面上一般通过的电缆主要有通信光缆、信号电缆、低压电力电缆和防灾报警等系统的其他电缆。一般电缆槽由竖墙、盖板组成。

1. 电缆槽布置

（1）当考虑桥面设置维修作业通道时，在高速铁路桥面挡砟墙外侧各设置三个电缆槽，分别为信号槽、通信槽和电力电缆槽（统称为电缆槽）。各电缆槽尺寸及构造见图 3-5。

（2）当不考虑桥面设置维修作业通道时，在高速铁路桥面挡砟墙外侧各设置两个电缆槽，通信和信号电缆合槽，电力槽单独设置。各电缆槽尺寸及构造见图 3-6。

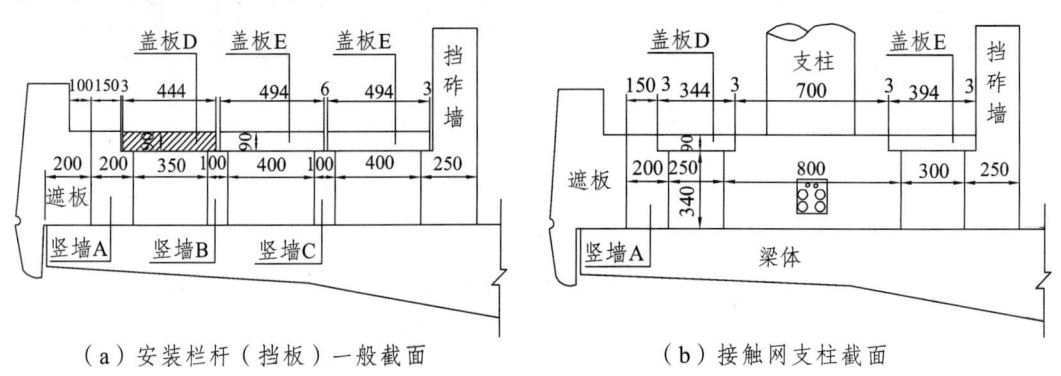

（a）安装栏杆（挡板）一般截面　　　　（b）接触网支柱截面

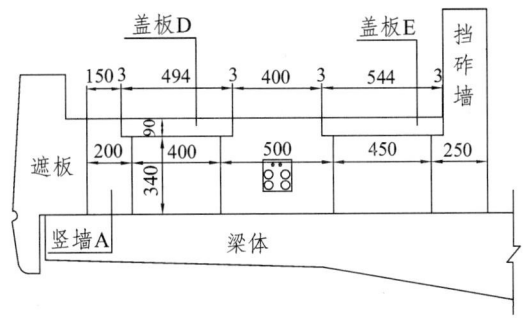

（c）下锚拉线截面

图 3-5　电缆槽构造网（单位：mm）

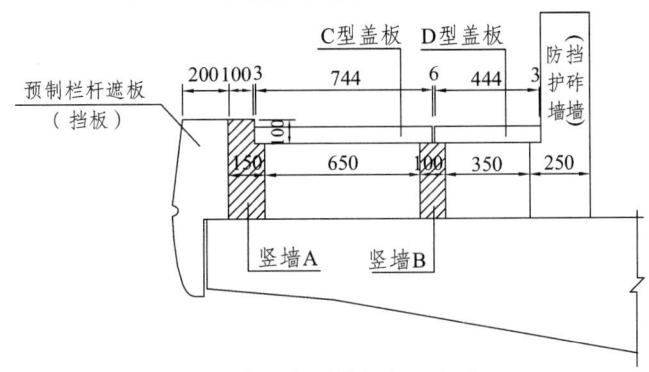

（a）安装栏杆（挡板）一般截面

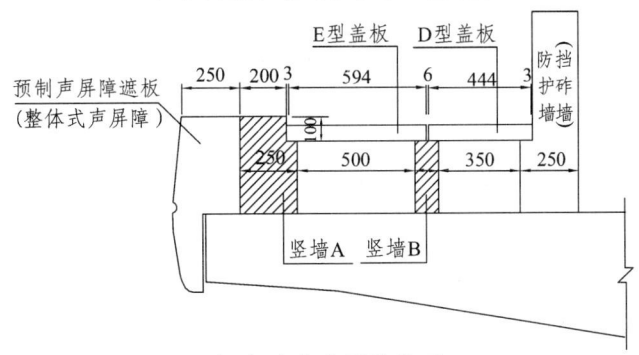

（b）安装声屏障截面

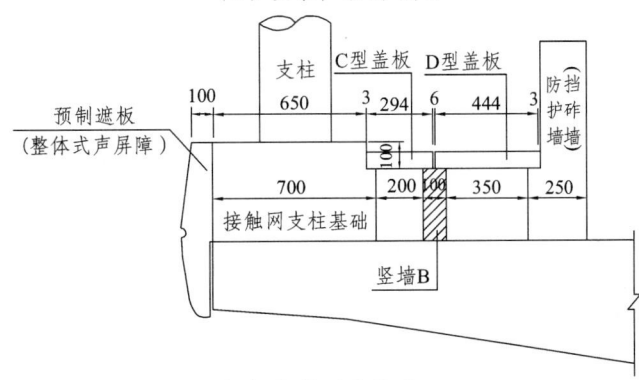

（c）接触网支柱截面

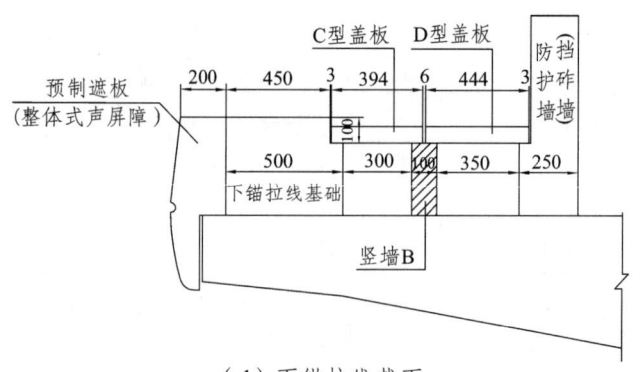

（d）下锚拉线截面

图3-6 电缆槽构造（单位：mm）

2. 竖墙

竖墙兼作分割电缆槽、连接遮板和支承电缆槽盖板的作用，竖墙在梁体吊装或现浇完成后在桥面上进行现场灌注。梁体施工时应在电缆槽竖墙相应部位预埋钢筋，使竖墙与梁体连接为一体，以保证电缆槽竖墙在桥面上的稳定性。

在标准化设计中，电缆槽竖墙按2 m一段设置单元，在设置接触网支柱基础时，竖墙长度可适当调整，对长度较短的竖墙可适当进行合并。为保证电缆槽内的排水，间隔2 m，在竖墙B的根部设置100 mm×150 mm（宽×高）的过水孔。竖墙间1cm断缝用砂浆填塞。

考虑桥面设置维修作业通道时的竖墙立面布置见图3-7，标准图设计竖墙有A、B、C三种规格。

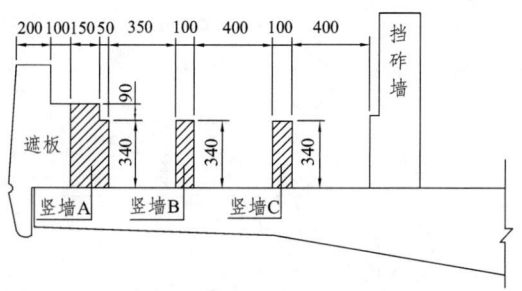

图3-7 桥面设置维修作业通道时竖墙立面布置图（单位：mm）

不考虑桥面设置维修作业通道时的竖墙立面布置见图3-8，标准图设计竖墙有A、B两种规格。

（a）安装栏杆（挡板） （b）安装声屏障

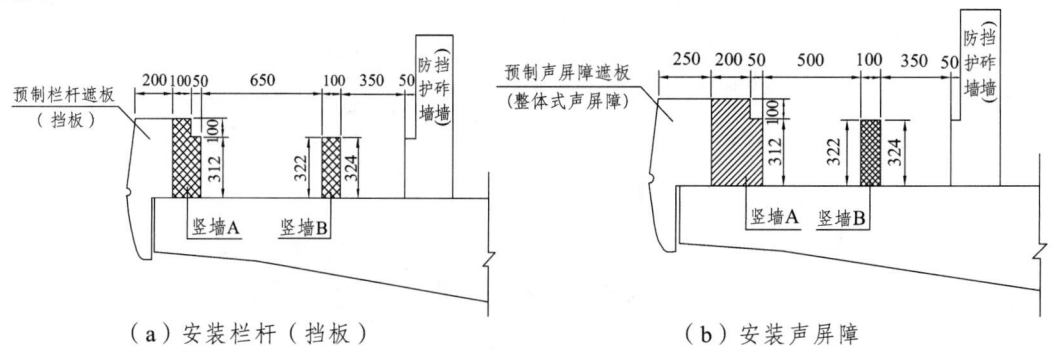

图3-8 桥面不设置维修作业通道时竖墙立面布置图（单位：mm）

3. 盖板

电缆槽盖板为预制结构,材料有活性粉末 RPC 混凝土盖板和 C40 钢筋混凝土盖板。

标准图设计盖板 0.5 m 为一个单元,设 6 mm 断缝,板宽 494 mm,梁端处根据桥跨的不同设置配板。设计荷载按作业通道竖向静活载采用 5 kN/m 计算。考虑桥面设置维修作业通道时,人行道盖板的设计荷载还应满足检查车通过的荷载检算。

考虑桥面设置维修作业通道时的盖板立面布置见图 3-9,标准图设计盖板有 D、E 两种规格。

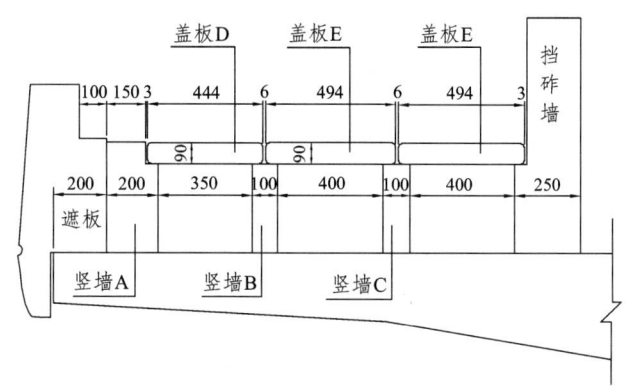

图 3-9　桥面设置维修作业通道时盖板立面布置图(单位:mm)

不考虑桥面设置维修作业通道时的盖板立面布置见图 3-10,标准图设计盖板有 C、D、E 三种规格。

(a)安装栏杆(挡板)　　　　　　　　　　　(b)安装声屏障

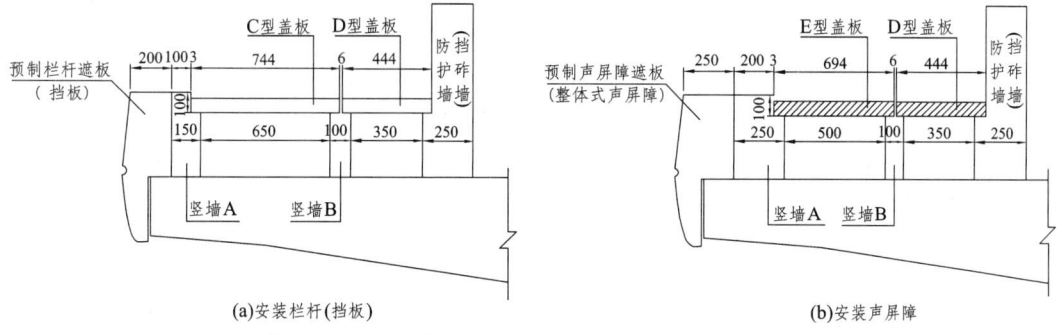

图 3-10　桥面不设置维修作业通道时盖板立面布置图(单位:mm)

施工缆槽盖板时,应注意电缆槽盖板顶面应设置横向花纹或凹槽。一方面可起到防滑作用,另一方面对盖板方向进行标识,避免放错。在盖板各方向的交角处应设置倒角,以避免盖板的损坏,其中 C40 钢筋混凝土盖板倒角为 8 mm,活性粉末混凝土盖板倒角为 3 mm。

3.2.2　人行道

在桥梁两侧外边缘设置人行道栏杆或人行道挡板。标准图栏杆采用钢栏杆、RPC 活性粉末混凝土与钢管的组合栏杆以及 C40 混凝土与钢管的组合栏杆。遮板、人行道挡板均为预制结构,根据需要通过预留钢筋与桥面竖墙 A 预留钢筋绑扎在一起后现浇竖墙混凝土与桥梁连成整体,安装于桥面。

1. 人行道栏杆

（1）钢栏杆。

标准图人行道钢栏杆构造见图 3-11。

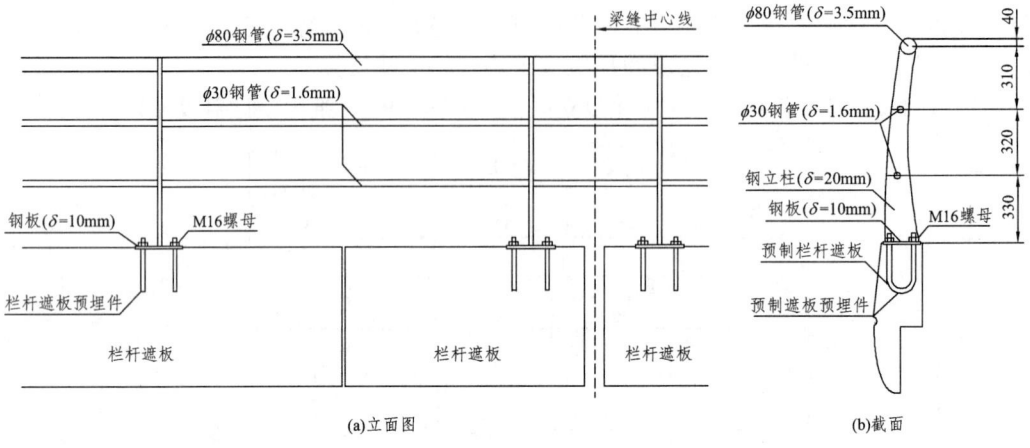

图 3-11 人行道钢栏杆构造（单位：mm）

（2）人行道 RPC-H 栏杆。

标准图人行道 RPC-H 栏杆构造见图 3-12。

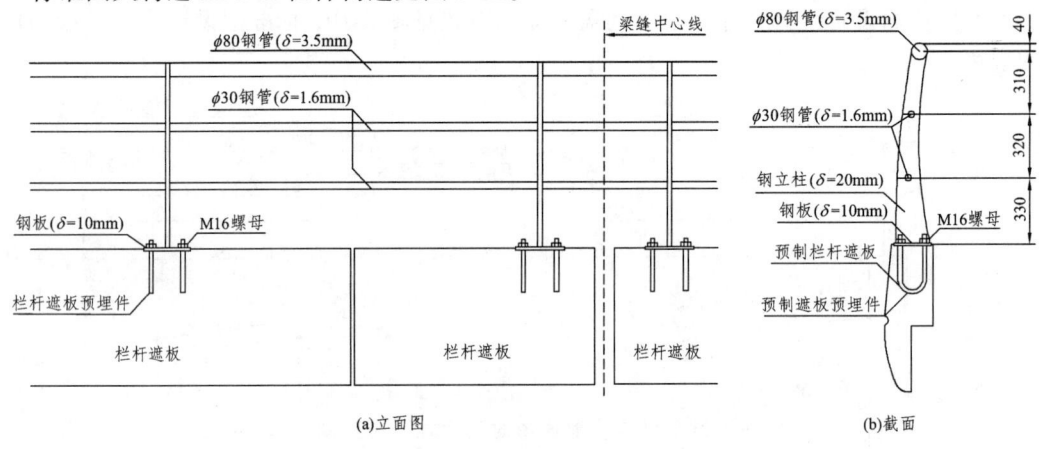

图 3-12 人行道 RPC-H 栏杆构造（单位：mm）

（3）人行道 C40 混凝土与钢管组合栏杆。

标准图人行道混凝土与钢管组合栏杆构造见图 3-13。

2. 人行道挡板

标准图设计在桥梁两侧外边缘设置的人行道挡板为整体式挡板，通过预留钢筋与桥面预留钢筋绑扎在一起后与现浇竖墙连成整体。标准设计的整体式挡板有两种高度，分别为 1 730 mm 和 1 800 mm，其中，1 730 mm 的挡板适用于六面坡和人字坡的桥面构造，1 800 mm 的挡板适用于 V 字坡的桥面构造。整体式挡板长度分别为 1 996 mm、1 326 mm、1 261 mm、1 780 mm、1 680 mm 五种类型，人行道挡板可根据桥梁长度进行选型，必要时适当调整预制件长度。标准图设计人行道挡板为 C40 钢筋混凝土结构，为减轻构件重量，整体式挡板亦可采用 RPC 活性粉末混凝土。人行道挡板构造见图 3-14。

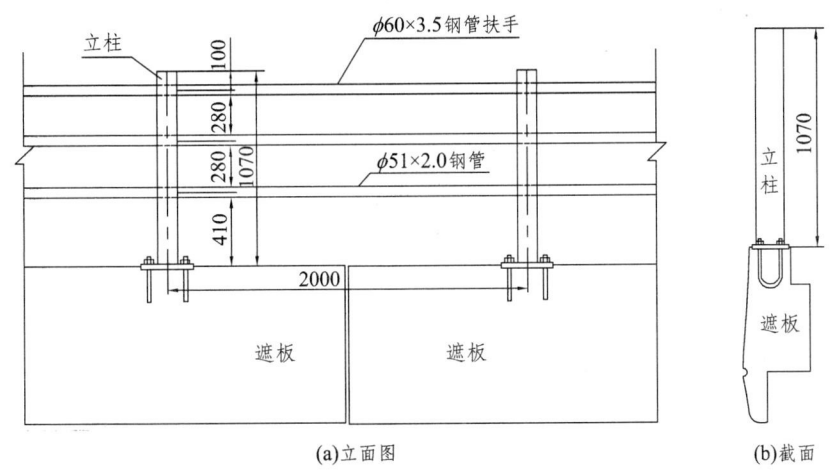

图 3-13 人行道 C40 混凝土与钢管组合栏杆构造（单位：mm）

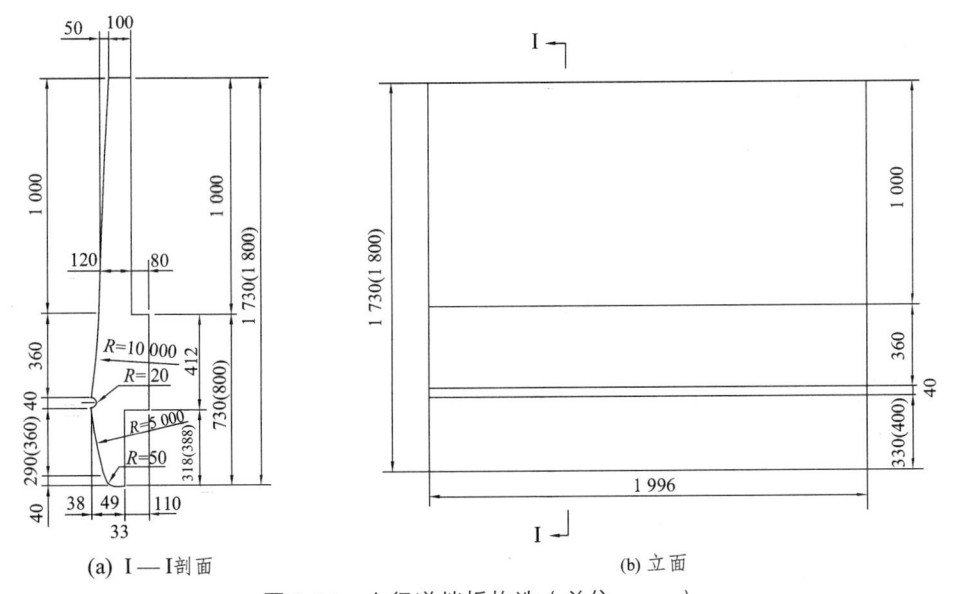

图 3-14 人行道挡板构造（单位：mm）

注：图中括号外数据适用于高度为 1 730 mm 的挡板，括号内的数据适用于高度为 1 800 mm 的挡板。

3. 人行道遮板

主梁翼缘悬臂板端部应设钢筋混凝土遮板，人行道遮板不仅可防止雨水流经梁体，同时起到美化桥梁结构的作用。

遮板有栏杆遮板和声屏障遮板两种类型。标准图设计人行道遮板有两种高度和 5 种长度：高度 730 mm 的遮板适用于六面坡和人字坡的桥面构造，高度 800 mm 的遮板适用于 V 字坡的桥面构造；长度分别为 1 996 mm、1 326 mm、1 261 mm、1 780 mm、1 680 mm 五种类型，人行道遮板可根据桥梁长度进行选型，必要时适当调整预制件长度。

人行道栏杆遮板构造见图 3-15，人行道声屏障遮板构造见图 3-16。

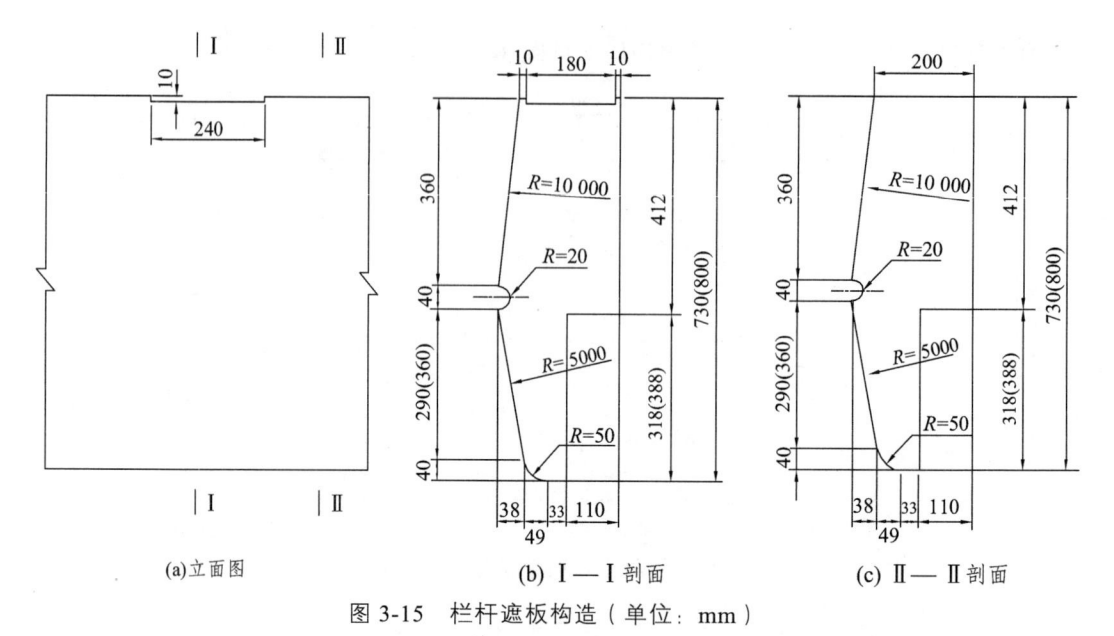

(a)立面图　　(b)Ⅰ—Ⅰ剖面　　(c)Ⅱ—Ⅱ剖面

图 3-15　栏杆遮板构造（单位：mm）

注：图中括号外数据适用于高度为 730 mm 的遮板，括号内的数据适用于高度为 800 mm 的遮板。

(a)立面图　　(b)Ⅰ—Ⅰ剖面　　(c)Ⅱ—Ⅱ剖面

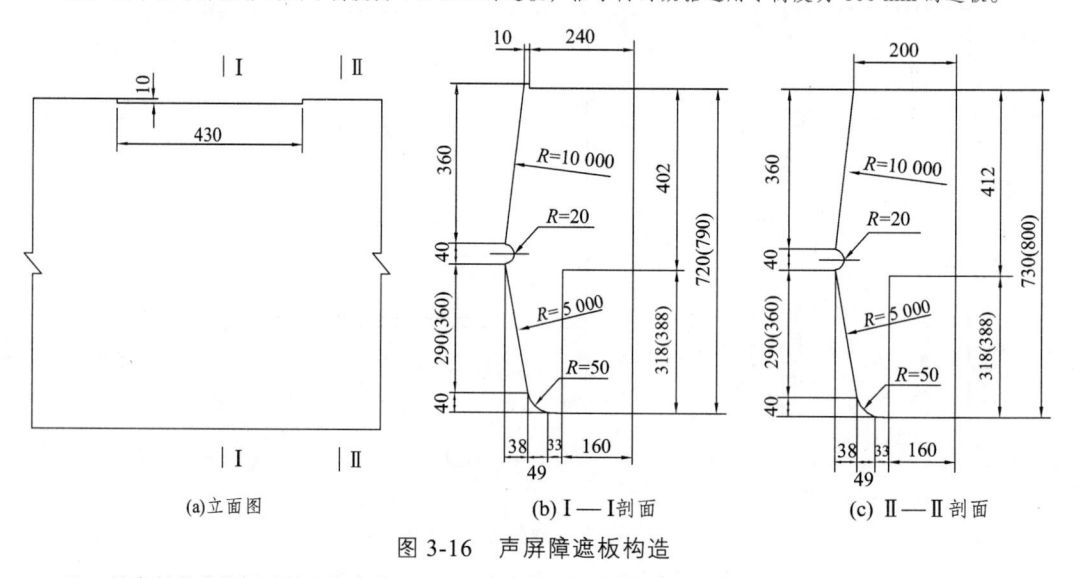

图 3-16　声屏障遮板构造

注：图中括号外数据适用于高度为 730 mm 的遮板，括号内的数据适用于高度为 800 mm 的遮板。

3.2.3　挡砟墙（防护墙）

挡砟墙（防护墙）应在桥上进行现场浇筑，应注意其端部钢筋与伸缩缝锚固钢筋的绑扎，无砟轨道梁的防护墙施工时应特别注意高度按与轨顶高程一致，即直线及曲线内侧防护墙按直线梁轨顶高程设置，曲线外侧按外侧轨顶高程设置。在有砟轨道桥梁梁端伸缩缝处，为防止道砟散落于人行道处，应在梁端挡砟墙接缝处设置挡砟钢板，挡砟钢板可焊接于伸缩缝的钢垫板上。挡砟墙（防护墙）构造及钢筋布置见图 3-17。

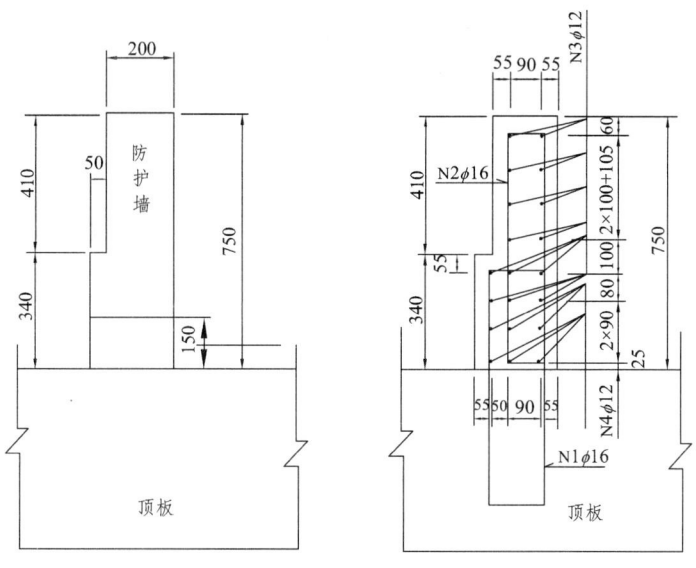

图 3-17　挡砟墙（防护墙）构造及钢筋布置（单位：mm）

挡砟墙（防护墙）和遮板、竖墙一样，一般为 200 cm 一段，两段之间设有断缝。在梁端部及接触网支柱基础附近，防护墙长度也可根据实际情况调整，节段长度不大于 2 m 且不小于 0.5 m。当防护墙的段落长度为 200 cm 时，防护墙每段实际长度为 199 cm，防护墙间 1 cm 断缝用油毛毡填塞。根据具体工点的排水要求，可在防护墙的根部间隔 4 m 设置 150 mm×150 mm 排水管孔，并做防水封边处理。在过水孔位置处，钢筋直接剪断注意钢筋净保护层不小于 3.5 cm，同时在排水孔周围用同等截断数量的钢筋补强。

3.2.4　接触网支柱

高速铁路设计中采用的接触网支柱类型和支柱的外部荷载一般参照《客运专线铁路接触网 H 型钢柱图》设计，支柱基础尺寸 1 000 mm×700 mm（顺线路×垂直线路）。接触网支柱基础构造及桥面板加强钢筋根据对应荷载计算，若柱底中心荷载有变化，应重新进行检算。H 型钢支柱基础钢筋布置及预埋钢板大样见图 3-18。

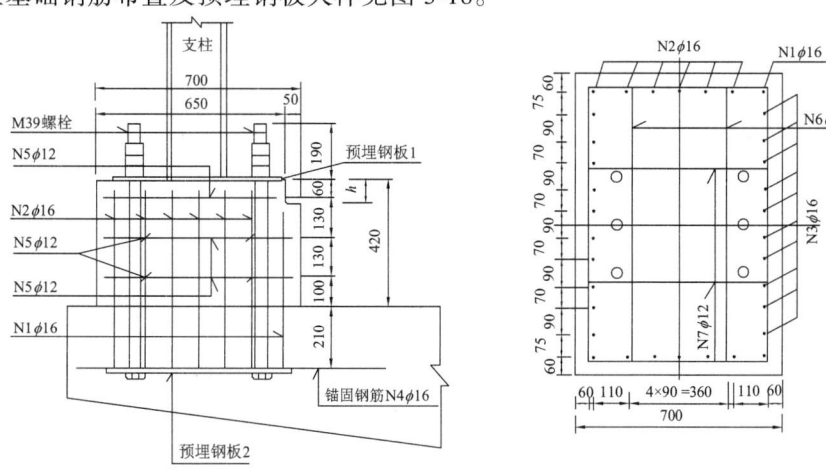

（a）钢筋布置图

（b）钢板1　　　　　　　　　　　　（c）铜板2

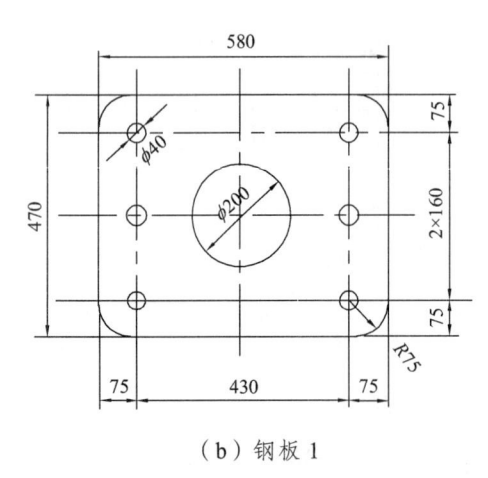

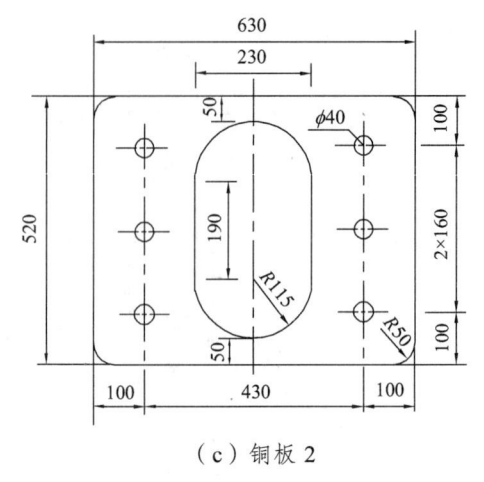

图3-18　H型钢支柱基础钢筋布置及预埋钢板大样（单位：mm）

3.3 声屏障

在高速铁路通过城市、村庄等居民聚居区时，需设置声屏障减少列车通过时交通噪声对居民的干扰。声屏障的设计主要从吸音效果好、质量轻、抗风性能好及提高耐久性等方面进行选型。

高速铁路声屏障主要有两种形式，一种为整体预制结构，一种为装配式组合结构（插板式）。整体预制结构为声屏障与人行道遮板整体预制，增强桥面防噪设施的密闭性，为减轻构件重量，整体式声屏障亦采用RPC活性粉末混凝土，双侧声屏障重量为12.8 kN/m。组合式（插板式）声屏障结构由人行道遮板和电缆槽竖墙共同构成上部声屏障的基础，并在预制遮板时预埋声屏障锚固螺栓，待现浇电缆槽竖墙混凝土时预埋另一侧锚固螺栓，或者将金属立柱直接捅入竖墙和钢筋焊接后，浇筑混凝土成整体。

目前国内外所采用的声屏障种类较多，从材料上分有陶粒混凝土、木屑混凝土、彩钢板、PC板、玻璃棉吸声体、玻璃钢制品、微网复合吸声板等；从形式上分有平板、百叶板、微孔板、复合板等。

3.3.1 RPC整体式声屏障

RPC活性粉末混凝土是20世纪90年代初由法国Richarzi等研究成功的，具有超高强、高韧性、低脆性、低渗透性以及耐久性优异等特点的新型材料。由于RPC具有较高的抗拉强度，采用该种材料作为声屏障的主要材料，可以大大减小声屏障自重，同时提高桥面设施的耐久性，降低安装难度。

在既有铁路桥梁中的声屏障大多采用插入式声屏障，声屏障的设计主要从吸音效果好、质量轻、抗风性能好以及提高耐久性等方面进行选材，以H型钢作为骨架通过桥面预埋螺栓相连于桥面。但随着列车速度的提高，列车脉动风力对声屏障产生拉压作用交替出现，一些国家高速铁路采用螺栓连接的声屏障在运营后高速铁路桥梁设计与实践不久相继出现螺栓松动等现象。整体式声屏障虽然安装较插入式声屏障复杂，但是可以加强声屏障与桥梁的连接，同时也减少了声屏障与桥梁连接的缝隙，隔声效果大大提高。因此整体式声屏障的应用也越来越多。

考虑旅客视野的舒适度，预制件高度以不高于车窗高度为宜，设计构件高出人行道顶面3 m，并在构件顶部预留螺栓孔，根据特殊需要，可在上部加设 1 m 高透明屏障。预制构件宽约 2 m，设置了 5 条竖肋，中间设置 1 条横肋。预制构件中间竖肋间距设置相同，以便肋间所放置吸声材料的标准化生产；两构件相连处竖肋间距略有不同，吸声材料的放置起到了填塞构件缝隙的作用，提高了隔声效果。预制构件下部的伸出钢筋与桥面预埋钢筋绑扎牢固。灌注桥面附属结构混凝土，使整体式声屏障与之成为一体。其结构见图 3-19。

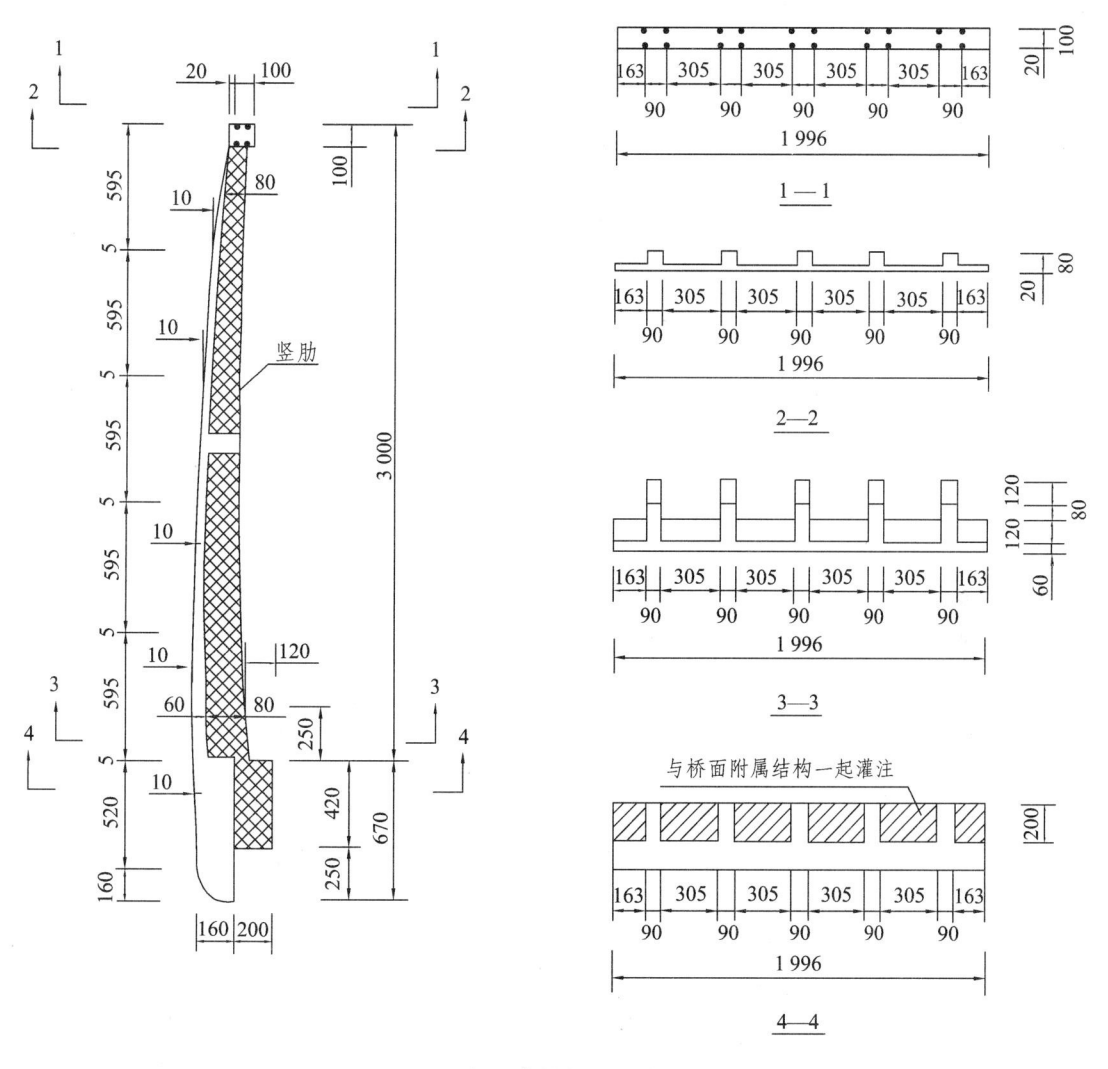

图 3-19 声屏障结构（单位：mm）

3.3.2 RPC 插板式声屏障

由于高速铁路声屏障受列车运行脉动力的影响，对插板式声屏障立柱与桥梁连接部的强度和抗疲劳性能要求高。现以京津城际铁路插板式声屏障加以说明。

京津城际铁路插板式声屏障立柱与桥梁连接方式见图 3-20，主要包括桥梁遮板预留接口与上部安装两部分。利用预埋在桥梁遮板内的 U 形高强度螺栓和上部的 Nordlock 防松垫圈及固定双螺母，将声屏障立柱底部焊接钢板与桥梁遮板固定连接，并通过在声屏障立柱底部钢板上设置的浇筑孔浇筑流动砂浆使钢板以下部件浇筑成整体，桥梁遮板通过二次浇筑的竖墙与桥梁翼缘板连成一体，使高速铁路声屏障立柱与桥梁遮板连接坚固、抗疲劳性能强、耐久性高、安装方便、安全可靠。

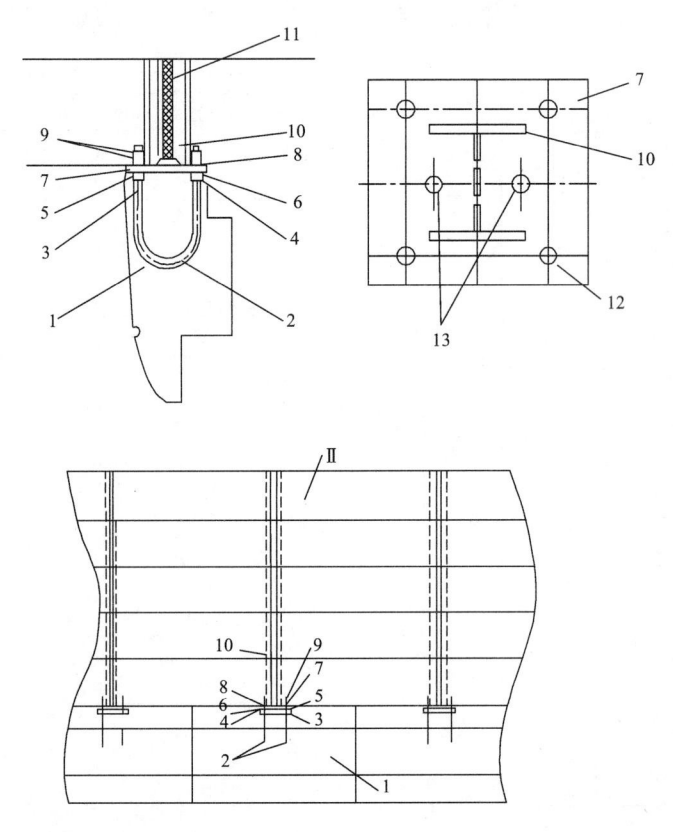

1—桥梁遮板；2—U 形高强度螺栓；3—预埋钢板；4—流动砂浆；5—调平螺母；6—弹性垫圈；7—立柱底板；8—防松垫圈；9—固定双螺件；10—声屏障立柱；11—声屏障单元板；12—螺栓孔；13—浇筑孔。

图 3-20　声屏障立柱与桥梁遮板连接

3.3.3　RPC 插板式声屏障通用参考图

时速 350 km 客运专线铁路桥梁插板式声屏障通用参考图（通环〔2009〕8323）从技术先进、安全可靠、经济合理、简洁美观、易于实施和提高结构安全性、保证设计使用寿命出发，结合结构耐久性和抗疲劳要求，确定时速 350 km 客运专线金属插板式声屏障与桥梁遮板的连接方式为螺栓连接和插入式连接两种。高螺栓连接声屏障基础见图 3-21，插入式连接声屏障基础见图 3-22。

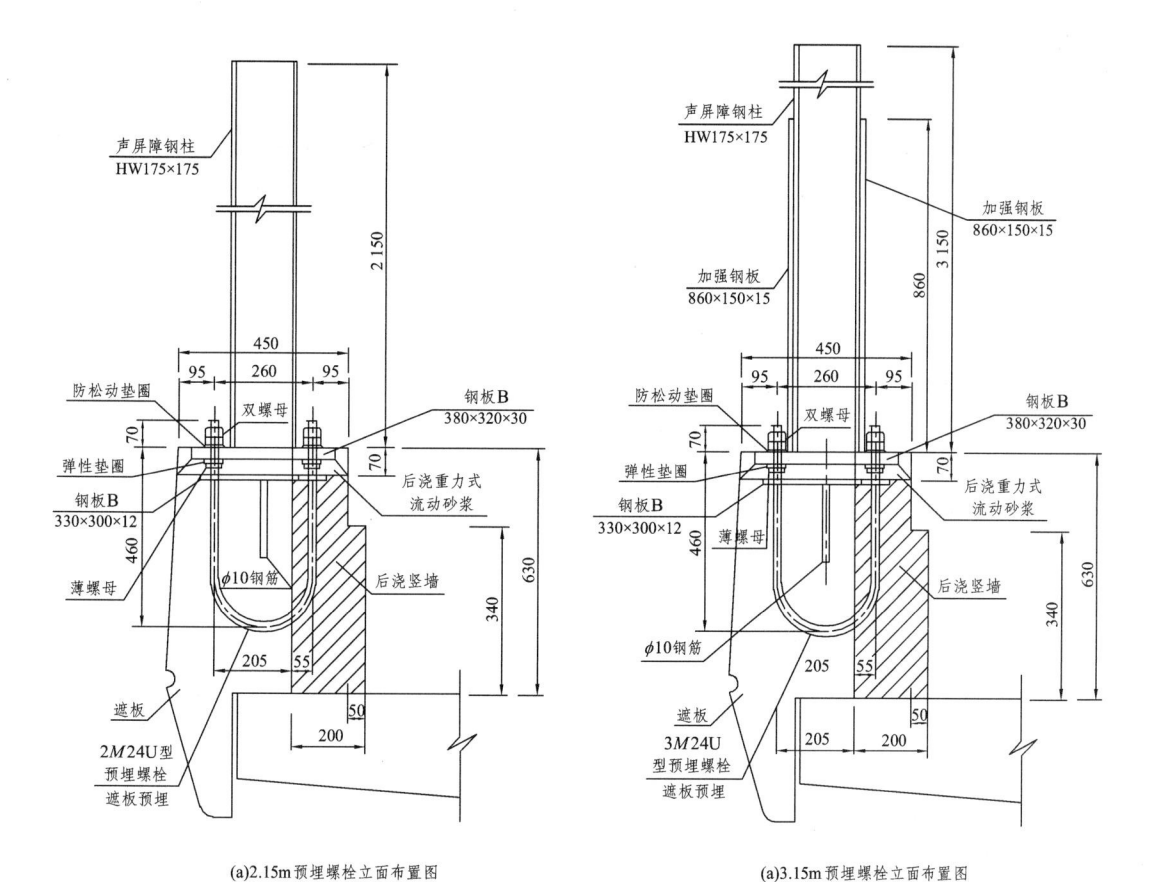

(a) 2.15m预埋螺栓立面布置图   (a) 3.15m预埋螺栓立面布置图

图 3-21　高螺栓连接声屏障基础图（单位：mm）

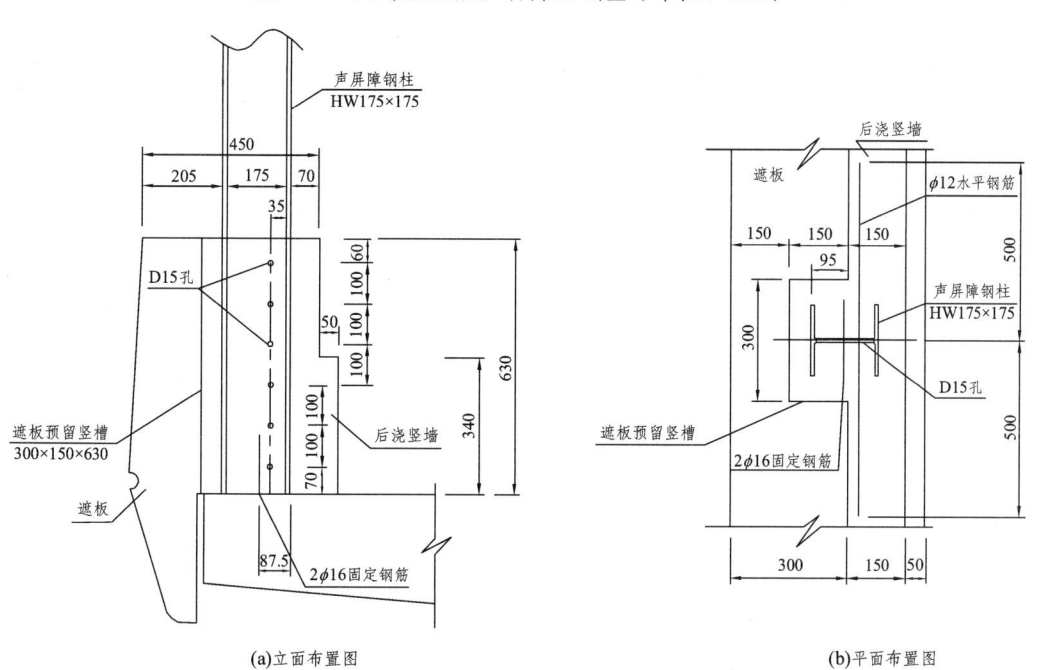

(a) 立面布置图   (b) 平面布置图

图 3-22　插入式连接声屏障基础图（单位：mm）

3.4 桥面防排水系统

为保证客运专线铁路桥梁的耐久性,应在桥梁结构的顶面铺设密闭有效的防排水设施。防排水系统由排水系统、防水层、保护层及泄水管组成。

3.4.1 排水系统

1. 有砟轨道

有砟桥面的排水系统采用两侧排水的方式,桥面横向设置 2%的人字坡,在挡砟墙内侧设置外径为 160 mm 的 PVC 泄水管,挡砟槽内的排水直接通过泄水管排出,同时挡砟墙在泄水孔位置预留过水孔,挡砟墙外侧电缆槽内从外到内设置 2%排水坡,电缆槽内积水可通过挡砟墙过水孔流到桥面泄水孔排出。同时考虑部分积水存留电缆槽内,可利用电缆槽内为通信、信号电缆过轨需要,在梁端设置的直径为 100 mm 的预留孔进行排水。有砟轨道桥面采用双侧排水系统见图 3-23。

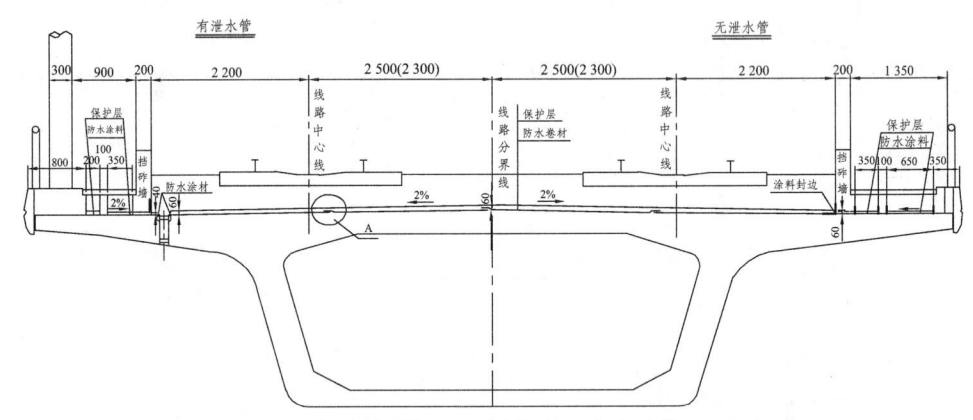

图 3-23 有砟轨道桥面双侧排水系统(单位:mm)

保护层施工时,除设置 2%横向排水坡外,还应根据泄水管位置设置一定的汇水坡。有砟轨道桥面采用双侧排水汇水平面见图 3-24。

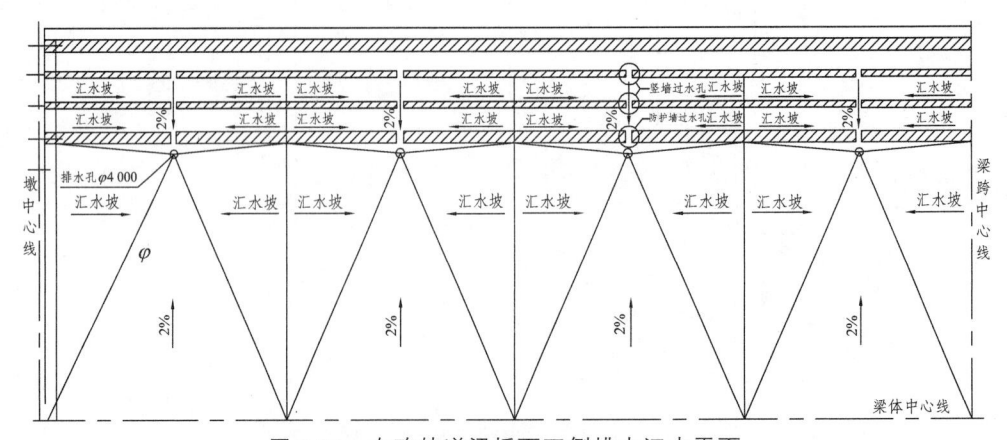

图 3-24 有砟轨道梁桥面双侧排水汇水平面

根据桥梁所处位置不同，布置了两种排水方式，即集中排水和直接排水。集中排水适用于城市市区、立体交叉（现况、规划道路）的区域，其他情况则使用直接排水方案。

2. 无砟轨道

无砟轨道桥面可根据轨道板结构或景观需要采用三列排水、两侧排水、中间排水的方式。排水管的布置根据排水方式，轨道形式及桥跨布置确定，两侧排水泄水管设置于防护墙内侧，中间排水泄水管设置于两线承轨台间，三列排水除防护墙内侧设置泄水管外，还需在两线承轨台中间设置泄水管。

无砟轨道桥面和有砟轨道桥面排水一样，布置了两种排水方式即集中排水和直接排水。集中排水适用于城市市区、立体交叉（现况、规划道路）的区域，其他情况则使用直接排水方案。

（1）三列排水。

无砟轨道桥面采用三列排水系统及汇水平面分别见图3-25及图3-26。

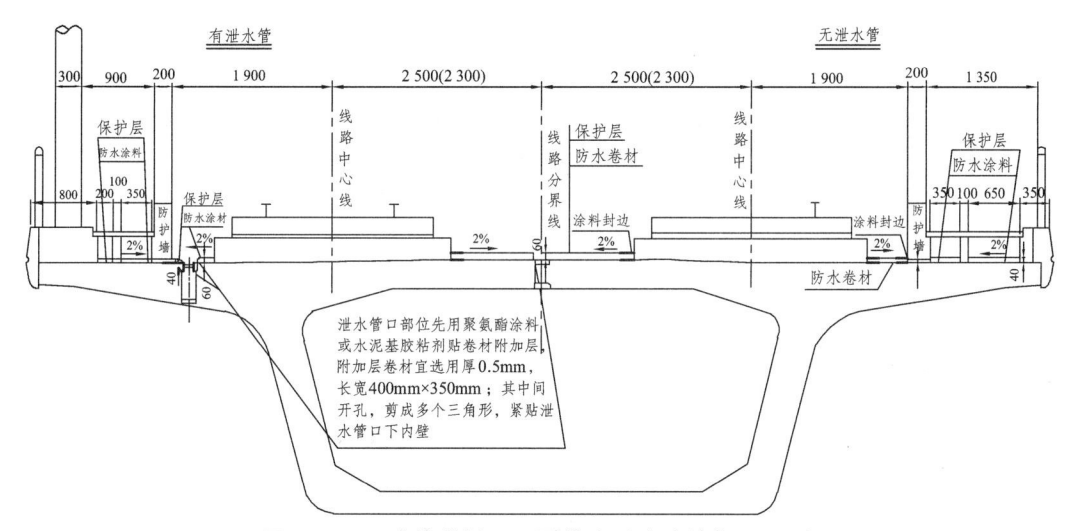

图3-25 无砟轨道桥面三列排水系统（单位：mm）

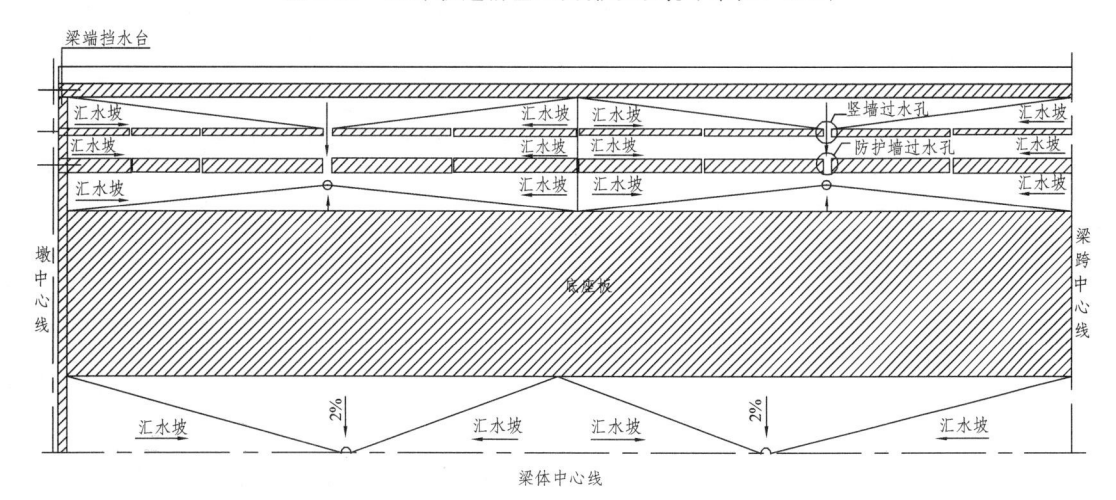

图3-26 无砟轨道桥面三列排水汇水平面

（2）两侧排水。

无砟轨道桥面采用两侧排水系统及汇水平面分别见图3-27及图3-28。

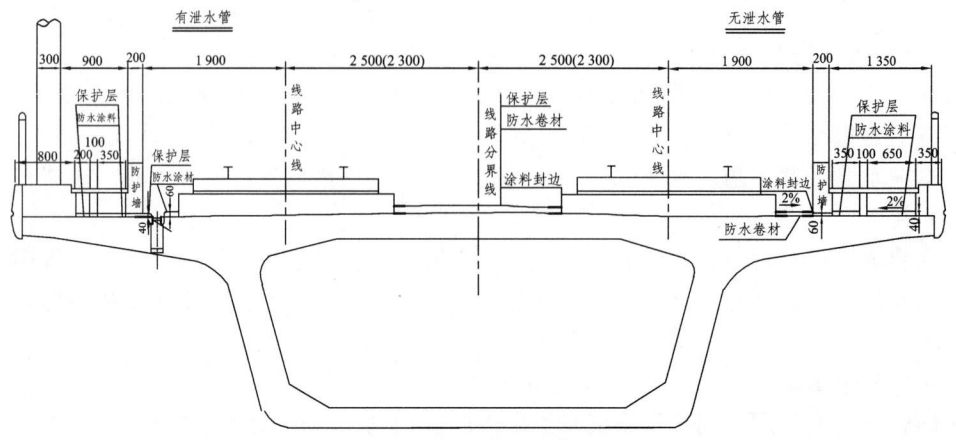

图3-27 无砟轨道桥面两侧排水系统

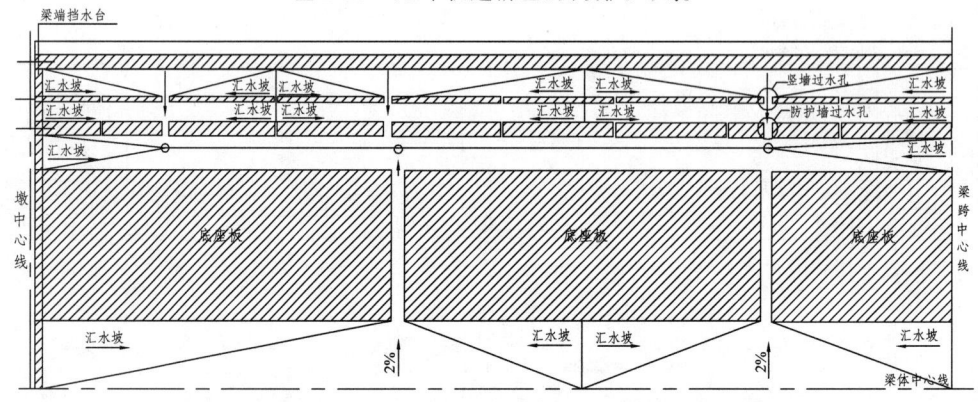

图3-28 无砟轨道桥面两侧排水汇水平面

（3）中间排水。

采用中间排水方式，两线承轨台间积水，承轨台与防护墙间及电缆槽间积水均通过中间泄水管排出。保护层施工时，除设置2%横向排水坡外，还应根据排水管位置设置3‰的汇水坡。

无砟轨道桥面采用中间排水系统及汇水平面分别见图3-29及图3-30。

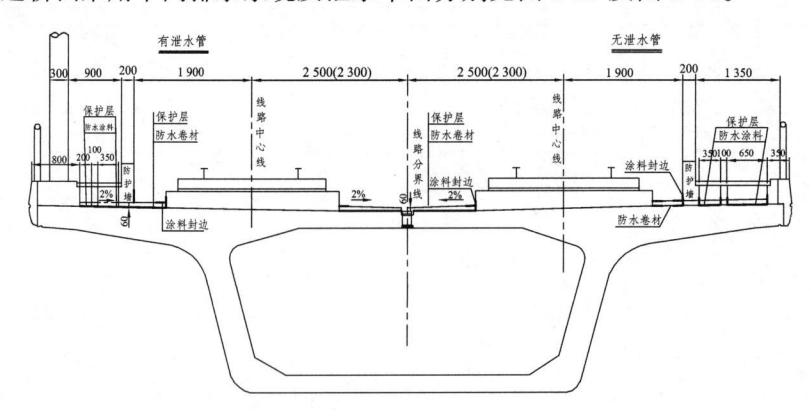

图3-29 无砟轨道桥面中间排水系统（单位：mm）

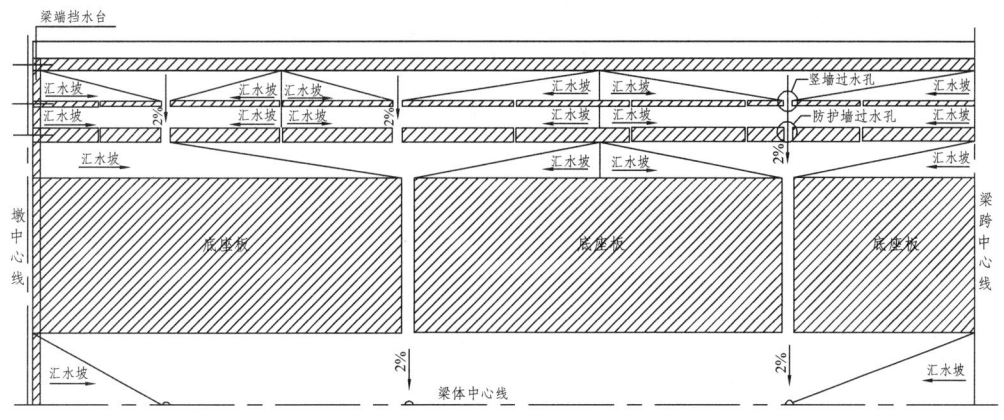

图 3-30 无砟轨道桥面中间排水汇水平面（单位：mm）

三列排水和中间排水这两种排水方案的共同点是梁体中心位置的纵向排水均需通过箱梁内部设置纵向集水管道引接至梁端，再顺桥墩预留的排水凹槽引至地面将水自然排放，纵向集水管应设置不小于1%的排水坡以保证管道不存积水，管道固定支架每1.5 m设一处；不同点是直接排水方案桥面两侧的泄水管不再设置集水、落水导管，桥上积水直接从泄水管排至桥下，而集中排水方案是将两侧泄水管同样以集水、落水管引导至梁端并排放到桥墩的泄水管中。

3.4.2 防水层

1. 防水方式

防水方式有防水卷材类防水层和防水涂料类防水层两种。一般情况，卷材加粘贴涂料型防水层，适用于有砟桥面道砟槽内；无卷材的涂料型防水层，适用于有砟桥面道砟槽以外部分和无砟桥面。

1) 有砟轨道

有砟轨道桥面上铺设防水卷材类防水层，防水卷材铺至挡砟墙根部，在挡砟墙根部处加铺卷材附加层，附加层沿挡砟墙弯起高度 5 cm，水平向宽度 15 cm。防水卷材上覆盖纤维混凝土保护层，如采用氯化聚乙烯防水卷材，泄水管口处应先粘贴卷材附加层。防水卷材搭接处采用黏结剂封边处理，如采用高聚物改性沥青防水卷材，可直接将泄水管口处的防水卷材切开，然后翻贴至泄水管内壁。

挡砟墙外侧的电缆槽中采用防水涂料类防水层，电缆槽中涂刷聚氨酯防水涂料，防水涂料上覆盖纤维混凝土保护层。保护层与挡砟墙及电缆槽竖墙接缝处采用聚氨酯防水涂料封边，封边宽度不小于 8 cm。

2) 无砟轨道

无砟轨道桥面防水层，保护层应根据轨道与桥梁的连接形式确定。底座板与桥面设置隔离层时（如CRTSⅡ型板），应全桥铺设防水层，一般采用喷涂高性能防水涂料，保护层根据防水层种类及底座板构造需要设置；底座板与桥面直接连接时（如CRTSⅠ型板），底座板下不设防水层及保护层，承轨台内侧桥面可采用防水卷材或喷涂高性能防水涂料进行防水处理。

无砟轨道桥面防护墙外侧的电缆槽中采用防水涂料类防水层，在电缆槽中涂刷聚氨酯防水涂料。防水涂料上覆盖纤维混凝土保护层。保护层与防护墙及电缆槽竖墙接缝处采用聚氨酯防水涂料封边，封边宽度不小于 8 cm。

对于无砟轨道梁，桥面防水层及保护层应在全桥架梁完成后在桥上进行。有砟轨道梁挡砟墙内侧防水层及保护层可在制梁场内铺设，也可在桥上铺设。挡砟墙外侧防水层及保护层应在电缆槽竖墙浇筑后铺设。在制梁场铺设防水层及保护层时，应在制梁时一同灌注 100 mm 高挡砟墙，以便进行防水层的封边处理。

3）防水层结构形式

防水层结构形式分别见图 3-31 及图 3-32。

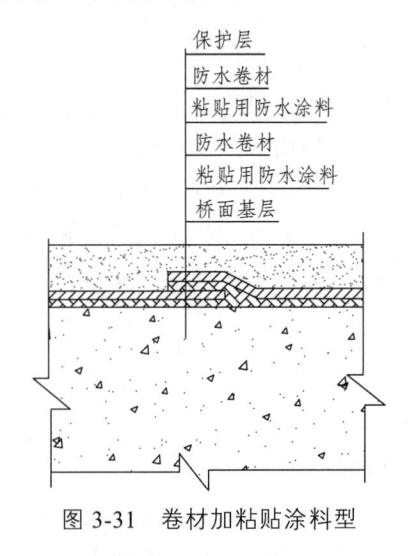

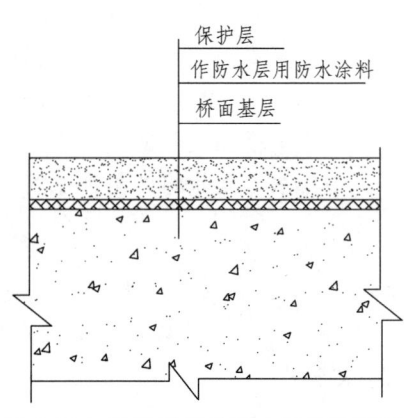

图 3-31 卷材加粘贴涂料型　　图 3-32 直接用于作防水层的涂料型

4）防水层铺装

（1）卷材加粘贴涂料型防水层。

卷材加粘贴涂料型防水层，防水卷材纵向宜整长铺设，当防水卷材进行搭接时，先行纵向搭接，再进行横向搭接，纵向搭接接头应错开。防水卷材应在桥面铺设至挡砟墙、竖墙根部，并顺上坡方向逐幅铺设。纵向搭接长度不得小于 120 mm，横向搭接宽度不得小于 80 mm。

搭接处应粘贴牢固，两层防水卷材之间的涂料厚度不得小于 1 mm。铺设工艺及材料用量应符合相关标准的规定。

（2）无需卷材的涂料型防水层。

无需卷材的涂料型防水层，如聚氨酯防水涂料，总涂膜厚度不得小于 2.0 m，每平方米用量约 2.4 kg。基层表面不得有明水，严禁在雨中施工。

制作防水层时，不得因流溅或其他原因而污染梁体。防水层完全干固后，方可浇筑保护层。防水层铺设时环境温度不得低于 5 ℃。

2. 材料

用于防水层的材料包括氯化聚乙烯防水卷材和聚氨酯防水涂料，另外还有聚氨酯弹性防水涂料及高聚物改性沥青防水卷材等材料。

1）氯化聚乙烯防水卷材

氯化聚乙烯防水卷材包括 N 类无复合层卷材和 L 类纤维复合卷材。N 类防水卷材的厚度（不含花纹高度）规格为 1.2 mm；L 类防水卷材的厚度（不含纤维层厚度）规格为 1.8 mm。防水卷材的宽度规格由供需双方商定，最大宽度不超过 1 650 mm。防水卷材的长度规格由供需双方商定，最大长度不超过 35 m。

（1）防水卷材的外观质量：表面应无气泡、疤痕、裂纹、黏结和孔洞。防水卷材的颜色应采用除黑色外的其他颜色。

卷材应用硬纸芯卷制。卷制紧密、捆扎结实后置于用编织布等做成的包装袋中。运输途中或贮存期间，卷材应平放，贮存高度以平放 3 个卷材高度为限，卷材产品不得与有损卷材质量或影响卷材使用性能的物质接触，并远离热源。

（2）黏结剂：N 类防水卷材采用聚氨酯防水涂料粘贴，L 类防水卷材采用水泥基胶黏剂粘贴。

2）聚氨酯防水涂料

聚氨酯防水涂料分为用于粘贴防水卷材的防水涂料和直接用作防水层的防水涂料两种。聚氨酯防水涂料的颜色应采用除黑色外的其他颜色。

3）聚氨酯弹性防水材料

聚氨酯弹性防水材料为直接用作防水层的防水涂料。聚氨酯弹性防水涂料、基层处理剂、层间黏结剂、聚氨酯防水涂料性能指标及试验方法见相关规定。防水型聚氨酯胶性能指标不得低于聚氨酯弹性防水涂料物理力学性能指标；同时不得低于轨道专业黏结剂的相关要求。

4）高聚物改性沥青防水卷材防水层

采用高聚物改性沥青防水卷材，防水卷材内的胎基为长纤聚酯纤维毡，胎基应置于距卷材下表面的三分之二厚度位置，胎基应浸透，不应有未被漫渍的条纹。高聚物改性沥青防水卷材双面附砂，细砂的颜色和粒度应均匀一致，并紧密地黏附于卷材表面。每卷卷材应连续整长，不得有接头。

3.4.3 保护层

有砟混凝土桥面道砟槽内保护层厚度不应小于 60 mm，道砟槽外及无砟混凝土桥面保护层厚度不应小于 40 mm。实际保护层厚度、流水坡度应符合设计要求。

保护层应采用 C40 细石聚丙烯腈纤维或聚丙烯纤维网高性能混凝土。混凝土原材料配合比、混凝土拌和、浇筑和养护应符合《客运专线高性能混凝土暂行技术条件》的有关规定和设计要求。

保护层材料有如下要求：

（1）水泥采用强度等级 42.5 低碱普通硅酸盐水泥。

（2）细骨料：中砂，粒径小于 1 mm，级配应符合《普通混凝土用砂标准及检验方法》中的规定。

（3）粗骨料：最大粒径 10 mm 的碎石，其质量应符合《普通混凝土用碎石或卵石质量标准及检验方法》中的规定。

（4）聚丙烯纤维网质量应符合《纤维混凝土结构技术规程》的规定，每立方米混凝土中聚丙烯纤维网的掺量为 1.8 kg。

（5）聚丙烯腈纤维质量应符合《纤维混凝土结构技术规程》的规定，每立方米混凝土中聚丙烯腈纤维的掺量为 1.0 kg。

（6）聚丙烯腈纤维、聚丙烯纤维网应有足够的锚固长度，以增加保护层混凝土的柔韧性。

3.5 高速铁路桥梁伸缩缝

伸缩缝是铁路桥梁的重要组成部分，其主要功能是满足梁端各向位移、集水、排水要求，以及防止水对梁端及下部结构的侵蚀。鉴于铁路客运专线的耐久性要求高，梁缝之间必须采用牢固耐久的防水伸缩缝。

3.5.1 高速铁路桥梁伸缩缝特点

（1）考虑耐久性和减少养护维修的要求，型材材质选用耐候钢。

（2）型材外形整体热轧、一次成形，机械性能好，断面尺寸精确。

（3）橡胶条两侧做成孔管形式，使橡胶条的安装、更换非常方便，施工效率高。

（4）采用内阔外紧的槽口形式，对橡胶条的夹持性能良好；同时在橡胶条两侧孔管内分节插入 PVC 管，可保证橡胶条拉伸 3 倍设计伸缩量不脱落，保证型材与橡胶条之间连接牢固。

（5）在橡胶条两侧的孔管外表面设置可靠的防水措施，保证橡胶条不渗水、不漏水。

（6）橡胶条设计为 U 形，伸缩性能良好；橡胶条下部设集水器，排水方便，避免长大坡道在强降雨时桥面形成径流积水后影响电力、信号及运营安全。

（7）构造简单，便于拆装及减少养护维修。

3.5.2 高速铁路桥梁伸缩缝分类

根据常用跨度梁需要，高速铁路伸缩缝类型包括无砟轨道及有砟轨道桥梁伸缩缝两大类。

1. 无砟轨道桥梁伸缩缝

无砟轨道梁的伸缩装置由异型钢与橡胶密封带组成，伸缩缝设置于梁端挡水台处（CRTS Ⅱ型板无砟轨道桥面除外），与挡水台高度一致。耐候钢伸缩缝直接通过锚固钢筋与桥面挡水台钢筋连接，梁端挡水台横向钢筋应与轨道底座板，防护墙及竖墙钢筋相连，在底座板施工时，同时安装伸缩缝。

2. 有砟轨道桥梁伸缩缝

有砟轨道梁伸缩缝采用耐候钢伸缩缝，伸缩装置均安装在桥面混凝土保护层内，盖板顶面与保护层顶面一致，以保证有砟桥面大型养护机械的施工作业。制梁时应在每孔梁端顶面预埋伸缩缝锚固钢板，通过在钢板上焊接钢筋的方式与伸缩缝连接钢筋固定。梁端防水层应在锚固钢筋与预埋钢板焊接后进行局部封边处理，保护层内增设纵横向锚固钢筋，锚固钢筋应与挡砟墙及竖墙伸出钢筋绑扎固定。在伸缩缝安装完毕后进行保护层的铺设。伸缩缝加盖钢板后，在挡砟墙内侧高度应与桥面保护层高度一致，以利于大型养护机械的作业，同时在电缆槽内伸缩缝坡度应与保护层坡度一致。

在满足密闭、防水要求的同时，根据桥梁是否设置声屏障，是否设置电缆上桥槽口，伸缩缝设置范围分桥面全宽设置或挡砟墙（防护墙）内侧设置，如图3-33所示。

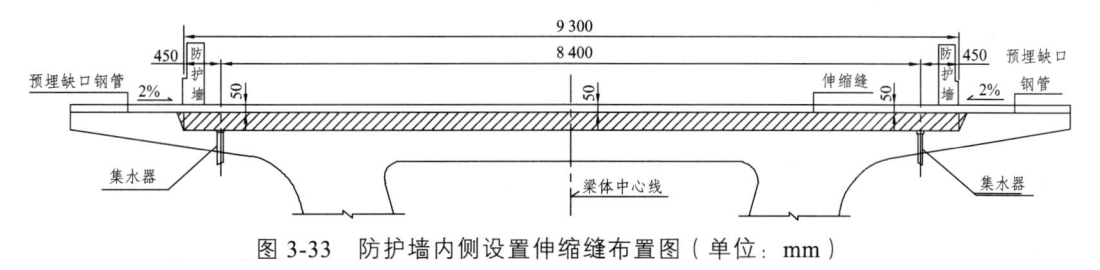

图3-33 防护墙内侧设置伸缩缝布置图（单位：mm）

3.5.3 常用跨度桥梁CXF-N型耐候钢伸缩缝

1. 适用范围

（1）适用有砟铁路及CRTSⅠ型板、CRTSⅡ型板式无砟轨道结构的桥梁。

（2）适用位移量在0~360 mm、梁缝宽60~250 mm的桥梁。

（3）位移量分为六级：±15 mm、±30 mm、±50 mm、±130 mm、±160 mm、±180 mm。

（4）直线上梁缝值分为60 mm、100 mm、150 mm、200 mm、250 mm，曲线上梁缝加宽时，防水橡胶条需加宽。

2. 名称代号

名称代号表示规则如图3-34所示，例如：CXF-N-100-60表示适用梁缝宽100 mm，最大位移量60 mm，型号为CXF-N型的客运专线铁路桥梁耐候钢伸缩缝。

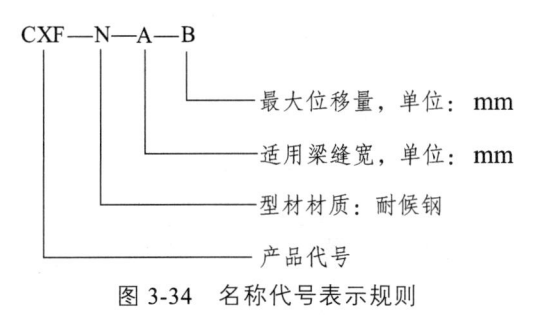

图3-34 名称代号表示规则

3. 技术要求

（1）型材、防水橡胶条等零部件的材质及力学性能必须满足相应的标准、规范要求。

（2）型材、防水橡胶条等零部件的尺寸必须符合本图的要求。型材表面应平整，不得有裂纹、结疤、脱皮、气泡和夹渣，上下表面应平行。

（3）型材与防水橡胶条连接后，注满水24 h无渗漏。

（4）型材与防水橡胶条之间的连接应具有一定的夹持性能，保证在拉伸3倍伸缩量条件下，持荷15分钟，夹持部位不脱落。

（5）组装好的伸缩缝两型材在同一截面上顶面的高差不得大于 0.5 mm。

（6）组装好的伸缩缝、型材的直线度公差不得大于 1.5 mm/m，全长直线度公差应满足 10 mm/10 m 的要求。

（7）伸缩缝两型材间的间隙应均匀，间隙宽度的偏差不得大于 2 mm。

（8）锚固钢筋与型材之间应焊接牢固，焊接高度不小于 5 mm，焊缝不得有裂纹、夹渣、未熔合及未满弧坑等缺陷。

4. 不同跨度桥梁伸缩缝的选用

（1）直线上不同跨度桥梁伸缩缝的选用见表 3-1。

表 3-1　直线上不同跨度桥梁伸缩缝的选用

标准跨度梁	伸缩缝型号
12 m 梁	CXF-N-60-30
16m 梁	CXF-N-60-30
20 m 梁	CXF-N-100-60
24 m 梁	CXF-N-100-60
32 m 梁	CXF-N-100-100
大于 32 m 的其他跨度的梁	相应伸缩量的 CXF-N 型伸缩缝

（2）当桥梁位于曲线上时，为方便安装并保持伸缩缝的平整美观，对于预制简支梁，跨度 32 m、曲线半径小于等于 8 000 m 时，其他跨度梁所处曲线半径小于等于 5 000 m 时均采用曲线上加宽防水橡胶条，其余情况下采用直线上的防水橡胶条。

5. 安装示意图

（1）有砟轨道桥梁。

有砟轨道桥梁伸缩缝立面图如图 3-35 所示。

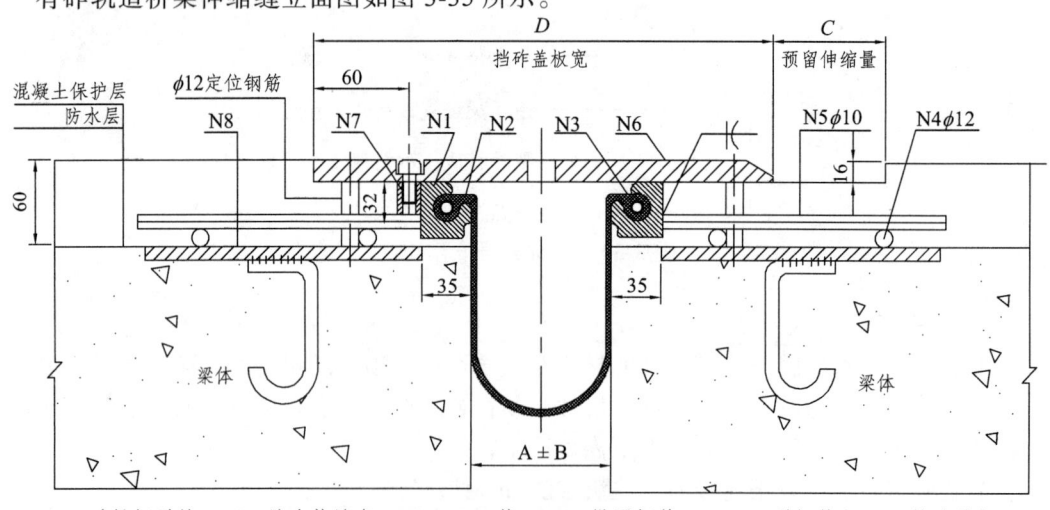

N1—耐候钢型材；N2—防水橡胶条；N3—PVC 管；N4—锚固钢筋；N5—U 形钢筋；N6—挡砟盖板；
　　　N7—锚固螺钉及套筒；N8—梁顶预埋件；N9—挡砟侧板。

图 3-35　有砟轨道桥梁伸缩缝立面图（单位：mm）

（2）CRTS Ⅰ型板式无砟轨道桥梁。

CRTS Ⅰ型板式无砟轨道桥梁伸缩缝立面图如图3-36所示。

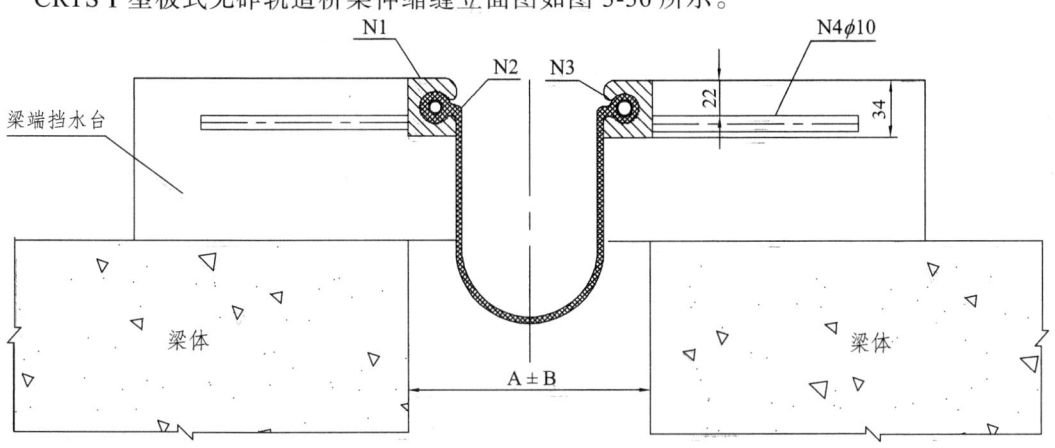

N1—耐候钢型材；N2—防水橡胶条；N3—PVC管；N4—U形钢筋。

图3-36　CRTS Ⅰ型板式无砟轨道桥梁伸缩缝立面图（单位：mm）

（3）CRTS Ⅱ型板式无砟轨道桥梁。

CRTS Ⅱ型板式无砟轨道桥梁伸缩缝立面图（预埋方案）如图3-37所示。

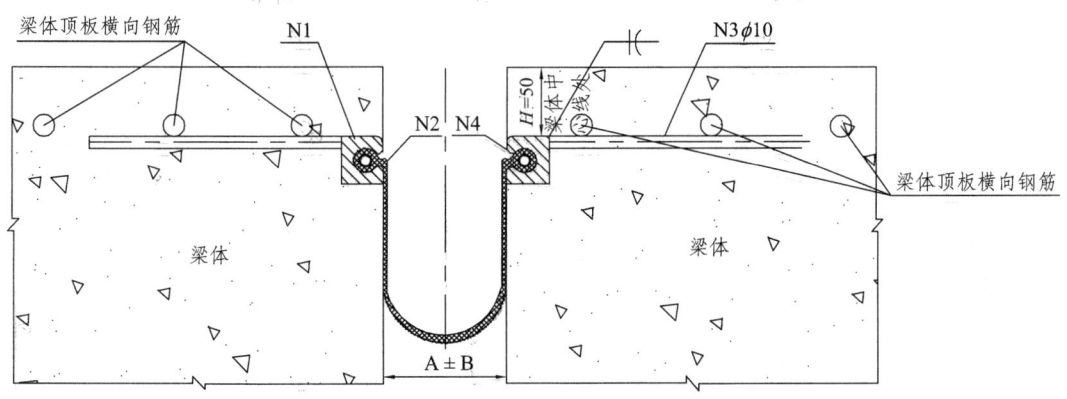

图3-37　CRTS Ⅱ型板式无砟轨道桥梁伸缩缝立面图（预埋方案）

CRTS Ⅱ型板式无砟轨道桥梁伸缩缝立面图（预留槽口方案）如图3-38所示。

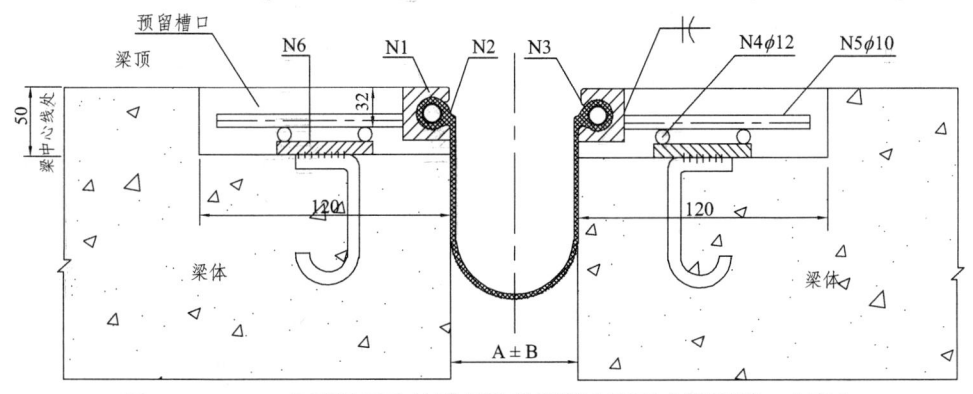

图3-38　CRTS Ⅱ型板无砟轨道桥梁伸缩缝立面图（预留槽口方案）

3.6 高速铁路桥梁救援疏散设施

桥上救援疏散设施是铁路防灾救援安全保障体系的组成部分,当发生地震、火灾等自然灾或桥上列车出现紧急情况时,可用来快速疏散旅客,并兼顾部分养护维修功能(日常的铁路养护维修中,工作人员可以借助该设施上下桥梁)。

桥上救援疏散设施由疏散通道及其附属设施组成。其中疏散通道包括休息平台、梯板、栏杆、梯梁、立柱、基础,附属设施包括安全防护罩、顶部休息平台安全门、桥上疏散指示标识等。

3.6.1 布置原则

(1)当高速铁路桥长超过 3 km 时,结合地面道路情况沿桥梁全长每隔 3 km 左右在线路双侧交错设置救援疏散通道,并应避开河流或其他障碍物。

(2)设置位置应结合靠近地面道路以方便接驳地面交通工具,同时避免影响桥下养护维修通道的使用。当疏散通道设置在有维修通道的一侧时,应保证铁路桥墩和疏散通道之间有至少 3 m 的净宽,以满足车辆通行要求。

(3)应设置在铁路建设用地范围内,并尽可能减少占地面积。

(4)具备结构安全、快速流通、操作组织便捷的基本要求,并力求经济合理、造型美观、养护维修方便。

(5)桥面上栏杆或声屏障处安全门应避免设置在接触网支柱附近。

(6)救援疏散设施为独立构造,不影响桥梁主体结构的设计、施工和正常使用。

3.6.2 救援疏散通道的形式

中国高速铁路救援疏散通道目前主要为楼梯坡道式救援疏散通道和回旋式救援疏散通道,如图 3-39 及图 3-40 所示。

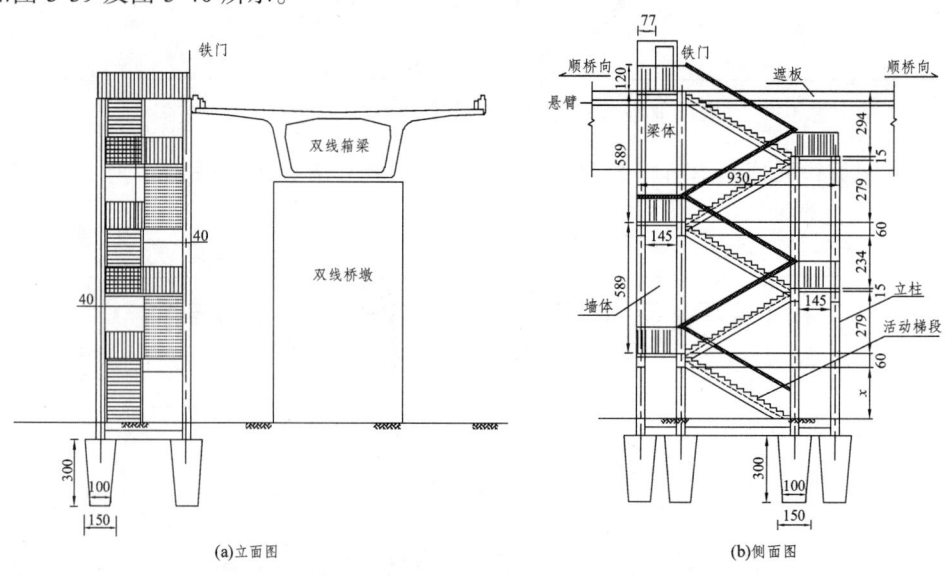

图 3-39 楼梯坡道式救援疏散通道(单位:mm)

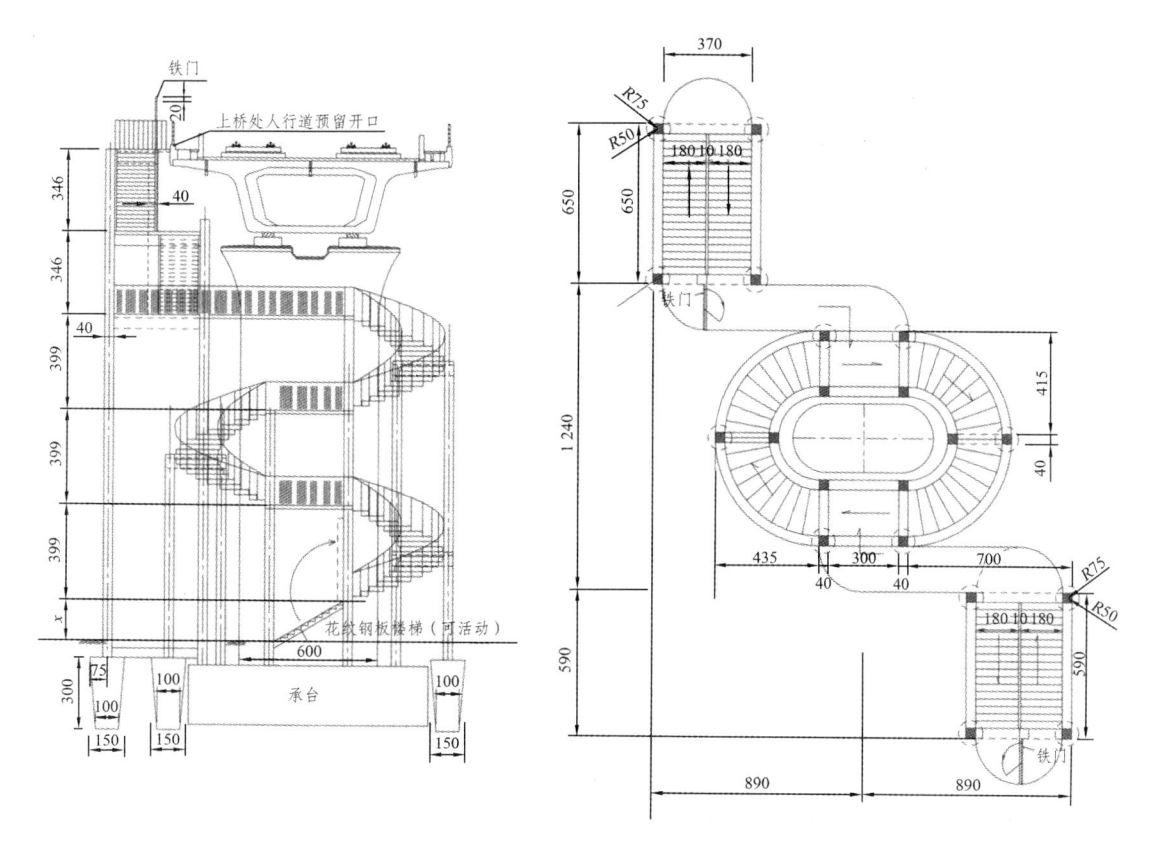

图 3-40　同旋式救援疏散通道（单位：mm）

3.6.3　救援疏散设施示例

《客运专线桥上救援疏散设施通用图》（桥通〔2009〕8302）疏散通道形式分为顺坡式和折向式两种，采用钢筋混凝土立柱、单梯梁悬挑板结构形式。疏散通道总宽度为 1.5 m，净宽度 1.26 m，踏步宽 300 mm，高约 167 mm。

1. 顺坡式疏散通道

顺坡式又分为顺坡式一和顺坡式二两种情况：
顺坡式一：适用于桥梁高度 5～20 m，且应设在无维修通道的一侧。
顺坡式二：适用于桥梁高度 5～20 m，且应设在有维修通道的一侧。
顺坡式疏散通道示意如图 3-41 和图 3-42 所示。

2. 折向式疏散通道

折向式疏散通道适用于桥梁高度 10.6～20 m，且应设在无维修通道的一侧。折向式疏散通道示意如图 3-43 和图 3-44 所示。

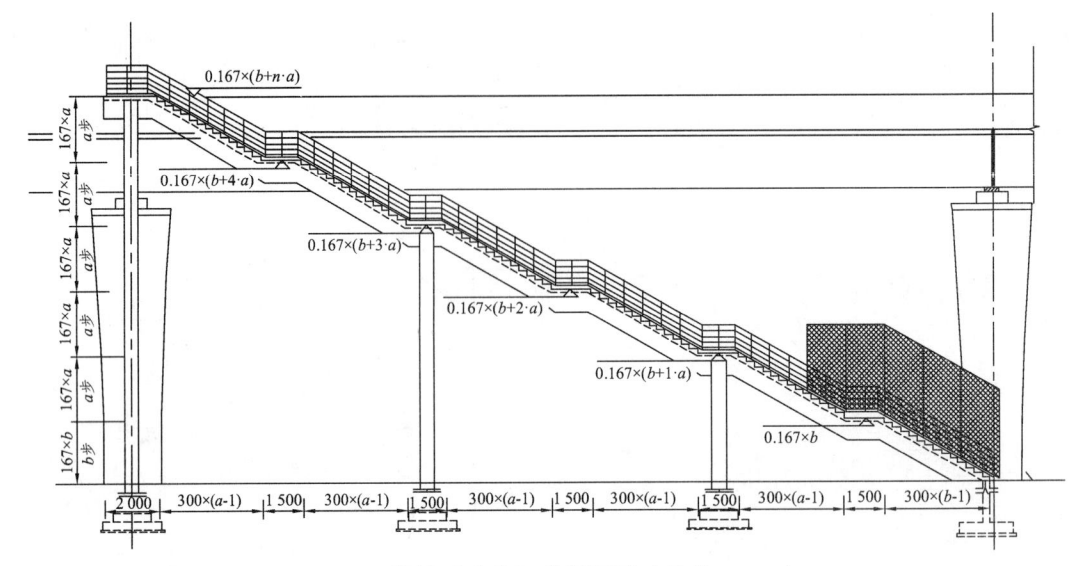

图 3-41　顺坡式疏散通道侧面图（单位：mm）

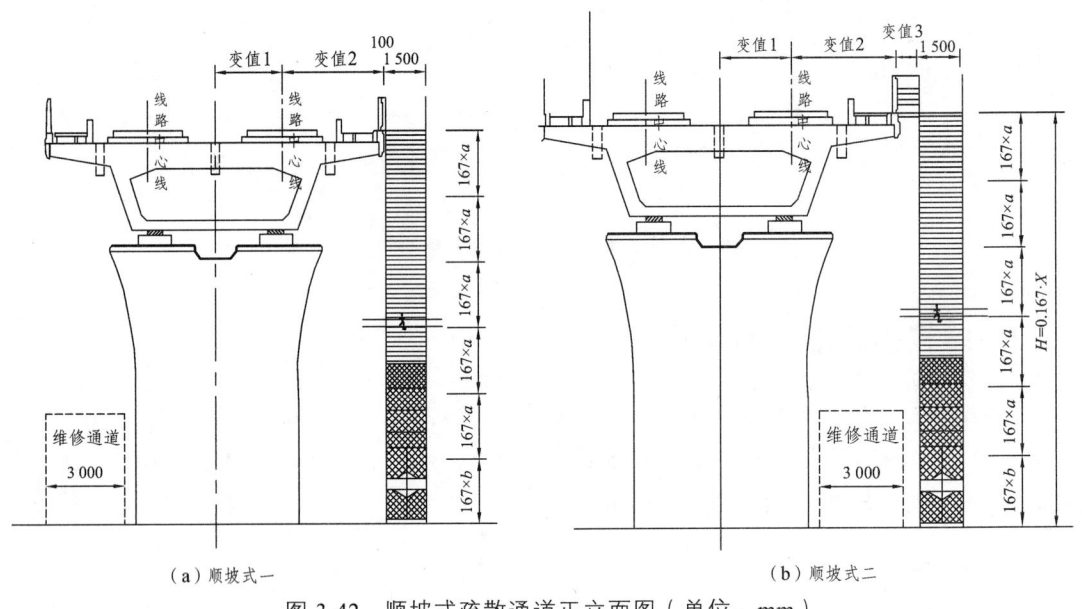

图 3-42　顺坡式疏散通道正立面图（单位：mm）

3. 基础要求

基础形式宜采用明挖基础，其基础持力层地基承载力标准值不小于 120 kPa。

地势平坦、地质条件良好、土层分布均匀的场地，基础持力层地基承载力不小于 120 kPa 时，采用明挖天然地基基础，基础采用立柱下钢筋混凝土独立基础。

基础持力层地基承载力小于 120 kPa 时，需根据具体地层情况采取换填或改良等地基处理措施以满足地基承载能力要求。对于土质条件较差、无法进行换填等地基处理措施的场地可考虑采取桩基础，桩基础需另行设计。

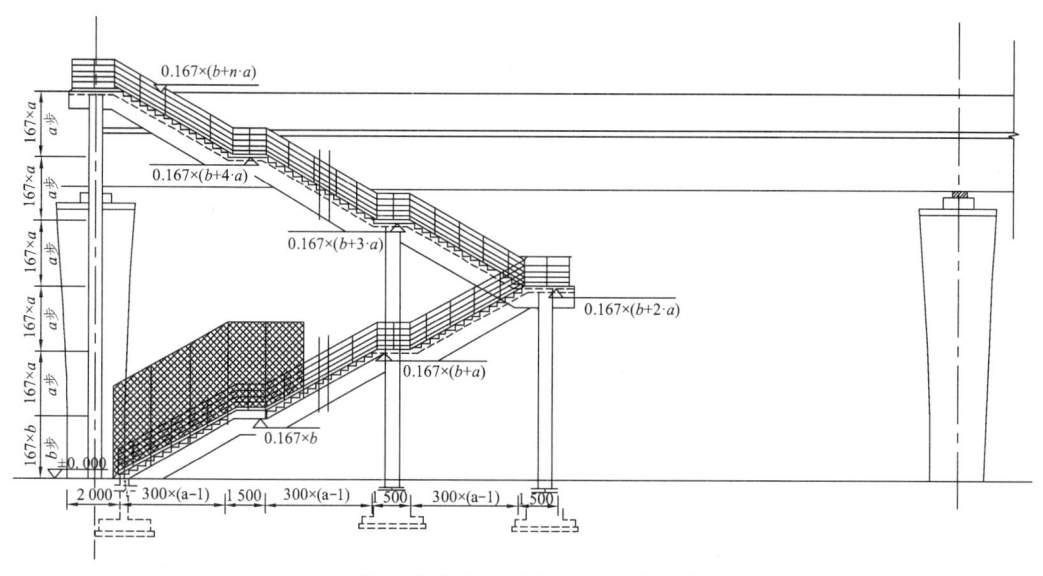

图 3-43 折向式疏散通道侧立面图（单位：mm）

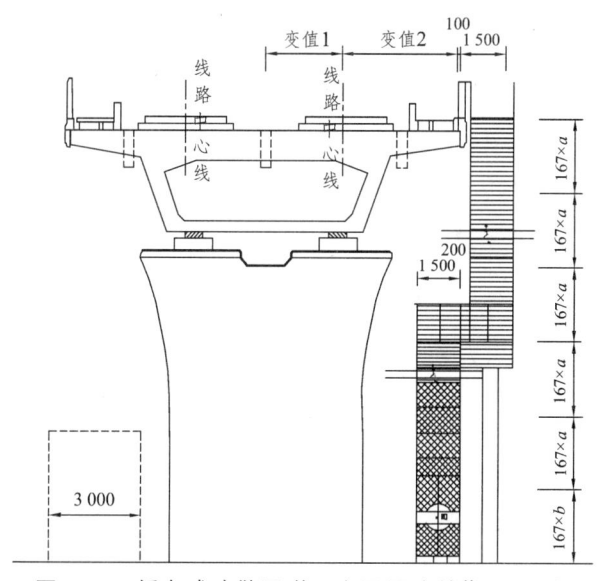

图 3-44 折向式疏散通道正立面图（单位：mm）

基础埋深应大于最大冻结深度，最大冻结深度按小于或等于 1.5 m 进行基础设计。根据当地地质资料，最大冻结深度大于 1.5 m 时，基础设计需考虑设置短柱至立柱嵌固点，立柱嵌固点为小于或等于地面以下 1.0 m。

3.7　高速铁路桥梁综合接地

高速铁路随着列车运行速度的提高及无砟轨道系统的使用，使钢轨电流大大增加，电气化铁路的机车牵引带来的近千安的工作电流需通过钢轨流通，并且其通过电磁耦合使附近的金属体表面产生较高的感应电压。同时会导致轨道电路信号设备、道床结构、牵引电流分布均发生很大变化。因此在高速铁路中，如果不采取措施防护结构内部的钢筋、增加钢轨接地或降低钢轨电位，伴随着远端短路或雷电影响将导致钢轨电位升高，可能威胁人员的人身安全或烧毁结构物内的钢筋，破坏混凝土结构强度，并导致过高的钢轨电位损伤信号设备的绝缘，威胁行车安全。

桥梁综合接地具体要求如下：

1. 桥梁上部结构

无砟轨道桥梁，应在梁体上表面（桥面板或防水层的保护层）设纵向接地钢筋，纵向接地钢筋设于防撞墙和无砟轨道板间的 1/2 处和上、下行无砟轨道板间的 1/3 和 2/3 处并贯通整片梁；纵向接地钢筋距混凝土表面的距离应小于 100 mm，并与梁端的横向结构钢筋连接，该横向结构钢筋作为横向接地钢筋应与梁底的接地端子连接。

有砟轨道桥梁应利用梁端的横向结构钢筋作为接地钢筋并与梁底的接地端子连接，道砟厚度小于 0.3 m 的梁体上表面适当位置处应设纵向接地钢筋。

当梁体上表面的纵向结构钢筋距混凝土表面的距离小于 100 mm 时，应将纵向结构钢筋作为纵向接地钢筋使用。

梁体上预留的接触网支柱基础应与梁体上表面的纵向或横向接地钢筋连接。

2. 桥梁下部结构

桥梁的桩基础，在每根桩中应有一根接地钢筋，桩中的接地钢筋在承台中应环接，桥墩中应有两根接地钢筋一端与承台中的环接钢筋相连另一端与墩帽处的接地端子（或接地母排）相连，以上接地钢筋均可用桩、承台、桥墩中的结构钢筋；在每个桥墩垂直于线路方向的某个侧面、距地面 200 mm 处，设一个不锈钢接地端子（水中墩除外），供测试之用。

桥梁的扩大基础，在基底底面设一层钢筋网作为水平接地极，水平接地极钢筋网格约为 1 m×1 m；在各层基础的四周设置垂直接地钢筋，垂直接地钢筋的间隔为层高的 2 倍；垂直接地钢筋在基顶顶面处用连接钢筋环接，并用墩身中的两根结构钢筋引至墩帽处的接地端子（或接地母排）；水平接地极钢筋网格、垂直接地钢筋的外缘距混凝土表面不大于 70 mm；水平接地极钢筋网格节点应焊接；在每个桥墩垂直于线路方向的两个侧面、距地面 –200 mm 处，各设一个不锈钢接地端子，供测试和拴接附加接地极之用；经测试，当贯通地线的接地电阻大于 1 Ω 时，可另设附加接地极。

3. 桥梁地段接地体的设置方式

对于长度小于 500 m 的桥，在桥的两端用与综合贯通地线同材质、同规格的环保型贯通地线将上下行两根贯通地线等电位连接，横向连接地线采用钢管或 HDPE（高密度聚乙烯）管防护。长度大于 500 m 的桥，为保证贯通地线的接地电阻不大于 1 Ω，每处桥墩内设一根单独 $\phi 30$ 的接地钢筋水平引出桥墩台体，裸露钢筋长度不小于 0.5 m。在每个桥墩处的桥梁两侧的通信、信号电缆槽内设置 M16 螺母一个，作连接贯通地线片。在墩台处桥梁体内采用 $\phi 30$ 接地钢筋连接两侧通信、信号电缆槽内的 M16 螺母，再采用 $\phi 20$ 接地钢筋将 $\phi 30$ 接地钢筋与 M16 螺母连接，并将 M16 螺母固定于桥梁底面，作为跨越桥墩顶帽的连接端子。每处的地线连接端子应做到牢固焊接并保证 M16 螺母垂直。

桥梁地段综合贯通地线和接地体的设置如图 3-45 所示。

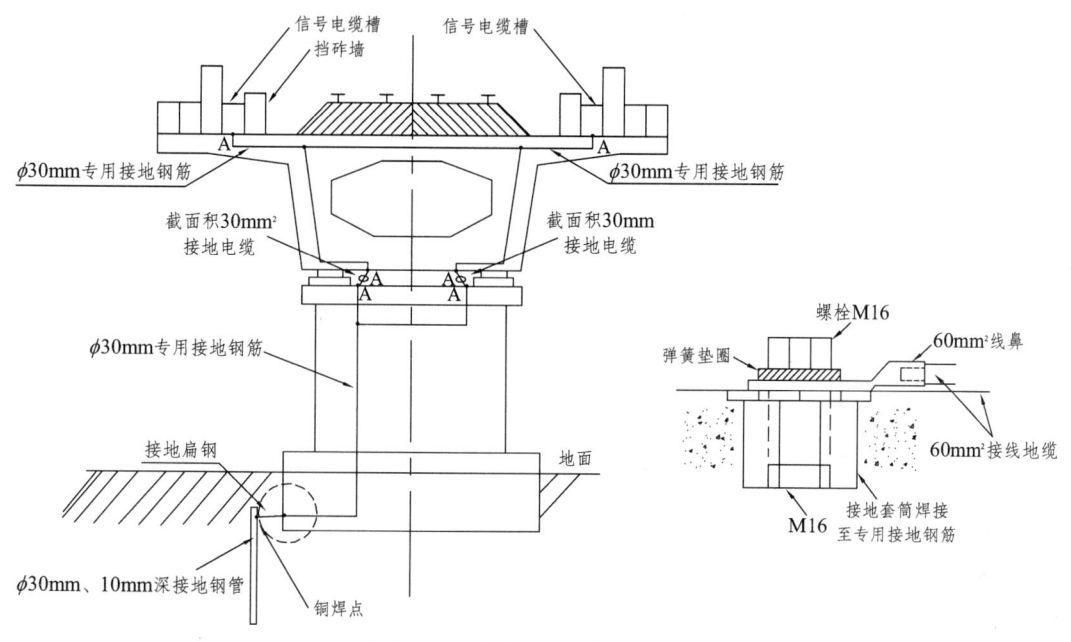

图 3-45　桥梁接地系统方案图

桥梁的金属构筑物（如栏杆、声屏障等）均应连接至贯通地线，如有金属栏杆，应间隔 50 m 连接一次。

Part 4 高速铁路混凝土简支梁桥

4.1 高速铁路常用跨度桥梁上部结构形式

4.1.1 桥梁上部结构形式

高速铁路的桥梁必须具有足够强度、刚度、稳定性和耐久性,并保持桥上轨道的稳定和平顺状态。高速铁路常用跨度桥梁上部结构从静力特性看,主要包括简支梁、连续梁及刚架(刚构)等三类;从材料特性看,钢筋混凝土和预应力混凝土结构是高速铁路常用跨度桥梁上部结构主要结构形式,刚架(刚构)一般采用钢筋混凝土结构,而简支梁或连续梁往往采用预应力混凝土结构。

1. 混凝土简支梁桥

整孔简支箱梁具有受力简单明确,外形简洁美观且抗扭刚度大,建成后的桥梁养护工作量小及列车通过时噪声小等优点。在我国,采用标准化、工厂化施工的整孔简支箱梁在高速铁路建设中得到了广泛应用。我国高速铁路常用跨度简支梁桥上部结构通用图采用 20 m、24 m、32 m、40 m 预应力混凝土简支箱梁,以 24 m、32 m 双线整孔简支箱梁为主(如图 4-1)。

图 4-1 混凝土简支梁桥

2. 混凝土连续梁桥

混凝土连续梁也是我国高速铁路中小跨桥梁的基本形式之一（图 4-2）。由于高速铁路一次性铺设跨区间无缝线路，为避免温度变化引起梁轨共同作用对钢轨增加过大的附加应力，连续梁的联长不能过大，应控制在 100 m 左右，等跨布置的混凝土连续梁通用图有 2×24 m、3×24 m、2×32 m、3×32 m 和 2×40 m 几种。若联长再增大就要设置钢轨伸缩调节器，或设置刚度要求很大的制动墩，会使设计不合理，这对高速行车和运营养护都是不利的；同时连续梁结构对地基不均匀沉降特别敏感。

我国高速铁路也考虑了 (24+32+24)m、(32+48+32)m、(40+56+40)m、(40+64+40)m、(48+80+48)m 及 (60+100+60)m 等不等跨布置的混凝土连续梁通用图，以适应不同跨越条件的需要。

图 4-2　混凝土连续梁桥

图 4-3　混凝土刚架（刚构）桥

3. 混凝土刚架（刚构）桥

多跨钢筋混凝土刚架（刚构）桥中间桥墩与梁部固接形成刚构，边墩及桥台与梁部用活动支座连接。主墩与梁部固接提高了结构的整体性，其梁部、桥墩、桥台均可斜做，桥跨结构能够与桥下斜交道路、斜交沟渠协调适应，并降低了梁部结构高度，特别适用于高度受限制的斜交立交桥。通用图跨度组合有（12+3×16+12）m、（16+24+16）m、（18+24+18）m 和（18+3×24+18）m 等，配合斜交法向角可到 30°（图 4-3）。

京津城际铁路工程线路全长 115.2 km，桥梁长度占线路总长的 88%，以 900 t 级整孔简支箱梁作为主导梁型。京津城际铁路采用通用图 20 m、24 m、32 m、40 m 预应力混凝土简支箱梁共 2 924 孔，总长度为 91.272 km，占桥梁总长的 93.53%，其中 32 m 预应力混凝土简支箱梁 2 618 孔，总长度为 83.776 km，占桥梁总长的 85.85%；通用图连续梁共 35 联，总长度为 4.928 km，占桥梁总长的 5.05%；非通用图连续梁 4 联，其中最大跨径达到 128 m，其跨径组合为（60+128+60）m。

4.1.2 桥梁上部结构构造

1. 钢筋混凝土及预应力混凝土结构

1）箱梁

（1）箱梁内净空高度不宜小于 1.6 m，并应根据需要设置进入孔，进入孔宜设置在两孔梁梁缝处或梁端附近的底板上；

（2）梁端桥轴方向的受拉预应力钢筋应不少于 1/2 伸过支点并锚固；

（3）对箱梁梁端各倒角部位、吊点下方顶板与梗肋交界部位、梁端底板、进入孔等部位应进行预加应力、存梁、运架梁等施工阶段的局部应力分析，在上述部位构造应适当加强以防止裂纹产生；

（4）宽跨比较大的箱梁，在截面设计时应考虑剪力滞的影响，有效宽度折减系数可按《铁路桥涵混凝土结构设计规范》中的要求计算；

（5）有砟（无砟）箱梁设计应考虑铺砟前（无砟轨道铺设前）施工阶段及成桥后各种工况时温度梯度对箱梁受力的影响；

（6）预制（现浇）箱梁，尚应根据施工组织需要考虑运架设备通过对箱梁的影响；

（7）双线箱梁横向内力分析宜采用整体计算。

2）T 梁

（1）为便于支座安装和检查，T 梁端隔板高度应比梁底向上减小 10 cm；

（2）多片式 T 梁横向须形成整体截面，使各片主梁之间能共同分担活载，在分片架设后必须将横隔板和翼缘连成整体，并施加横向预应力；

（3）多片式 T 梁可作为由主梁及横隔梁组成的格子结构进行分析；

（4）分片架设预制 T 梁，湿接缝宽度不宜小于 300 mm；湿接缝处钢筋构造应满足整体截面受力要求。

3）预应力钢筋或管道的净距及保护层厚度规定

（1）预应力钢筋管道间的净距，当管道直径小于或等于 55 mm 时，不应小于 40 mm；当管道直径大于 55 mm 时，不应小于管道直径。

（2）预应力钢筋或管道表面与结构表面之间的保护层厚度，在结构的顶面和侧面不应小于 1.0 倍的管道直径并不小于 50 mm，结构底面不应小于 60 mm。

4）预应力混凝土梁的封锚规定

预应力混凝土梁的封锚及接缝处，应在构造上采取防水措施，防止雨水渗入。各种接缝应尽量避开最不利环境作用的部位。对于结构有可能产生裂纹的部位，应适当增设普通钢筋防止裂纹发生。

2. 桥面

（1）桥上有砟轨道轨下枕底道砟厚度不应小于 0.35 m。

（2）桥上应设置挡砟墙或防护墙，其高度采用与相邻轨道轨面等高。直线和曲线，曲线内侧和外侧可采用不同的高度。有砟轨道桥梁，直线上时线路中心线至挡砟墙内侧净距不应小于 2.2 m。

（3）曲线地段桥上建筑限界加宽按规范有关规定办理。

（4）桥面应为主要设备的安装预留位置。

（5）桥上栏杆高度不应小于 1.0 m。

（6）线路中心线距接触网支柱内侧最小距离不应小于 3.0 m。曲线地段接触网支柱内侧边缘至线路中心净距应满足建筑限界加宽的要求。当接触网支柱设置在桥面上时，不宜设在梁跨跨中。

（7）主梁翼缘悬臂板端部宜设遮板。

（8）桥面必须设置性能良好的防、排水设施。

在桥梁纵向伸缩缝处应设防水伸缩缝。跨越公（道）路、铁路等的立交桥梁采用集中排水，桥梁线间及两侧的泄水管通过纵向管道引至桥墩处；一般地段的桥梁排水采用直排式。

（9）桥面宽度应按照建筑限界、作业维修通道及电缆槽、接触网立柱构造宽度的要求计算确定。

4.1.3 通用参考图

高速铁路常用桥跨梁部通用参考图有"时速 250 km 客运专线铁路（有砟轨道）""时速 250 km 客运专线铁路（无砟轨道）""时速 350 km 客运专线铁路（有砟轨道）""时速 350 km 客运专线铁路（无砟轨道）"等类型。使用通用参考图应注意的问题：

（1）关于梁型的选用。

预应力混凝土简支箱梁梁型多达 30 种以上。每种梁型均有一定的使用条件和适用范围，如组合梁仅用于整孔箱梁不能通过、架桥机不易架设的桥隧相连或有钢桁梁、钢拱桥的特殊地段；现浇梁仅用于孔数较少、设置预制梁场困难地段；等高度梁仅用于考虑美观要求的地段。因此，选用何种梁型应根据桥梁总体设计要求、桥位处地理环境等因素而定。同时，还要注意现浇梁、组合梁对下部结构设计、制梁和架梁工艺的特殊要求。

（2）关于梁轨的相互作用。

对于采用无砟轨道的桥梁，为了保证桥梁与轨道之间相互作用的影响得到控制，并使桥梁和轨道均能发挥其功能，所以必须按实际选用的无砟轨道形式，进行梁轨间相互作用力计算，从而确定轨道与桥梁间合理的连接处理措施。

（3）关于预应力的调整。

通用参考图中二期恒载按 184 kN/m（直线）或 198 kN/m（曲线）计算。但目前桥上无砟轨道结构类型没有最终确定，且由于桥上附属设施较多，不同区段二期恒载有可能不一致，施工中应根据桥上实际的二期恒载值合理调整顶应力钢束布置及张拉力。此外，预应力管道摩阻按波纹管成孔计算，若用其他方式成孔，应按实际管道摩阻试验数据调整张拉力和钢束伸长量。

（4）关于梁体线形的控制。

为保证线路在运营状态下的平顺性，梁体应设预拱度。预拱度的设置应根据具体情况，充分考虑收缩徐变的影响以及预计二期恒载上桥时间来确定。残余徐变拱度按预加应力后60天二期恒载上桥进行计算。桥上铺设无砟轨道必须在梁体终张拉60天后、二期恒载完成方可进行。

（5）关于施工荷载的检算。

通用图均按照相应的施工方法对梁体结构进行了施工荷载检算，如实际施工荷载与图示施工荷载不一致，应根据具体施工荷载重新进行检算。

（6）关于桥面附属设施的设置。

客运专线铁路桥梁桥面附属设施较多，有挡砟墙、电缆槽、接触网立柱、人行道栏杆及声屏障、防水和排水系统、伸缩缝、综合接地、通信信号电缆过轨预留孔等，且涉及多个不同专业。因此，总体设计单位应做好各专业间设计协调，若附属设施荷载发生变化，应重新对相关结构进行计算。

（7）关于结构耐久性的要求。

通用参考图对结构的耐久性给予高度重视，并明确提出100年使用寿命的目标。因此，施工过程中应严格执行《铁路混凝土结构耐久性设计规范》《客运专线铁路桥涵工程施工技术指南》和《铁路桥涵工程施工质量验收标准》等有关规范、标准，加强原材料检验，强化过程质量检查，准确施加预应力，控制梁体后期徐变变形，确保梁体有足够的抗裂安全储备。

（8）关于支座与梁图的配套。

目前，客运专线铁路桥梁支座通用图已发布。由于支座类型较多，故梁体支座预埋板应与实际选用的支座形式相配套，避免发生图、物不符的情况。

4.2 预应力混凝土简支梁基本类型

4.2.1 简支T梁

T梁由于结构简单、制作运输及养护维修方便、造价低，与箱梁相比具有明显的优势，因此在国内外高速铁路中仍被广泛采用。

T梁为保证桥跨的整体性，架设后必须通过现浇混凝土将桥面、横隔板连成整体并施加横向预应力。分片T梁竖向刚度与箱梁相差不大，横向刚度和抗扭刚度则明显小于箱梁，这也是国内外高速铁路倾向于箱梁的主要原因。可通过加强横向连接来克服分片T梁横向刚度的不足，而且为满足高速铁路桥面宽度要求，增加T梁片数也对加强横向刚度有利。

我国高速铁路桥梁单线桥采用2片T梁；双线桥T梁是采用多片式形式，有4片、5片、6片式T梁三种，目前跨度有12 m、16 m两种。

1. 单线2片式T梁

整孔梁由2片T梁组成，挡砟墙以内为预制混凝土桥面板，人行道采用工字型钢横梁，接触网支柱设在桥墩上（图4-4）。

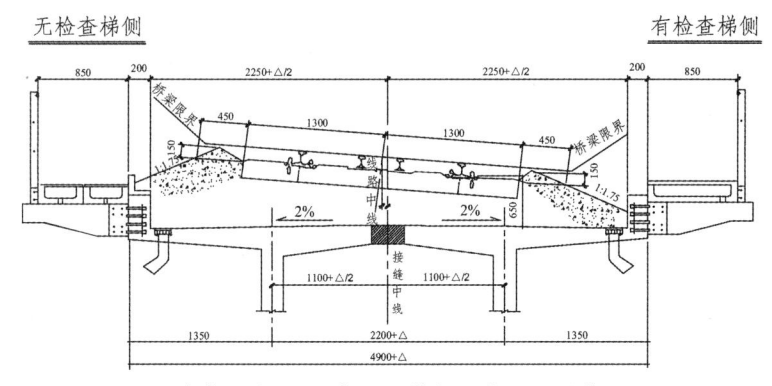

图 4-4　角钢支架 2 片式 T 梁横断面布置（单位：mm）

2. 双线多片式 T 梁

（1）角钢支架 4 片式 T 梁。

整孔梁由 4 片 T 梁组成，挡砟墙以内为预制混凝土桥面板，人行道采用工字型钢横梁形式，接触网支柱设在桥墩上（图 4-5）。

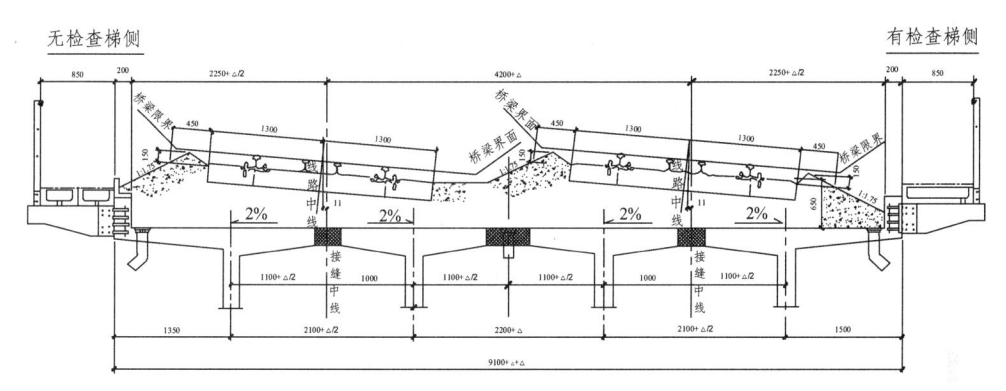

图 4-5　角钢支架 4 片式 T 梁横断面布置（线间距 4.2 m，单位：mm）

（2）整体桥面板 4 片式 T 梁。

整孔梁由 4 片 T 梁组成，部分桥面为预制 T 梁混凝土桥面板，人行道桥面板采用工地现浇，接触网支柱可安设在桥面板上（图 4-6）。

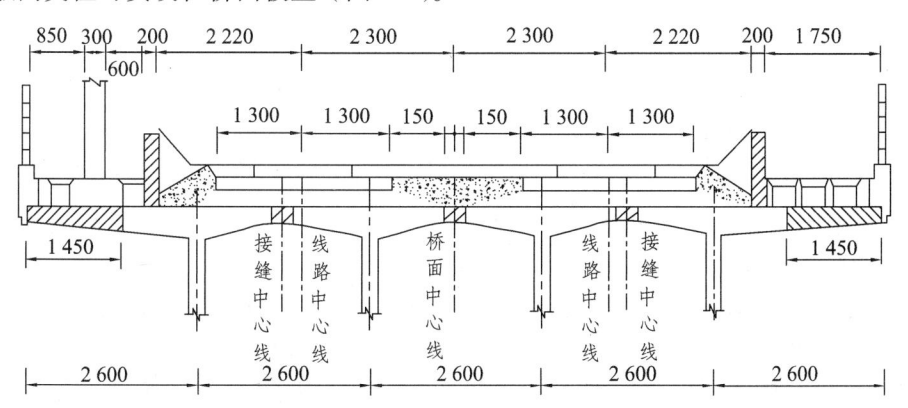

图 4-6　整体桥面板 4 片式 T 梁横断面布置（线间距 4.6 m，单位：mm）

（3）整体桥面板 5 片式 T 梁。

整孔梁由 5 片 T 梁组成，全部桥面由预制 T 梁桥面板组成，接触网支柱可安设在桥面板上（图 4-7）。

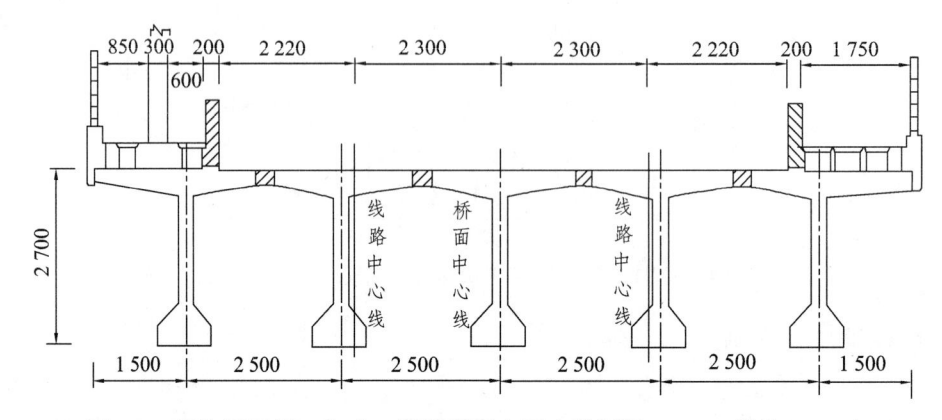

图 4-7　整体桥面板 5 片式 T 梁横断面布置（线间距 4.6 m，单位：mm）

（4）整体桥面板 6 片式 T 梁。

整孔梁由 6 片 T 梁组成，全部桥面由预制 T 梁桥面板组成，接触网支柱可安设在桥面板上（图 4-8）。

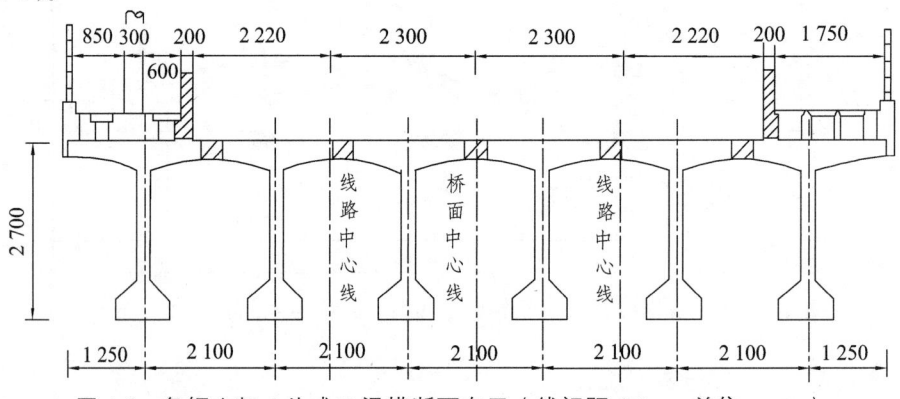

图 4-8　角钢支架 4 片式 T 梁横断面布置（线间距 4.6 m，单位：mm）

4.2.2　简支箱梁

箱形简支梁有受力简单明确、形式简洁、外形美观、抗扭刚度大、结构耐久性好、施工架设速度快等特点，还有建成后的桥梁养护工作量小、噪声小等优点，是高速铁路的首选梁型，在许多国家的高速铁路建设中得到了广泛应用。我国高速铁路混凝土简支箱梁桥主要采用双线整孔简支箱梁和组合简支箱梁两种类型。

1. 双线整孔简支箱梁

双线单箱整体式结构，腹板数量少，有利于节省圬工量，并且稍厚的腹板对布置预应力钢筋和提高梁体的耐久性都是有利的。在制梁速度上也比做两个梁体明显加快。尤其重要的是，双线单箱单室整体式结构，虽不能有效降低桥梁的动力系数，但从车辆运行平稳性考虑，由于结构自重增大，旅客乘坐舒适度有进一步改善。

我国目前高速铁路简支箱梁采用双线单箱单室整体式结构为主，也有采用双线单箱双室整体式结构。简支整孔箱梁截面见图4-9。

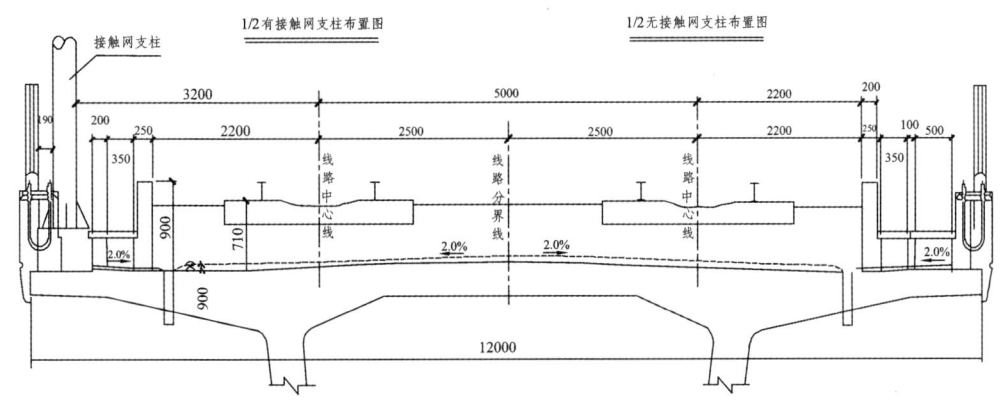

图4-9　整孔简支箱梁截面（单位：mm）

2. 双线组合简支箱梁

双线组合简支箱梁，由于每个箱梁结构尺寸较小，重量较轻，便于运输、架梁，对施工设备能力要求较小。对于小跨度混凝土梁，目前国内架桥机即可适应。此外，从养护、维修角度看，一旦需要更换支座和梁部结构，甚至可在不中断行车的条件下进行。虽然其列车运行平稳性指标，比整体式结构稍低，但也达到我国有关标准规定的优良等级，所以说，在特殊需要的情况下，组合箱梁结构，也是可行的。

我国目前高速铁路组合简支箱梁以两箱组合为主，也有采用3箱或4箱组合的高速铁路桥梁。双线双箱组合结构见图4-10。

图4-10　双线双箱组合结构

广珠城际铁路桥梁工程位于经济发达、城镇化程度高的珠江三角经济带，对桥梁景观要求高，同时要求施工架梁方便。因此，广珠城际铁路桥梁截面形式采用网弧形翼板斜截面箱梁形式：单箱单室（单线）、单箱双室、双箱单室、三箱单室和四箱单室。各截面梁的构造见图4-11~图4-13。

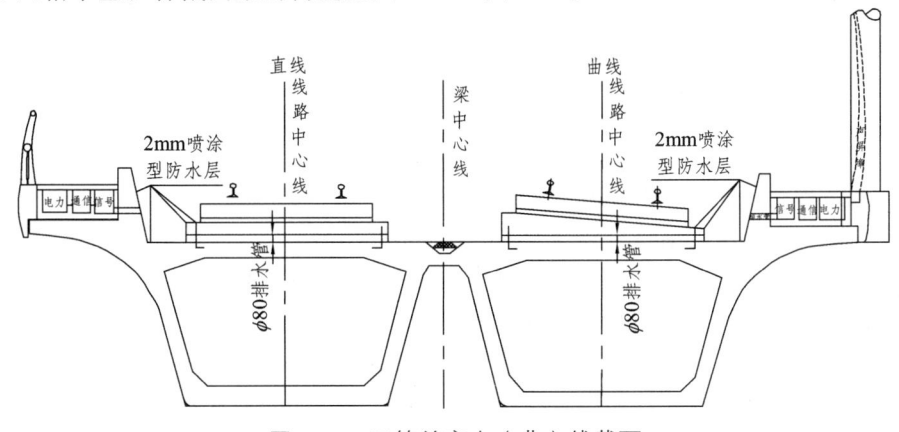

图4-11　双箱单室直（曲）线截面

079

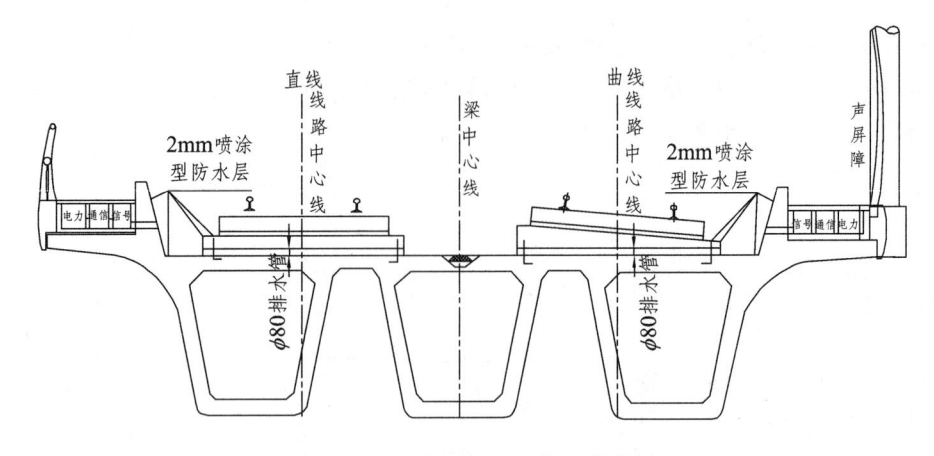

图 4-12　双箱单室直（曲）线截面

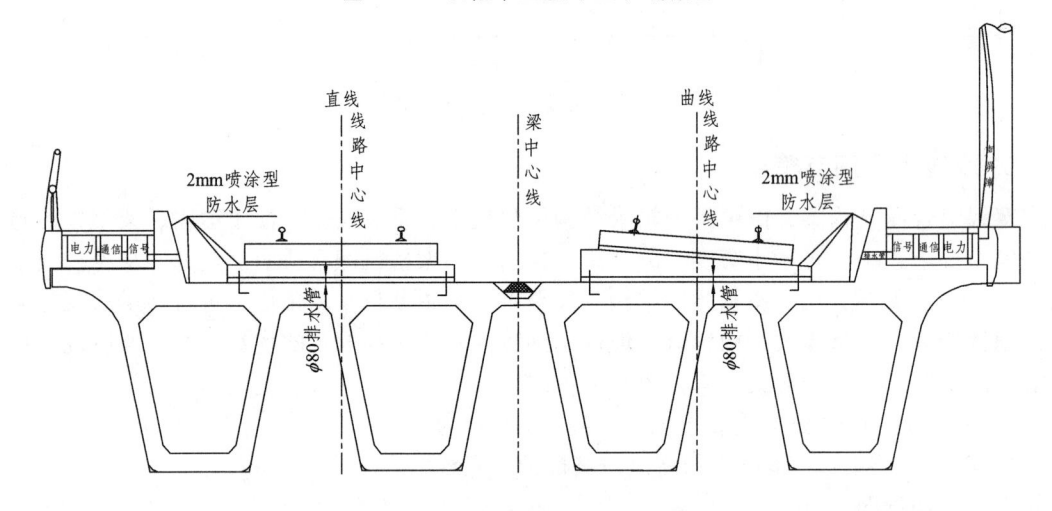

图 4-13　四箱单室直（曲）线截面

各截面箱梁顶板全宽 10.6 m，箱梁中心处梁高为 2.2 m，除梁端设横隔梁外，沿跨度方向设置 2~3 道横隔梁。

4.3　预应力混凝土简支梁设计要点

4.3.1　设计采用规范及规定

（1）《铁路桥涵设计规范》(TB 10002—2017)；
（2）《铁路桥涵混凝土结构设计规范》(TB 10092—2017)；
（3）《铁路工程抗震设计规范》(GB 50111—2006)(2009 年版)；
（4）《铁路无缝线路设计规范》(TB 10015—2012)；
（5）《铁路混凝土结构耐久性设计规范》(TB10005-2010)；
（6）《客运专线无砟轨道铁路设计指南》(铁建设函〔2005〕754 号)；
（7）《客运专线预应力混凝土预制梁暂行技术条件》(铁科技函〔2004〕120 号)；

（8）《客运专线综合接地技术实施办法》（铁集成〔2006〕220号）；

（9）《铁路防雷、电磁、兼容及接地工程技术暂行规定》（铁建设〔2007〕39号）。

4.3.2 主要材料

1. 混凝土

（1）预应力混凝土箱梁：C50混凝土。

（2）封锚混凝土：C50无收缩混凝土。

（3）钢筋混凝土（遮板、防撞墙及电缆槽等）：C40混凝土。

2. 预应力体系

1）预应力钢绞线

采用ϕ15.2 mm标准型1×7预应力钢绞线，抗拉强度f_{pk} = 1 860 MPa，张拉控制应力采用（0.65~0.75）f_{pk}，弹性模量E_p = 1.95×10^5 MPa，必须按相关技术标准进行生产和检验，断丝率不得超过1%。

2）预应力锚具及管道

预应力锚具必须经过正式鉴定和重大桥梁工程的检验，并符合设计文件的各项要求。预应力管道采用与锚具相对应的塑料（或金属）波纹管，并采用真空压浆技术。管道与管道间的净间距不应小于管道外径；管道的保护层于结构顶面及侧面处，不应小于管道外径；于结构底面处，不应小于60 mm。管道采用直径为70 mm和80 mm的波纹管成孔（根据计算确定管径），计算时：塑料波纹管摩擦系数μ = 0.14（金属波纹管摩擦系数μ = 0.23），偏差系数σ = 0.002 5/m；锚具变形回缩量为6 mm。

3）普通钢筋

普通钢筋必须符合相关标准的各项规定。设计采用钢筋为热轧带肋钢筋HRB400钢筋，抗拉（f_t）、抗压强度（f_c）标准值皆为400 MPa；以及热轧光圆钢筋HPB300钢筋抗拉（f_t）、抗压强度（f_c）标准值皆为300 MPa。

4）防水层及保护层

防撞墙内侧采用防水卷材加保护层，防撞墙外侧采用防水涂料加保护层，保护层采用C40纤维混凝土。应符合《客运专线桥梁混凝土桥面防水层暂行技术条件》（科技基函〔2007〕6号）要求。

5）支座

采用客运专线铁路桥梁盆式橡胶支座。

6）桥面排水管及管盖

采用PVC管材，应符合《无压埋地排污、排水用硬聚乙烯（PVC-U）管材》的要求。

7）质量检验

对材料的选定、施工工艺以及耐久性措施参照《铁路混凝土结构耐久性设计规范》《铁路桥涵施工规范》《客运专线铁路混凝土工程施工技术指南》进行。所有材料质量的要求应符合相应的国家标准。并应进行抽样检验。

4.3.3 桥面布置形式

桥上轨道可根据具体情况采用有砟轨道或无砟轨道。有砟轨道轨下枕底道砟厚度不应小于 0.35 m（当设置砟下胶垫层时含胶垫层厚度）。桥面附属设备包括钢轨、道砟、轨枕、防水层、保护层、人行道板、栏杆、接触网支架等。

直、曲线上桥面采用相同的布置。采用高挡砟墙，直、曲线上高度等高，挡砟墙高度应根据最小曲线半径时墙顶不低于外轨顶面计算确定。双线桥面线间距 5.0 m，线路中心至挡砟墙净距 2.2 m，道砟槽宽 9.40 m。桥上不设护轮轨。

有砟桥面当需要设置维修作业通道时，双线桥面宽度采用 13.4 m，桥面布置见图 4-14；不设置维修作业通道时，双线桥面宽度采用 12.6 m。

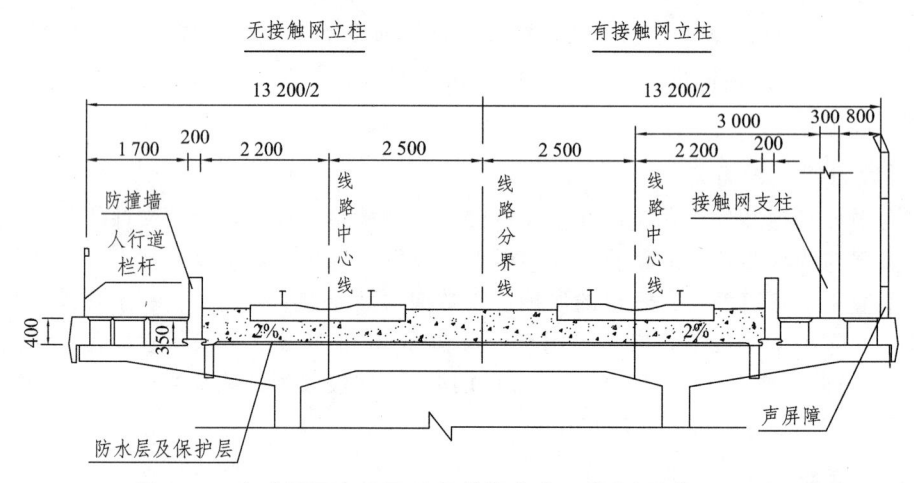

图 4-14 有砟桥面布置图（设维修作业通道）（单位：mm）

无砟桥面布置原则上与有砟桥面相同。当需要设置维修作业通道时，无砟桥面布置如图 4-15 所示。不设置维修作业通道时，双线桥面宽度采用 12.0 m。

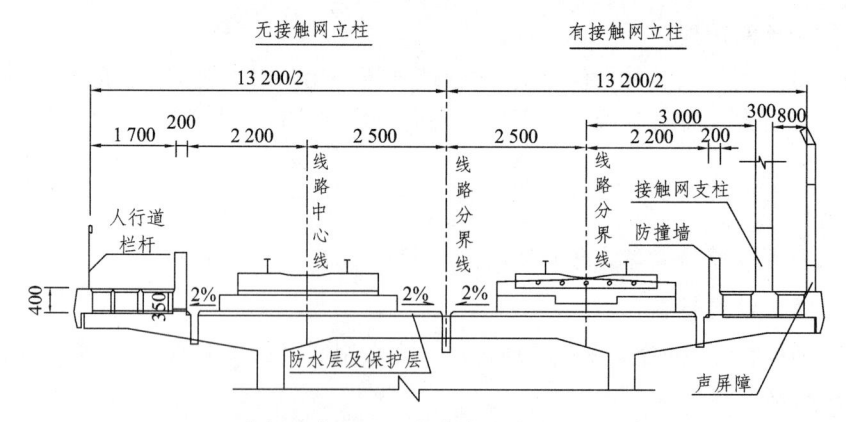

图 4-15 无砟桥面布置（设维修作业通道）（单位：mm）

4.3.4 结构构造

1. 梁端支承长度

梁端构造除应满足结构的受力要求外，还必须考虑在运营期间的检查、维修是否便利，同时应满足各种施工方法实施的可能性。国外高速铁路桥梁中，预应力混凝土标准简支箱梁相邻梁端支座之间距离一般在 1.3～2.0 m，无黏结预应力混凝土槽形梁达到 3.2 m。

高速铁路预应力混凝土简支箱梁梁端主要构造尺寸参数应考虑使用的上支座板纵向尺寸、锚板高度、封锚要求，尽量减少梁端支座构造与锚具的相互干扰。梁端进入孔尺寸要求、顶梁设备移入尺寸应方便对梁体、支座、墩帽的日常检查、维修及顶梁和支座的更换。

现浇梁施工时应考虑端模板安装拆除要求、张拉空间、张拉后预应力筋的伸长量、预留压缩量等。而预制箱梁则应考虑施工架设时最大支反力对墩台的影响。

综合各种因素，对高速铁路常用跨度预应力混凝土简支箱梁，预制梁支座中心距梁端的距离可取 0.55 m，现浇梁支座中心距梁端的距离为 0.75 m。

2. 梁高

当年秦沈客运专线设计时速 200 km，梁的高跨比为 1/12 左右，挠跨比为 1/4 000 左右，动力仿真计算结果以及试验结果表明，该系列梁的舒适度等各项指标在旅客列车运行速度 200 km/h 时为优良，250 km/h 时为良好；但高跨比较小时，如 32 m 整孔箱梁梁高为 2.4 m 时，其高跨比为 1/13.3，挠跨比为 1/3 095，舒适度等各项指标在旅客列车运行速度为 200 km/h 时已接近低限指标。同时从秦沈客运专线仿真计算结果，速度高于 250 km/h 时，列车的舒适度指标均有所降低。国外高速铁路简支箱梁均采用了较大梁高，一般为 1/9～1/11，同时考虑施工及养护时的操作空间需要，对用量较少的 20 m 整孔箱梁，梁高采用与 24 m 梁高一致，同时在不等跨布置时亦有利于桥梁的整体美观；对于用量较大的 24 m 整孔箱梁，梁高采用 2.4 m，在构造净空满足要求并适当增加的同时，满足动力性能要求；对于 32 m 整孔箱梁，箱内净空构造不再控制梁高，而是以动力性能来控制梁高。经动力仿真分析，32 m 梁在梁高为 2.8 m 及 3.0 m 时均能满足时速 300 km 的要求，从整体而言，梁高提高能够改善桥梁的动力响应。

3. 截面形式

高速铁路整孔简支箱梁的截面形式为双线单箱单室。双线单箱单室截面形式梁体的横向刚度很大，箱宽的取值对梁体的横向刚度没有决定性的控制作用，而是在满足桥面以上各种构造要求后，根据箱体本身的受力情况而定的。尽管腹板中心线与线路中心线重合时梁体腹板受力最均匀，但这样梁体外悬臂较大，过大的悬臂长度将使悬臂端部的震动增大，因此应尽量减小桥面横向悬臂板的长度。采用斜腹板时，箱底宽可以设计得相应较小，而到顶部可适当加大，这样不仅减小了梁体对墩台顶帽尺寸上的要求，而且减小了桥面横向悬臂板的长度，整个框架受力是比较均匀的，同时梁体形式比较美观，但模板设计及梁体钢筋的绑扎较直腹板困难。

截面形式对施工方法有直接影响，为简化施工工艺，减少施工程序，结构外形在全梁保持一致，避免先张梁放张以及后张梁初张拉时模板对梁体的约束，便于带模施加预应力；同时减小脱模时混凝土与模板的黏结力，为便于全自动液压内模的应用，改善工人施工条件，梁端隔墙的设置为变截面平顺过渡，避免截面的突变，而端隔墙的刚度通过加大端隔墙的纵向尺寸来实现，有限元计算结果表明，该种截面形式有效地减小梁体的应力集中现象。秦沈客运专线整孔简支箱梁的经验证明，斜腹板方案外形美观、脱模方便。同时适当增大腹板坡度，不仅可有效减小墩台横向宽度，而且可有效地减小运梁车与架桥机支腿的干扰。

4. 进人孔

为方便养护维修人员检查维修，分别在相邻两孔梁的底板中部设置槽口，两个槽口相对形成进入孔，此方案不影响底板预应力筋的布置，对梁端的削弱较小，对结构外形美观影响较小，梁端开槽位置与桥墩顶面设置的槽口相对应，检查维修时可从此处进入梁体，并可进行顶梁、支座的检查、维修等工作，该方式梁端支座布置与锚具的布置有足够的构造空间，对墩台构造尺寸要求较小。

5. 梁端

影响梁端构造尺寸的因素较多，对整孔简支箱梁不仅要考虑在运营荷载下结构的受力性能，结构的系列化和全桥的外形，还有很多施工控制因素需要考虑，如自动化内膜要求的构造空间、顶梁及吊梁时要求的隔墙尺寸、施工架设过程中支点的不平整效应等，为最大限度地提供梁端构造空间，对隔墙倒角的构造尺寸进行了多方案比选，在一定条件下随着箱梁端部截面横向内梗肋逐步加强，其各典型截面应力结果逐步减小，但应力降低幅度不大，说明各种方案对端部横向拉应力的改善均不明显。因此设计中从控制支座不平整量、配置结构抗裂钢筋入手来满足模板制造和施工架设需要。

4.3.5 计算分析

简支梁主要计算内容包括：梁体纵向预应力体系计算；箱梁横截面计算；架桥机及运梁车荷载计算；顶梁检算；预制梁架设检算；防震落梁措施检算。以下就徐变拱度的控制、动力性能分析予以简单说明。

1. 徐变拱度的控制

高速行车对下部结构平顺度要求较高，因此《高速铁路设计规范》对结构徐变拱度提出了限制要求，即有砟结构为 20 min，无砟结构为 10 mm。由于实际制梁时，还要考虑徐变变异系数的影响，目前铁路上预应力混凝土梁实测徐变上拱度的变异系数约为 0.3，因此，设计中对残余徐变上拱度应分别按 14 mm 和 7 mm 控制。

预应力混凝土梁的徐变拱度主要通过预应力的形状（吻合索）和施工工艺及二期恒载上桥时间来控制。因此为减小最终徐变拱度值，二期恒载上桥时间应适当延长，但由此将造成早期拱度增大，必须根据施工组织情况确定二期恒载上桥时间，确定结构的预拱度和预应力值。

2. 动力性能分析

由于桥梁结构在机车、车辆活载下的动力响应分析与车辆性能、轨道平顺性、结构刚度等因素有关，而我国目前尚缺乏高速铁路实测机车车辆性能及轨道不平顺参数，当高速铁路采用的机车车辆类型还未最后确定时，国内 4 所科研院校在动力特性分析中对多种列车参数进行分析，最高检算速度按 1.2 倍设计速度进行。

京沪高速铁路通过对 24 m、32 m 简支梁与典型墩台配合使用时的动力检算得知：当德国 ICE3 动力分散独立式高速列车、法国 TGV 铰接式高速列车、日本 500 系动力分散式高速列车和国产高速列车以车速 250~20 km/h 通过桥梁，以及先锋号和中华之星列车以车速 160~270 km/h 通过桥梁时，轮种减载率、脱轨系数和轮轴横向力均满足要求，即行车安全性满足要求。同时所有工况下动车和拖车的车体竖、横向震动加速度满足限制要求，除个别工况舒适度为合格外，大部分工况均达到优良或良好，桥梁具有良好的刚度，能够保证列车安全、舒适运行。

4.3.6 施工架设

我国在秦沈客运专线的建设中，大吨位架桥机已经得到成功应用，架桥机最大架设吨位达到 600 t，取得了宝贵经验，但高速铁路简支箱梁最大吊重为 899 t，秦沈客运专线架桥设备已不能满足高速铁路运架梁需要，因此在高速铁路箱梁设计的同时，国内多家架桥机研制单位已开始进行 900 t 级高速铁路架桥机的研制，能够满足架设 32 m 双线整孔箱梁的需要。对于 40 m 简支箱梁，梁重已超过 1 000 t，因此 40 m 梁按原位现浇法设计。

由于架设吨位的增大，对施工架设时的指标控制更加严格。但各架桥机形式不一，对桥梁的作用也各不相同，为保证桥梁结构在架设过程中的安全性，必须对所架梁型和所通过的桥梁结构进行运梁车及架桥机施工荷载检算。

4.3.7 耐久性设计

在高速铁路桥梁设计中提出桥梁结构设计寿命为 100 年的目标，为提高结构耐久性，主要采取以下措施：采用高性能混凝土，严格控制混凝土配合比及外加剂的掺量与品质，控制混凝土在入模、拆模、蒸汽养护、自然养护时的温度指标及养护时间；进行碱活性试验，防止碱-骨料反应发生；加大普通钢筋保护层厚度；采用高性能无回缩灌浆材料；加强结构预埋件的防腐处理；提高防水材料标准等。

4.4 高速铁路简支梁通用图

现以（通桥〔2013〕2322）《350 km/h 无砟后张法预应力混凝土简支箱梁（双线）》加以说明。

1. 适用范围

（1）设计速度：设计最高运行速度 350 km/h。
（2）线路情况：双线，直、曲线，最小曲线半径 7 000 m，正线线间距为 5.0 m。
（3）环境类别及作用等级：一般大气条件下无防护措施的地面结构，环境类别为碳化环境，作用等级为 T1、T2。
（4）设计使用年限：正常使用条件下梁体结构设计使用寿命为 100 年。
（5）施工方法：除第Ⅶ册按现浇法施工设计，其他均适用于工地集中预制、架桥机架设施工。

（6）抗震设防烈度：适用于设防烈度 8 度及以下地区。

2. 支座

采用铁路客运专线铁路桥梁盆式橡胶支座，图号为"通桥〔2013〕8356"。该配套支座仅供参考，应根据项目情况研究采用。

3. 防水层及保护层

材料应符合《时速 350 公里客运专线铁路桥面附属设施图》（通桥〔2005〕8388）的要求，施工工艺应符合《客运专线桥梁混凝土桥面防水层技术条件》要求。该配套防水层与保护层仅供参考，应根据项目情况研究采用。

4. 恒载

（1）结构构件自重：梁重未包括防水层、保护层重量，梁体混凝土容重按 25 kN/m³。
（2）二期恒载包括钢轨、扣件、轨道板、CA 砂浆垫层、混凝土基座等线路设备重，以及防水层、保护层、人行道栏杆或声屏障、防撞墙、电缆槽盖板及竖墙等附属设施重量。

设计采用的二期恒载值及主梁自重见表 4-1。

表 4-1 二期恒载值及主梁自重

线别	二期恒载/（kN/m）		一孔梁自重/kN				
	直线	曲线	23.5 m	31.5 m	19.5 m	23.5 m	23.1 m	31.5 m（林同炎公司）
双线	184 0	184 0	5 996.8	8 190 5	51386	6379.8	6379.8	7830.0

5. 梁部主要尺寸

梁部主要尺寸见表 4-2。

表 4-2 梁部主要尺寸　　　　　　　　　　　　　单位：m

跨 度	梁全长	梁 高		横桥向支座中心距	轨底至梁底
		支 点	跨 中		
23.5	24.6	2.45		4.8	根据实际的轨道类型确定
31.5	32.6	3.05		4.5	
19.5（与 23.5 m 梁同高）	20.6	2.45		4.8	
23.5（与 31.5 m 梁同高）	24.6	3.05		4.5	
23.1（现浇）	24.6	3.05		4.5	
31.5 m（林同炎公司）	32.6	3.35	3.00	3.744	

6. 通用图目录

通用图目录见表 4-3。

表4-3 通桥〔2005〕2322时速350公里客运专线简支箱梁通用参考图目录

序号	图名	图号
1	无砟轨道后张法预应力混凝土简支箱梁（双线）跨度：23.5 m（直、曲线）	通桥〔2005〕2322-Ⅰ
2	无砟轨道后张法预应力混凝土简支箱梁（双线）跨度：31.5 m（直、曲线）	通桥〔2005〕2322-Ⅱ
3	无砟轨道后张法预应力混凝土简支箱梁（双线）跨度：19.5 m（直、曲线）	通桥〔2005〕2322-Ⅳ
4	无砟轨道后张法预应力混凝土简支箱梁（双线）跨度：23.5 m（直、曲线）	通桥〔2005〕2322-Ⅴ
5	无砟轨道后张法预应力混凝土简支箱梁（双线）跨度：23.1 m（直、曲线，现浇）	通桥〔2006〕2322-Ⅻ
6	无砟轨道后张法预应力混凝土简支箱梁（双线）跨度：31.5 m（直、曲线）（林同炎公司）	通桥〔2006〕2322-Ⅹ

7. 锚具型号及数量

锚具型号及数量见表4-4。

表4-4 锚具型号及数量（单位：套）

锚具型号	M15-6	M15-7	M15-8	M15-9	M15-12
23.5 m 直、曲线梁			26	20	
31.5 m 直、曲线梁				38	16
19.5 m 直、曲线梁（与23.5 m 梁同高）	30	16			
23.5 m 直、曲线梁（与31.5 m 梁同高）			8	32	
23.1 m 直、曲线梁（现浇）				30	12
31.5 m 直、曲线梁（林同炎公司）				12	32

8. 支座型号及数量

支座型号及数量见表4-5。

表4-5 支座型号及数量

支座型号	梁跨度 23.1 m、23.5 m	支座型号	梁跨度 31.5 m	支座型号	梁跨度 19.5 m
KTPZ-Ⅰ(Ⅳ)-5000-DX	1	KTPZ-Ⅰ(Ⅳ)-6000-DX	1	KTPZ-Ⅰ(N)-4000-DX	1
KTPZ-Ⅰ(Ⅳ)-5000-ZX	1	KTPZ-Ⅰ(N)-6000-ZX	1	KTPZ-Ⅰ(Ⅳ)-4000-ZX	1
KTPZ-Ⅰ(Ⅳ)-5000-HX	1	KTPZ-Ⅰ(Ⅳ)-6000-HX	1	KTPZ-Ⅰ(Ⅳ)-4000-HX	1
KTPZ-Ⅰ(Ⅳ)-5000-GD	1	KTPZ-Ⅰ(Ⅳ)-6000-GD	1	KTPZ-Ⅰ(Ⅳ)-4000-GD	1

9. 一孔梁主要工程数量

一孔梁主要工程数量见表 4-6。

表 4-6 一孔梁主要工程数量表

跨度	梁体 预制混凝土 C50/m³	预应力筋钢绞线 抗拉强度/MPa	重量/t	钢筋 HPB335/t	钢筋 HRB335/t	预埋钢筋 HRB335/t	预埋钢件/t	波纹管 φ70 mm/m	波纹管 φ80 mm/m	波纹管 φ90 mm/m
23.5 m	239.87	1 860	5.546	1.416	40.900 (41.657)	2.578 (2.947)	0.444		559.62	
31.5 mt	327.62	1 860	10.000	2.090	54.041 (54.608)	3.408 (3.897)	0.507		615.63	258.70
19.5 m (与 23.5 m 梁同高)	205.54	1 860	3.531	1.404	36.223 (36.840)	2.161 (2.470)	0.382	467.43		
23.5 m (与 31.5 m 梁同高)	255.19	1 860	4.466	1.462	43.970 (44.727)	2.578 (2.9473)	0.444	72.51	388.75	
23.1 m(现浇)	255.19	1 860	4.618	1.519	43.320 (44.656)	2.659 (3.587)	0.557		497.838	
31.5 m(林同炎公司)	313.20	1 860	9.31	1.10	55.081	3.294 (3.802)	0.65		196.14	524.76

跨度	防撞墙 现浇混凝土 C40/m³	防撞墙 钢筋 HRB335/t	电缆槽竖墙及盖板 现浇部分 混凝土 C40/m³	电缆槽竖墙及盖板 现浇部分 钢筋 HPB235/t	电缆槽竖墙及盖板 预制部分 混凝土 C40/m³	电缆槽竖墙及盖板 预制部分 钢筋 HPB235/t	电缆槽竖墙及盖板 预制部分 钢新 HRR335/t	钢料/t	防水层及保护层 防水层/m³	防水层及保护层 钢筋混凝土保护层 C40/m³	接缝涂料/m³	梁重/t
23.5 m	14.69	2,094	7.187	0.374	5.569	0.77D	0.622	0.053	315.37	27.36	0.012	599.68
31.5 m	14.68	3.958	9.554	0.497	7.38	1.019	0.824	0.062	417.93	36.25	0.016	819.05
19.5 m (与 23.5 m 梁同高)	12.3	2.5	5.874	0.313	4.664	0.646	0.521	0.053	264.09	22.91	0.01	513.86
23.5 m (与 31.5 m 梁同高)	14.69	2.994	7.187	0.374	5.569	0.77	0.622	0.053	315.37	27.36	0.012	637.98
23.1 m(现浇)	11.35	2.986	7.187	0.374	5.569	0.77	0.622		315.37	27.36	0.012	637.98
31.5 m(林同炎公司)	14.39	3.854	9.756	0.497	8.364	0.982	0.818		410.79	43.34	0.237	783

注：① 数量表中括号外数值为未设置整体式声屏障用，括号内数值为设置整体声屏障用。
② 数量中未计入人行道遮板、声屏障、接触网支基础以及综合接地的数量。电缆槽竖墙及盖板数量按无接触网支柱情况计算；支座板按 7 度地震区计入。

10. 梁型断面

通桥〔2005〕2322—Ⅰ、Ⅱ、Ⅳ、Ⅴ及通桥〔2006〕2322-Ⅶ梁型断面图见图 4-16。

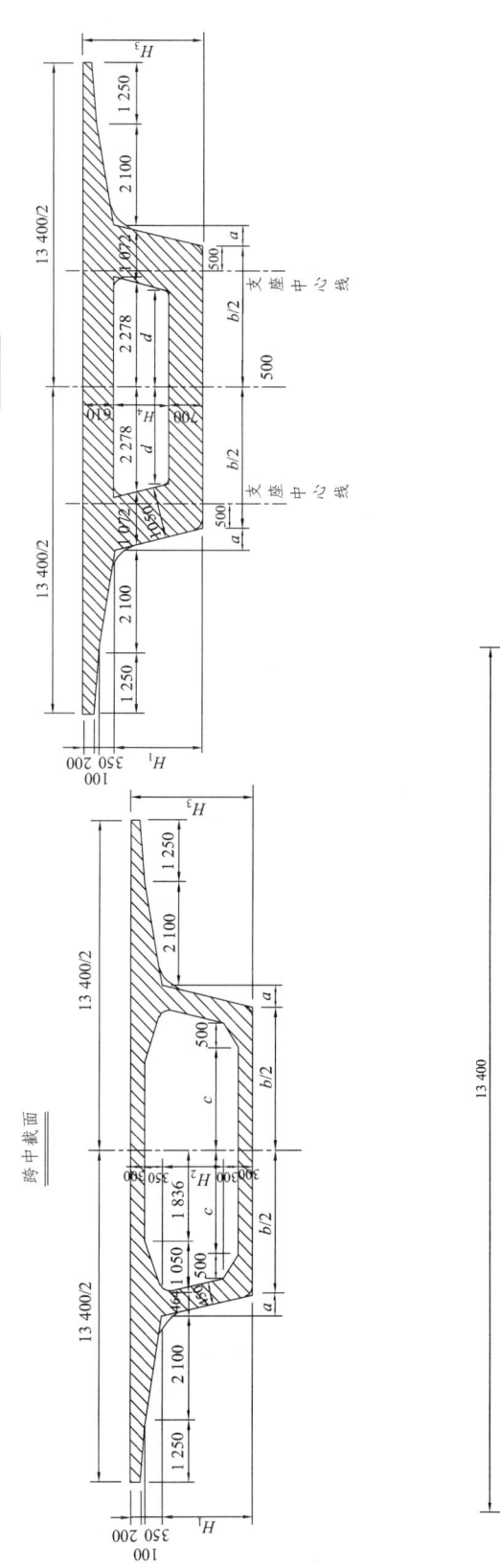

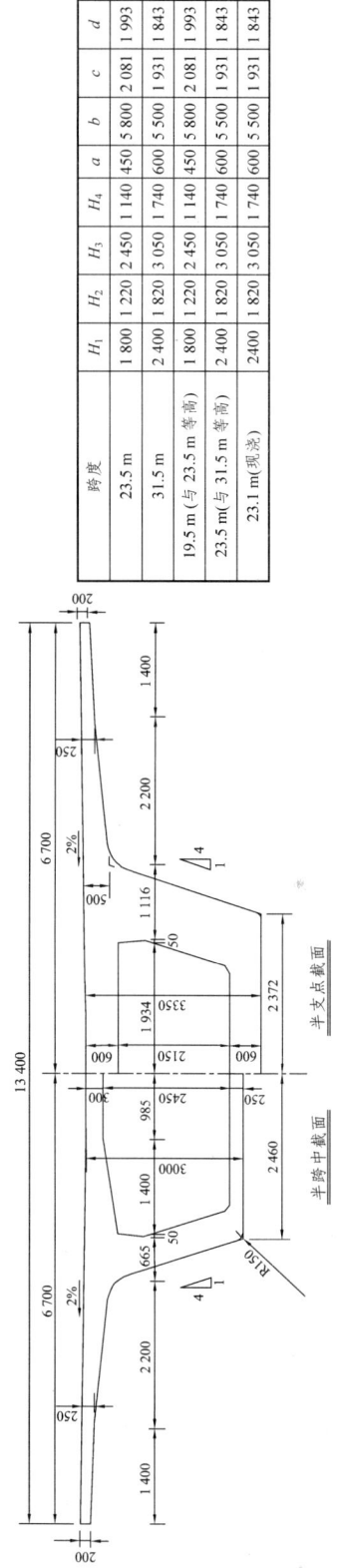

跨度	H_1	H_2	H_3	H_4	a	b	c	d
23.5 m	1 800	1 220	2 450	1 140	450	5 800	2 081	1 993
31.5 m	2 400	1 820	3 050	1 740	600	5 500	1 931	1 843
19.5 m(与23.5 m等高)	1 800	1 220	2 450	1 140	450	5 800	2 081	1 993
23.5 m(与31.5 m等高)	2 400	1 820	3 050	1 740	600	5 500	1 931	1 843
23.1 m(现浇)	2400	1 820	3 050	1 740	600	5 500	1 931	1 843

图 4-16 通桥〔2005〕-Ⅰ、Ⅱ、Ⅳ、Ⅴ、Ⅶ梁型（单位：mm）

4.5 高速铁路简支梁桥施工

4.5.1 高速铁路桥梁施工方法概述

高速铁路与普通铁路的施工程序不同,其中最明显的一点是普通铁路是先铺轨后架梁,而高速铁路是先架梁后铺轨,所以,高速铁路架桥机走行体系没有现成的轨道可以利用,甚至一座桥和另一座桥之间的路基都未完全连接起来,即使有填筑好的路基,架桥机对路堤、道床也不得随意扰动。由于高速铁路的桥梁数量多、梁体重,梁高和梁宽都受到铁路限界影响而不便运输,按照普通铁路传统的方法,由工厂预制梁,经过铁路运输运到工点,再用刚架桥机架设已不可能。同时,高速铁路要求一次铺设无缝线路,桥梁必须在铺轨前建成,因此,高速铁路和普通铁路桥梁施工方法和所用设备是有所不同的。

高速铁路混凝土桥梁主要施工方法有:

(1) 预制架设:

整孔预制(先张法、后张法),架桥机架设;

分段预制,造桥机拼装联成整体(湿接缝或干接缝);

分片预制,架设后联成整体;

预制节段,悬臂拼装;

整孔预制,浮运架设。

(2) 桥位制梁:

膺架浇筑;

移动支架浇筑;

连续梁、连续刚构的悬臂浇筑;

连续梁顶推;

转体施工法。

高速铁路的桥梁上部结构一般采用双线整体预应力混凝土简支箱梁。目前国内外高速铁路的常用简支梁施工主要有预制箱梁和桥位现浇箱梁两种方法,其中桥位现浇箱梁方法又可细分为满布脚手架和移动模架两种施工方法。采用架桥机架设预制箱梁方法具备箱梁工程质量易于控制、施工队伍精练、专业性强、易于管理、有利于控制施工进度等优点(架梁进度平均1孔/天);缺点是必须利用已完工路基及桥梁作为运梁通道,灵活性较差,该施工方法适用于桥梁较密地段。桥位现浇箱梁施工方法在部分桥梁下部工程完工后即可施工,具有可多点同时施工并能与桥梁下部平行施工等优点;缺点是现场制作箱梁的施工周期较长,平均制作1孔箱梁/40天,并且所需制梁的临时辅助费用较多,该施工方法适用于桥梁较稀疏或桥隧相连地段。针对两种梁部施工方法的不同,在施工不同地区高速铁路桥梁梁部工程时就有所选择。

平原地区高速铁路桥梁梁部施工多采用集中预制箱梁、架桥机架设方法;山区高速铁路桥梁、隧道分布较密,由于受隧道限界对箱梁运输的限制,双线整体简支箱梁孔数达不到一定规模地段,梁部施工采用桥位现浇箱梁施工方法。

结合我国高速铁路桥梁数量大,工期短的特点,宜以整孔预制、架桥机架设为主,并结合具体情况,辅以其他多种施工方法。限于篇幅,本章仅介绍预应力混凝土后张法简支箱梁整孔预制、架桥机架设的施工方法。

4.5.2 预应力混凝土后张法简支箱梁预制施工

1. 预制场的规划

1) 制梁场地选择的基本原则

（1）制梁场紧邻线路（或具有良好的预制梁体出运条件）且尽可能选在箱梁架设范围的中间位置，并结合架梁工期，充分考虑影响架梁的障碍物和控制性工程对制梁的影响。

（2）场地的面积能满足需要，场地内拆迁量小，尽量避开基本农田。

（3）场地处于地质情况较好区域以减少基础处理工作量。

（4）良好的水电供应、交通、通信条件。

（5）良好的材料运输、设备采购、员工生活及人身安全状况等条件。

（6）预制的综合成本低。

2) 场地的规划布置

（1）制梁场布置方式。

制梁场布置根据地形条件及设备配置情况一般分为横列式和纵列式两种方式，也可以采用两种布置的组合方式。

① 横列式布置方式。横列式一般采用制梁区与存梁区平行布置的方式。其优点为梁场布置紧凑，工效高，产量大，适用于地形方正，面积较大，配备有桥梁搬运机或摆渡设备的梁场。横列式布置方式如图 4-17 所示。

② 纵列式布置方式。纵列式一般采用制梁区与存梁区按一列纵队布置的方式。其优点是可直接采用轨行龙门起重机移梁，节省用地，适用于地形狭长，产量较小的梁场。纵列式布置方式如图 4-18 所示。

图 4-17 横列式布置梁场　　图 4-18 纵列式布置梁场

（2）制梁场分区。

制梁场按功能划分主要由生产区、生产辅助区、办公生活区三大部分组成。

① 生产区。

生产区主要分为制梁区、存梁区、混凝土拌和区、桥梁换装区、运梁通道等。

制梁区主要布置有制梁台座、钢筋加工区、钢筋预扎台架、内模拼装台座等；存梁区一般由二次张拉台座、存梁台座、静载试验台座组成；混凝土拌和区由混凝土搅拌站、砂石料存放区、洗石场和筛砂场组成。运梁通道是采用搬运机搬运箱梁工艺时设置的搬运机专用通道，由纵向和横向通道组成。在桥梁换装区，桥梁运输上桥方式一般分为马道运输上桥和提梁上桥两种方式。

A. 马道运输上桥。马道运输上桥一般适用于梁场附近具备路基上桥条件的情况，其优点为安全经济、运输方便，为后道工序（如桥面系、轨道工程施工等）提供方便，是架梁时首选的运输上桥方式。采用运梁车运梁，搬运机可在通向马道的纵向运梁通道上直接装梁完成换装；采用运架一体机运梁，则需要在通向马道的纵向运梁通道旁设置换装台座来完成换装。马道应根据线路路基高度并结合运梁设备的限制坡度，以尽量减少制梁场建场土石方工程数量来确定制梁场的高程和马道的长度。马道运输上桥如图 4-19 所示。

B. 提梁上桥。提梁上桥一般适用于不具备马道上桥条件或马道上桥的成本太高的情况。制梁场需紧邻线路，并配置大型跨线起重设备。该方案设备投入大，设备走行基础处理费用高，提梁成本也高。提梁上桥如图 4-20 所示。

图 4-19 马道运输上桥　　　　图 4-20 提梁运输上桥

② 生产辅助区。生产辅助区包括试验室、小件预制区、钢筋存放区、锅炉房、钢构件存放区、材料库房、机修区、工具房、发配电房、变电房等，生产辅助区地面需全部硬化。

③ 办公生活区。办公生活区应与生产区域分开设置，并各自设有专门的通道，以便管理和安全。

3）主要设施、设备的配置

（1）模型工装配置。

模型工装主要包括：底模、侧模、端模、内模、连接配件等。

① 底模采用固定式钢结构，与制梁台座按照 1∶1 的比例配置。

② 侧模可采用固定和滑移式两种钢结构形式。

固定式侧模与底模按照 1∶1 的比例配置，通过两侧连接拉杆实现侧模调整，并在模型外侧相应位置安装附着式振动器，其优点为工序简单、功效高，但模型投入较高。滑移式侧模与底模按照 1∶2 的比例配置，该方式是在两个纵向一条线上的台座两侧铺设连接轨道。一个台座上的模型拆除后通过轨道滑移至另一个台座使用，以实现两个台座共用一套侧模，降低模型投入数量。但缺点是工序较多，功效相对较低。

③ 端模可采用整体式或组合式钢结构，与侧模、底模按照 1∶2 的比例配置，通过连接螺栓实现与底模及侧模的连接，并在端模外侧相应位置安装附着式振动器。

④ 内模采用伸缩式液压台车结构，分节长度为 4 m 左右。内模与外模按 3∶5 的比例配置。

（2）主要设备、机具配置。

梁场设备、机具主要包括动力设备、混凝土设备、起重运输设备、金属加工设备、张拉灌浆设备及其他设备。其配置应根据设计生产能力、梁场规划布置、制梁工艺及制梁单位设备储备等情况确定。

2. 后张法箱梁预制

1）施工工艺流程

（1）钢筋采用分体预扎工艺后张法箱梁预制施工工艺流程如图 4-21 所示。

（2）钢筋采用整孔预扎工艺后张法箱梁预制施工工艺流程如图 4-22 所示。

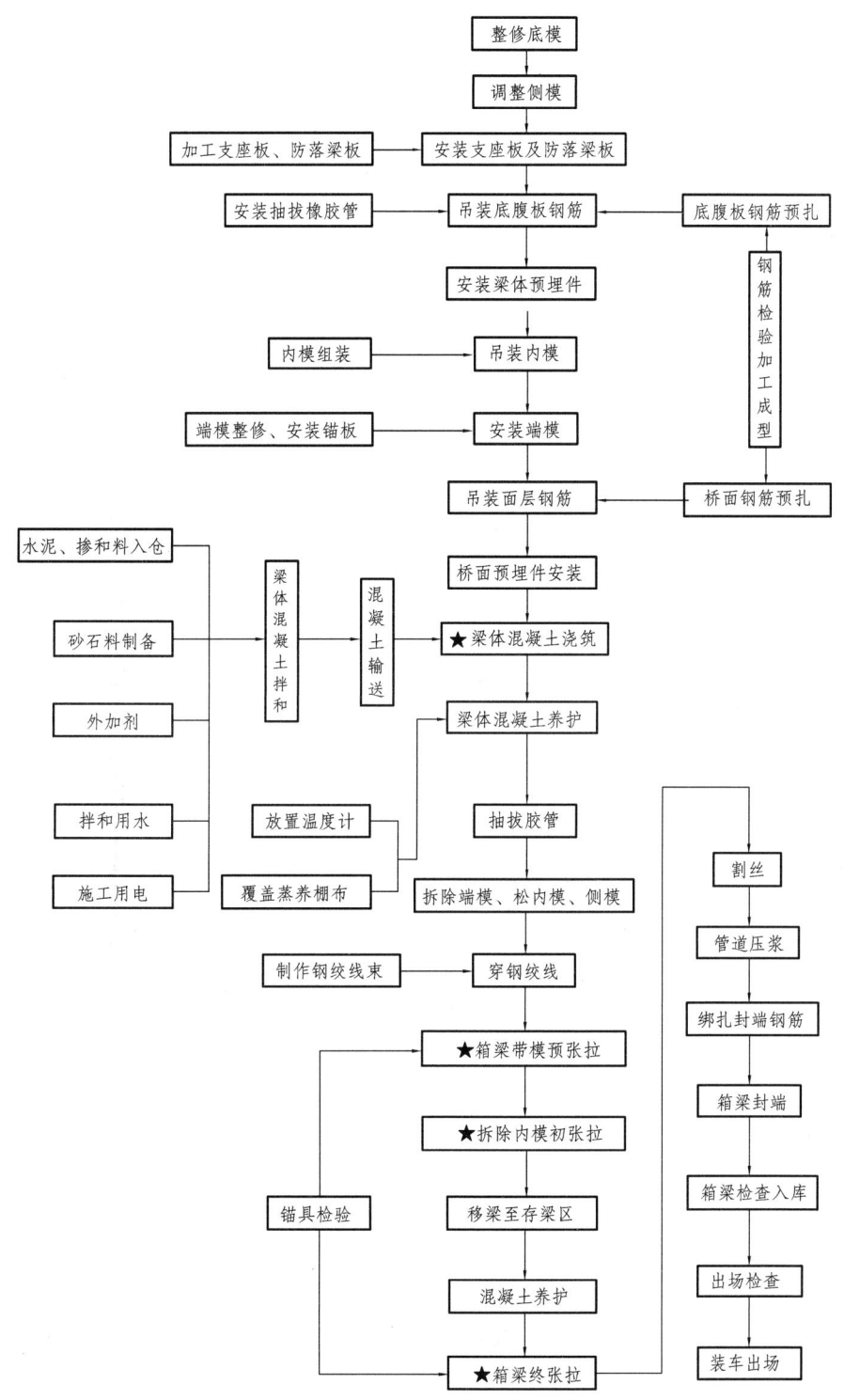

图 4-21 后张法箱梁预制施工工艺流程图（钢筋分体预扎工艺）

注："★"为关键工序

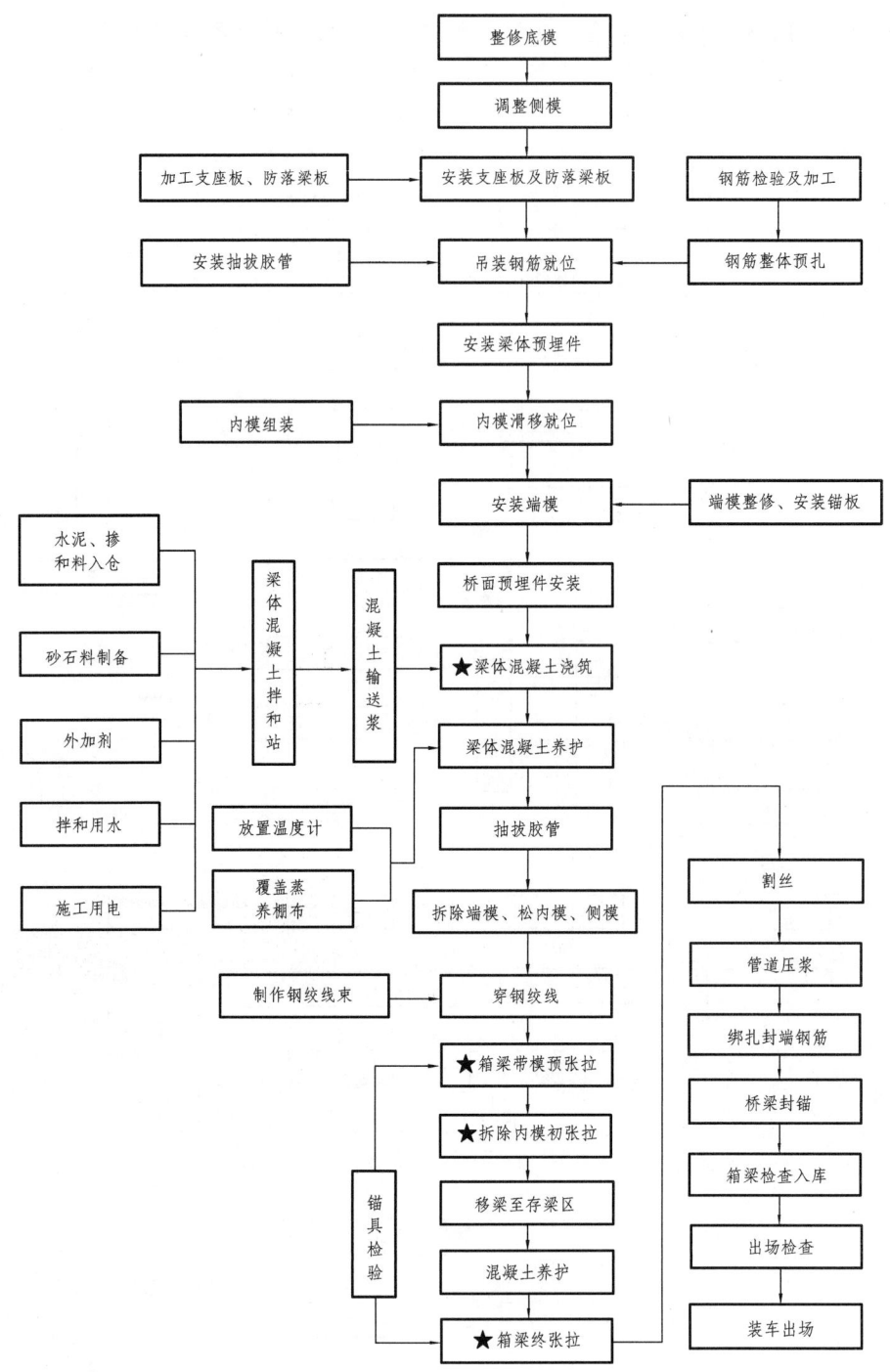

图 4-22 后张法箱梁预制施工工艺流程（钢筋整孔预扎工艺）

注："★"为关键工序

2）操作要点

（1）钢筋工程。

① 钢筋加工。钢筋加工成型在钢筋车间内完成。采用专门的钢筋加工设备，在特制的胎

膜卡具上加工成型，检验合格后方可进行绑扎。

② 梁体钢筋绑扎。梁体钢筋绑扎应在胎模上进行，可分为分体式预扎和整孔预扎两种方式，两种方式各有优缺点，应结合各自实际，因地制宜地选择使用。

A. 分体式预扎。腹板与底板一同绑扎，桥面钢筋另行绑扎，待内模就位后，再将桥面钢筋与腹板底板钢筋拼装绑扎。其优点在于桥面筋与底、腹板钢筋可同时预扎，功效高，内模吊装就位时中线控制较好；但与整体预扎相比较占地要多一些，每孔梁钢筋吊装次数也多一次，同时桥面钢筋与腹板钢筋连接就位时的绑扎作业不如整孔预扎方式容易操作。

a. 箱梁底、腹板钢筋绑扎胎模。纵向和横向钢筋的间距按照图纸设计要求，在角钢竖直面上设置卡口，以保证钢筋的绑扎质量。为保证纵向和横向钢筋的位置正确及两侧腹板钢筋的保护层厚度满足规定的允许误差，在胎模的两外侧底边分别焊－75 mm 的等边角钢，用其竖直肢作支挡，在绑扎时，将横向筋的弯钩及腹板箍筋贴紧此肢背，即可保证钢筋的正确位置及外侧钢筋的整齐。如图 4-23 所示。

b. 箱梁桥面钢筋绑扎胎模。胎模的主体是用 50 mm×30 mm 方钢焊接而成。由于桥面钢筋的截面形状决定了桥面钢筋不适合在平面上操作，根据桥面钢筋的截面形状，在绑扎胎模的底部加焊了 500～800 mm 长短不等的支腿，使作业平面正好在 900 mm 左右，既满足了设计要求，又方便了操作。箱梁桥面钢筋绑扎胎模如图 4-24 所示。

图 4-23　箱梁底、腹板钢筋绑扎胎模　　图 4-24　箱梁桥面钢筋绑扎胎模

B. 整孔预扎。钢筋整孔预扎就是在绑扎工装台座上将整孔桥梁的钢筋一次性绑扎完成。其优点在于钢筋绑扎质量较好，特别是梁体底、腹板钢筋与桥面钢筋连接处的绑扎质量控制较好，同时可节约场地，减少吊装次数；缺点是绑扎速度慢，且桥面筋绑扎处于高空作业，工效低。另外，整孔预扎钢筋的工艺会导致内模就位后中线调整困难，两侧腹板钢筋保护层厚薄不均。

按照设计图纸规定的箱梁纵向和横向钢筋的间距要求，将底、腹板及桥面钢筋轮廓尺寸由槽钢和角钢加工成绑扎工装台架，并采用钢管支架或其他支撑工具充当"假内模"，以便于桥面钢筋绑扎时支撑顶面钢筋，从而一次性完成整孔箱梁钢筋的绑扎作业。箱梁整孔钢筋绑扎胎模如图 4-25 所示，整孔箱梁钢筋吊装如图 4-26 所示。

③ 箱梁钢筋吊具。箱梁钢筋面积大、重量大，要求吊具有较大的刚度，起吊时吊具及钢筋不得发生过大变形。同时吊具须具有通用性，既能起吊梁体底腹板钢筋，又能起吊桥面钢筋。吊具的结构形式采用工字钢桁架结构，根据吊架的受力情况采用不同型号工字钢。吊架上每隔 2 m 悬挂一吊钩，起吊时钢筋笼表面穿入钢管以分散集中力。

图 4-25 整孔箱梁钢筋绑扎胎模图 　　　　图 4-26 整孔箱梁钢筋吊装图

（2）预应力管道制孔。

① 橡胶管及接头处理。制孔使用高强橡胶管，管内穿 7 根 ϕ5 mm 的钢绞线作芯棒，跨中采用内径比橡胶管外径大 5 mm、厚度为 0.5 mm、长度为 300 mm 的短铁皮管套接，套接处必须用封口胶缠紧，并用扎丝扎紧。

② 管道定位。采用定位网法控制张拉管道坐标，为此将定位网焊接在箱梁的钢筋上，间距为 0.5 m。当主筋预扎完毕后，将制孔管穿入设计位置。待主筋吊入制梁台位后，再全面检查并细调制孔管，使其完全满足设计要求。

③ 拔管。拔管时间与混凝土强度等级、水泥品种及气温有关。拔管过早则混凝土容易塌陷或造成孔道变形，拔管过晚则可能拔断胶管，因此拔管应在混凝土初凝之后、终凝之前进行。抽拔胶管应先试拔，即胶管拔出后孔道壁光滑，孔道内无落沙或残渣，孔道不发生变形及塌孔，胶管上不附着湿水泥浆即可。拔管采用卷扬机抽拔，拔管顺序应先拔芯棒，后拔胶管；先拔下层胶管，后拔上层胶管；先拔灌注梁体的起始端，后拔灌注梁体结束端。

（3）模型工程。

① 液压内模。

A. 液压内模系统组成。该系统由模板系统、车架系统（含支撑）和液压系统组成。其中，模板系统为大块钢模组拼结构，分下模、边模和顶模三个部分。车架系统包括车架桁架、走行支架、走行轮组成。内模系统组成方案如图 4-27 所示。

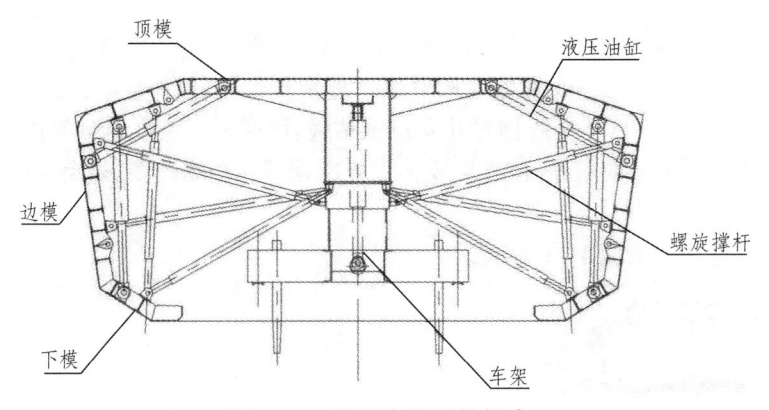

图 4-27 液压内模系统组成

B. 液压内模安装及拆除工艺。内模安装首先是在内模拼装平台上整体预拼，当箱梁钢筋采用分体式预扎时，内模在内模拼装台座上按打开方式分节组装好，待底腹板钢筋骨架就位

后整体吊装入模；当箱梁钢筋采用整体式预扎时，内模在内模拼装台座上按蜷缩方式组装好，待钢筋骨架就位后整体推入，再启动液压装置将其打开并调整到位。

内模是通过台车上的螺旋撑杆支撑于箱梁底板泄水孔预留孔中使之稳定安装于底模上的。

液压内模拆除既可通过液压装置使之蜷缩后整体向一端推出，也可分节同时向两端推出。其主要步骤如图4-28所示。

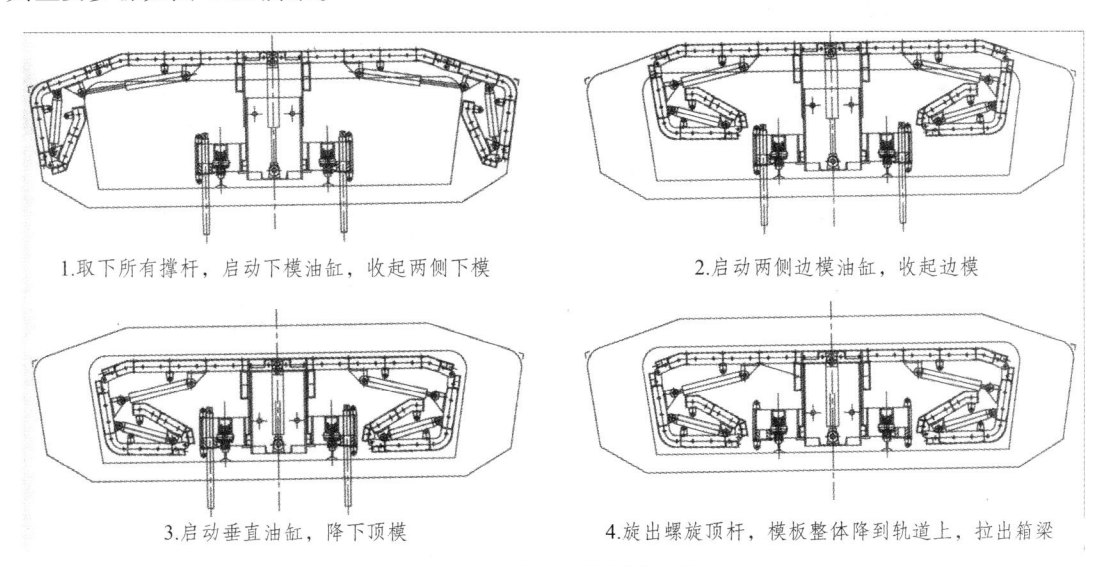

1. 取下所有撑杆，启动下模油缸，收起两侧下模
2. 启动两侧边模油缸，收起边模
3. 启动垂直油缸，降下顶模
4. 旋出螺旋顶杆，模板整体降到轨道上，拉出箱梁

图4-28　液压内模拆除步骤

② 侧模。

侧模采用双槽钢骨架、8 mm面板组合而成，分4 m一节加工，然后在配套底模上安装就位并分侧焊成一个整体，并将焊缝磨平使模型侧面形成一个无缝平面，侧模微调时采用螺旋撑杆交替顶升就位，侧模下缘与底模必须密贴，且用螺栓连接并拧紧。侧模上设有走行道板和栏杆，保证施工安全。

侧模的加工和安装应按设计预留压缩量和反拱，并根据终张拉后梁体实际压缩和上拱情况进行验证并及时调整，使梁的全长和跨度以及上拱控制在允许的误差范围内。

③ 底模。

底模采用双槽钢组合梁、槽钢肋，20 mm（端节）及10 mm面板分节加工而成，制梁台座基础施工完毕后即可安装底模。从中部向两端安装，根据预留反拱值按抛物线设置反拱。底模两端支座板及防落梁挡板固定孔要设置精确。以保证支座板和防落挡板的准确位置。对于底板在端部向下加厚的箱梁，应在底模上设置活动节或压缩胶条，避免对梁体施加预应力造成阻碍。

底侧模及内模安装如图4-29所示。

④ 端模。

端模采用14号工字钢、10 mm面板组合而成。端模制作时应注意梁端倒角的构造，防止带模张拉引起梁端混凝土劈裂。端模采用龙门吊人工配合安装和拆除。端模安装的要领为：保证端模中线和底模中线重合、满足梁体高度和设计垂直度。

图 4-29　底侧模及内模安装

（4）混凝土施工。

① 原材料选择。

混凝土所需的所有原材料，如水泥、粉煤灰、矿渣粉、砂、石、外加剂等均须按《客运专线高性能混凝土暂行技术条件》（科技基〔2005〕101号）规定的试验方法进行检测，试验合格后方可用于混凝土的配制。

② 高性能混凝土配合比设计。

根据箱梁设计图纸及现行有关规定，按照《铁路混凝土结构耐久性设计规范》要求，进行高性能混凝土配合比设计。配合比设计程序：配合比参数的限值→强度等级、耐久性指标的确定→工作度的确定→原材料的选定→配合比参数的选择及碱、氯离子和三氧化硫含量的测算→混凝土的试拌和调整→拌和物性能、力学性能和耐久性的测试。

经过混凝土配合比试验确定多种配合比供试验选用，在正式施工前通过与箱梁混凝土浇筑相同条件的工艺性能试验，对所选定的配合比工作性能进行验证，验证合格后方可用于箱梁施工。

③ 开盘前准备工作。

A. 取得施工配合比通知单，确认本次浇筑混凝土的骨料、水泥、掺和料、外加剂等已到达拌和站，不得采用边运输材料边开盘搅拌的方法进行梁体混凝土浇筑作业。

B. 核对并检查骨料、水泥、掺和料、外加剂的品种和检验状态。

C. 混凝土搅拌站和输送设备处于正常状态并已检查校正。

D. 机具应进行试运转，并确认状态良好。附着式振动器（包括备用振动器）、插入式捣固棒已准备，测试完毕。水电供应系统保证，意外停水、停电的备用措施已落实。

E. 模板、钢筋、制孔管和各种预埋构件等工序的检查签证及整修手续均已办妥。气象预报落实，适应各种气候的施工措施完备。

F. 梁场在初始制梁时，应掌握梁体混凝土水化热变化情况，需在梁体钢筋就位后埋设温度传感器，温度传感器布设一般为：在箱梁跨中和梁两端的端截面按顶板、底板和腹板分三层，每孔箱梁内共布置24个温度传感器。测点在断面厚度方向等间距布置。若采用蒸汽养护时，还需在蒸养棚内布设9个环境温度测点：梁体两侧各三个（布置在端头和跨中），内箱中共三个（布置在距端头4 m和跨中）。混凝土水化热温度测点布置和编号如图4-30所示。

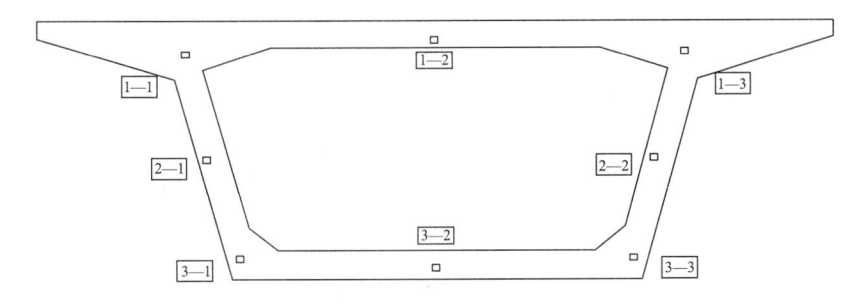

图 4-30　跨中、梁端截面混凝土水化热温度及环境温度测点布置和编号

④ 混凝土搅拌。

混凝土搅拌采用强制式搅拌机搅拌混凝土，采用电子计量系统计量原材料。混凝土搅拌时间为 2~3 min，且搅拌均匀，颜色一致。混凝土拌制速度和浇筑速度要密切配合，拌制服从浇筑，以免浇筑工作因故障停顿而使机内储存混凝土。如因故障灌梁中断，常温下混凝土滞留在搅拌机内的时限一般不宜超过 60 min，夏季高温季节不得超过 45 min。

⑤ 混凝土浇筑。

混凝土浇筑前应按要求做好开盘检查并作好检查记录，确认无问题时才可开盘。梁体混凝土浇筑采用三套独立的搅拌、浇筑系统（混凝土自动搅拌站+混凝土输送泵+布料杆+振捣设备）配置。混凝土浇筑采用斜向分段、水平分层的方式连续浇筑，布料先从箱梁两侧腹板同步对称均匀进行，先浇筑腹板与底板结合处混凝土，再浇筑腹板混凝土，当两侧腹板混凝土浇筑到与顶板面结合部位时。改用从内模顶面预留的下料孔补浇底板混凝土，最后浇筑桥面板混凝土。在浇筑腹板混凝土时，为防止混凝土在箱梁内上涌，可采用木板堵截混凝土或采用较小的坍落度以降低混凝土的流动性。浇筑顺序如图 4-31 所示。

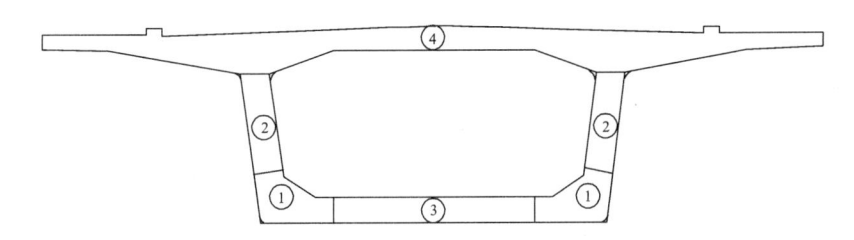

①—底腹板交界处混凝土；②—腹板混凝土；③—底板中部混凝土；④—顶板混凝土

图 4-31　梁体混凝土灌注

⑥ 混凝土捣固。

箱梁浇筑时采用侧振、底振、插入振工艺。在侧模和底模两端安装工频振动器，在箱梁两端内模上安装高频振动器。梁端混凝土体积大、钢筋密集，为保证该部位混凝土的灌注质量，采用底振、侧振、内模高频振动器和插入式振动器同时开启的方式加强振动。梁体混凝土浇筑时一般情况下工频和高频振动器每次振动时间开启约为 80 s，以混凝土密实为准。对桥面和内箱表面应在适当时候进行第一次整平抹面和第二次收浆抹平，使之平整，排水通畅。梁体混凝土浇筑如图 4-32 所示。

图 4-32 梁体混凝土浇筑

⑦ 混凝土养生。

梁体混凝土养护可根据气候条件采用蒸汽养护和自然养护两种方式。

A. 蒸汽养护：蒸汽养护采用养护罩封闭梁体，然后通蒸汽养护。为防止梁体裂纹及损失强度，混凝土浇筑完成后应静养 4 h 以上，升温速度不得大于 10 ℃/h；恒温养护期间蒸汽温度不宜超过 45 ℃，混凝土芯部温度不宜超过 60 ℃；降温速度不得大于 10 ℃/h；拆模时，梁体混凝土芯部与表层、表层与环境温差均不宜大于 15 ℃。在蒸养过程中，通汽以后应定时测温度，并做好记录。恒温时每 2 h 测一次温度，升、降温时每 30 min 测一次。根据实测温度调整蒸汽放入量。

B. 自然养护：梁体拆模后进行自然养护时，箱梁表面应予以覆盖，洒水次数以混凝土表面湿润为度。洒水养护 7 天以上。当气温低于 5 ℃ 时，不得对梁体进行洒水。

（5）预应力张拉。

① 张拉前的准备工作。

A. 本工序为特殊工序，操作人员应持证上岗。锚具按规定检验合格，预应力钢绞线应符合标准要求。千斤顶和油压表均已校正并在有效期内。确认孔道已通过检孔器检查，钢绞线束数与孔道设计相符，各束顺直不绞缠，两端外露长度相等。确认梁体内孔道积水和污物已被清除。

B. 严格核查预应力钢绞线批接口"三对应"，即：钢绞线试验弹模与伸长量计算对应；钢绞线线径与限位板槽深对应；前批剩余钢绞线穿入管道编号技术指定与现场实际操作对应。

C. 穿入同片梁的两批钢绞线试验弹模值相差应不大于 5 GPa，穿入同一束钢绞线的两批钢绞线试验弹模值相差应不大于 3 GPa。

② 预应力张拉条件。

A. 预张拉。为防止梁体混凝土开裂。当梁体混凝土随梁养护试件强度达到设计强度值的 50%加 3.5MPa 时，松开内模，对梁体进行预张拉。张拉数量、位置及张拉值应符合设计要求。

B. 初张拉。当梁体混凝土随梁养护试件强度达到设计强度值的 80%加 3.5 MPa 时，方可进行初张拉。张拉数量、位置及张拉值应符合设计要求，初张拉后梁体方可吊离台座。

C. 终张拉。终张拉实施混凝土强度、弹性模量、混凝土龄期"三控"：即梁体混凝土随梁养护试件强度达到设计强度值加 3.5 MPa，弹性模量满足设计要求，且龄期不少于 10 天。

D. 梁体混凝土预施应力部分有较大缺陷者，应征得监理工程师同意后在预施应力前修补并达到规定强度后才可预施应力。

E. 锚具安装前应将锚垫板上的灰浆清除干净。检查管道是否偏心，若偏心则必须扩孔，并检查孔道轴线与锚垫板平面是否垂直。穿上钢束后应再次核对钢束根数。

F. 预制梁试生产期间，应至少对两件梁体进行各种预应力瞬时损失测试，确定预应力的实际损失，必要时请设计方对张拉控制应力进行调整。正常生产后每100件进行一次损失测试。需测试的各项瞬时损失有：管道摩阻、锚口摩阻、锚垫板喇叭口摩阻、锚具回缩损失等。

G. 张拉前应布置测量梁的上拱度及弹性压缩的测点。

③ 预施应力程序及工艺。

张拉中实施张拉应力、应变、时间、同步率"四控"：即张拉时以油压表读数为主，以钢绞线的伸长值作校核。在σ_k作用下持荷2 min，梁两端张拉不同步率不大于10%。

A. 梁体纵向钢绞线束张拉程序。

预张拉：0→初应力 $0.2\sigma_k$（作伸长值标记）→张拉至预张拉设计要求的控制应力（测伸长值）→回油、锚固（测量总回缩量）。

初张拉：0→初应力 $0.2\sigma_k$（作伸长值标记）→张拉至初张拉设计要求的控制应力（测伸长值）→回油、锚固（测量总回缩量）。

终张拉：0→初应力 $0.2\sigma_k$（作伸长值标记）→$1.0\sigma_k$（测伸长值、持荷2 min）→回油、锚固（测量总回缩量、夹片外露量）。

B. 张拉操作工艺：梁体钢绞线束张拉应按照设计规定的张拉顺序进行。

a. 安放锚板，把夹片装入锚板，再将短钢管套在钢绞线上，沿着钢绞线把夹片敲击整齐，然后装入限位板。限位板必须与本批实测钢绞线直径相对应，配套发放。

b. 安装千斤顶，使之与孔道中心对准。安装工具锚，夹紧钢绞线，务必使钢绞线顺直无扭结。

c. 千斤顶缓慢进油至初始油压。在此过程中要拨正千斤顶，使千斤顶与锚具对中，管道、锚具、千斤顶三者同心。

d. 两端同时对千斤顶主缸充油，加载至初始应力 $0.2\sigma_k$，测量千斤顶油缸伸出长度，作为测量钢绞线束伸长值的起点。

e. 梁体两端张拉千斤顶按左右对称方式，采用同步分级加载，最大不平衡束不得超过1束。两端同步张拉时，应保持两端千斤顶升、降压速度相近，使两端同时达到同一荷载值。张拉的不同步率不大于10%。

f. 加载至张拉设计控制应力，测量千斤顶油缸伸出长度并计算钢绞线束实测伸长值，检查钢绞线束实测伸长值与按实际钢绞线弹模计算的伸长值相差是否在规定的±6%范围以内，若超出规定允许范围，应查明原因后重新张拉。但每束钢绞线张拉不得超过三次，否则，换束重新张拉。

g. 持荷2 min，在持荷状态下，如发现油压下降，应立即补至张拉控制应力。

h. 千斤顶回油，测钢绞线束总回缩量和测夹片外露量有无超标。否则，应查明原因后重新张拉。

i. 终张拉完成后，在锚圈口处的钢绞线束做上记号，24 h后检查确认无滑丝、断丝现象方可割束，切断处距夹片尾3~4 cm。钢绞线束切割应采用砂轮角磨机作业，严禁使用氧焰切割。

j. 张拉完毕，应填写张拉记录，有关人员签字，原始记录不得任意涂改，并及时将记录交技术部门。张拉作业如图4-33所示。

图 4-33　箱梁张拉作业

（6）管道压浆。

① 管道压浆前准备工作。

A. 管道压浆采用真空辅助压浆工艺，在终张拉完毕 48 h 内进行。

B. 管道压浆材料，使用前应进行验证试验。

C. 采用自动压浆台车，搅拌机的转速不低于 1 000 r/min，桨叶的最高线速度限制在 15 m/s 以内。搅拌设备必须有具有搅拌功能的储料罐，储存搅拌均匀的浆体。压浆机采用连续式压浆泵。其压力表最小分度值不得大于 0.1 MPa，最大量程应使实际工作压力在 25%～75%的量程范围内。水泥、压浆剂、水的称量应准确到±1%。

② 搅拌工艺。

A. 搅拌前，必须清洗施工设备，不得有残渣。清理后，湿润施工设备，随后排除设备中多余的积水，使设备中无可见明水。并检查搅拌机的过滤网，在压浆料由搅拌机进入储料罐时，须经过过滤网，过滤网空格不得大于 3 mm×3 mm。

B. 浆体搅拌操作顺序为：首先在搅拌机中先加入实际拌和水的90%，开动搅拌机，均匀加入全部压浆剂，边加入边搅拌，然后均匀加入全部水泥。全部粉料加入后搅拌 2 min；然后加入剩下的 10%的拌和水，继续搅拌 2 min。搅拌均匀后，检验搅拌罐内浆体流动度，每十盘进行一次检测，其流动度在规定范围内即可通过过滤网进入储料罐。浆体在储料罐中继续搅拌，以保证浆体的流动性。

③ 压浆工艺。

A. 工艺流程。

清除管道内杂物及积水→清理锚垫板上的灌浆孔→安装密封罩→确定抽真空端及灌浆端，安装引出管和接头→搅拌水泥浆→抽真空→灌浆泵灌浆→出浆稠度与灌入的浆体相同时，关闭抽真空端所有的阀→灌浆泵持压→关闭灌浆泵及灌浆端阀门→拆卸外接管路、灌浆泵→浆体初凝后拆卸并清洗密封罩。

B. 准备压浆前，应开启压浆泵，使浆体从压浆管中排出，以排除压浆管中的空气、水和稀浆。当排出的浆体流动度和搅拌罐中的流动度一致时，可以开始压浆。

C. 压浆的最大压力一般不宜超过 0.6 MPa。压浆应达到管道另一端饱满和出浆，并应达到排气孔排出与规定流动度相同的浆体为止。关闭出浆口后，应保持不小于 0.5 MPa 的一个稳压期，该稳压期不宜少于 3 min。压浆后应从出浆孔检查压浆的密实情况，如有不实，应及时补灌，必须使压浆孔完全密实。管道压浆采用真空辅助压浆工艺。在压浆前应首先进行抽真空，使孔道内的真空度稳定在 –0.06 ~ –0.08 MPa。真空度稳定后，应立即开启管道压浆端阀门，同时开启压浆泵进行连续压浆。压浆顺序先下后上，如有串孔现象，应同时压浆。同一管道压浆应连续进行，一次完成。

D. 压浆时浆体温度应在 5 ~ 30 ℃，压浆及压浆后 3 天内，梁体及环境温度不得低于 5 ℃；当昼夜平均气温低于 +5 ℃ 或最低气温低于 –3 ℃ 时，按冬期施工办理。压浆作业如图 4-34、图 4-35 所示。

图 4-34　压浆台车压浆作业　　　　图 4-35　预应力管道抽真空作业

（7）封锚。

箱梁终张拉后，应在 3 天内进行封锚。封锚采用与梁体强度等级相同且不低于 C50 的补偿收缩混凝土进行填塞。

① 工艺流程。锚具穴槽表面凿毛处理→锚具防水处理→安装封锚钢筋→填塞基层混凝土→表层混凝土封堵→养护→对新旧混凝土结合部防水处理。

② 封锚工艺。封锚前，应对锚具穴槽表面进行凿毛（宜在梁端钢模拆卸后立即进行）处理，并将灰、杂物以及支承板上浮浆清除干净。然后在预应力筋、锚具及与锚垫板接触处四周采用聚氨酯防水涂料进行防水处理。安装封锚钢筋后，采用低流动度的补偿收缩混凝土对锚孔进行填塞。混凝土凝固后，采用保湿养护，以防止封堵混凝土四周及表面出现收缩裂纹。最后在梁端底板和腹板的表面满涂聚氨酯防水涂料，厚度不小于 1.5 mm。封锚作业如图 4-36、图 4-37 所示。

（8）箱梁吊装及存放。

制梁场箱梁吊装采用两台 MQ450t 提梁机或 900 t 搬运机进行作业，梁体在进行初张拉后即可吊离制梁台座。箱梁采用双层存梁方案，梁上存梁，以节约场地。采用双层存梁时，应对存梁台座基础进行设计，保证箱梁四个支座板相对高差不超过 2 mm。

轮轨式提梁机吊移箱梁及存放如图 4-38 所示，搬运机吊移箱梁如图 4-39 所示。

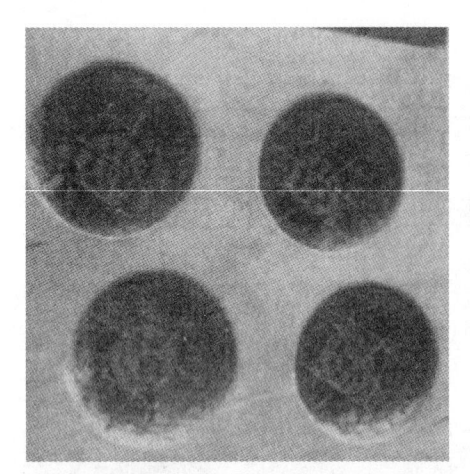

图 4-36　安装封锚钢筋

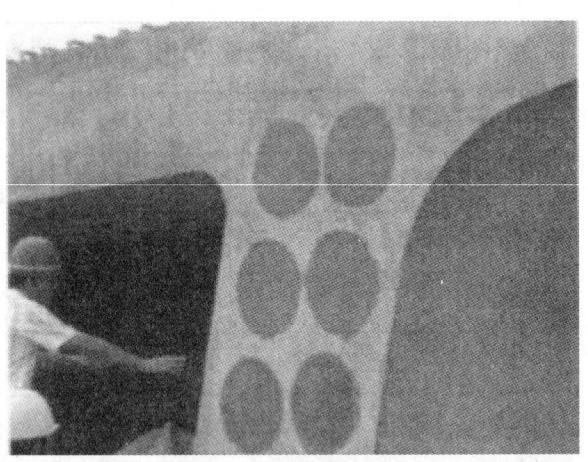

图 4-37　封堵混凝土

图 4-38　轮轨式提梁机吊移箱梁及存放

图 4-39　搬运机吊移箱梁

4.5.3　预应力混凝土简支梁架设技术

铁路混凝土预制梁架设施工设备众多，形式各异。按架桥机过孔方式一般分为：步履式、全轮走行一跨式、导梁式、辅助导梁式等架桥机；按架桥机落梁方式一般分为：拖拉起吊落梁、定点起吊落梁、运架一体式等架桥机；按所架梁横断面形状一般分为：箱梁、T 梁等架桥机；按适架梁型吨位一般分为：170 t、230 t、450 t、600 t、900 t 级等架桥机；按可架设线路形式一般可分为：双线整孔箱梁、单线整孔箱梁、双线并置箱梁、单线 T 梁、双线 T 梁等架桥机。这些架桥机一般适用于 20 m、24 m 和 32 m 三种跨度梁型，部分可适用 16 m、20 m、24 m 和 32 m 四种跨度梁型。

国内客运专线和高速铁路所使用的架桥机，被公认为性能、效率都不错的代表性的机型主要有：中铁科工生产的 JQ900A 步履式架桥机、北京万桥生产的 WE-SC900H 运架一体式架桥机、秦皇岛天业通联生产的 TLJ450 架桥机和申铁科工生产的 JQ170 架桥机。

以下对 JQ900A 步履式架桥机的施工技术进行介绍。

JQ900A 步履式架桥机由中铁二局联合中铁工程机械研究设计院研制，用于客运专线和高速铁路双线整孔箱梁的架设，其主要特点为步履式行进、尾部喂梁、起重小车吊梁拖梁方式取梁、跨一孔简支梁架梁。可以架设 32 m、24 m、20 m 双线整孔箱梁，适应架设最小曲线半径为 5 500 m，适应架设最大纵坡 20‰，额定起重量 900 t。轮胎式运梁车设备型号为 YL900。

1. 主要设备技术参数

JQ900A 步履式架桥机及 YL900 轮胎式运梁车主要设备技术参数见表 4-7 和表 4-8。

表 4-7 JQ900A 步履式架桥机主要技术参数

序号	参数名称	技术参数	序号	参数名称	技术参数
1	额定起重量	900 t	8	梁起吊方式	"三吊点"起吊
2	适应线路纵坡	20‰	9	单件最大重量	16.5 t
3	最小工作曲线半径	5 500 m	10	架桥机纵移	0.1~3.0 m/min
4	吊具底面至桥面净空	7.5 m	11	重量	498 t
5	吊点数	4 个	12	桁车起升速度	0.1~0.96（空载）m/min、0.1~0.48（重载）m/min
6	整机配电功率	280 kW	13	桁车运行速度	0.1~4.78（空载）m/min、0.1~2.21（重载）m/min
7	驱动方式	液压驱动			

表 4-8 YL900 轮胎式运梁车主要技术参数

序号	参数名称	技术参数	序号	参数名称	技术参数
1	运载能力	900 t	8	充气压力	8 bar
2	空载运行速度	0~8 km/h	9	接地比压	0.6 MPa
3	重载运行速度	0~4 km/h	10	轴间距	1900 mm
4	适应最大坡道	4%	11	轮胎	64 个
5	最小转弯半径	R60 m	12	整机功率	2×447 kW
6	空载高度	3 662 mm	13	整机自重	253 t
7	重载高度	3 552 mm			

2. 架梁工艺

1）运架设备组装、解体

由于占用场地较大，同时考虑到充分利用梁场起重设备，减少设备投入，运架设备的组装、解体一般选择在梁场内或附近进行。

（1）YL900 轮胎式运梁车组装、解体。

YL900 运梁车组装流程如图 4-40 所示，其解体步骤与组装相反。

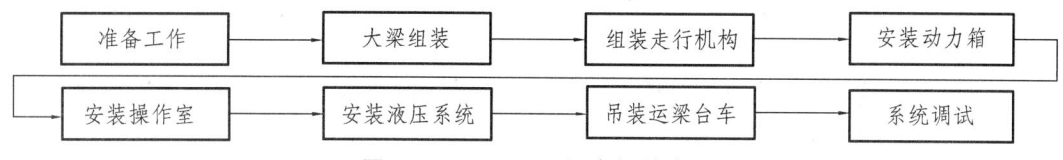

准备工作 → 大梁组装 → 组装走行机构 → 安装动力箱 → 安装操作室 → 安装液压系统 → 吊装运梁台车 → 系统调试

图 4-40 YL900 运梁车组装流程

（2）JQ900A 架桥机组装、解体。

JQ900A 架桥机组装步骤如图 4-41 所示。JQ900A 型架桥机长途运输采取大解体，通过公路或铁路运输车辆运输，JQ900A 型架桥机解体作业与其组装程序相反。

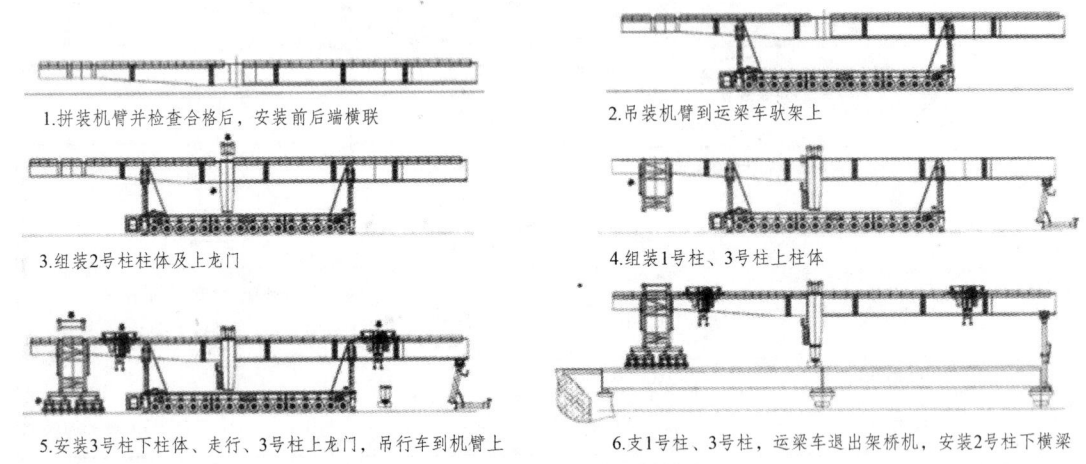

1.拼装机臂并检查合格后，安装前后端横联
2.吊装机臂到运梁车驮架上
3.组装2号柱柱体及上龙门
4.组装1号柱、3号柱上柱体
5.安装3号柱下柱体、走行、3号柱上龙门，吊行车到机臂上
6.支1号柱、3号柱，运梁车退出架桥机，安装2号柱下横梁

图 4-41　JQ900A 架桥机组装步骤

2）架桥机驮运

架桥机在梁场组装完毕，由运梁车驮运至架梁工地前必须进行试运转，第一次架梁前必须根据国家相关规定，由国家指定机构对架桥机进行型式试验，试验合格后方可进行架梁作业。JQ900A 架桥机桥间转移或短距离转移一般通过运梁车驮运进行。

3）施工作业程序

架梁施工作业主要包括桥梁运输、架桥机纵移过孔、喂梁、吊梁纵移并落梁、安装支座以及架设末跨梁等工况。

（1）桥梁运输。

① 箱梁吊装。通过梁场搬运机或提梁机，起吊箱梁并落放到运梁车上。

② 箱梁运输。运梁车走行时两侧对角需设专人监护，避免由于走行方位误差过大造成就位困难或倾覆危险。

（2）架桥机纵移过孔。

① 架桥机由宽式变窄式：1、2 号小车走行到落梁位，联结 3 号柱下横联，操作 3 号柱的液压系统，拔出 3 号柱柱体定位销，提升 3 号柱，操作折叠机构由宽式变窄式，走行轮组内摆至走行位置，穿好柱体定位销成窄式支撑，如图 4-42（a）所示。

② 架桥机纵移：2 号小车退到机臂尾部，用刚性横联将 1 号柱与已架箱梁吊梁孔张紧并用手动葫芦拉紧 1 号柱保险缆风绳，拆除 2 号柱支撑垫木，拔出 1 号柱定位销，驱动 3 号柱走行机构纵移架桥机，如图 4-42（b）所示。

③ 支撑 2 号柱：架桥机纵移到位后，垫好 2 号柱支撑垫木，1 号小车退到机臂尾部准备纵移 1 号柱，如图 4-42（c）所示。

④ 1 号柱纵移：操作 1 号柱液压系统，拔出 1 号柱下升降油缸定位销，将 1 号柱下柱身上提，纵移 1 号柱，走行至 1 号柱机臂上定位销座穿定位销，在桥墩上支撑 1 号柱并穿定位

销，拧好 1 号柱附助螺旋支腿，如图 4-42（d）所示。

⑤ 架桥机窄式变宽式：1、2 号小车走行到机臂前端，操作 3 号柱的液压系统，拔出 3 号柱升降的定位销，提升 3 号柱，操作折叠机构使走行轮组外摆至宽式支撑并穿好定位销，打开 3 号柱下横联，如图 4-42（e）所示。

⑥ 准备吊梁：1、2 号小车走行到后机臂取梁位置，让 1 号小车距 2 号柱中心 2.8 m 处等待吊梁，如图 4-42（f）所示。

（a）架桥机由宽式变窄式

（b）架桥机纵移

（c）支撑 2 号柱

（d）1 号柱纵移

（e）架桥机由窄式变宽式

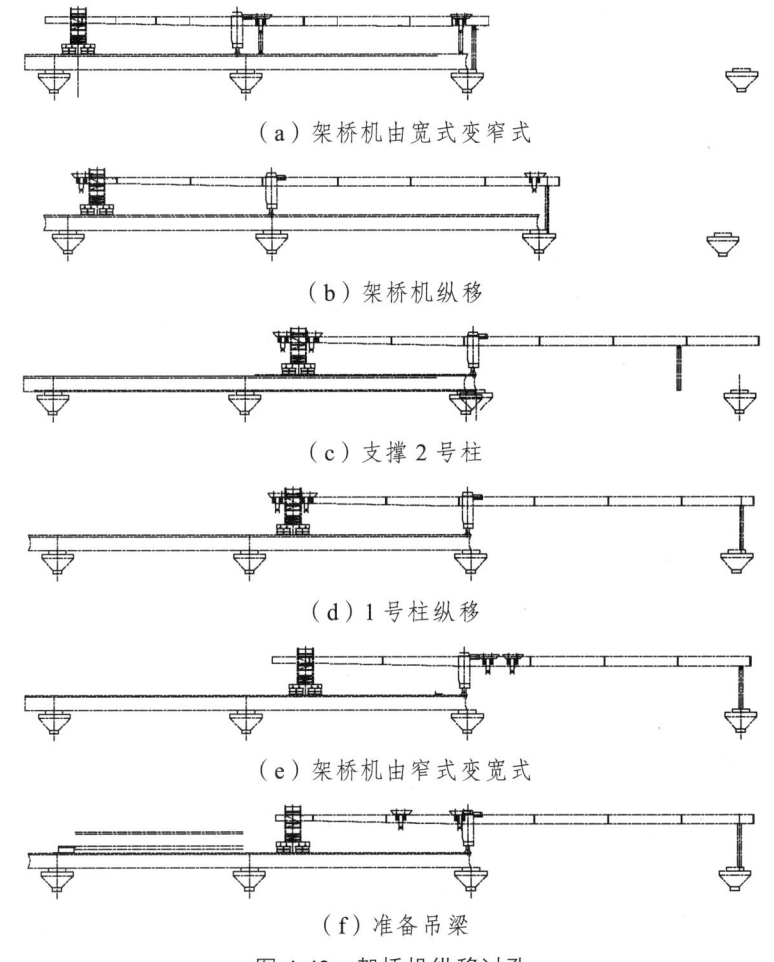

（f）准备吊梁

图 4-42 架桥机纵移过孔

（3）喂梁。

运梁车继续前行至 1 号桁车吊梁位，运梁车停车，支起运梁车前机组液压辅助支腿受力，如图 4-43（a）所示。

（a）喂梁

(b)1号小车取梁

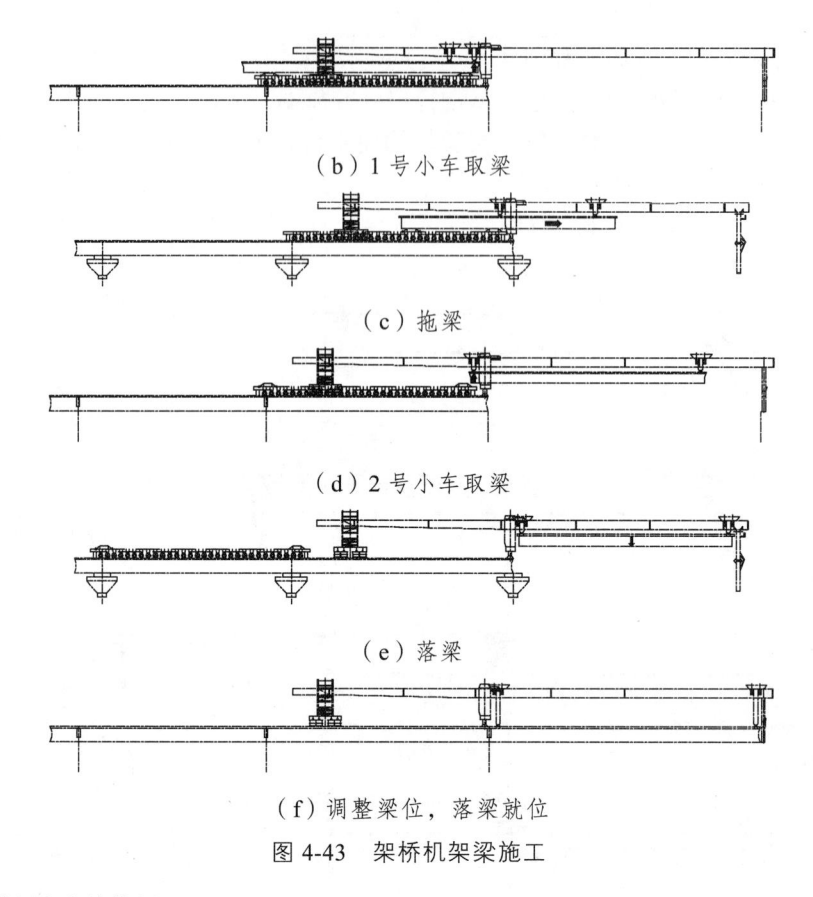

(c)拖梁

(d)2号小车取梁

(e)落梁

(f)调整梁位，落梁就位

图 4-43 架桥机架梁施工

（4）吊梁纵移并落梁。

① 1号小车取梁：将1号小车运行到待架梁的前吊梁孔，安装吊架起吊箱梁，如图4-43（b）所示。

② 拖梁：1号小车吊起箱梁，使箱梁底面高出运梁车支承面50 mm，1号吊梁小车与运梁台车同步运行，将箱梁拖行到2号小车取梁位，如图4-43（c）所示。

③ 2号小车取梁，运梁车退出：将2号小车运行到待架箱梁的后吊梁孔，安装吊架起吊箱梁；运梁车退出，到梁场装运下一孔箱梁，如图4-43（d）所示。

④ 落梁：1、2号小车走行到落梁位置，落梁至箱梁底面距支座上平面1.5 m停止，安装支座板预埋螺栓，如图4-43（e）所示。

⑤ 调整梁位，落梁就位：利用吊梁小车纵横移功能精确调整落梁位置，落梁到临时支撑千斤顶上，通过千斤顶调整梁体位置及高程，达到设计要求，如图4-43（f）所示。

（5）支座安装。

① 支座。

以成渝客运专线900 t级箱梁运架为例，支座采用客运专线铁路桥梁盆式橡胶支座，图号为（专桥〔2010〕8360）《客运专线铁路桥梁盆式橡胶支座》，支座型号为KJOZ-I-5500型（32 m梁）和KJQZ-I-4500型（24 m梁），每孔箱梁采用固定支座（GD）、纵向支座（ZX）、横向支座（HX）和多向支座（DX）各一个的支座方式布置，如图4-44所示。

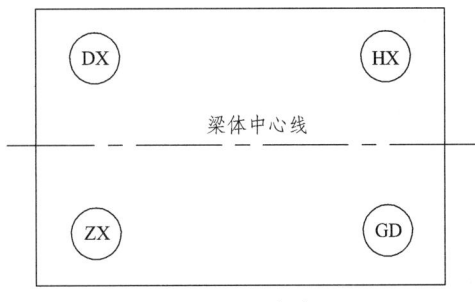

图 4-44 支座

② 支座灌浆材料。

支座灌浆采用 CM-W-Ⅱ 早强、高强支座灌浆砂浆，主要技术指标为：24 h 抗折强度不应小于 10 MPa，28 d 抗压强度不应小于 50 MPa，弹性模量不应小于 30 GPa，浆体水胶比不宜大于 0.34，且不得泌水，流动度不应小于 320 mm，30 min 后流动度不应小于 240 mm；标准养护条件下浆体 28 天自由膨胀率为 0.02%~0.1%。

③ 支座安装工艺。

A. 架梁前应复核：跨度，垫石的高程、位置、尺寸，锚栓孔的位置、深度、十字线等是否满足设计要求。

B. 凿毛支承垫石支座就位表面、清除预留锚栓孔中的杂物，安装灌浆用模板，并用水将支承垫石表面浸湿。灌浆用模板可采用预制钢模，底面边角处设一层 4 mm 厚橡胶防漏条，通过钢模螺栓联结固定在支承垫石顶面。

C. 支座安装时，采用测力千斤顶，保证每个支点的反力与四个支点反力的平均值相差不超过 ±5%。

④ 支座锚栓重力灌浆。

A. 灌浆前,应初步计算所需的浆体体积,灌注实际浆体数量不应与计算值产生过大误差,应防止中间缺浆，配料时要准确计量，严格控制水料比，搅拌时间不得少于 3 min。每个支座灌浆时间不宜超过 15 min，浆体出现初凝现象时不得使用。

B. 为增大灌浆的压力及方便施工，灌浆剂在桥面采用强制式搅拌机现场拌和，利用 ϕ100 mm PVC 直管作漏斗，从桥面引至桥墩并利用特制梭槽从支座一侧的中部向四周灌浆，直至 4 个锚栓孔内及支座沿灌浆模板四周全部灌满浆体为止，如图 4-45 所示。

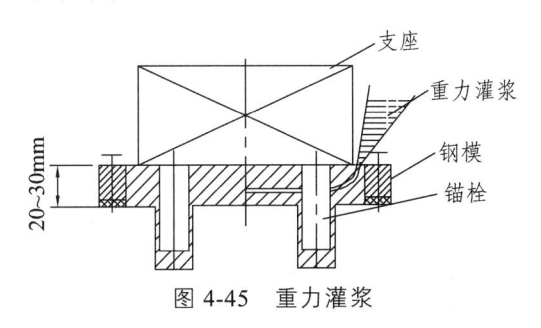

图 4-45 重力灌浆

C. 浆体强度达到 20 MPa 后，拆除钢模板，检查支座周围是否有漏浆现象，必要时对漏浆部位进行补浆。拧紧下支座板螺栓，并拆除上、下支座板的连接角钢及螺栓，拆除临时支承千斤顶，安装支座钢固板及防落梁板。

（6）架设最后一孔箱梁。

架设最后一孔箱梁时，架桥机纵移到位后，先拆除1号柱折叠机构间的连接螺栓，收缩折叠油缸，收起折叠机构，然后1号柱走行过孔到前方桥台。伸出1号柱上柱体上的伸缩柱，支撑到桥台上，然后将3号柱由窄式支撑变换为宽式支撑，起重小车运行至取梁位置，架桥机即完成纵移作业，处于待架梁状态，其余架梁工况与常规架梁一致，如图4-46所示。

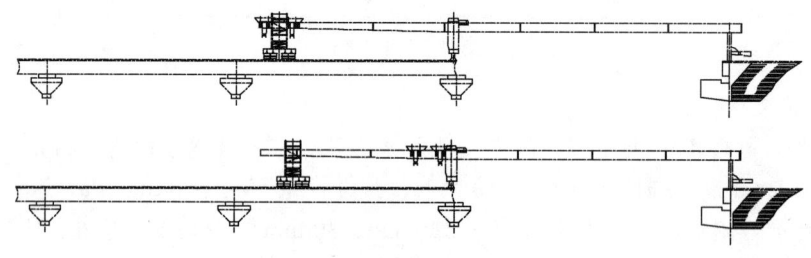

图 4-46　最后跨箱梁架设

Part 5 高速铁路预应力混凝土连续梁（刚构）桥

5.1 高速铁路常用跨度混凝土连续梁基本类型

5.1.1 普通跨度连续梁

连续梁结构刚度大、整体性好，特别是用于高速铁路上，更是具有动力性能好、舒适性好、运营安全性高等优点。

对于普通跨度连续梁双线桥，其梁部可采用两单线桥并置的分离式箱梁结构，也可采用双线单箱整体式结构，而分片式T梁结构对于连续梁桥来说并不合适。

单箱整体式结构的腹板数量少，有利于节省圬工数量，并且较厚的腹板有利于提高结构的耐久性和预应力钢筋的布置；单箱整体式箱梁整体性强，抗扭刚度大，结构自重大，列车行驶平稳，旅客舒适度好；从施工角度考虑，普通跨度连续梁桥一般采用膺架法或移动模架造桥机现浇施工，单箱整体式箱梁结构对于模板的制作、拆装、走行等较为方便。因此对于普通跨度连续梁桥，采用单箱整体式结构比较适宜。普通跨度连续梁适宜在地质条件较好，基础沉降相对容易控制时采用；另外，在桥隧之间需要采用现场浇筑的桥梁工点也适当采用。

我国高速铁路普通跨度连续梁桥通用参考图设计以 24 m 和 32 m 跨度为主，一般采用 2~3 跨一联形式，如 2×24 m、2×32 m、3×32 m 及（24+32+24）m 预应力混凝土连续梁，采用满布支架法施工。

5.1.2 大（中）跨度连续梁

随着客运专线的大规模建设，客运专线与公路、河流交叉愈加频繁，一般采用预应力混凝土连续梁跨越。预应力混凝土连续梁的跨度不宜过大，跨度过大梁高和净高接近，桥梁景观效果不佳。另外，由于大跨度梁的后期徐变因素，也不宜过大。目前我国高速铁路已建成的预应力混凝土连续梁最大跨度为 128 m。采用大（中）跨预应力混凝土连续箱梁除满足功能要求外，还有一个特点就是受其他干扰因素小，便于早开工，不影响运架，同时连续梁结构自身也较为经济，后期养护维修工作量小，因此大（中）跨度连续梁往往是立交桥的首选桥式。

我国高速铁路连续梁桥通用参考图设计中大（中）跨度指主跨 48~128 m 的连续梁桥，一般采用 3 跨一联形式。目前有铁道部通用参考图有跨度（32+48+32）m、（40+56+40）m、

(40+64+40)m、(48+80+48)m及(60+100+60)m五种连续梁,设计院通用参考图有跨度(80+128+80)m等连续梁。

5.1.3 长联连续梁

普通跨度长联连续梁一般可用于地质条件如中砂、粗砂及以上的高速铁路桥梁,其纵向力传递体系、合理跨度可根据实际工点的地形地貌、水文地质、桥梁长度等具体技术条件选取,地形起伏较大的深谷桥梁一般宜采用固定桥台体系,而地形较平坦的平原区桥梁可采用固定墩或固定墩组体系。从梁部设计情况可知,当联长大于 800 m 时,较大的纵向水平力产生的梁体拉应力将导致梁部设计困难或不经济,而受钢轨伸缩调节器的伸缩量控制的最大联长不宜超过 1 000 m,同时较大的联长将使伸缩装置构造复杂、设计困难。综合以上考虑,并结合国内外现状,普通跨度长联连续梁桥的联长一般不宜大于 800 m。

普通跨度长联连续梁桥的结构分为两类,第一类为固定墩组桥梁结构,桥梁中间一个桥墩为固定墩,相邻的两个桥墩为次固定墩,其余墩设置活动支座,见图 5-1;第二类为拉压连接器结构,在两联连续梁的中间布置一孔简支梁,简支梁上布置钢轨伸缩调节器,在桥台位置设置固定支座或拉压连接器,其他支座均采用活动支座,见图 5-2。

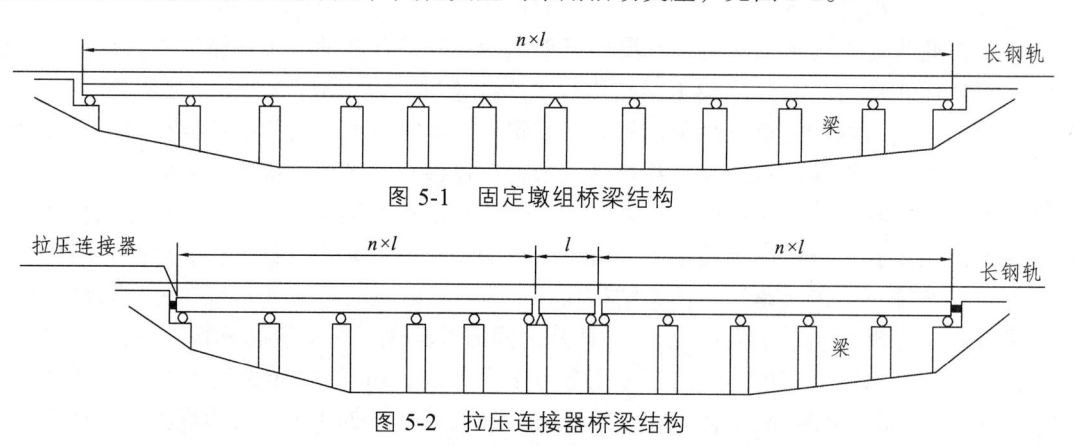

图 5-1 固定墩组桥梁结构

图 5-2 拉压连接器桥梁结构

对于固定墩组桥梁体系结构,在连续梁的中间设置钢轨伸缩调节器,联长应小于 500～600 m,联长大于 600 m,为减小钢轨伸缩附加力,应在连续梁的两端设置钢轨伸缩调节器或设置其他传力装置。对于拉压连接器桥梁体系结构,在连续梁中间设置钢轨伸缩调节器时,其联长应小于 1 000～1 200 m。

列车制动或牵引时,桥上无缝线路长钢轨附加纵向力及桥墩所承受的制动力与桥墩纵向水平线刚度等有关,桥墩刚度减小,桥墩制动力随之减小,但长钢轨附加纵向力增加,为控制长钢轨附加制动力不超过允许值,桥墩台刚度不应小于最小水平线刚度。

5.1.4 先简支后连续梁

在高速铁路和客运专线中,为保证列车安全运行及旅客乘坐舒适,要求桥上轨道具有较好的平顺性,桥梁应有足够的强度、刚度,特别是对于无砟轨道,由于扣件调节量的制约,对结构的后期徐变上拱度变形提出严格的要求。对于大量采用的简支梁结构，为达到上述要求，可加大梁高、降低应力水平，形成刚度控制设计。

与相同跨度的简支梁相比，连续梁结构具有显著的特点：受力合理、刚度大、变形小、伸缩缝少及梁端转角小。在大跨度桥梁结构中，它成为首选结构形式，但在普通跨度桥梁中特别是铁路桥梁中采用，与简支梁相比，它并不具有优势，其主要缺点在于施工方面较为繁杂。

先简支后连续实际上是节段拼装法的一种特殊方式，它由预制节段和湿接缝拼装构成，其节段为整孔简支梁。在施工方面，采用装配式施工法吊装简支梁（先简支），充分利用简支梁施工方便的优点，克服了顶推法和膺架法的缺点；而在受力方面，通过体系转换后形成了连续梁（后连续），结构具有连续梁的受力特征。

从施工、构造、结构刚度、内力分布和变形特性等方面对先简支后连续结构进行了对比分析，由于该类型结构综合了简支梁和连续梁的优点，故具有以下显著的特点。

（1）内力分布更均匀，受力更合理。与简支梁相比，先简支后连续体系的跨中弯矩小得多；与连续梁相比，内支座负弯矩较小，可减少负弯矩区预应力束的根数和顶板齿板数量，方便施工。

（2）后期结构为连续梁体系，结构整体刚度大，在使用阶段其挠度变形小，伸缩缝少，梁端转角小。

（3）结构的预应力小，可大大减小后期徐变上拱度。较小的后期徐变上拱度和活载挠度，使得线路更平顺，对高速行车极为有利，特别适用于无砟轨道。

（4）与简支梁相比，梁高可降低，适合建筑高度受限的场合。

（5）由于采用吊装简支梁+湿接缝施工工艺，与连续梁相比，简化了施工，有利于工厂化生产和机械施工。但与简支梁相比，增加了湿接缝施工工艺，对后期预应力管道安装提出更严格的要求，这是该方法的主要不足。

综上所述，对后期徐变上拱度和结构刚度要求很高的普通跨度高速铁路预应力桥而言，先简支后连续结构体系是一种颇具竞争力并值得开发与推广的桥式结构。

目前《高速铁路先简支后连续梁通用图》已设计有 3×32m、（24+32+24）m 一联等孔跨组合情况。

京沪高速铁路采用普通跨度连续梁总长度为 4.5 km，占桥梁总长的 0.5%。京沪高速铁路全线正线采用主跨大于 40 m 预应力混凝土连续梁 291 联，总长度达 42.3 km，其中主跨 48 m、56 m、64 m、80 m、100 m 所占比重达到 97%。

5.2 混凝土连续梁设计要点

5.2.1 采用规范

（1）《铁路桥涵设计基本规范》（TB 10002—2017）；
（2）《铁路桥涵混凝土结构设计规范》（TB 10092—2017）；
（3）《铁路桥涵混凝土和砌体结构设计规范》（TB 10002.4—2005）；
（4）《铁路工程抗震设计规范》（GB50111—2006）（2009 版）；

（5）《铁路架桥机架梁规程》（TB 10213—99）；
（6）《铁路混凝土结构耐久性设计规范》（TB 10005—2010）；
（7）《铁路无缝线路设计规范》（TB 10015—2012）；
（8）其他相关规范、规程。

5.2.2 材料

1. 混凝土

梁体混凝土强度等级为C50，封端采用强度等级为C50的无收缩混凝土，防撞墙及电缆槽竖墙混凝土强度等级为C40。

2. 钢材

（1）纵向预应力体系：纵向预应力钢筋及横梁内预应力钢筋采用抗拉强度标准值为1 860 MPa的高强度低松弛钢绞线，公称直径15.2 mm，其技术条件应符合相关标准。采用OVM系列锚具及锚固体系，张拉采用与之配套的机具设备，管道形成采用金属波纹管成孔。

（2）横向预应力体系：横向预应力筋采用抗拉强度标准值为1 860 MPa的高强度低松弛钢绞线，公称直径15.2 mm，其技术条件应符合相关标准。采用BM15-5（P）锚具及锚固体系；张拉机具采用YDC2400型千斤顶；管道形成采用内径490 mm×19 mm扁形金属波纹管成孔。

（3）竖向预应力体系：竖向预应力筋采用ϕ25 mm高强度精扎螺纹钢筋，型号为JL785，极限强度f_{pk} = 980 MPa，屈服强度$\sigma_{0.2}$ = 785 MPa，伸长率$\delta_s \geqslant 7\%$；锚固体系采用JLM-25型锚具；张拉采用YC60A型千斤顶；管道形成采用内径ϕ35 mm铁皮管成孔。

（4）钢筋：光圆钢筋（HPB300）应符合《钢筋混凝土用热轧光圆钢筋》，螺纹钢筋（HRB400）应符合《钢筋混凝土用热轧带肋钢筋》。

3. 支座

采用盆式橡胶支座。

5.2.3 桥面宽度及曲梁布置

防撞墙内侧净宽9.4 m，桥上人行道栏杆内侧净宽13.2 m，桥面板宽13.4 m，桥梁建筑总宽13.8 m。

曲线上梁按曲梁曲线布置，梁体沿线路左线中心线布置，相应的梁体轮廓尺寸均为沿线路左线中心线的展开尺寸，梁体轮廓、普通钢筋、预应力钢束及管道等均以线路左线中心线为基准线沿径向依据曲率进行相应的调整，支座亦按径向布置。

5.2.4 主梁结构构造

主梁采用预应力混凝土连续箱梁结构，计算跨度为（80+128+80）m，支座中心线至梁端 0.85 m，梁全长 290.9 m。梁高沿纵向按二次抛物线变化，中支点梁高 9.6 m（高跨比 1/13.3），边支点及跨中梁高 5.6 m（高跨比 1/22.9），中跨跨中直线段长 9 m，边跨直线段长 21.95 m。截面采用单箱单室、变高度、变截面直腹板形式。箱梁顶宽 13.4 m，底宽 7.0 m。顶板厚度除梁端附近外均为 450～650 mm，按折线变化；腹板厚 640～1 100 mm，按折线变化；底板由跨中的 520 mm 按二次抛物线变化至根部的 1 200 mm。全联在端支点、中跨跨中及中支点处共设置 5 个横隔板。隔板厚度：边支座处 1.5 m，中跨跨中 0.8 m，中支点处 3.0 m。横隔板设有孔洞，供检查人员通过。箱梁两侧腹板与顶底板相交处外侧均采用圆弧倒角过渡。

5.2.5　主梁预应力体系

主梁采用三向预应力体系。顶、底板纵向预应力钢束采用 19-7ϕ5 钢绞线，腹板采用 15-7ϕ5 钢绞线，OVM 系列锚具；横向预应力采用 4-7ϕ5 钢绞线，采用 BM15（张拉端）及 BM15P（锚固端）锚具。竖向预应力筋采用 ϕ25 mm 精轧螺纹钢筋，极限强度 f_{pk} = 980 MPa，采用 JML-25 型锚具。全桥共布置顶板预应力 118 束，底板预应力 92 束，腹板预应力 112 束，横向预应力 663 束。

5.2.6　主梁平面静力计算

主梁总体结构静力分析按照本梁施工顺序，将整个结构的形成划分为 80 个施工阶段对施工运营阶段进行了模拟计算。计算过程中考虑荷载包括：自重、预应力、施工临时荷载、活载、支座不均匀沉降等，并考虑施工过程中体系转换影响、混凝土的收缩、徐变引起的内力变化以及对预应力损失的影响。按照最不利组合进行检算。

箱梁横向截取纵向长度为 1.0m 的梁段，模拟为支承于腹板中心线下缘的闭合框架结构进行计算，计算包括结构自重、二期恒载、特种活载、温度变化、收缩徐变等荷载作用下，箱梁截面横向受力情况。

5.2.7　线形控制

1. 挠度计算及预拱度设计

京津城际铁路，全线采用无砟轨道，对于桥梁结构的竖向位移、梁端转角等较有砟轨道桥梁有更高的要求，主梁活载作用下的中跨最大竖向挠度为 4.94 cm（挠跨比为 1/2590），边跨为 1.95cm（挠跨比为 1/4141），小于规范限值 1/1000。梁端下挠转角为 0.881‰。梁体的刚度较大且平顺度高，有利于高速行车。

无砟轨道桥面必须设置预拱度，以保证梁体有更好的平顺度。主梁设计中，采用恒载与 1/2 静活载所产生的挠度之和，反向设置预拱度；同时，加强施工中的监测工作。

2. 工后残余徐变控制

适用于客运专线的预应力混凝土梁的徐变残余值要求严格，铺设轨道后，无砟桥面梁的徐变残余值不得大于 10 mm。对于徐变的控制，采用以下两种措施。首先，调整预应力钢束的布置，梁体上、下缘受力更加均衡，减小上、下缘的恒载应力差，使梁体在恒载作用下，趋近于轴压状态，这对减小徐变是非常有利的。主梁设计中，通过调整预应力布置，使箱梁上下缘应力差基本控制在 5 MPa 以下。其次，预应力混凝土梁的工后徐变是与时间密切相关的，因此选择合适的二期载施工时间，对于减小梁体的工后徐变也是非常有必要的。

设计二期恒载（p = 158 kN/m）上桥时间按预加应力后 60 d 计算，运营三年后理论计算残余徐变拱度值为边跨 3.5 mm（向下），中跨 2.7（向上）mm，主梁工后徐变残余值较小。铺设无砟轨道应在终张拉 60 d 后方可进行。

5.2.8 支座纵向预偏量

支座纵向预偏量系指支座上板纵向偏离理论中心线的位置。设 Δ_1 为各支点由于体系温差引起的位移量，Δ_2 为箱梁在预应力、二期恒载及收缩徐变作用下引起的各支点处的位移量，各支座处的纵向预偏量由式 $\Delta = -(\Delta_1 + \Delta_2)$ 求得，式中负号表示按计算所得的位移量反方向设置预偏量。施工过程中应根据具体的合龙温度、预应力情况、施工工期等确定合理的支座预偏量。

5.2.9 主梁自振频率及车桥耦合动力分析

由于列车高速运行，桥梁承受的动力作用大增，冲击和振动强烈，有可能引发车桥共振，造成难以想象的严重后果。因此，桥梁结构除满足一般强度要求外，还必须有足够的动力特性，以保证有好的稳定性和保持桥上轨道的高度平顺状态。因此，对桥梁结构进行空间分析及车桥耦合动力分析。

采用空间有限元方法建立全桥动力分析模型进行车桥耦合动力响应分析计算，考虑了桥墩与基础刚度的影响，对该桥梁方案在日本 500 系、法国 TGV、德国 ICE3、国产 300 km/h、国产"先锋号"动车组、"中华之星"动车组作用下的车桥空间耦合振动进行了分析。

主要结论如下：

（1）在所分析的列车类型与相应速度范围内，动力性能均满足规范指标要求；

（2）该连续梁由于桥梁跨度较大、自重大，结构竖向基频较低，因此，在分析的速度范围内，均未出现明显的共振现象（1 次共振），桥梁的动力响应随着速度的增长而增加；

（3）在日本 500 系动力分散式车组、法国 TGV 动力分散式车组、德国 ICE3 高速列车、国产 300 动力分散式车组作用下，当速度在 250～350 km/m 时，高速列车运行舒适性能达到"优良"以上；当速度为 375～420 km/h 时，高速列车运行舒适性能为"合格"。在国产"先锋号"动力分散式动车组、"中华之星"动力集中式车组作用下，当速度在 250～350 km/h 时，列车运行舒适性能达到优良以上；当速度为 375～420 km/h 时，列车运行舒适性为"良"与"合格"。

动力分析表明，大跨度预应力混凝土连续梁具有较好的动力刚度，可满足高速列车的行车要求。

5.2.10 施工

本梁采用悬臂灌筑法施工。客运专线大跨度梁截面较大，混凝土体量大，如果节段划分较长，则相应的挂篮重量也较大，悬臂施工中这是较为不利的。故本次梁节段长采用 2.5 ~ 3.5 m，最大悬浇段重量控制在 1 800 kN 以内，挂篮设计重按照最大梁段重量的 0.5 倍，设计采用 850 kN。施工中先在主墩两侧对应主梁腹板位置搭建两个临时支墩，现浇 0 号块，2 个 T 构各采用一对挂篮对称悬臂灌筑。为使主梁尽早脱离 T 构形式，先合龙边跨并张拉边跨底板预应力钢束，然后再合龙中跨，待全联合龙完成后，张拉中跨底板预应力钢束，拆除临时支墩、支架等，完成全联主梁施工。

京津城际铁路对于一些常规跨度不能跨越的工点，采用铁道部经济规划研究院已发布的现浇预应力混凝土连续梁通用参考图。第一种为现浇法施工常用跨度预应力混凝土连续箱梁，第二种为现浇法施工大（中）跨度预应力混凝土连续箱梁。

1. 现浇法施工常用普通跨度预应力混凝土连续箱梁

现浇法施工常用跨度预应力混凝土连续箱梁包括 2×24 m、3×24 m、2×32 m、3×32 m 和 2×40 m 五种梁型，均采用支架现浇法施工，典型截面见图 5-3。

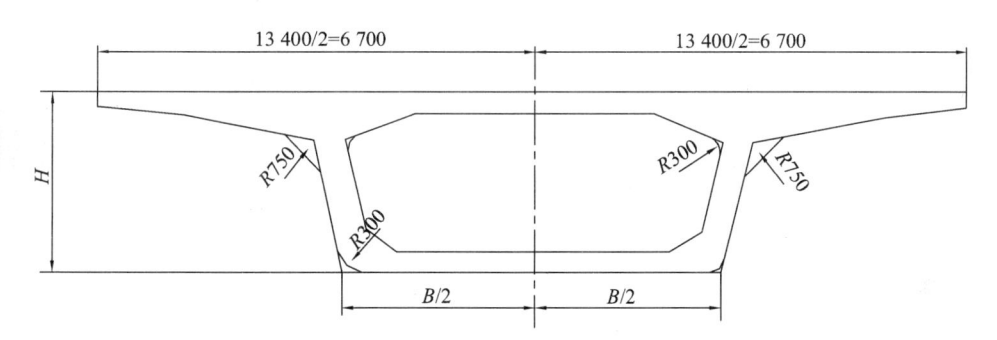

图 5-3 无砟轨道普通跨度预应力混凝土连续梁典型截面示意图（单位：mm）

2. 现浇法施工常用大（中）跨度预应力混凝土连续箱梁

京津城际铁路的大（中）跨度预应力混凝土连续梁采用悬臂灌筑法施工，适应悬臂灌注施工法的特点梁体采用变高度，根据现有国外高速铁路桥梁的统计资料表明，支点处梁高 $H_{支}$ 与梁体跨度 L 的比值 $H_{支}/L = 1/12 \sim 1/16$，支点处梁高 $H_{支}$ 与跨中处的梁高 $H_{中}$ 的比值 $H_{支}/H_{中} = 1.3 \sim 2.0$，据此，(40+56+40) m 的梁高 $H_{中支点} = 4.35$ m，$H_{跨中} = 3.05$ m，$H_{边支点} = 3.05$ m；(40+64+40) m 的梁高 $H_{中支点} = 6.05$ m，$H_{跨中} = 3.05$ m，$H_{边支点} = 3.05$ m；(48+80+48) m 的梁高 $H_{中支点} = 6.65$ m，$H_{跨中} = 3.85$ m，$H_{边支点} = 3.85$ m；(60+100+60) m 的梁高 $H_{中支点} = 7.85$ m，$H_{跨中} = 4.85$ m，$H_{边支点} = 4.85$ m。梁底下缘按二次抛物线变化。为简化模板类型，无砟轨道梁设计在选取结构尺寸时尽量与有砟轨道梁保持一致，因对无砟轨道梁徐变拱度要求较高，在结构残余徐变拱度不能满足要求时，则应进一步调整截面尺寸，截面示意见图 5-4。

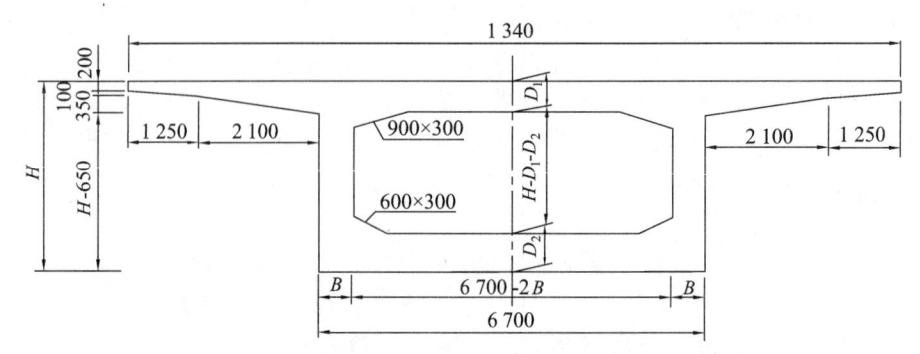

图 5-4　无砟轨道大跨预应力混凝土连续梁典型截面（单位：mm）

5.3　混凝土连续梁通用图

现以《通桥〔2005〕2342》时速 350 km 无砟轨道现浇预应力混凝土连续梁（双线）为例加以说明。

5.3.1　适用范围

（1）适用于设计最高运行速度 350 km/h。
（2）双线铁路直、曲线，最小曲线半径 7000 m，正线线间距为 5.0m。
（3）环境及作用等级：一般大气条件下无防护措施的地面结构，环境类别为碳化环境，作用等级为 T1、T2。
（4）设计使用年限：正常使用条件下梁体结构设计使用寿命为 100 年。
（5）施工方法：适用于桥位灌注施工。
（6）抗震设防烈度：适用于设防烈度 8 度及以下地区（$A_g \leq 0.3g$）。

5.3.2　支座

一般情况下，采用客运专线桥梁盆式橡胶支座，但实际工程中应根据项目情况研究采用。

5.3.3　防水层及保护层

材料应符合《时速 350 km 客运专线铁路桥面附属设施图》"通桥〔2013〕2322"要求，施工工艺应符合《客运专线桥梁混凝土桥面防水层技术条件》要求。配套材料仅供参考，根据项目情况研究采用。

5.3.4　恒载

（1）主梁自重系指梁体重量，不包括防水层和保护层重量。
（2）二期恒载包括钢轨、扣件、轨道板、CA 砂浆垫层、混凝土基座等线路设备重量，以及防水层、保护层、人行道栏杆或声屏障、防撞墙、电缆槽盖板及竖墙等附属设施重量。

由于目前桥上无砟轨道结构类型没有最终确定，本设计预应力钢束及结构环框受力检算暂按二期恒载 184 kN/m 考虑。图纸应用时根据实际的二期恒载值合理调整预应力钢束布置和张拉力以及普通钢筋配置。设计采用的二期恒载值及主梁自重见表 5-1。

表 5-1 二期恒载值及主梁自重

线别	二期恒载/(kN/m)		一联梁自重/kN				
	直线	曲线	2×24 m	3×24 m	2×32 m	3×32 m	2×40 m
双线	184	184	12 652	18 960	16 787	25 160	21 692

（3）基础不均匀沉降：相邻两支点不均匀沉降不大于 0.010 m（2×40 m 不大于 0.015 m）。

5.3.5 梁部主要尺寸

梁部主要尺寸见表 5-2。

表 5-2 梁部主要尺寸　　　　　　　　　　　单位：m

跨度	梁全长	梁高	边支座中心线至梁端	边支座横桥向中心距	中支座横桥向中心距	轨底至梁底
23.9+23.9	49.3	2.25	0.75	5.0	5	据实际采用的轨道类型确定
23.9+24.7+23.9	74.0	2.25	0.75	5.0	5	
31.9+31.9	65.3	2.65	0.75	4.8	4.35	
31.9+32.7+31.9	98.0	2.65	0.75	4.8	4.35	
39.9+39.9	81.3	3.05	0.75	4.7	4.15	

5.3.6 通用图目录

通用图目录见表 5-3。

表 5-3 通用图目录

序号	名称	图号
1	无砟轨道 2×24 m 现浇预应力混凝土连续梁跨度：(23.9+23.9)m（直、曲线）	通桥〔2005〕2342-Ⅰ
2	无砟轨道 3×24 m 现浇预应力混凝土连续梁跨度：(23.9+24.7+23.9)m（直、曲线）	通桥〔2005〕2342-Ⅱ
3	无砟轨道 2×32 m 现浇预应力混凝土连续梁跨度：(31.9+31.9)m（直、曲线）	通桥〔2005〕2342-Ⅲ
4	无砟轨道 3×32 m 现浇预应力混凝土连续梁跨度：(31.9+32.7+31.9)m（直、曲线）	通桥〔2005〕2342-Ⅳ
5	无砟轨道 2×40 m 现浇预应力混凝土连续梁跨度：(39.9+39.9)m（直、曲线）	通桥〔2005〕2342-Ⅴ

5.3.7 锚具型号及数量

锚具型号及数量见表 5-4。

表 5-4　锚具型号及数量

锚具型号	梁跨度 2×24 m	梁跨度 3×24 m	锚具型号	梁跨度 2×32 m	梁跨度 3×32 m	锚具型号	梁跨度 2×40 m
OVM15A-13		12	OVM15A-15	8		OVM15A-15	54
OVM15A-12	12	32	OVM15A-14		8	OVM15A-14	20
OVM15A-11	24		OVM15A-13	16	16		
OVM15A-9	24	16	OVM15A-12	38	42		

5.3.8　支座型号及数量

支座型号及数量见表 5-5。

表 5-5　支座型号及数量

支座型号/个	梁跨度 2×24 m	梁跨度 3×24 m	支座高度/mm	支座型号/个	梁跨度 2×32 m	梁跨度 3×32 m	支座高度/mm	支座型号/个	梁跨度 2×40 m	支座高度/mm
KTPZ-Ⅱ(Ⅴ)-5000-DX	2	2	185(200)	KTPZ-Ⅱ(Ⅴ)-6000-DX	2	2	200(215)	KTPZ-Ⅱ(Ⅴ)-7000-DX	2	210(220)
KTPZ-Ⅱ(Ⅴ)-5000-ZX	2	2		KTPZ-Ⅱ(Ⅴ)-6000-ZX	2	2		KTPZ-Ⅱ(Ⅴ)-7000-ZX	2	
KTPZ-Ⅱ(Ⅴ)-10000-HX	1	1	230(250)	KTPZ-Ⅱ(Ⅴ)-12500-HX	1	1	255(275)	KTPZ-Ⅱ(Ⅴ)-15000-HX	1	275(295)
KTPZ-Ⅱ(Ⅴ)-10000-GD	1	1		KTPZ-Ⅱ(Ⅴ)-12500-GD	1	1		KTPZ-Ⅱ(Ⅴ)-15000-GD	1	
KTPZ-Ⅱ(Ⅴ)-10000-DX		1		KTPZ-Ⅱ(Ⅴ)-12500-DX		1				
KTPZ-Ⅱ(Ⅴ)-10000-ZX		1		KTPZ-Ⅱ(Ⅴ)-12500-ZX		1				

5.3.9　一联梁主要工程数量

一联梁主要工程数量见表 5-6。

表 5-6　一联梁主要工程数量

跨度	混凝土 强度等级	混凝土 数量/m³	预应力筋钢绞线 抗拉强度/MPa	预应力筋钢绞线 重量/t	波纹管 φ90/m	波纹管 φ80/m	钢筋 HRB335/t	套筒 φ25/个	混凝土 强度等级	混凝土 数量/m³	钢筋 HPR235/t	钢筋 HRB335/t	钢料/t	螺母 M16/个	套筒 φ50/个
2×24 m	C50	495.0	1 860	17.055	870	584.8	78.577(77.866)	68	C50	0.541	0.199	2.23	0.454	105	n2
3×24 m	C50	740.1	1 860	28.034	1 609.3	590.0	116.302(115.235)	68	C50	0.541	0.199	2.514	0.644	148	112
2×32 m	C50	667.8	1 86D	28.357	2 000.2		102.887(101.945)	68	C50	0.541	0.2	2.256	0.454	129	72
3×32 m	C50	999.9	1 860	42.610	3 054.7		153.684(152.270)	68	C50	0.541	0.2	2.539	0.644	184	112
2×40 m	C50	853.2	1860	45.918	2 775.2		130.685(129.512)	68	C50	0.541	0.202	2.279	0.51	168	72

跨度	防撞墙 混凝土 C40/m³	防撞墙 钢筋 HRE335/t	电缆槽竖墙 混凝土 C40/m³	电缆槽竖墙 钢筋 HPB235/t	电缆槽盖板 混凝土 C40/m³	电缆槽盖板 钢筋 HPB335/t	电缆槽盖板 钢筋 HRR335/t	钢料/t	防水层与保护层 防水层/m²	防水层与保护层 钢筋混凝土保护层 C40/m³	填缝涂料/m³	PVC 管理 φ160 mm	PVC 管理 φ110 mm	PVC 管理 φ90 mm/个
2×24 m	22.8	8.667	14.3	0.74	3.158(2.418)	11.3	1.522	1.245	0.053	632.03	54.82	0.024	3	6
3×24 m	34.2	13.195	21.47	1.112	4.729(3.618)	16.96	2.282	1.865	0.053	948.68	82.29	0.036	4	4
2×32 m	30.2	11.487	18.91	0.978	4.167(3.187)	14.93	2.019	1.649	0.053	837.146	72.61	0.032	3	10
3×32 m	45.3	17.428	28.54	1.482	6.281(4.811)	22.54	3.02	2.468	0.053	1 256.36	108.98	0.049		15
2×40 m	37.6	14.309	23.62	1.225	5.200(3.98D)	18.63	2.517	2.053	0.053	1042.27	90.41	0.04	3	4	14

注：① 数量表中，梁体预埋件数量包括支座安装预埋钢筋、综合接地系统要求的预埋件、接触网支柱基础预埋件、排水管预埋件和防落梁预埋件的数量；
② 钢筋数量括号内的数值为未设置整体式声屏障用，括号外数值为设置整体式声屏障用。

5.3.10 梁型断面

通桥〔2005〕2342 梁型断面及结构见图 5-5,其尺寸见表 5-7。

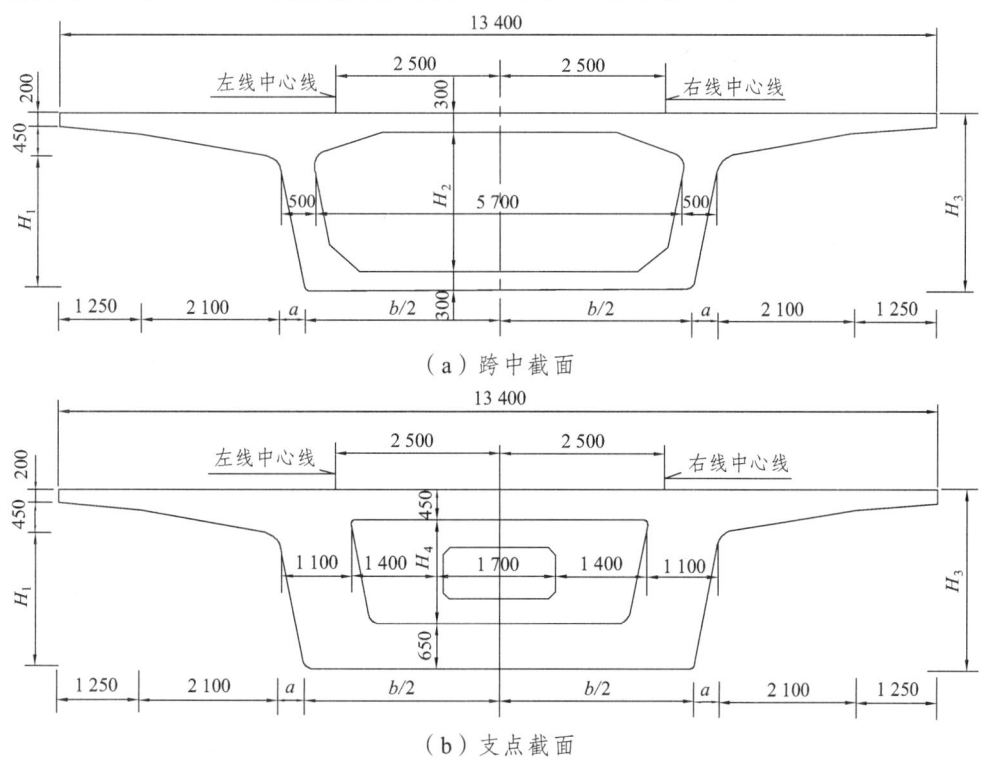

(a) 跨中截面

(b) 支点截面

图 5-5 通桥〔2005〕2342 梁型断面(单位:mm)

表 5-7 通桥〔2005〕2342 梁型断面尺寸

跨度	部 位					
	H_1	H_2	H_3	H_4	a	b
2×24 m	1 600	1 650	2 250	1 150	32	6 060
3×24 m	1 600	1 650	2 250	1 150	32	6 060
2×32 m	2 000	2 050	2 650	1 550	400	5 900
3×32 m	2 000	2 050	2 650	1 550	400	5 900
2×40 m	2 400	2 450	3 050	1 950	480	5 740

5.4 钢筋混凝土刚构连续梁

5.4.1 高速铁路钢筋混凝土刚构连续梁桥型特点

铁路客运专线沿线的公路、道路四通八达,解决好立交问题,特别是高度受限制的立交及斜交沟渠问题,对周边地区的经济发展、降低工程投资等都具有非常重要的意义。

钢筋混凝土刚构连续梁中间桥墩与梁部固接形成刚构,边墩及桥台与梁部用活动支座连接。这种桥式主墩与梁部固接提高了结构的整体性,其梁部、桥墩、桥台均可斜做,桥跨结构能够与桥下斜交道路、斜交沟渠协调适应,并降低了梁部结构高度,特别适用于高度受限制的立交及斜交沟渠桥梁(图 5-6)。

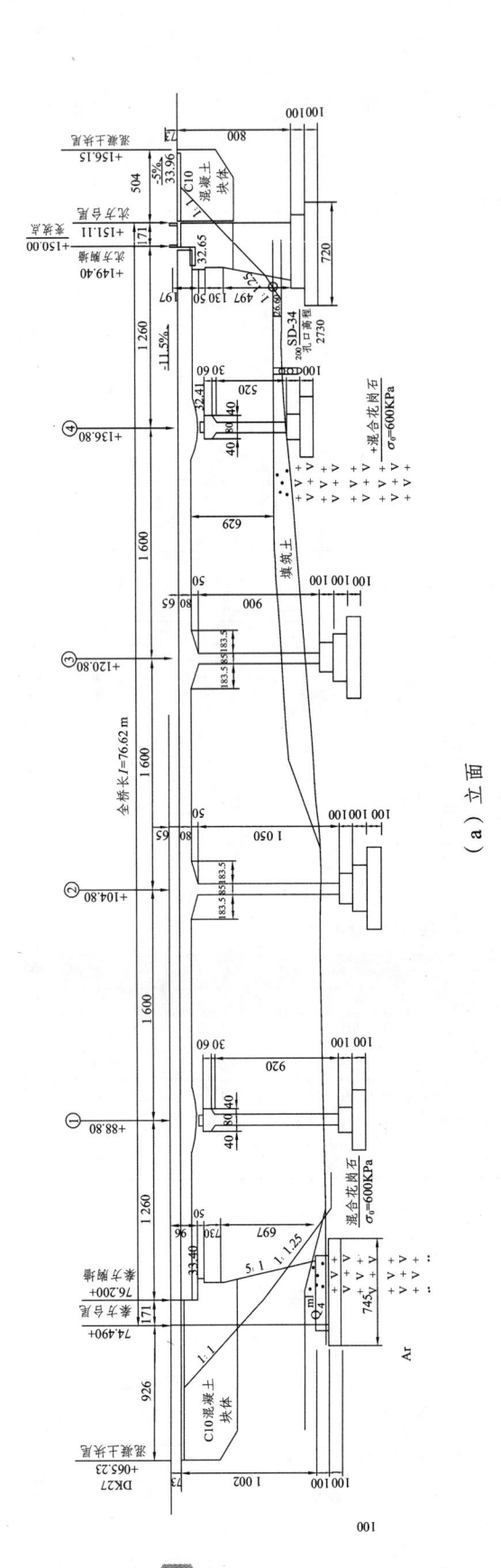

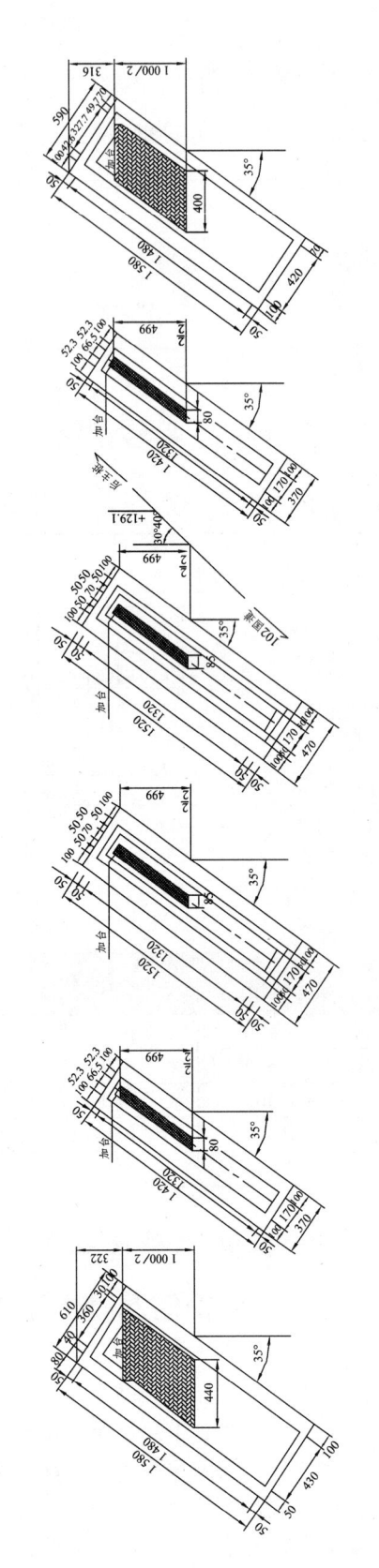

图 5-6 钢筋混凝土刚构连续梁（单位：mm）

京沪高速铁路（京徐段）钢筋混凝土刚构连续梁共 25 联，其中，杨桃园大桥和西南岭大桥跨径布置均为（20+3×24+20）m。

5.4.2　混凝土刚构连续梁设计原则及设计要点

1. 一般设计原则

1）设计条件

（1）适用范围：适用于 250 km/h 或 350 km/h 高速铁路。

（2）设计速度：250 km/h 或 350 km/h。

（3）线路情况：直、曲线（曲线半径 $R \geqslant 3\,500$ m 或 7 000 m），双线线间距 4.6 m 或 5.0 m。

（4）桥面宽度：桥面顶宽 12.0 或 13.4 m。

（5）设计荷载：结构自重、二期恒载、ZK 活载、混凝土收缩力、基础沉降、横向摇摆力、制动力或牵引力、离心力、风力、温度力、地震力、长钢轨纵向力、列车脱轨荷载、人行道及栏杆荷载等。

（6）动力特性分析：乘坐舒适性在 250 km/h 或 350 km/h 时达到优良标准，300 km/h 或 420 km/h 时达到合格标准。

2）计算方法

采用空间有限元分析方法，计算各种跨度组合的结构在各种斜交角度时的自振频率，并计算在各种荷载组合作用下结构产生的竖向挠度、横向挠度、梁体扭转角及内力等。建立空间模型对由于斜交引起的结构的畸变进行详细的计算分析，解决复杂的斜交梁弯、扭、剪受力问题。建立平面杆系有限元模型，分析正交时的挠度、转角及梁体内力，与空间分析结果互为校核。在进行结构空间受力分析时，弹性支承是在刚壁墩墩底节点上加上集中弹簧刚度以模拟基础的弹性变形。

3）主要技术参数

（1）梁体变形的限值。

① 梁体竖向挠度限值。

刚构连续梁的竖向挠度按《高速铁路设计规范》中规定，取 $L/1800$ 作为限值（其中 L 为跨度），最终竖向刚度以动力仿真分析结果确定。

② 梁体水平挠度限值。

刚构连续梁的水平挠度按《高速铁路设计规范》中规定，即在列车摇摆力、离心力、风力和温度的作用下，梁体的水平挠度应不大于梁体计算跨度的 1/4000。

（2）轨道不平顺限值。

活载作用下梁体扭转引起的轨面不平顺限值为：以一段 3m 长的线路为基准，ZK 活载作用下，一线两根钢轨的竖向相对变形量不大于 1.5 mm。实际运营列车作用下，一线两根钢轨的竖向相对变形量不大于 1.2 mm。

（3）梁体的自振频率限值。

刚构连续梁梁体的自振频率限值比照《高速铁路设计规范》的要求。

（4）控制截面应力及裂缝限值。

控制截面位于刚壁墩墩顶、次边跨跨中，C40 混凝土容许压应力为 13.4 MPa，HRB335 钢筋容许应力 180 MPa，裂缝限值 0.2 mm。

（5）选用材料。

① 梁体和刚壁墩均采用 C40 混凝土。

② 活动墩顶帽、墩身采用 C30 混凝土。

③ 支承垫石采用 C40 混凝土。

④ 钢筋采用 HRB335 钢筋和 HPB235 钢筋。

⑤ 承台及第一层明挖基础采用不小于 C25 混凝土。

⑥ 支座：采用高速铁路盆式橡胶活动支座。

4）主要轮廓尺寸

考虑到温度力对连续刚构体系受力的不利影响，在边墩和桥台处设置活动支座时按以下方法办理：3 孔一联时，中间桥墩与梁部固接成为 2 个刚壁墩，梁端部设置活动支座；5 孔一联时，中间 2 个桥墩与梁部固接成为 2 个刚壁墩，其余桥墩采用活动墩，活动墩和边跨梁端部设置活动支座。

钢筋混凝土刚构连续梁的梁跨为中小跨度，角度在 0°～30°，正交时采用双线整体结构形式，斜交时采用双线分离式结构形式，两线梁体之间缝隙为 2 cm。梁体横截面采用实体板梁形式，梁体纵向为变截面，桥梁横截面布置见图 5-7。以 3 跨梁为例，正交时采用双线整体布置见图 5-8，斜交时采用双线分离布置见图 5-9。

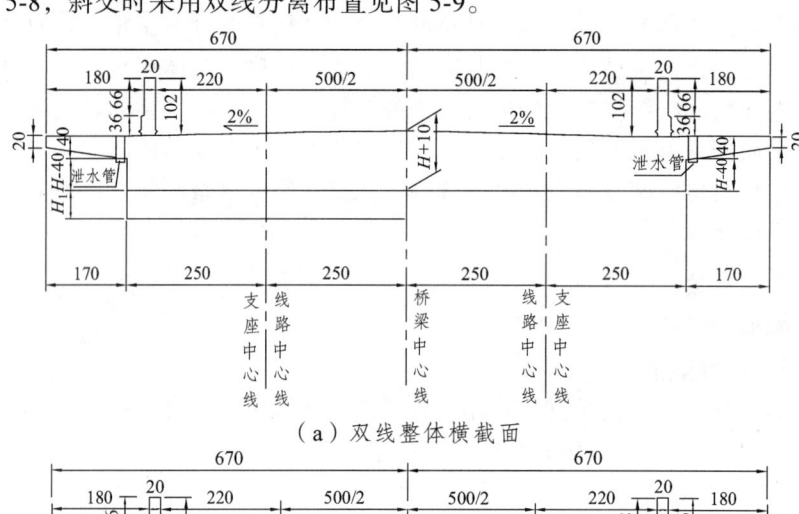

（a）双线整体横截面

（b）双线分离式横截面

图 5-7 桥梁横截面布置（单位：cm）

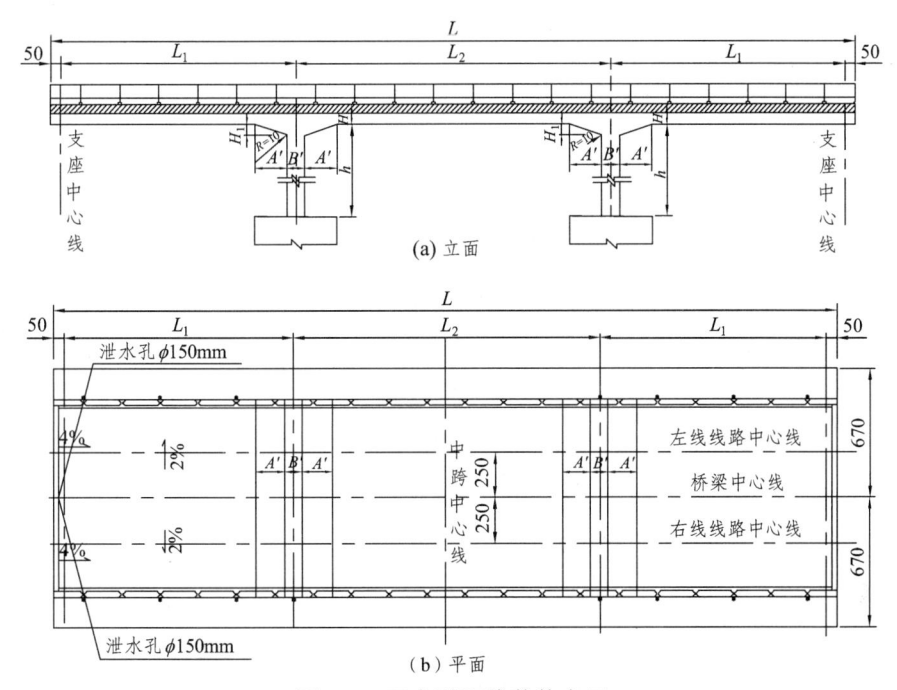

(a) 立面

(b) 平面

图 5-8 正交时双线整体布置

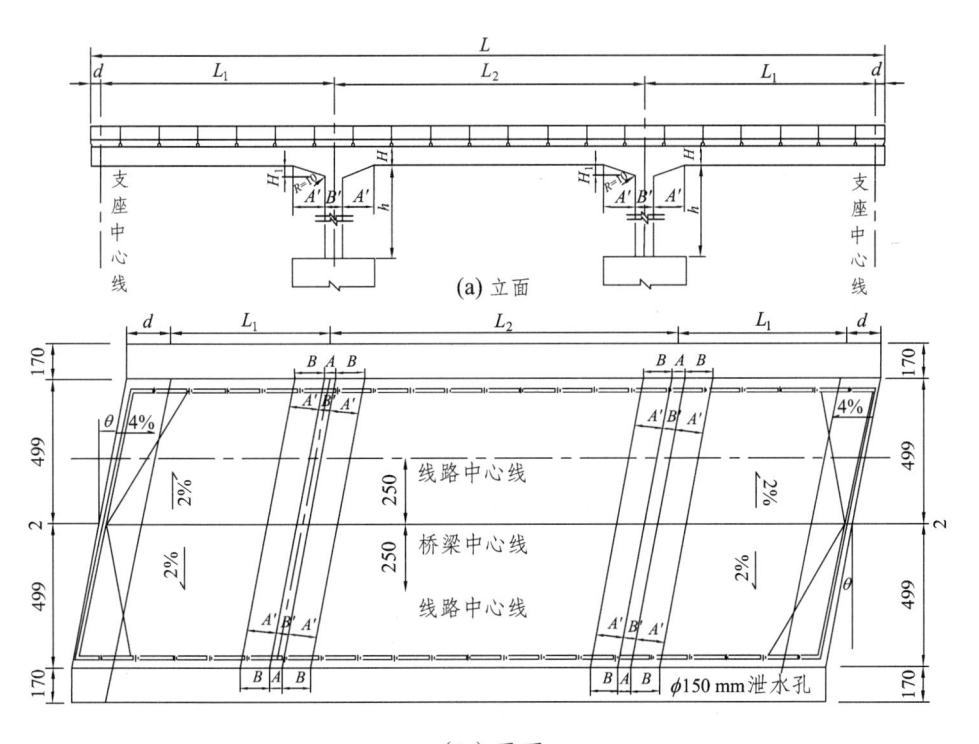

(a) 立面

(b) 平面

图 5-9 斜交时双线分离布置

刚构连续梁主要应用于高度受限制的立交桥，根据《公路桥涵设计通用规范》的规定：汽车专用公路和一般二级公路的净高为 5.0 m，三、四级公路净高为 4.5 m。在实际设计中，按墩台基础顶面 0.5~1.0 m 的埋置深度考虑。不同等级公路采用桥高见表 5-8。

表 5-8　不同等级公路采用桥高　　　　　　　　　　　　　　　　单位：m

公路等级	梁底~基顶或承台顶	
	基顶埋深 0.5	基顶埋深 1.0
高速公路和一、二级公路	5.5	6.0
三、四级公路	5.0	5.5

对于跨越沟、路、沟的刚构桥，刚壁墩高和基础的埋置深度更大些，刚壁墩高按 7 m、8 m、9 m 考虑。支座中心距的大小对设计影响较大，支座中心距过大或过小，都将导致一侧梁端的支座受力极其不均，甚至出现负反力，即拉力。

除了满足受力要求外，还必须考虑上支座板纵横向尺寸等主要构造尺寸参数的要求，同时应满足各种施工方法实施的可能性，便于在运营期间的检查、维修及顶梁和支座更换等。

综合上述因素，经过计算和分析，刚构连续梁正交时，双线整体结构形式的支座中心距采用 5.0 m；斜交时，双线分离式结构形式的支座中心距采用 2.5 m。

因接触网支柱的基础间距为 50~65 m，因此刚构连续梁桥上悠然有接触网支柱，在梁体顶面设置接触网支柱时，可将悬臂板进行局部加强处理。

2. 设计要点

1）刚构连续梁桥的斜交角度分级

铁路上有许多斜交桥梁，以往常用的结构形式有斜框构桥，斜交正做的简支梁或连续梁桥等。斜框构桥为整体基础，存在应力集中问题，不均匀沉降常常导致结构开裂，因此对于较差的地基需要进行加固处理。不仅地基的加固费用较高，而且由于温度效应的影响，斜框构桥仅适用于三孔以下的桥梁。斜交正做的简支梁或连续梁桥通常以加大桥梁跨径来满足斜交桥梁桥下的净空要求，使线路高度和桥梁长度增加很多，特别是线路坡度、桥梁高度、地形条件受到限制时，斜交正做的简支梁或连续梁桥的结构形式往往无法满足要求。铁路客运专线应满足高速度、高舒适度、高安全度的要求，同时具备与周围环境协调适应的特点，为此，需要研究新的桥梁结构形式，桥跨结构能够与桥下斜交道路、斜交沟渠协调适应，特别适用于高度受限制的立交及斜交沟渠桥梁，斜交刚构连续梁桥便应运而生。

鉴于上述原因，应该增加各种斜交角度的刚构连续梁，以满足实际勘测设计中的需求。根据《高速铁路设计规范》中的规定桥轴线与支承线夹角不宜小于 60°，本次设计采用的最大斜交法向角为 30°。为了便于开展通用图设计，通过比选，确定必要的角度分级。刚构桥刚壁墩的横向投影宽度为 10 m，设 α 为连续刚构斜交法向角，L 为 α 角提供的净宽；β 为与道路斜交的法向角，B 为与 β 角配合使用时提供的净宽。不同斜交角度提供净宽比较见表 5-9。

表 5-9 不同斜交角度提供净宽比较表

跨度/m	刚构斜变法向角度 $\alpha/°$	道路斜交法向角度 $\beta/°$	L/m	B/m	L-B/m
16	10	5	15.757	15.054	0.703
	20	25	14.073	14.501	0.428
24	10	5	23.635	23.024	0.611
	20	25	22.255	22.553	0.298

从表 5-10 可见，当刚构 $\alpha = 10°$ 与道路 $\beta = 5$。配合使用时提供净宽相差 0.611 ~ 0.703 m，其他刚构 α 与道路 β 配合使用时提供净宽均小于 0.5 m。并根据勘测和设计经验及有关的数据统计，适当保留斜交角度采用较多的角度分级，去除可替代或采用较少的角度分级。

2）双线分离与双线整体

采用双线分离还是双线整体对梁体受力、支点反力的影响比较大。

梁部与下部结构的连接为固结和用支座相连接两种形式。固结连接时，双线分离使刚壁墩横向长度减小一半，当斜交角度较大时，墩顶内外侧弯矩变化值比双线整体略小，墩梁固结域受力略好；用支座相连接时，端支座所受最小竖直反力双线分离比双线整体大，中间支座相差不多；斜交桥梁由于弯扭耦合现象的存在，在竖向荷载作用下，横向固定支座和刚壁墩将承受水平力，横向最大水平力不论是端支座，还是中间支座，双线分离均比双线整体小。采用双线分离可基本避免在最不利荷载工况作用下端支座出现拉力，也可使支座和墩台所受横向水平作用力较小，对支座和下部结构受力有利。

此外，双线分离时，对应每线铁路横向放置两个支座，主梁和支座受力均匀。双线整体横向同时放置四个支座，中间个别支座难免出现脱空现象，使主梁受力不均匀。实体板梁由于斜交影响，横向弯矩和扭矩较大，当桥梁跨度较小时，宽跨比已接近于 1，结构受力机理相对复杂。因此，主梁、刚壁墩采用双线分离，而对于桥墩为了取得全桥整体协调一致的景观效果，其桥墩宽度与刚壁墩壁厚基本相同，为薄板，也采用双线分离。对于基础和台后有土压力作用的桥台，双线联合能使桥墩和桥台获得较大的横向刚度，有利于提高基础承载力和减小基础沉降。

在客运专线斜交刚构连续梁桥的设计中，主梁、刚壁墩以及桥墩采用双线分离，而基础和桥台则采用双线整体设置。双线分离与双线整体应力对比分析见表 5-10。

表 5-10 双线分离与双线整体应力对比　　　　　　　　　　单位：MPa

项　目		双线分离	双线整体
上翼缘纵向正应力	最大值	3.98	3.26
	最小值	-3.74	-3.19
下翼缘纵向正应力	最大值	3.27	3.12
	最小值	-3.15	-3.85
上翼缘横向正应力	最大值	0.06	0.36
	最小值	-0.05	-0.47
扭转剪应力	最大值	0.35	0.62
	最小值	-0.22	-0.49

由表 5-11 可见，主梁上、下翼缘纵向正应力双线整体比双线分离小 5%～15%，而横向正应力和扭转剪应力双线整体却比双线分离大 1 倍左右。双线整体纵向正应力比横向正应力和扭转剪应力大 5～9 倍，取线分离纵向正应力比横向正应力和扭转剪应力大 10 倍以上。

3）空心板梁与实体板梁

梁截面的形式对结构的自振频率、挠跨比有较大影响。

对于主跨为 24 m 的斜交刚构连续梁进行了空心与实体截面比选，空心板梁与实体板梁跨中截面形式见图 5-10。双线分离空心板梁与实体板梁静活载挠度、频率比较见表 5-12。其中空心板梁次主墩墩顶与跨中截面等高，而实体板梁边墩墩顶截面加高至 2.15 m。

由表 5-11 可知，跨中截面挖孔后，桥梁结构内力较实体截面会有所减小，自振频率也会有所提高，但结构受力及构造相对复杂，经过综合比选，建议采用实体截面。边墩墩顶截面主梁采用变高，可有效地减小次主跨静活载挠度，提高结构的竖向刚度。

表 5-11 静活载挠度、频率比较

梁截面形式		空心板梁	实体板梁
跨中梁高/m		1.55	1.45
高跨比		1/15.5	1/16.6
静活载下挠度/cm	次主跨	5.5	5.2
	主跨	6.5	6.3
挠跨比设计值	次主跨	1/4 363	1/4 598
	主跨	1/3 692	1/3 810
竖向自振频率/Hz		4.32	3.98

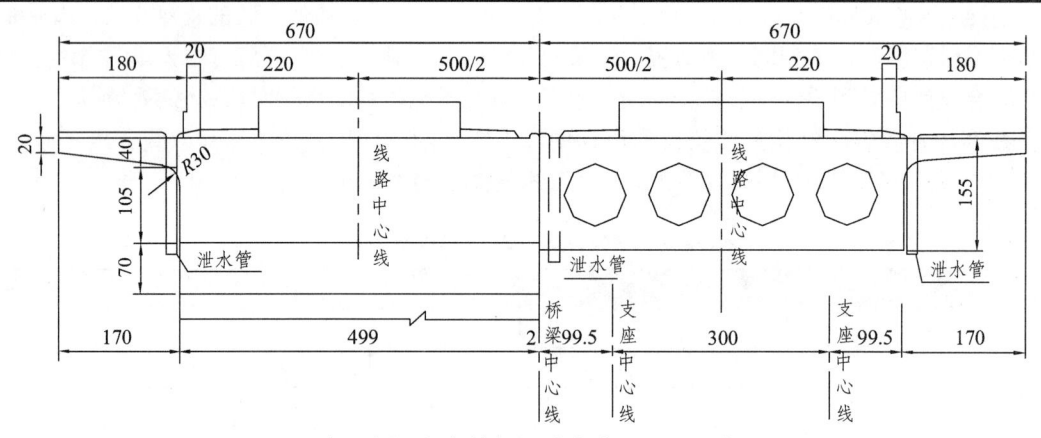

图 5-10 空心板梁与实体板梁跨中截面图（单位：cm）

4）钢筋混凝土与预应力混凝土

钢筋混凝土与预应力混凝土两种结构类型在刚构连续梁这种结构形式上均可采用，两种结构类型优缺点分析如下：

对于主跨跨度大于 24 m 的正交和斜交角度较小的刚构连续梁，可采用预应力的结构形式。预应力混凝土结构的优点有：

（1）耐久性强；

（2）截面尺寸相同的情况下其刚度较钢筋混凝土结构刚度大。

缺点有：

（1）对于斜交角度较大的刚构连续梁，预应力计算和锚固构造都比正交桥梁要复杂得多；

（2）预应力结构混凝土收缩徐变产生的次内力较大，对刚壁墩和基础设计不利；

（3）当桥梁设两联以上的刚构连续梁时，接缝处要预留张拉空间，桥墩须做特殊设计。

因此，对于主跨跨度小于等于 24 m 的斜交刚构连续梁，宜采用钢筋混凝土的结构形式。

钢筋混凝土结构具有受力明确、适用范围广、构造简单、易于施工等优点，刚构连续梁主要优点为斜交，而且主跨跨度均在 24 m 以下，因此，采用了钢筋混凝土的结构形式。

5）刚壁墩合理壁厚

刚壁墩的壁厚对结构的静、动力性能均有一定的影响，为了研究刚壁墩合理的壁厚，主梁梁高不变，刚壁墩顺桥向分别取 0.9 m、1.05 m 和 1.3 m 三种壁厚采用板壳单元模型对结构进行静、动力性能分析，采用实体单元模型对墩梁固结域进行局部应力分析。0.9 m、1.05 m 和 1.3 m 顺桥向壁厚按斜交交角 35°换算成刚壁墩垂直壁厚为 0.737 m、0.86 m 和 1.065 m。

（1）刚壁墩壁厚对结构自振特性的影响：随着刚壁墩壁厚的增加，结构的竖向自振频率有所增大，高速铁路对桥梁自振频率的要求随着行车速度的提高而加大，对于行车速度大于 250 km/h 的高速铁路，可适当增加刚构连续梁的壁厚。

（2）不同壁厚刚壁墩墩底截面内力和基顶外力对比：随着壁厚的增加，墩底截面纵向弯矩随之加大，而横桥向弯矩变化不大；基顶外力随壁厚的变化规律与墩底截面相同。

（3）不同壁厚对刚壁墩配筋的影响：随着斜交夹角的增加，刚壁墩横桥向弯矩逐渐加大，刚壁墩属双向偏心受压构件，平行四边形截面受压构件的配筋检算比较复杂。为了简化设计，将平行四边形的锐角区切除，对图 5-11 的矩形截面进行配筋检算。根据墩底截面内力计算结果，其主坐标轴纵、横向弯矩方向如图所示，锐角区为双向弯矩产生的拉应力或压应力极值点，存在局部应力集中现象，应对其辅以局部应力分析作为结构设计的依据。

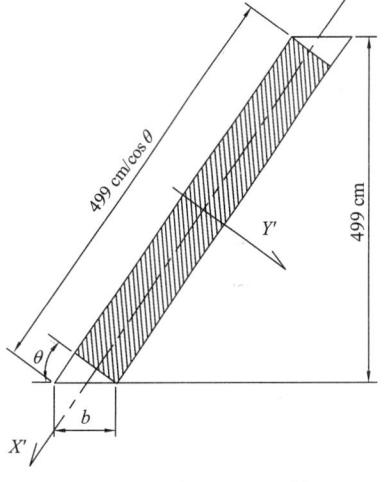

图 5-11　墩底截面配筋检算示意

（4）不同壁厚对桩基础单桩承载力的影响：单桩最大轴向力及桩头配筋双线行车略大于单线行车，直线桥梁由双线行车控制桩基础设计。随着壁厚的增加，桩基础单桩最大轴向力和桩头配筋逐渐增大，单桩最小轴向力逐渐减小，但没有出现受拉现象。与壁厚 105 cm 相比，壁厚 90 cm 单桩最大轴向力减小 6%，桩头配筋减小 27%，壁厚 130 cm 单桩最大轴向力增加 12%，桩头配筋减小 42%。

6）合理配跨的选择

决定连续刚构合理跨度的因素主要有刚构连续梁的自振频率、挠跨比、梁端转角和支反力，根据国外相关资料的论述，连续梁的自振频率限值应该满足换算为简支梁跨度对应的自振频率限值，桥梁为 5 跨连续梁时，其换算跨度为 1.5 倍的平均跨度。由表 5-12 可见，在满足挠跨比和梁端转角后，自振频率已经不再控制刚构连续梁的截面设计。

表 5-12 刚构连续梁在控制参数

跨 度	斜交法向角 /°	梁高 /m	支点距	梁端转角	梁端转角限值	自振频率 /Hz	自振频率限值/Hz	最小支反力 /kN
（18+3×24+18）m	25	1.45	3	0.74‰	1.0‰	5.18	3.70	159
（20+3×24+20）m	35	1.45	3	0.96‰	1.0‰	4.44	3.57	275.6
（20+3×24+20）m	40	1.45	3	0.965‰	1.0‰	3.98	3.57	151.8

综上所述，斜交刚构连续梁采用的结构形式应该是双线分离的钢筋混凝土实体板梁，刚壁墩的厚度综合考虑自振频率、截面内力、基础受力等方面的内容，配跨应综合考虑刚构连续梁的自振频率、挠跨比、梁端转角和支反力，使结构受力最合理、经济。

斜交刚构连续梁桥除具有较好的动力性能外，还具有梁部建筑高度低、适用范围广、结构形式机动灵活等特点。南于刚构连续梁桥的梁、墩、台均可斜做，铁路能以不同角度跨越道路、河流等，桥下道路顺畅，这些特点使得桥梁和两侧路基高度显著降低，桥梁长度显著减小，从而可使总体工程造价大大降低，达到节省工程投资的目的。

7）结构的耐久性

通过以下措施来满足结构耐久性要求。

（1）通过采用高性能混凝土控制混凝土配合比，提高混凝土耐久性。

（2）耐所用骨料进行成分分析及碱活性试验，应符合《铁路混凝土工程施工技术指南》的要求，防止碱，骨料反应。

（3）梁体钢筋最小保护层采用 35 mm。

8）结构的安全性、可靠性

（1）进行车桥动力响应分析。

（2）严格控制各种材料的强度、梁体刚度、稳定性等指标，并采用高性能混凝土。

5.4.3 高速铁路斜交刚构连续梁设计实例

秦沈客运专线在国内铁路首次采用了刚构连续梁这种新型的桥梁结构形式，该线局部地段设计行车速度可达到 250 km/h。现结合秦沈客运专线刚构连续梁桥，将刚构连续梁的结构特点、设计要点、主要技术参数、技术指标，并对施工等情况加以介绍。

1. 桥式方案

1）刚构连续梁桥式的提出

秦沈客运专线所经地区公路、道路密集，标准较高，所以立交设置较多，而且往往与铁路形成斜交角度。鉴于秦沈客运专线桥梁的特点，在常用桥跨形式范围之内，有一些中小型的立交桥梁难以设置。例如，有的斜交道路需采用跨度 32 m 双线整孔箱梁跨越，造成架桥机无法架设；或是出现零散分布的箱梁工点，造成远距离运架梁。

因此，在秦沈客运专线上需要一种不受运架设备制约，能较好地跨越斜交道路的中小跨度桥梁。刚构连续梁桥正是符合这些要求的一种桥式。这种桥式其梁部、桥墩、桥台均可斜做，能够与桥下道路协调适应，相应减小了桥梁跨度。由于采用钢筋混凝土结构，支架现浇施工，梁部整体现浇一次完成，施工质量容易控制，而且便于施工组织安排。

2）桥式方案的拟订

秦沈客运专线采用的刚构连续梁桥，桥孔布置为三孔至五孔一联，跨度组合结合工程需要，选定（16+n×24+16）m、（16+n×20+16）m、（12+n×16+12）m 三种。均采用斜交斜做设置，斜交法向角度有20°和35°两种。刚构连续梁桥中墩与梁部固结形成刚壁，边墩、桥台设置活动支座。根据各工点不同地质条件，分别采用明挖基础和钻孔桩基础。

全线共采用13座刚构连续梁桥，由于采用不同的跨度和斜交角度，共形成7种类型，见表5-13。桥跨结构形式见图5-12~图5-14。

表5-13 秦沈客运专线刚构连续梁桥统计

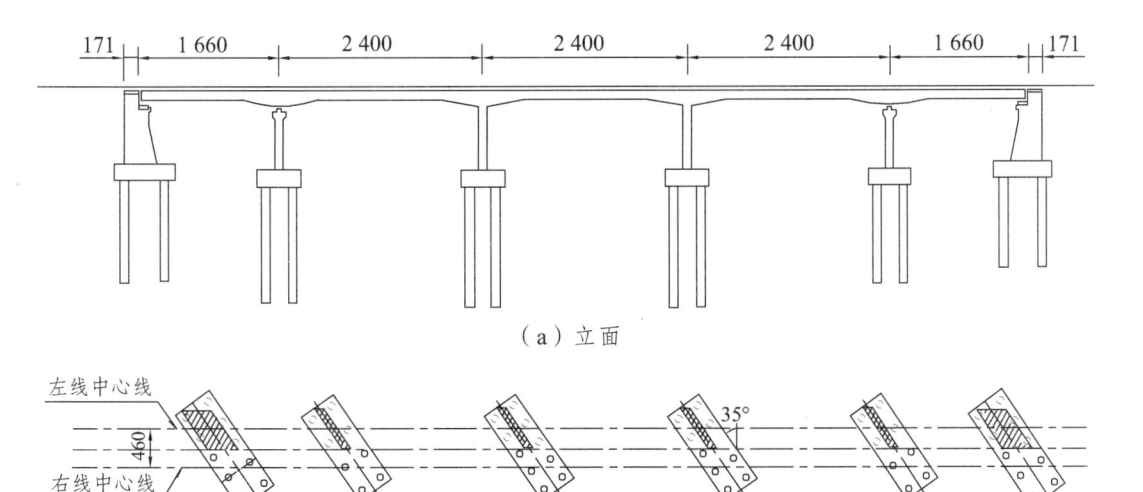

编号	跨度/m	设计法向角/°	座数
1	12+16+12	20	1
2	12+3×16+12	35	1
3	16+20+16	20	1
4	16+20+16	35	4
5	16+24+16	20	4
6	16+2×24+16	20	1
7	16+3×24+16	35	1

（a）立面

（b）半基顶及半基底截面

图5-12 （16+3×24+16）m 刚构连续梁桥（跨102国道3号大桥）（单位：cm）

(a）立面

(b）半基顶及半基底截面

图 5-13　（16+20+16）m 刚构连续梁桥（前黑公路立交中桥）（单位：cm）

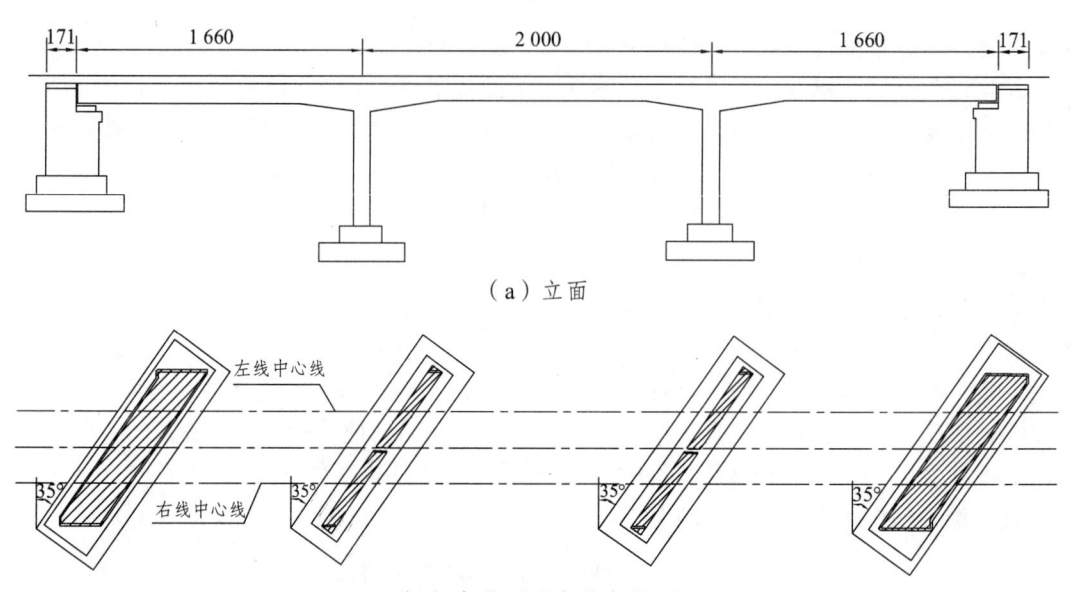

(a）立面

(b）半基顶及半基底截面

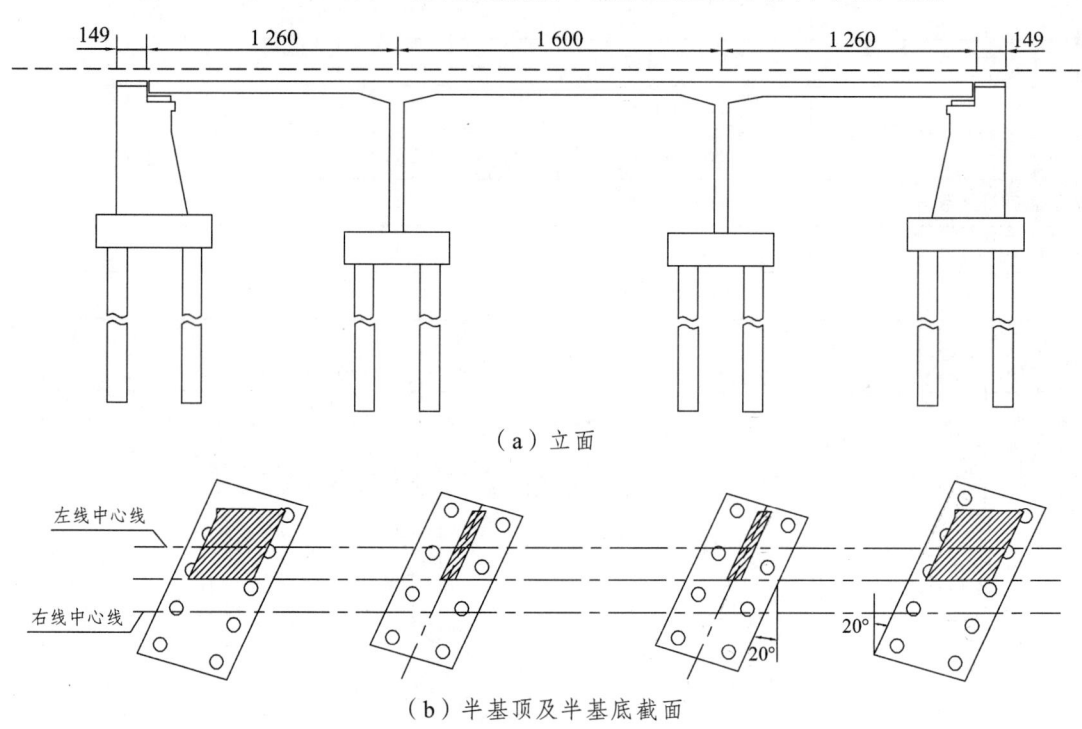

图 5-14　（12+16+12）m 刚构连续梁桥（沙曹公路中桥）（单位：cm）

2. 结构设计要点

1）主要结构形式的拟订

（1）结构体系。

三孔一联时，中间桥墩与梁部固接，设置 2 个刚壁墩，梁端部设活动支座；四孔一联时，中间 3 个桥墩与梁部固接成为 3 个刚壁墩，梁端部设活动支座；五孔一联时，中间 2 个桥墩与梁部固接设 2 个刚壁墩，边中跨桥墩处和梁端部桥台处温度跨度较大，设活动支座。这样的布置形式有利于改善结构受力状况。

（2）双线整体式与分离式的选择。

秦沈客运专线刚构连续梁桥均采用斜交设置，梁跨均为中小跨度（最大 24 m）。如果采用双线整体式，结构横向扭矩和变形较大，结构受力较复杂。双线分离式结构，宽跨比减小，受力状态明显优于双线整体式。所以，设计中选择双线分离式结构。

（3）截面形式。

梁部横截面形式考虑了实体板梁、空心板梁两种形式比较确定。空心板梁在减轻结构自重、提高自振频率方面比较有利，但空洞附近的应力状态复杂，结构构造上也比较复杂，所以最终采用实体板梁截面，梁底宽 4.99 m，顶宽 6.19 m，外侧悬臂长 1.2 m，两线梁体之间缝隙为 2 cm。

梁体纵向为变截面。变截面形式有利于降低由自重引起的结构内力，使结构内力分布更为合理。设计采用跨中截面梁高高跨比为 1/20～1/21.8，刚壁墩顶截面梁高高跨比为 1/12.3～1/13.3。

三种跨度的刚构连续梁主要结构尺寸见表 5-14。

表 5-14 刚构连续梁主要结构尺寸　　　　　　　　　　单位：m

跨度	16+3×24+16	16+20+16	12+16+12
跨中梁高	1.1	0.95	0.8
刚壁墩顶梁高	1.8	1.55	1.3
梗肋长（正向）	3.5	3.0	1.5
梗肋高	0.7	0.6	0.5
梁顶宽	6.19	6.19	6.19
梁底宽	4.99	4.99	4.99
刚壁墩壁厚	1.05	0.86	0.75

（4）桥墩、桥台及基础。

桥墩采用板式墩结构，顶帽高 0.85 m，墩身横桥向与梁底同宽，顺桥向尺寸与刚壁墩相同，两线桥墩与梁部一致采用分离设置。

桥台采用双线整体斜交桥台，横桥向台宽 10.0 m，台背为直坡。

由于桥台均按斜交设置，为使桥梁结构与路基之间刚度变化能够良好过渡，专门在桥台后设置异型混凝土块体，块体尾设置成与铁路垂直，所以桥梁结构与路基连接处不存在与铁路斜交问题，不会对客运专线行车产生不利影响。

各工点视桥址地质条件分别采用双线联合整体明挖基础或钻孔桩基础。钻孔桩直径为 ϕ1.0 m，承台厚 2.0 m。

（5）支座布置。

边墩及桥台处设置支座，支座中心距采用 2.5 m，纵向活动支座设在每线桥梁内侧，双向活动支座设在每线桥梁外侧。

2）结构分析

刚构连续梁结构分析采用平面分析与空间分析相结合的方法进行。

在平面分析中，按正交梁建立平面模型，进行全桥结构内力分析，计算恒载、活载产生的弯矩和剪力，绘制正交梁的弯矩、剪力包络图。

存空间分析中，对主体结构采用板壳单元建立空间有限元模型，对结构进行空间受力分析，计算各控制截面的位移、内力以及结构的固有自振频率。

由于秦沈客运专线刚构连续梁桥均按斜交设计，斜交刚构连续梁与正交梁的结构受力不同，其内力、变形及应力分布要比正交梁复杂得多。通过平面模型及空间整体模型的对照分析，找出斜交梁和正交梁在应力分布状况上的差异，斜交梁结构位移、内力的控制部位。

设计中对基础边界条件分别按固结和弹性约束两种情况进行分析。

对斜交刚构连续梁的配筋计算，考虑抗弯、抗剪、抗扭设计，并对梁端部钝角区、刚壁墩顶与梁固结处及刚壁墩底等关键部位进行局部应力分析，加强钢筋布置。

挠度、自振频率计算结果见表5-15。控制截面应力及裂缝计算结果见表5-16。

表5-15 挠度、自振频率计算结果表

跨度/m		16+3×24+16		16+20+16		12+16+12	
项目		计算值	容许值	计算值	容许值	计算值	容许值
静活载挠度	次边跨/mm	6.1	8			3.7	5.3
	中跨/mm	5.7	8	5.2	6.6	4.3	5.3
挠跨比	次边跨	1/3 934	1/3 000			1/4 324	1/3 000
	中跨	1/4 210	1/3 000	1/3 846	1/3 000	1/3 721	1/3 000
竖向自振频率/Hz		3.98	3.59	6	4.0	5.93	5.0

注：表列数据以跨102国道3号大桥、跨前黑公路立交中桥、跨沙曹公路中桥为例。

表5-16 控制截面应力及裂缝计算结果表

橡面位置		跨度/m	16+3×24+16		16+20+16		12+16+12	
		项目	计算值	容许值	计算值	容许值	计算值	容许值
梁体	刚壁墩墩顶	混凝土应力/MPa	9.62	14	8.95	14	8.4	14
		钢筋应力/MPa	174.1	180	168.3	180	154.1	180
		裂缝宽度/mm	0.16	0.2	0.14	0.2	0.16	0.2
	次边跨跨中	混凝土应力/MPa	8.63	14	7.8	14	11.7	14
		钢筋应力/MPa	170.9	180	155.7	180	170.4	180
		裂缝宽度/mm	0.15	0.2	0.15	0.2	0.15	0.2

注：表列数据以跨102固道3号大桥、跨前黑公路立交中桥、跨沙曹公路中桥为例。

3. 材料规格及用量

（1）混凝土。

梁体和刚壁墩均采用 C40 混凝土；桥墩顶帽采用 C30 混凝土，墩身采用 C25 混凝土；桥台台身采用 C20 混凝土和 C15 混凝土，耳墙采用 C20 钢筋混凝土。支承垫石均采用 C50 混凝土。

（2）钢筋。采用 20MnSi 钢筋和 Q235 钢筋。20MnSi 热轧带肋钢筋应符合 GB 1499 标准，Q235 热轧光网钢筋应符合 GB 13013 标准。

（3）防水层。采用由氯化聚乙烯防水卷材和聚氨酯防水涂料共同构成的 TQF-I 型防水层。

（4）保护层。采用 C40 钢纤维混凝土保护层。

（5）支座。采用"JHPZ 简"盆式橡胶支座。

主要材料用量见表 5-17。

表 5-17 主要材料用量

跨　度/m	16+n×24+16	16+n×20+16	12+n×16+12
全　长/m	105.2	53.2	41.2
一联梁部混凝土数量/m³	1414.2	615	395.9
一联梁部钢筋数量/m	230.65	111.11	91.958
刚壁墩混凝土数量/m³	153	110.1	116.8
刚壁收钢筋数量/t	27.04	20.63	20.246

注：表列数据以跨 102 国道 3 号大桥、跨前黑公路立交中桥、跨沙曹公路中桥为例。

4. 桥梁施工

梁部结构采用满布支架现浇法施工，支架设置必须牢固，其底部应平整夯实并铺垫碎石及混凝土。支架安装时应预留沉降量及设置适当的上拱度，并在支架上预加荷载，使支架充分变形。预压后的支架变形与设计不符时应调整预设上拱度。

混凝土的浇筑应自梁端向跨中连续进行。为减小混凝土收缩对刚壁墩及基础产生的不利影响，中跨混凝土的浇筑应在 5~10 ℃ 夜晚较低温度下进行。

墩身钢筋一次绑扎成型，分段连续灌注混凝土。刚壁墩墩顶受力复杂，墩身与梁体混凝土接缝应设在距其顶部 1.0 m 处。

钢筋接头位置应错开并应设在正负弯矩变化点附近。支点及跨中正负弯矩短钢筋应尽量采用通长钢筋，焊接钢筋骨架时应考虑线路纵坡及竖曲线的影响。

钻孔桩清孔应彻底，以确保基础不均匀沉降量控制在 1 cm 之内。

现以《时速 350 km 无砟轨道混凝土斜交刚构连续梁（双线、直曲线）》（通桥〔2006〕1301）加以说明。

（1）适用范围：

① 设计速度：最高运行速度为 350 km/h。

② 线路情况：双线，直、曲线，最小曲线半径 7 000 m，双线线间距为 5.0 m。

③ 环境类别及作用等级：碳化环境，作用等级为 T1、T2。

④ 设计使用年限：正常使用利养护条件下为 100 年。
⑤ 地震设防烈度：7 度。
⑥ 桥梁位于无缝线路固定区。
⑦ 施工方法为满布支架施工。

（2）本设计轨底至梁顶高度根据所采用的无砟轨道板结构形式确定。双线桥面二期恒载（包括钢轨、扣件、轨道板、CA 砂浆垫层、混凝土基座等线路设备重，以及防水层、保护层、人行道栏杆或声屏障、防撞墙、接触网支柱、电缆槽盖板及竖墙等附属设施重量），本次设计按 175 kN/m 计算，其中轨道部分最大重量按 42 kN/m 计，防撞墙之间保护层厚度按 110 mm 计。

（3）本设计的跨度组合配合斜交法向角及相应图号见表 5-18。

表 5-18　跨度组合配合斜交法向角及相应图号

跨度组合/m	斜交法向角 θ/(°)	图　号
12+16+12	0、10、15、25	通桥〔2006〕1301-Ⅰ
16+20+16	0、10、15、25	通桥〔2006〕1301-Ⅱ
16+24+16	10、15	通桥〔2006〕1301-Ⅲ
18+24+18	25、35	通桥〔2006〕1301-Ⅳ
20+3×24+20	25、35	通桥〔2006〕1301-Ⅴ

（4）本设计的梁部及刚壁墩结构在正交时为双线整体，梁底宽 10 m，顶宽 13.4 m，两外侧设悬臂长 1.7 m。斜交时为双线分离结构，刚壁墩斜交斜做，梁端与线路正交，梁底宽 4.99 m，顶宽 6.69 m，外侧设悬臂长 1.7 m。两线结构之间缝隙为 2 cm。基础采用双线联合整体基础、钻孔桩或明挖基础。

梁部及刚壁墩主要尺寸见表 5-19。

表 5-19　梁部及刚壁墩主要尺寸

跨度组合/m	基础类型	斜交法向角 θ/°	刚壁墩高 H/m	刚壁墩宽顺线路方向 B/m	跨中梁高 h/m	刚壁墩顶梁高 h'/m	梗肋/m 长（正交）a	梗肋/m 高占 b
12+16+12	桩基或明挖基础	0	5~9	0.90	1.00	1.50	1.50	0.5
		10	5~9	0.90	1.00	1.50	1.50	0.5
		15	5~9	0.90	1.00	1.50	1.50	0.5
		25	5~9	0.90	1.00	1.50	1.50	0.5
16+20+16	桩基或明挖基础	0	5~9	1.00	1.25	1.85	2.0	0.6
		10	5~g	1.00	1.25	1.85	2.0	0.6
		15	5~9	1.00	1.25	1.85	2.0	0.6
		25	5~9	1.00	1.20	1.80	2.0	0.6
16+24+16	桩基	0	5~9	1.20	1.35	2.05	2.5	0.7
		10	5~9	1.20	1.35	2.05	2.5	0.7
		15	5-9	1.20	1.35	2.05	2.5	0.7

续表

跨度组合/m	基础类型	斜交法向角 θ/°	刚壁墩高 H/m	刚壁墩宽顺线路方向 B/m	跨中梁高 h/m	刚壁墩顶梁高 h'/m	梗肋/m	
16+24+16	明挖基础	0	6~9	1.05	1.35	2.05	2.5	0.7
		10	6~9	1.05	1.35	2.05	2.5	0.7
		15	6~9	1.05	1.35	2.05	2.5	0.7
18+24+18	桩基	25	5~9	1.20	1.35	2.05	2.5	0.7
		35	5~9	1.20	1.35	2.05	2.5	0.7
	明挖基础	25	6~9	1.05	1.35	2.05	2.5	0.7
		35	6~9	1.20	1.35	2.05	2.5	0.7
20+3×24+20	桩基	25	5~9	1.30	1.45	2.15	2.5	0.7
		35	5~9	1.25	1.45	2.15	2.5	0.7
	明挖基础	25	6~9	1.10	1.45	2.15	2.5	0.7
		35	6~9	1.25	1.45	2.15	2.5	0.7

（5）支座布置。

活动墩及桥台上设置盆式橡胶支座。支座中心距双线分离时采用 3.0 m，双线整体时采用 6.0 m，双线分离时桥台纵向活动支座设在每线梁体的内侧，双向活动支座设在每线梁体的外侧。双线整体时桥台纵向活动支座设在面向大里程的线路左侧，右侧设置双向活动支座。活动墩处全部设置双向活动支座。

（6）主要工程数量。

主要工程数量见表 5-20、表 5-21 及表 5-22。

表 5-20　主要工程数量（一）

跨度组合/m	法向角 θ/(°)	现浇梁体			支座		防水层	$H=5$ m（或 σm）刚壁墩		每增加 1 m 刚壁墩	
		混凝土 C40/m³	钢筋 HRB335/t	HPB235/t	型号 GTPZ-Ⅱ	个数	TQF-Ⅰ型/m²	混凝土 C40/m³	钢筋 HRB335/t	混凝土 C40/m³	钢筋 HRB335/t
12+16+12	0	475.8	93.036	0.1	2500-DX	2	479.7	81	16.480 (13.727)	18	1.992 (1.605)
					2500-ZX	2					
	10	475.2	94.875	0.318	1500-DX	4	479.7	80.8	20.870 (14.794)	18	2.579 (1.775)
					1500-ZX	4					
	15	475.4	95.105	0.318	1500-DX	4	479.7	80.8	18.900 (15.078)		2.319 (1.814)
					1500-ZX	4					
	25	477.4	97.025	0.397	2000-DX	4	479.7	80.8	17.599 (14.621)		2.148 (1.761)
					2000-ZX	4					

续表

跨度组合/m	法向角 θ/(°)	现浇梁体 混凝土 C40/m³	现浇梁体 钢筋 HRB335/t	现浇梁体 钢筋 HPB235/t	支座 型号 GTPZ-II	支座 个数	防水层 TQF-I型/m²	H=5m(或 σm)刚壁墩 混凝土 C40/m³	H=5m(或 σm)刚壁墩 钢筋 HRB335/t	每增加1m刚壁墩 混凝土 C40/m³	每增加1m刚壁墩 钢筋 HRB335/t
16+20+16	0	752.6	127.292	0.129	3500-ZX	2	620.1		22.475 (16.884)	20.0	2.746 (2.030)
					3500-DX	2					
	10	752.2	128.405	0.372	2000-ZX	4	620.1	87.8	24.819 (19.547)	20	3.037 2.295
					2000-DX	4					
	15	752.7	130.316	0.372	2000-ZX	4	620.1	87.8	23.458 (19.505)	20.0	2.855 (2.295)
					2000-DX	4					
	25	728.6	131.003	0.401	2500-ZX	4	620.1	87.8	24.426 (20.141)	20.0	2.977 (2.376)
					2500-DX	4					
16+24+16	0	877.3 (879.3)	138.166 (138.230)	0.129	3500-ZX	2	678.3	126.0 (103.2)	24.38 (18.03)	21.0 (24.0)	2.54 (2.06)
					3500-DX	2					
	10	876.2 (878.3)	145.574 (145.629)	0.401	2500-ZX	4	678.3	111.08 (103.00)	26.58 (20.14)	20.96 (23.96)	2.79 (2.31)
					2500-DX	4					
	15	878.3 (884.5)	147.107 (147.172)	0.401	2500-ZX	4	678.3	111.08 (103.00)	25.92 (20.11)	20.96 (23.96)	2.71 (2.30)
					2500-DX	4					

注：① 表中括号内数据适用于桩基础的情况，括号外数据适用于明挖基础的情况，无括号者为两者共用值。
② 表列刚壁墩的数量所依据墩身高度，除（16+24+16）m跨度组合的明挖基础部分为6m外，其余情况墩身高度均为5 rn。

表 5-21 主要工程数量（二）

跨度组合/m	斜交法向角 θ/(°)	现浇梁体 混凝土 C40/m³	现浇梁体 钢筋 HRB335/t	现浇梁体 钢筋 HPB235/t	支座 型号 GTPZ-II	支座 个数	防水层 TQF-I型/m²	H=5m(或6m)刚壁墩 混凝土 C40/m³	H=5m(或6m)刚壁墩 钢筋 HRB335/t	每增加1m刚壁墩 混凝土 C40/m³	每增加1m刚壁墩 钢筋 HRB335/t
18+24+18	25	939.1 (941.1)	159.327 (159.352)	0.401	2500-DX	4	725.9	111.1 (103.0)	23.22 (23.71)	21.0 (24.0)	2.45 (2.76)
					2500-ZX	4					
	35	945.3	164.277	0.401	2500-DX	4	725.9	126.9 (103.0)	28.64 (22.12)	24.0 (24.0)	2.99 (2.56)
					2500-ZX	4					
20+3×24+20	25	1870.98 (1873.8)	310.065 (310.118)	1.307	3000-ZX	4	1340.7	116.4 (111.6)	26.046 (20.760)	22.0(26.0)	2.622 (2.289)
					3000-DX	4					
					7000-DX	8					
	35	1 881.2	340.784	1.307	3000-ZX	4	1 389.9	132.4 (107.3)	36.83 (25.345)	25.0(25.0)	3.760 (2.861)
					3000-DX	4					
					7000-DX	8					

注：① 表中括号内数据适用于桩基础的情况，括号外数据适用于明挖基础的情况，无括号者为两者共用值。
② 表列刚壁墩的数量所依据墩身高度，除（18+24+18）m，（20+3×24+20）m跨度组合的明挖基础部分为6m外，其余情况墩身高度均为5 m。

表 5-22 主要工程数量（三）

跨度组合/m	双侧人行道(双延长米) 栏杆	双侧人行道(双延长米) 人行道板	挡砟墙（双延长米）	电缆槽（双延长米）	伸缩缝/道	泄水管UPVC/个	引水管 UPVC/m
12+16+12	41	41	41	41	2	24(18)	52
16+20+16	53	53	53	53	2	32(24)	52
16+24+16	57	57	57	57	2	32(24)	60
18+24+18	61	61	61	61	2	32	60
20+3×24+20	113	113	113	113	2	54	163

注：① 表中所列工程数量为全桥双线数量。
② 本桥拟采用满布支架施工临时通道、支架及支架基础的数量需根据实际情况考虑。
③ 电化立柱基座的数量应根据具体电化证柱的设置而确定。泄水管括号内数量为斜交法向角 0°者。
④ 基础的形式及数量应根据具体工点的实际情况进行计算。

（7）概图如图 5-15 所示。

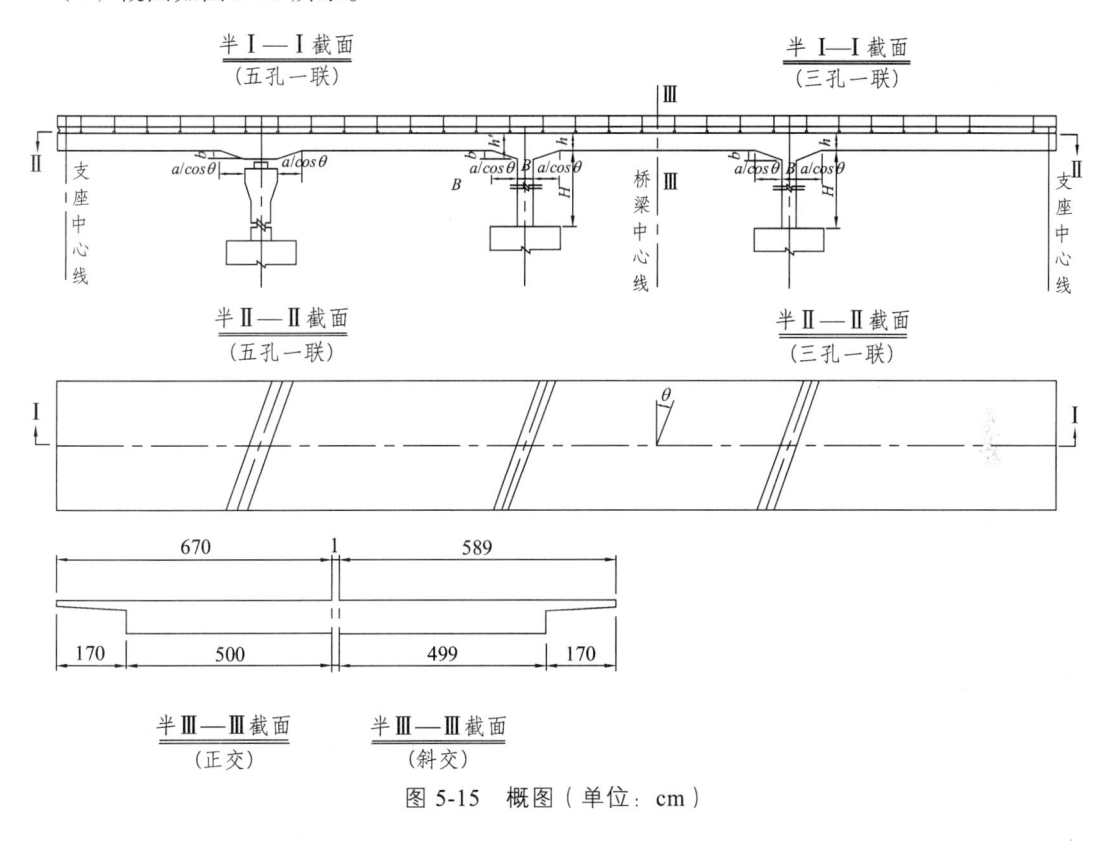

图 5-15 概图（单位：cm）

5.5 高速铁路连续梁（刚构）桥施工

预应力混凝土连续梁（刚构）桥施工方法主要有悬臂浇筑、悬臂拼装、顶推法、转体法、支架法等。悬臂浇筑施工工具有不受季节、河道水位、建筑物或市区交通的影响，不需大量的支架和临时设备的优点，因此，在国内外得到广泛应用，成为大跨连续梁桥主要施工方法。

5.5.1 连续梁（刚构）悬臂浇筑施工方法

悬臂浇筑施工是以已完成的墩顶梁段（0号梁段）为起点，通过挂篮的前移，以桥墩为中心对称地向两侧跨中逐段浇筑混凝土，待混凝土达到设计强度后，张拉预应力束与已成梁段形成整体，再移动挂篮，进行下一节段的施工的循环施工方法。悬臂浇筑每个节段长度一般2～5 m。

预应力混凝土连续梁（刚构）桥悬臂浇筑施工一般施工程序如下：

（1）施工墩顶0号梁段且墩顶0号梁段与桥墩实施临时固结（连续刚构墩顶梁段与桥墩整体浇筑）形成T构施工单元；

（2）采用挂篮在T构两侧按设计梁段长度，对称浇筑混凝土；

（3）在梁段混凝土达到设计要求的强度、弹性模量及养护龄期后施加预应力；

（4）挂篮前移进行下一梁段施工，直到T构两侧全部对称梁段浇筑完成；

（5）边跨非对称梁段施工；

（6）按设计要求合龙顺序进行合龙梁段现浇施工。

预应力混凝土连续梁桥墩和梁为非刚性连接，不能承受施工荷载产生的不平衡弯矩。因此，在悬臂施工前在0号梁段与桥墩间实施临时固结支承措施，以承受梁体的压力和施工荷载产生的不平衡弯矩。连续梁悬臂施工时，结构呈T形刚构，待合龙后拆除临时固结完成体系转换形成连续梁，在施工过程中存在体系转换，但在合龙施工时不需顶推。连续刚构因其墩梁刚性连接，所以在施工时不设临时支座，少一次体系转换。但连续刚构桥在全桥合龙后，在二期恒载、混凝土收缩徐变以及温度的影响下，有整体向中跨跨中移动的趋势，另一方面在张拉跨中底板束时主墩会向跨中方向发生水平位移，对桥墩受力不利，同时会产生跨中下挠等问题，一般应在合龙前在合龙端口施加一定的预顶力，给主墩一个背向跨中的水平位移。

5.5.2 0号梁段施工

1.0号梁段总体施工方案

0号梁段是连续梁（刚构）施工的起始段，梁段高、节段长、混凝土浇筑数量大、各向预应力管道及钢筋布置密集交错，整体结构复杂，施工前应制定完善的施工技术方案。

（1）0号梁段混凝土原则上应连续浇筑一次成型。当梁体高度大、混凝土数量多或梁体结构复杂时，需要进行竖向分层浇筑。分次浇筑的时间不能过长，一般不超过10d，以避免因前、后浇筑的混凝土收缩和徐变不一致，使后浇筑的混凝土产生裂缝。施工缝的设置应合理。两次安装的外模宜一次安装到位，内模可按混凝土浇筑要求分段安装。连续刚构墩顶梁段混凝土宜与桥墩整体浇筑。梁体与墩身施工缝位置应符合设计要求。

（2）0号梁段现浇施工采用的方法一般为支架现浇或在墩上预埋托架、采用型钢或常备式构件拼装为现浇平台。0号梁段施工常用的支（托）架形式如图5-16、图5-17所示。施工时支架选择原则为墩高小于20 m时可采用落地支架，当墩高大于20 m或跨越流河、沟谷及地基承载力差难于处理时则采用在墩身预埋托架施工。

（3）当0号梁段长度较短，若在其梁段长度上拼装挂篮有困难时，原则上可考虑主梁1号节段与0号节段同时浇筑施工，若不能一次浇筑时，应提前对挂篮联体施工进行结构设计。

（4）预应力混凝土连续梁在墩顶梁段施工时，应按设计规定设置墩梁临时固结装置，与0号梁段一起施工。

（5）连续梁永久支座应在底模安装前安装，固定支座和活动支座安装位置及方向应符合设计和规范要求。

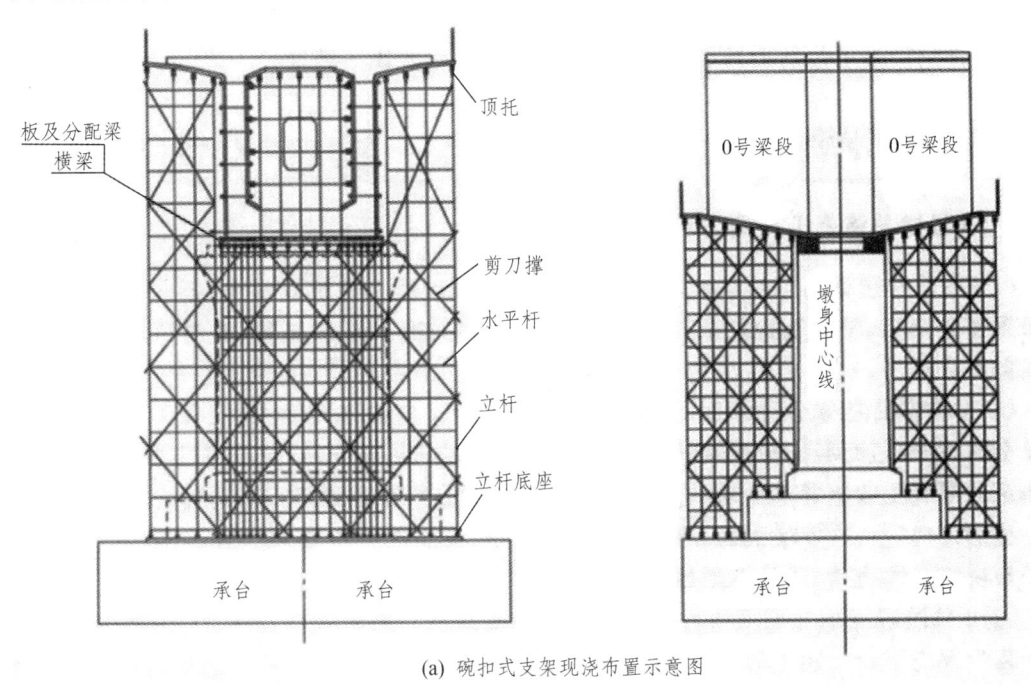

(a) 碗扣式支架现浇布置示意图

(b) 万能杆件支架现浇示意图

图 5-16　0号节段现浇支架布置示意图

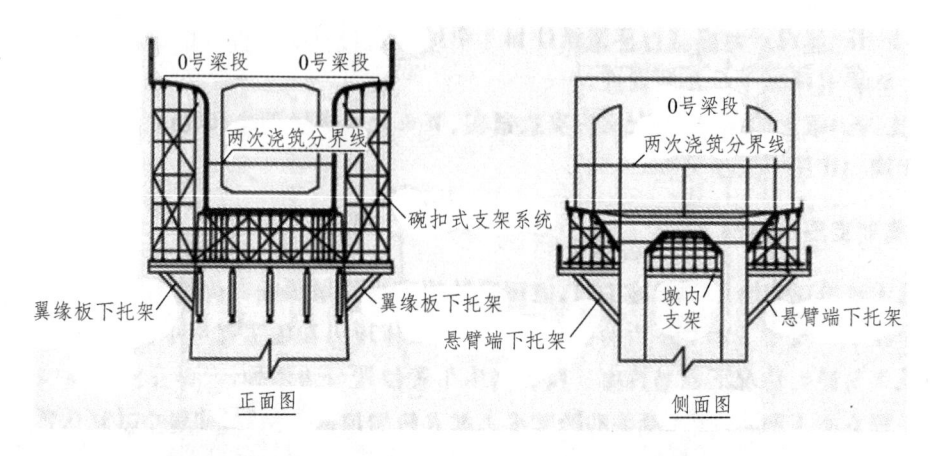

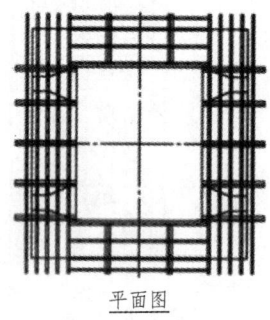

图 5-17 连续刚构 0 号梁段现浇托架示意图

2. 0 号梁段施工流程

1）连续梁

墩顶中线、高程测量检查→桥墩预埋件检查→支架及托架拼装、预压→临时及永久支座安装→底模安装→内、外侧模安装→底板及腹、隔板钢筋安装→底、腹板预应力管道安装→顶模、端模安装→顶板钢筋及预应力管道安装→混凝土浇筑、养护→端模及侧模拆除、梁端凿毛→预应力筋张拉→预应力孔道压浆、封锚→底模、内模及托架拆除。

2）连续刚构

墩顶中线、高程测量检查→桥墩预埋件检查→支架及托架拼装、预压→墩顶混凝土凿毛清理、预埋钢筋调直整理→悬臂梁段底模安装→内模、外侧模安装→底板及腹、隔板钢筋安装→底、腹板预应力管道安装→顶模、端模安装→顶板钢筋及预应力管道安装→混凝土浇筑、养护→端模及侧模拆除、梁端凿毛→预应力筋张拉→预应力孔道压浆、封锚→底模、内模及托架拆除。

梁体底模板应在加载预压前设置预拱度，并根据加载预压结果进行调整。预拱度的设计应考虑下列因素：

（1）由梁体自重、二期恒载、1/2 活载及混凝土收缩徐变、预应力施加等引起的梁体竖向挠度；

（2）支（托）架在荷载作用下的弹性和非弹性变形；

（3）支架基础沉降变形。

3. 临时支座（支墩）

墩梁临时固结既要求能在永久支座不承受压力的情况下能承受梁体压力和施工过程中产生的不平衡弯矩，又能在承受荷载的情况下容易拆除。按其结构布置位置分为两种：一是在桥墩顶面永久支座的两侧设置临时支座；二是当桥梁的跨度很大或者桥墩顶面长、宽尺寸较小时宜在桥墩纵向两侧设置临时支墩（或支架）以支撑悬臂浇筑梁体。

1）临时支座结构

连续梁墩顶临时支座，一般对称设置在永久支座两侧的箱梁腹板下。支座的承载能力及结构尺寸应根据梁底宽度及腹板数量经设计计算确定，一般每一桥墩上设置 4 个临时支座。墩顶临时支座应在 0 号梁段立模前安装，临时支座的顶面高程不得低于永久支座，与永久支座高差允许值为了 0~2 mm。

临时支座结构采用强度等级不低于 C40 混凝土浇筑，在上下两块钢筋混凝土块间夹垫厚度约为 10 cm 硫黄砂浆（或用油毡纸等作隔离）。墩顶临时支座，应按设计要求设置竖向钢筋使其与墩梁连接，竖向钢筋在梁体及墩顶的预埋锚固长度应满足构造要求。在临时支座所对应的墩顶及梁底混凝土内均设有不少于三层水平钢筋网片予以加强。墩顶临时支座结构如图5-18 所示。当设计采用在桥墩内设置预应力锚固钢筋与梁体实施预应力张拉连接时，应在桥墩施工时按设计要求准确穿管预埋竖向连接钢筋如图 5-19 所示。

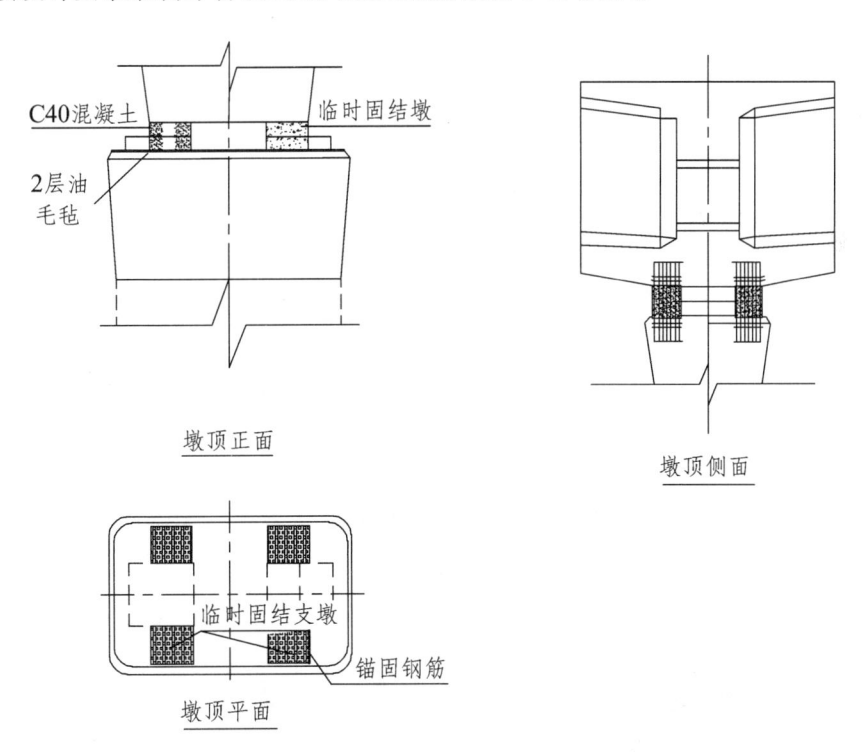

图 5-18 墩顶临时支座采用竖向钢筋锚固示意图

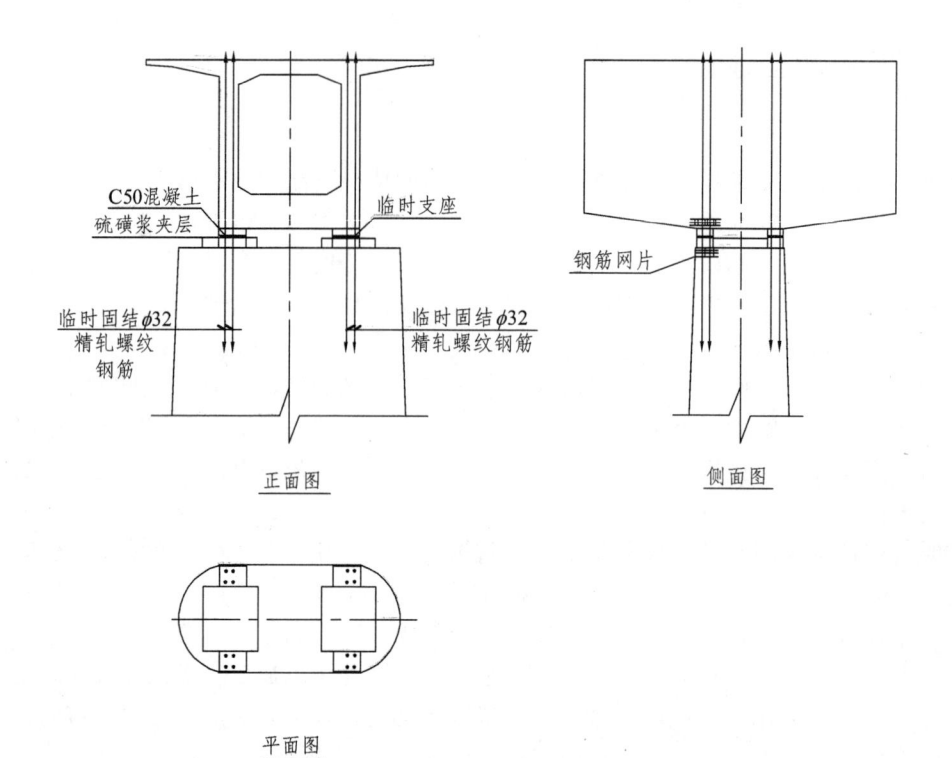

图 5-19 临时支座采用预应力锚固示意图

临时支座拆除时可用喷灯烧化硫黄砂浆,也可用切割器切割拆除等。

2) 临时支墩

临时支墩一般是在桥墩纵向两侧采用钢管、钢管混凝土或支架作墩梁临时锚固体系支承。具体采用形式需要根据桥梁自重和不平衡弯矩经计算确定。每墩一般对称设 4 根。钢管支墩柱底与承台固结形成整体,支墩顶和底部钢管内四周布置足够竖向抗拉钢筋,钢筋伸入梁体和承台锚固长度应符合设计要求。临时支墩结构如图 5-20 所示。钢管支墩柱应尽量支撑在主墩承台范围内。

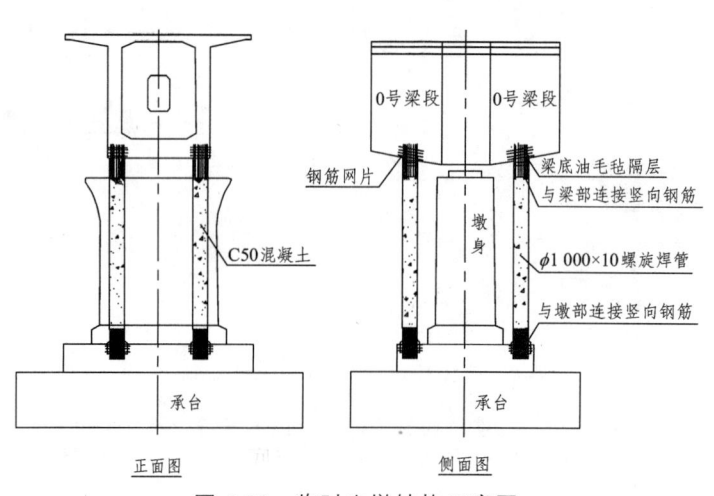

图 5-20 临时支墩结构示意图

4. 0号梁段现浇支架施工

1）墩旁托架

0号梁段现浇托架结构是采用预先在墩身预埋钢板和锚筋（也可在墩身预留孔洞），在预埋钢板上焊（栓）接而成。托架由型钢组拼焊接。托架的数量、布置根据箱梁结构进行计算确定。

2）落地支架

当采用满堂式落地支架现浇时，地基处理范围应比支架平面投影周边宽100 cm以上；基础范围内地面附着物和腐殖土、淤泥、冻融循环深度内的冻土等软弱土质应全部清除，清理后的坑槽应及时填筑、避免积水浸泡；桥梁墩台的基坑应填筑到承台顶面以上，且不低于地下水位；地基表层清除后的坑槽应填筑到原地面以上。填筑应分层进行、逐层压实；填筑材料及其压实度应满足地基承载力要求；处理完成后的地基应进行承载力检测，合格后方可施工垫层；基础周边应设置排水沟，排水沟及基础至排水沟之间宜采用砂浆抹面封闭，地表水引排到基础5 m以外。梁柱式支架的明挖基础和桩基础应按相关规范进行施工。

（1）碗扣式支架搭设。

根据设计图纸按支架设计高度，及基础高程对所需要的杆件数量及型号进行配置。支架搭设施工前应计算并放出梁体各控制点的高程，并在垫层顶面标识出支架立杆的平面位置。支架安装按一端向另一端或从跨中向两端延伸，按照垫木、底座、立杆、水平杆（水平加固件）、剪刀撑的顺序自下向上逐层搭设，每层高度不宜大于3 m。支架整体搭设应横平竖直，顶、地托支垫平稳，横杆入碗口，碗扣须锁紧，要严格控制立杆的垂直度和纵、横剪刀撑的搭设间距和数量，确保支架整体稳定。支架四周及中间竖向剪刀撑均应从底到顶连续设置。

（2）梁柱式支架搭设。

支墩预埋件位置及高程应准确设置，并根据施工现场吊装设备能力和场地条件分节、分层安装；剪刀撑应随支架立柱安装进程及时进行安装，在剪刀撑未安装之前，应采取临时措施稳定立柱。立柱顶纵、横梁应与立柱连接牢固，横梁与支座之间有空隙时，应采用适当厚度的钢板填塞密实并焊接牢固。当采用钢楔、砂箱或机械千斤顶等作落架设施时，应采取措施，确保其安装牢固。

5. 0号梁段模板安装

底模安装前，应严格按照梁体结构尺寸要求控制顶面分配梁的高程，在固定平台上分段整体吊装底模；底模的分配梁的间距、规格应严格按设计要求布置，当底梁设有楔块时，应有保险措施确保其安装牢固。

侧模可采用挂篮的外模，辅以木模拼装。若采用木模，板面之间要求平整，接缝采用平缝，模板缝隙采用双面胶密封，防止漏浆。侧模在拼装台上拼装好，根据0号段的侧面面积，分块加工进行吊装。侧模应采取对拉和在内箱对撑的方式加固，以克服混凝土产生的侧压力。侧模加固所用的对拉拉杆和背杠的规格及纵、横布置间距应符合设计要求。模板在安装时还应与浇筑工作相结合。当竖向采用分次浇筑时，应将外模一次安装到位，内模按浇筑要求分阶段安装，以方便插入振捣器和施工缝处理。内模与底模间应设置拉杆牢固定位，防止浇筑混凝土时内模上浮。

端模安装宜采用侧模夹端模的形式安装,端模的预应力管道位置应按设计要求准确布置。在安装纵向预应力管道和钢筋时。将其从端模预留孔的相应位置穿入和穿出。在混凝土浇筑前,用棉纱堵塞端模上预留孔的缝隙,以防止漏浆。

模板与混凝土接触面均应涂刷脱模剂。钢模板宜选用具有防锈作用、不含水分的脱模剂;木模板宜选用液状石蜡、机油类或滑石粉-洗衣粉混合液作脱模剂。

6. 支架预压

支架加载前,应按规定设置好支架及基础的监测断面和监测点,每个横断面一般布置 5 个监测点。预压材料一般选用砂袋和钢材,加载方式为堆载。当采用托架施工且施工场地受限造成堆载困难时,可在承台或墩顶预埋锚筋,通过竖向钢绞线(或精轧螺纹钢筋)反拉方式对托架平台进行加载。预压荷载应符合设计要求,当设计无要求时,不应小于支架所承受最大施工荷载的 110%。加载位置和顺序尽量与梁体荷载一致;加载按施工荷载的 60%、100%、110%分三级加载;加载和卸载均应对称、均匀、分层、分级进行,严禁集中加载和卸载;各级加载完成 1 h 后进行支架的变形观测,第三级荷载加载后,应间隔 6 h 监测各监测点的位移量,当连续 12 h 监测位移平均值之差不大于 2 mm 时,方可卸除预压荷载。

7. 钢筋及预应力管道安装

(1)绑扎底板下层钢筋网片,安装底板管道定位钢筋。

(2)绑扎底板上层钢筋网片,采用槽形钢筋将上下层钢筋网片按设计要求的间距布置卡住并将上、下钢筋网片支承焊牢。

(3)腹板钢筋骨架插入底板钢筋网片定位,安装腹板根部的倒角钢筋,安装腹(隔)板的竖向预应力钢筋、安装底(腹)板纵向预应力筋的锚头垫板,穿入预应力管道。

(4)安装顶板及翼缘板下层钢筋网片。再安装腹板上部的倒角钢筋,然后安装顶板管道定位井字筋、锚头垫脚板及螺纹钢筋,穿顶板预应力管道。

8. 混凝土施工

1)原材料选择及配合比设计

水泥进场后,应按其品种、强度、证明文件以及出厂时间等情况分批检查验收,各项指标均需达到国标要求,同一结构部位应使用同一种水泥,以保证混凝土外观、色泽一致;细骨料宜采用中粗河砂,细骨料应级配良好、质地坚硬、颗粒洁净、粒径小于 5 mm;粗骨料粒径应控制在 5~25 mm,含泥量必须满足规范要求方可使用;外加剂应注意与水泥及矿物掺和料的相容性试验。

梁体为高性能混凝土,具有高强、早强、缓凝等特性,同时应具有良好的工作性能。

2)混凝土浇筑

(1)连续梁 0 号段混凝土浇筑的顺序应按从悬臂端开始向桥墩方向水平分层,进行纵、横向对称连续浇筑;连续刚构按照中部底板→悬臂端底板→中部腹板→悬臂端腹板→墩顶隔板→顶板的顺序施工纵、横向对称施工。翼缘板浇筑时应先将顶板与腹板相连部位的混凝土填满捣实后,然后从两侧悬臂向中间对称浇筑混凝土。

(2)混凝土应采用输送管、溜管、串筒等下料至工作面,混凝土自由落体高度不应大于 2 m。

（3）混凝土振捣采用插入式振捣器进行，移动间距不应超过振动器作用半径的 1.5 倍，与侧模应保持 50～100 mm 距离，插入下层混凝土 50～100 mm。每处振动应垂直、自然地插入混凝土中，该处振捣完毕后应边振动边慢慢提出振动棒，应避免振动棒碰撞模板、钢筋和其他预埋件。每一振动部位，必须振动到该处混凝土密实为止，一般为 20～30 s，以混凝土不再下沉及出现气泡、表面呈现平坦、泛浆为止。浇筑腹板混凝土时还应用木槌敲击模板，以保证混凝土内实外美。

3）混凝土养护

顶板混凝土浇筑完，待混凝土收浆时进行抹面，然后对混凝土外露面进行严密覆盖，实行保温保湿养护，养护时间不得小于 14 天。在养护过程中，通过预先埋设的测温元件对梁体混凝土的温度进行监控。拆模时梁体混凝土表面温度与环境温度相差不宜大于 15 ℃，梁体拆模后，当环境温度低于 5 ℃ 或高温天气时，梁体内、外暴露表面应喷涂混凝土养护剂。

4）梁段接缝处理

梁端模板拆除后，需对梁端接缝面进行凿毛，凿毛时混凝土强度要求为人工凿毛应不小于 2.5 MPa，机械凿毛不小于 10 MPa，凿毛后应使梁体接缝面露出不小于 75%新鲜混凝土面积。

9. 预应力施工

（1）预应力筋在使用前施工单位必须作张拉、锚固试验，并应进行管道摩阻、喇叭口摩阻等预应力损失测试，对设计单位提供的钢筋张拉控制应力进行适当调整，调整值应经设计确认，以保证预应力准确。

（2）预应力筋张拉顺序应按先纵向、再竖向、后横向顺序进行预应力筋张拉。

（3）预应力筋张拉应在梁段混凝土强度达到设计值的 95%、弹性模量达到设计值的 100% 后进行，且必须保证张拉时混凝土的龄期不小于 5 天；纵向预应力筋应两端同步且左右对称张拉，最大不平衡束不超过 1 束。张拉顺序应为先腹板再顶板后底板，从外向内左右对称进行。

（4）竖向预应力筋应左右对称单端张拉，宜从已施工端顺序进行。竖向预应力筋应采用两次张拉方式，即在第一次张拉完成 1 天后再补张拉。

（5）横向预应力筋应从梁体两侧交替单端张拉。宜从已施工端顺序进行。每一梁段伸臂端的最后 1 根横向预应力筋，应在下一梁段横向预应力筋张拉时进行，防止由于接缝梁段两侧横向压缩不同引起开裂。

（6）竖向和横向预应力筋张拉滞后纵向预应力筋不宜大于 3 个悬浇梁段。预应力施加完毕后，应及时压浆。

（7）采用夹片锚具时预应力筋的张拉方法：

0→初始应力（终张拉控制应力的 10%～20%）→张拉控制应力（测预应力筋骨伸长值）→静停 5 min，校核到张拉控制应力→主油缸回油锚固→副油缸供油卸千斤顶。

（8）预应力张拉时应采取预应力筋张拉应力与预应力筋伸长值双控措施，预施应力值以油压表读数为主，以预应力筋伸长值进行校核。实际伸长值与理论伸长值之差，不得超出理论值的±6%。

10. 预应力管道压浆

（1）孔道压浆应尽量采用真空辅助压浆工艺。压浆应在预应力筋终拉完成后 48 h 内完成。

（2）孔道压浆应按先纵向、再竖向、后横向的顺序进行。纵向预应管道压浆顺序应从下而上进行压浆；竖向预应力应从最低点开始向上压浆，同一孔道压浆，应连续进行一次完成。

（3）压浆时，浆体温度应在 5~30 ℃。冬期压浆过程中及压浆后 3 天内，梁体温度不应低于 5 ℃，否则应采取预热和保温措施。

11. 梁体封锚

（1）封锚处混凝土表面应凿毛和清理干净，并对锚具进行防锈处理。

（2）应按设计要求对封锚（端）进行防水处理。

（3）锚穴内应按设计要求设计钢筋网。

（4）封锚（端）混凝土应符合设计要求，当设计无要求时，应采用与梁体同等级及以上的混凝土封锚。并应采用保湿、保温养护。

12. 支架拆除

0 梁段支架的落架和拆除应在梁体预应力施工完成后方可进行，支架的落架应按纵桥向对称均衡、横桥向基本同步的原则分阶段循环进行支架落架。

5.5.3 悬臂浇筑节段施工

1. 悬臂浇筑节段施工流程

施工准备→挂篮安装→底、外模板调整→底、腹板钢筋及预应力管道安装→内、端模安装→顶板钢筋、预应力管道安装→混凝土浇筑、养护→拆端模、穿预应力筋→预应力筋张拉、压→落底模、挂篮前移。

2. 挂篮的分类

挂篮是悬臂浇筑混凝土施工的主要施工设备，它是一个能沿梁顶轨道移动的活动承重结构。其作用原理是锚固悬挂在已施工的前端梁段上，在挂篮上进行下一梁段的模板、钢筋、预应力管道的安设。混凝土浇筑和预应力张拉，压浆等作业。完成一个节段的循环后，挂篮即可前移并固定，进行下一节段的悬灌，如此循环直至悬臂浇筑完成。挂篮结构的主要特点是其要承重桁架均应放于箱梁的腹板位置。采用挂篮悬臂浇筑梁段如图 5-21 所示。随着连续梁（刚构）桥的普及，挂篮的结构形式也越来越多，其结构设计日益先进，结构受力更趋合理。

图 5-21 采用挂篮悬臂浇筑

挂篮按构造形式可分为：桁架式、斜拉式、型钢式及复合式挂篮四种；挂篮按倾覆平衡方式分为压重式、锚固式和压重与锚固结合式三种；挂篮按走行方法分为一次走行到位和两次走行到位两种。桁架式挂篮在挂篮使用中是最为常用的，根据其不同结构，不同受力特点，又分为平行桁架式挂篮、弓弦式挂篮、菱形挂篮和三角式挂篮。

下面主要介绍按构造形式的分类：

1) 平行桁架式挂篮

平行桁架式挂篮的上部结构一般为等高桁架，采用万能杆件或贝雷梁组拼作为挂篮的承重结构。如图 5-22 所示。由于其主桁为标准构件，所以具有拼装快捷、简便、成本低等优点，但是该挂篮由于其自身载荷大，承重能力低，适合小跨度、节段重量较轻的连续梁或连续刚构桥。

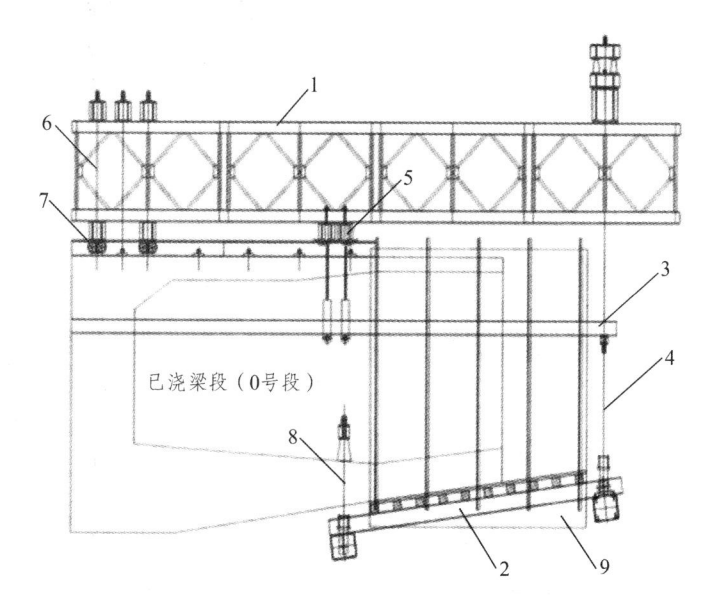

1—贝雷梁主桁架；2—底模；3—内外滑梁；4—底模前吊杆；5—前走船；
6—主桁后锚杆；7—走行装置；8—底模后锚杆；9—外模模板。

图 5-22 桁架式挂篮

2) 弓弦式挂篮

弓弦式挂篮结构的主桁外形似弓形，如图 5-23 所示。其结构主要南弓弦桁架、前吊杆及后锚栓，走行系统、模板系统等四部分组成。弓弦桁架的弧杆全为拉杆，腹杆为压杆，一般由万能杆件组拼而成。为消除桁架拼装时产生的非弹性变形，在桁架拼装时对桁架施加预应力使弦杆上翘，同时改变了桁架的受力。

弓弦式挂篮的受力与菱形挂篮基本相同，不同的是曲面桁架弓弦杆除后锚杆外，还需要在中部提供预应力锚固，以减少局部杆件的受力。

由于其杆件以常备式构件为主，桁高随弯矩大小而变化，受力较为合理，但是缺点是杆件数量多，制作安装精度要求高。

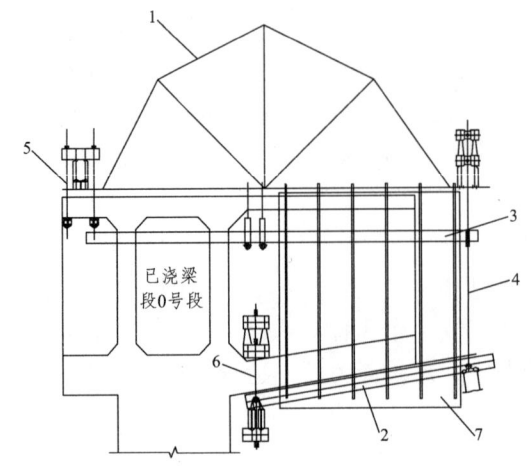

1—弓弦式主桁架；2—底模；3—内外模滑梁；4—底模前吊杆；
5—已浇梁体杆；6—底模后锚杆；7—外模模板。

图 5-23　弓弦式挂篮

3）菱形挂篮

菱形挂篮主要由菱形桁架、悬吊系统、走行系统、模板及张拉等操作平台五部分组成。菱形桁架是挂篮的主要承重结构，其构件一般用型钢组焊成箱型结构；其走行系统一般分为主桁走行系统，底模、外模、内模走行系统，如图 5-24 所示；菱形挂篮具有结构简单，受力明确，挂篮前、后部分施工操作空间大等优点，是较为常用的挂篮。但挂篮主桁前横梁离桥面较高，施工人员上、下调整立模高程时不便。挂篮受力特点为挂篮荷载约一半 通过后吊杆传至桁架上节点，另一半荷载通过底模后锚传至已浇梁体底板。

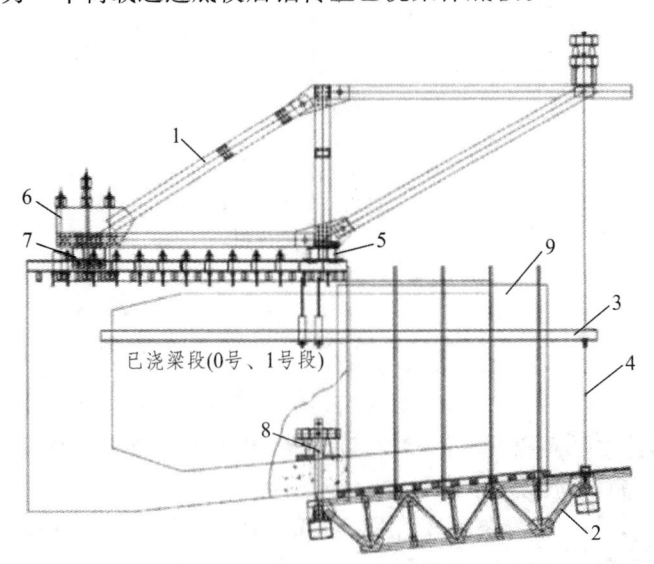

1—菱形主桁架；2—底模；3—内外滑梁；4—底模前吊杆；5—前走船；
6—主桁后锚杆；7—走行装置；8—底模后锚杆；9—外模模板。

图 5-24　菱形挂篮

4）三角式挂篮

三角式挂篮结构除主受力结构采用三角架外，其余各部结构均与菱形挂篮相同。挂篮三角形组合系统主要由纵梁、立柱、斜拉杆等组成，如图 5-25 所示。三角架下为支座和走行反扣及轨道等。纵梁根据刚度和强度计算需要可用钢板或型钢组焊。在三角挂篮设计的早期。因斜杆只受拉力所以常用钢带组成，由于钢带横向刚度较小，因此将斜拉钢带改为型钢组焊成的方形截面梁，这样有利于将两片三角架间的横向连接系设置在后斜拉杆间。立柱为型钢组焊件，立柱在实际设计时一般比理论长度短 20 mm 左右，装上立柱和斜拉带后需要千斤顶顶起立柱.用钢板垫塞在柱底与纵梁结合处，以消除三角桁架的非弹性变形。

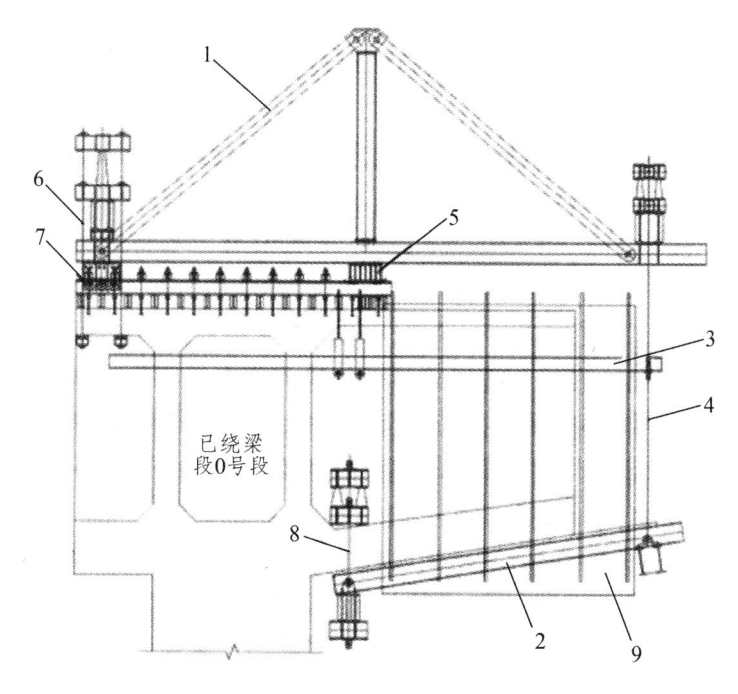

1—三角主桁架；2—底模；3—内外模滑梁；4—底模前吊杆；5—前走船；
6—主桁后锚杆；7—走行装装；8—底模后锚杆；9—外模模板。

图 5-25 三角式挂篮

三角式挂篮由于悬吊结构简单，受力明确，承重能力大，和弓弦式、菱形挂篮相比，其前横梁靠近梁面，重心低，施工、走行稳定性较好，常用于单节梁段重的大跨度连续梁（刚构）桥或斜拉桥悬灌施工。但由于其前横梁靠近桥梁面。不适用于施工设计要求先张拉竖向预应力筋后移挂篮的悬臂施工。

三角式挂篮的受力特点与菱形挂篮基本相似。

5）滑动斜拉式挂篮

滑动斜拉式挂篮的主要结构包括纵梁、各种横梁、斜拉带系、模板系统、滑梁、上下限位装置等，如图 5-26 所示。

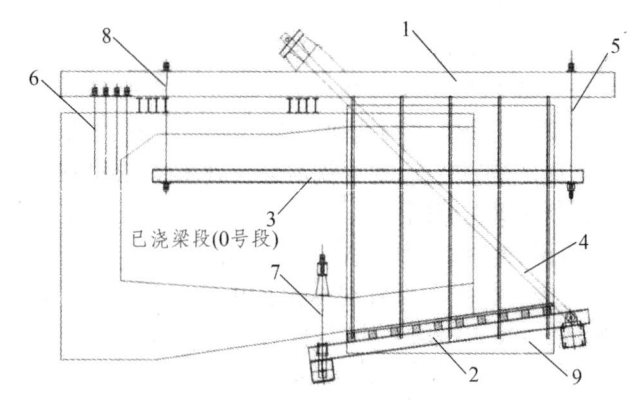

1—主梁；2—底模；3—内外滑梁；4—底模斜拉杆；5—内外模前吊杆；
6—主桁架后锚杆；7—底模后锚杆；8—内外模后吊杆；9—外模模板。

图 5-26 滑动斜拉式挂篮

滑动斜拉式挂篮其上部采用斜拉体系代替梁式或桁架式结构的受力，而由此引起的水平分力，通过上下限位装置（或称水平制动装置）承受，主梁的纵向倾覆稳定由后端锚固压力维持。该挂篮由于轻且无平衡重等特点，可以说是国内目前最轻的挂篮之一。但当跨度和梁高都较大时，由于斜拉杆长度较大，弹性伸长较大，而且上下限位装置的水平力随之增大，故其应用受到限制。

滑动斜拉式挂篮的受力特点是浇筑的梁段混凝土重力传至斜拉杆，后端通过后锚杆将垂直力传至箱梁底板混凝土上。由于斜拉杆为拉力杆，故其轴向力分解为垂直力和水平力，其水平力通过底平台纵梁传至尾部，由下限位器承担。斜拉杆在上部将轴向力传给上主梁，将垂直力由主梁传给箱梁顶板，水平分力由主梁传给上限位器，并由竖向预应力筋压紧限位拉板与混凝土桥面间产生的摩擦力平衡。

6）预应力斜拉式挂篮

预应力斜拉式挂篮的最大特点是利用梁体内腹板的预应力筋拉住模板，从而使得挂篮结构简化，重量变轻。但该挂篮系利用梁部结构自身的预应力束锚固刚性模板，使得临时设施数量减少，但因属永久结构和临时结构相结合，需设计同意方可采用。

7）复合式挂篮

复合式挂篮有些类似菱形挂篮，其结构受力明确，具有较大的承载能力，重量也比较轻，但因其前端主桁架悬空，前吊点位置升高，起降吊杆用人工不方便，宜采用液压提升系统控制，施工简便，但这样会增大一次性投入，复合式挂篮出现较晚。但该型挂篮具有较大的承载能力，适用型广，操作迅速简便，可反复多次使用。

3. 挂篮现场安装及验收要求

1）**挂篮制作与安装技术要求**

（1）挂篮制作加工完成后应进行试拼装。

（2）挂篮在现场组拼后，应全面检查其安装质量并进行加载试验，符合设计要求后方可正式投入使用。

（3）挂篮构件及模板的制作与安装应准确、牢固，安装误差应符合相关规范要求；挂篮所需要的各吊杆和下限位拉杆孔道应按设计尺寸预埋准确。

（4）挂篮走行轨道铺设严格按整长布置。

（5）挂篮前支座下垫应为刚性支垫，并应支垫牢实。

2）挂篮验收

挂篮验收的内容包括原材料及半成品、焊接工程、紧固件连接工程、零件及部件加工工程等的质量证明文件；对重要焊接结构除应进行探伤外，还需要进行必要的拉力试验。挂篮在施工过程中应进行质量控制检查，符合要求后才能进行下一工序的施工，各阶段的检查结果均应形成书面记录。挂篮安装完成后应组织进行系统全面质量检查，满足设计要求后才能准备加载试验。

4. 悬臂浇筑节段施工

在0号梁段施工时，应按挂篮施工设计要求精确预埋预留孔和预埋件，在挂篮安装前检查确认符合要求后可进行挂篮安装。

1）挂篮安装

（1）挂篮应在0号梁段的纵向预应力筋张拉压浆完成后开始进行对称安装。当0号梁段的长度不满足独立挂篮安装要求时，应采用两个挂篮联体安装，浇筑首个悬臂施工节段。应提前编制挂篮联体、解体及加长的施工作业指导书。

（2）挂篮拼装前，可将各部位大件如主桁片、主桁横向联结系、内外模桁架等预先组拼，组拼件大小可根据起吊设备的起重能力确定。挂篮拼装应保证拼装过程的强度和稳定性。

（3）拼装主要顺序为：安装轨道→吊装主桁架及主桁横向连接系→安装主桁后横梁及后锚→锚固主桁→安装前横梁及前吊系统→安装底模前后横梁及底模后吊系统→安装底模板→安装内外模及滑梁悬吊系统→安装挂篮纵向张拉平台及安全防护结构→调整挂篮中线及立模高程。

（4）挂篮在浇筑梁段中所产生变形的调整，可采用调整前吊杆高度，也可通过装在后锚梁处的千斤顶朝下压主桁后横梁来实现。

2）挂篮加载试验

（1）加载试验目的。挂篮组拼完成投入使用前，应全面检查安装质量，并应进行走行试验和加载试验。加载预压的目的是消除挂篮的非弹性变形和掌握挂篮实际承载情况，并在挂篮的加载过程中测得挂篮的弹性和非弹性变形值，为箱梁施工线形控制提供数据。

（2）挂篮加载试验方案。挂篮预压可采用砂袋堆载法、水箱加压法等。砂袋堆载法是在已安装完成的挂篮上铺设好底模，用砂袋按与箱梁的混凝土荷载一致施加压重于底模上，实施分级压重。使用该法时要严格称量每袋砂的质量，并防止雨水进入已称量过的砂袋中，要有防雨措施。

挂篮预压荷载为最大施工荷载的1.2倍。预压时可按60%、75%、100%、120%分四级进行加载。前三级加载完毕分别持荷30 min后进行变形测量，最后一次加载完毕持荷60 min后进行各项测试。加载过程中，记录挂篮各级荷载的变形数据，经过分析得出挂篮实际挠度，为箱梁施工控制提供准确的数据。变形稳定后再分级卸载。

3）钢筋与预应力管道施工

挂篮安装锚固完成并验收合格后，开始主梁的悬臂梁段钢筋施工。悬臂浇筑梁段的钢筋加工、连接及安装和预应力管道施工与0号段钢筋及预应力管道施工基本相同，同时还应注意以下施工要点：

（1）底板钢筋与腹板钢筋的连接应牢固，且宜采用焊接；底板上、下两层钢筋网应采用两端带弯钩的竖向筋进行连接，使之形成整体，连接筋的数量和规格应符合设计要求；顶板底层的横向钢筋宜采用通长筋。

（2）钢筋与预应力管道相互影响时，钢筋仅可移动，不得切断。若挂篮的预埋件与梁体钢筋位置发生冲突需要切断钢筋时，应在工序完成后，将切断的钢筋连接好再补孔。

（3）悬浇节段预应力束管道在浇筑前，应在金属波纹管内插入硬塑料内衬管，以防管道压瘪和损伤；管道的定位钢筋应用短钢筋作成井字形，并与箱梁钢筋网焊接牢固，定位钢筋网架间距直线段宜为0.5m，曲线段还应适当加密，以防止混凝土振捣过程中波纹管道上浮，引起预应力张拉时产生沿管道的法向分力，轻则产生梁体的内力不合理，重则产生混凝土崩裂，酿成质量事故。

4）混凝土悬臂浇筑施工

（1）在梁段混凝土浇筑前，应提前对混凝土原材料进行检查、验收。预先做好梁段高性能混凝土配合比设计。

（2）主梁悬灌节段采用全段面一次性浇筑，纵桥向从悬臂远端开始，向已完成的梁段分层浇筑，并在最先浇筑的混凝土初凝前完成本梁段的混凝土浇筑；横桥向按先浇筑箱梁底板倒角，再浇底板，再浇筑腹板，最后浇顶板混凝土，同一端梁中心线两侧左右对称下料浇筑。

（3）浇筑混凝土时两个悬臂端应对称均衡地进行浇筑，两端施工不平衡偏差不得超出设计允许值，设计未规定时，不得超过梁段一个底板的重量，以保证T构平衡稳定。

（4）混凝土连续梁（刚构）悬臂节段浇筑施工，应制定线形控制工作计划和措施，以便及时进行每一梁段的施工监测和全桥施工联测工作。并根据梁段施工线形误差，及时进行预拱度计算和采取跟踪调整预拱度措施，保证全桥施工线形符合设计要求。

（5）悬臂浇筑施工跨越既有铁路、公路等时，应采取有效的安全防护措施。

（6）安装并调试前移动力设施。

（7）挂篮移位过程中，T构两端的挂篮应同步前移，挂篮移动速度不宜大于0.1 m/min，就位时中线偏差不应大于5 mm。

5）预应力张拉及压浆施工

预应力张拉及压浆施工技术同0号段。

6）挂篮施工移位

已浇筑梁段的纵向预应力筋张拉压浆完成后，T构两端的挂篮需前移至下一梁段，挂篮移位时主要技术要求：

（1）测量标出已施工梁段的中线及高程，并宜按间距不大于0.5 m测量标出移位横向间距标线，以观测T构两端挂篮对称同步前移。

（2）在已浇筑梁段铺设滑道等走行设施，并锚固牢固。

（3）确认挂篮各走行的前、后吊杆及后锚反扣走行轮等已安装完成，并处于承力状态。

（4）解除挂篮主桁架及底模后锚、各吊杆支点处的锚固。

（5）在挂篮主桁架尾端设反向导链一组可制动挂篮，在走行轨道前支座到位处设限位块。

7）挂篮拆除

挂篮拆除一般应在浇筑梁段的位置拆除，当桥下条件受限时，应考虑退至0号梁段进行拆除。拆除顺序为：

底模→内、外侧模→滑梁→吊杆→前横梁→横联→主桁架→走行装置→走行轨道→钢枕。

5.5.4 边跨现浇段施工

1. 边跨现浇段支架的类型

1）落地支架

落地支架可分为梁柱式支架和满堂式支架两大类。满堂式支架根据所用立杆材料不同，主要有碗扣式支架和门式支架等，不允许使用扣件式钢管支架作现浇梁的承重支架。碗扣式钢管支架结构由基础、立杆（含底座、顶托）、纵横向连接系（含水平杆、剪刀撑等）、立杆顶分配梁、模板等部分组成，如图5-27所示。

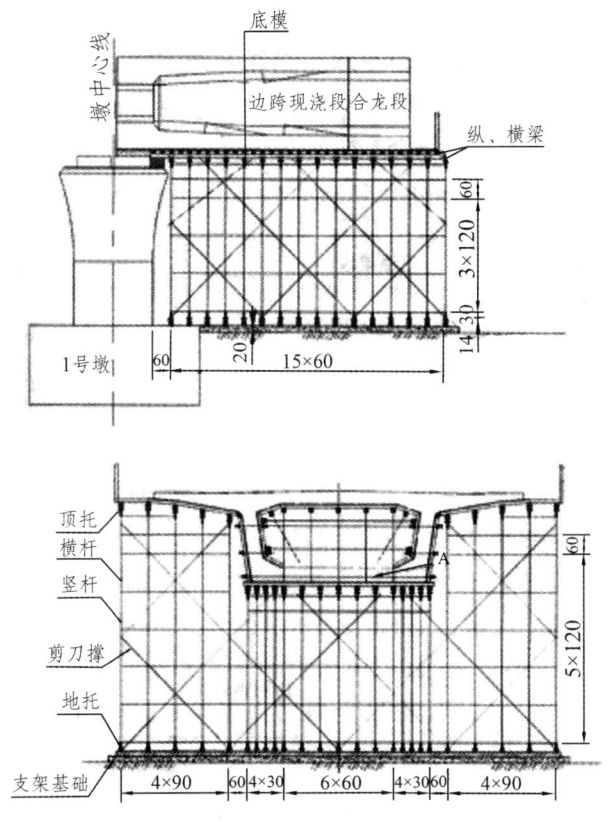

图5-27 边跨段落地式支架纵、横断面图（单位：cm）

梁柱式支架结构应由基础、支墩（含支墩顶分配梁和落架装置）、纵梁、横梁、模板等部分组成，如图5-28所示。

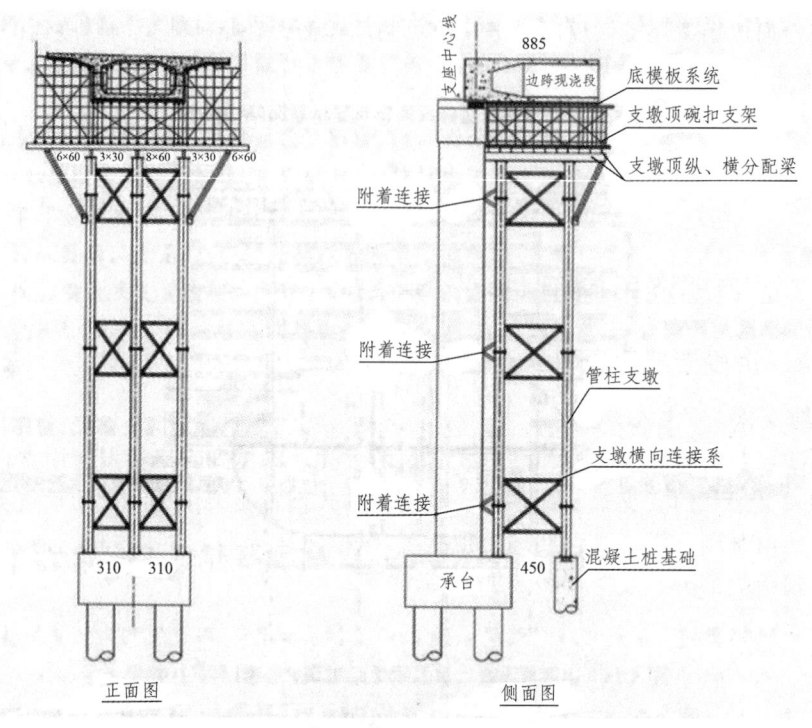

图 5-28　边跨现浇段钢管支架纵断面图（单位：cm）

2）挂篮平台支架

利用已浇筑的箱梁节段悬浇施工所用的挂篮作边跨现浇段现浇支架，挂篮底模前端纵梁接长后支承在边跨交界墩盖梁顶面（当边跨长度较短时可直接支承主桁架底模纵梁的前端，不需接长）中间利用挂篮的前吊点悬吊，挂篮底模后端锚固在已浇筑梁段底面，由于现浇段和合龙段截面尺寸与标准段不等，其承载情况不同，因此需要适当根据计算修改底模，具体结构布置如图 5-29 所示。

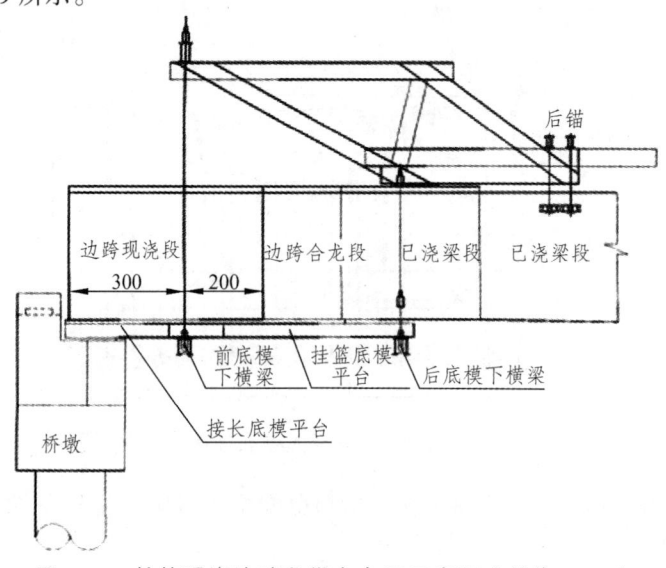

图 5-29　挂篮现浇边跨段纵向布置示意图（单位：cm）

3）墩身预埋托架

墩身预埋托架是在施工交界墩时，根据现浇段底面高程，按照一定的高度预埋牛腿托架在交界墩上，墩身施工完成后拼装为托架平台，其结构与0号块现浇托架基本相同，但应注意以下施工要点：

（1）边跨现浇梁段总体宽度一般会比交界墩盖梁宽，而预埋牛腿支架宽度不能完全解决梁体施工，翼缘板部分的施工需要考虑预先在施工盖梁的时候预埋锚环在盖梁顶面，锚固外挑杆件来满足施工需要，具体结构如图5-30所示。

（2）在墩身预埋托架现浇施工边跨现浇段会使盖梁及墩柱处于单边受力状态，应对墩柱进行偏压计算，若墩柱结构不能满足偏载要求时，需在引桥侧考虑反拉等措施来使墩柱受力平衡。

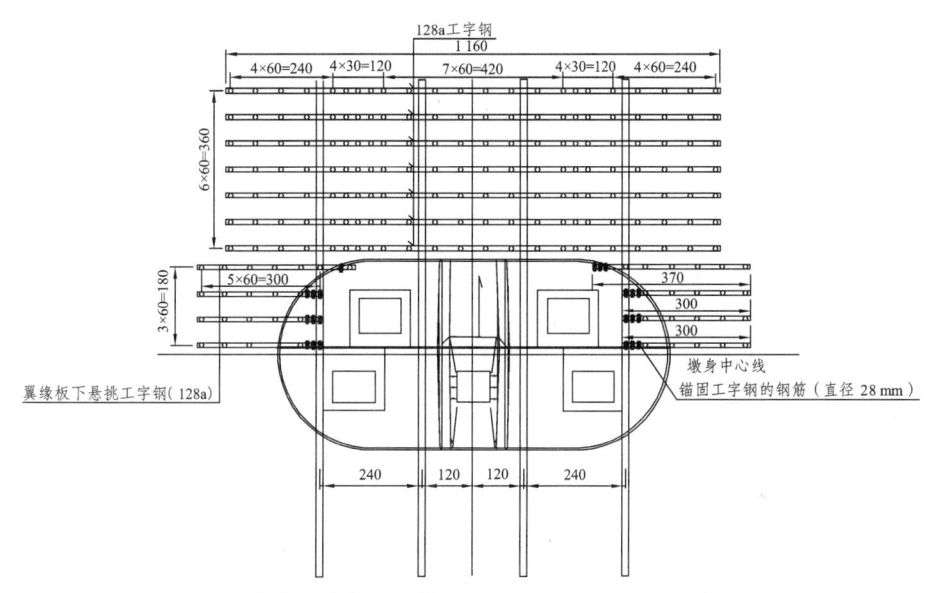

图5-30 边跨翼缘板下悬挑梁平面布置示意图（单位：cm）

支架应预留施工预拱度，确定施工预拱度时应考虑以下几方面：

（1）支架承受全部荷载下的非弹性变形。

（2）各构件接头处的非弹性变形挤压值。

（3）结构自重和100%梁体荷载作用结构产生的弹性变形。

（4）基础沉降产生的非弹性变形。

2. 支架结构结构系统的加载预压

（1）支架系统安装完成后，应进行检查验收合格后方可进行预压。支架预压的荷载应符合设计要求，当设计无要求时应不小于最大施工荷载的110%。

（2）预压加载部位及顺序应与边跨梁段施工时支架实际受力相一致。

（3）支架预压荷载可按照预压总荷载的60%、100%、110%分级次加载。每级加载完成1h后进行支架的变形观测，测点纵向布置在边跨段的两端、$L/4$、$L/2$、$3L/4$处（L为梁段长度），横桥向测点布置在边跨截面的底板、腹板中间位置。支架预压加载完毕后宜每6h测一次变形值。当连续 12 h 监测位移平均值之差不大于 2 mm 时，方可终止预压，卸除预压荷载。支架预压加载和卸载应按照对称、分层、分级的原则进行，严禁集中加载和卸载。

（4）支架预压荷载卸载时。应按预压加载时的分级逐步卸载，并在卸载的过程中进行沉降量观测。

3. 钢筋、混凝土和预应力施工

边跨现浇段的钢筋、混凝土和预应力施工与 0 号段钢筋、混凝土和预应力施工技术相同。

4. 支架拆除

（1）待混凝土强度、弹模达到设计要求后，外侧模、端模和内模可拆除。底模及支架系统必须待边跨合龙段施工完成后．按照体系转换施工的总体要求进行。支架拆除时间应在边跨合龙施工完成之后，根据设计要求混凝土强度等级、混凝土养护时间和混凝土与环境之间的温差等决定。

（2）支架拆除顺序应严格按照设计要求进行。当设计无要求时，应从梁体变形最大处的支架节点开始按横桥向同步卸落，然后向两端对称、均匀卸落相邻支架节点。

（3）落架应分级、对称循环进行。

（4）拆除悬吊式支架时，应预先制订好拆架专项措施，宜按从下至上的原则进行拆除。

（5）拆除满堂式支架应按自上往下，后搭先拆的原则进行拆除。

（6）支架拆除过程中，应注意观察梁端支架变形。如发现异常，应立即停止落架并及时采取加固措施。

5.5.5 合龙段施工及体系转换

合龙段是连接各悬臂施工结构之间或与边跨现浇段之间的节段，合龙段的长度一般为 1.5～2.0 m。合龙段施工阶段的关键是线形、应力控制和合龙口的精度控制及体系转换。

悬臂浇筑的桥梁结构，由悬臂静定结构按照一定的顺序施工合龙并解除主墩临时固结措施后，悬臂施工的静定结构转换为成桥状态的连续梁（刚构），即完成了桥梁的体系转换。

1. 合龙顺序

合龙及体系转换顺序一般由设计单位在施工图中明确。合龙顺序确定主要从结构内力合理、施工组织与安排及采用的机具、环境气温及施工技术等方面进行考虑。常见的合龙顺序有下列几种情况：

（1）从一端顺序悬灌、合龙。

合龙顺序是从一端开始向另一端逐跨进行。这种方法可使施工所用的设备、材料从一端通过已成结构直接运输到作业面；另外在施工期间。单 T 构悬灌完成后很快合龙，形成整体，使结构的稳定性和刚度不断加强，常在多跨连续梁或较大跨桥上使用，但存在作业面较少的缺点，如图 5-31 所示。

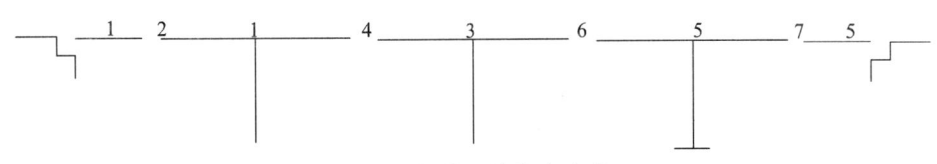

图 5-31　从一端顺序合龙

（2）从两边向中间悬灌、合龙。

此法与从一端顺序悬灌、合龙的区别在于其可增加一个作业面，对加快施工进度有积极作用。

（3）按先 T 构后连续梁顺序合龙。

此法是将所有悬臂施工部分由简单到复杂连接起来，最后在边跨或次边跨合龙。其优点是对于大跨或多跨连续梁桥施工，能尽快可能多地布置工作面，也可对称地悬灌和合龙，故对工期较紧的长联连续梁较不适用，此外，由于可对称悬灌合龙，对结构受力和后期的收缩徐变控制较好。其缺点是在结构合龙前单元呈悬臂状态的时间较长，结构的稳定性较差，如图 5-32 所示。

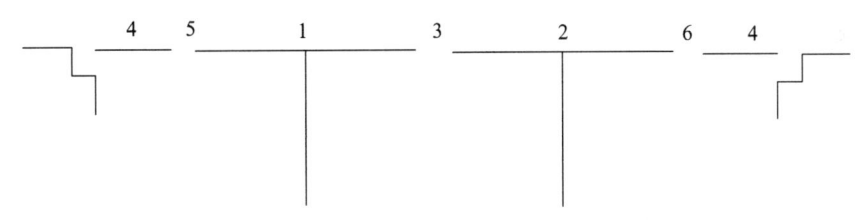

图 5-32　先 T 构后连续梁顺序合龙示意图

（4）高速铁路三跨连续梁（刚构）施工中常用的合龙方式

此法是先边跨、后中跨合龙的方式，如图 5-33 所示。

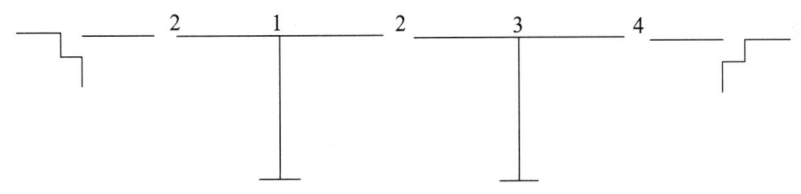

图 5-33　三跨连续梁（刚构）常用合龙顺序示意图

2. 合龙段及体系转换施工工艺流程

桥面清理→测量观测→安装合龙段支架（或吊架）→底腹板钢筋及预应力管道安装→设置压重→劲性骨架锁定及临时锁定预应力束张拉→解除边墩永久支座锁定（只边跨合龙）→内模及顶板钢筋骨架安装→合龙口位移变形测量→合龙段混凝土浇筑及换重→梁体养护→外部劲性骨架拆除→解除主墩临时支座约束及拆除现浇支架。

3. 合龙临时锁定

合龙临时锁定一般包括焊接锁定劲性骨架和张拉临时预应力束；连续刚构桥合龙后，由于张拉合龙钢束以及在混凝土长期收缩、徐变等因素引起梁的压缩变形，墩顶将发生纵向水平位移，并引起墩内不利的附加弯矩，对此位移，可在合龙段合龙支架锁定前对合龙段梁端施加水平顶推力来达到使墩顶预偏的目的，以部分抵消这种位移对桥墩的影响，具体的顶推力由设计确定。常用的合龙口锁定有以下两种：

（1）外（或内）劲性骨架和张拉临时束共同锁定。这种结构设计是在箱梁顶、底板的顶面预埋钢板，用型钢支撑焊接（或拴接）在预埋钢板上锁定。再利用永久性的预应力束临时张拉，以抵抗降温时产生的梁端错动及合龙段因温度升高而产生的压应力、降温时产生混凝土收缩变形。

（2）仅设外（或内）劲性骨架支撑。当边跨采用膺架法浇筑混凝土时，其合龙另侧的悬灌长度一般较小，加之低温合龙及膺架对边跨的摩阻力作用，根据实际受力要求仅布置外（或内）劲性骨架即可抵抗升温时的膨胀力。现场施工中，多采用外劲性骨架工，如图 5-34 所示。

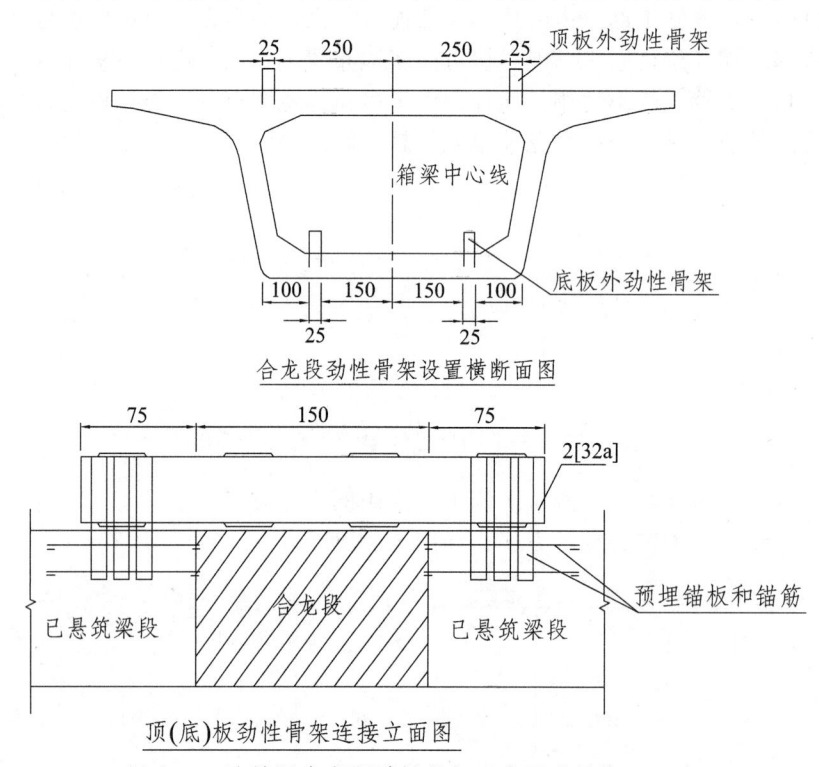

图 5-34 连续梁合龙段劲性骨架示意图（单位：cm）

4. 合龙段支架模板方案

边跨合龙段支架及模板系统常有挂篮、吊架和落地支架三种结构形式。其支架、模板的结构设计原则上同 0 号段，其设计和施工应注意如下几点：

（1）吊架和挂篮方案：采用吊架或挂篮作为合龙段施工支架时，在最后两个悬灌段施工时应注意挂篮或吊架的预留孔道埋设，同时应提前处理好挂篮底模系统与边跨现浇段支架的干扰；二是处理好合龙段底模与边跨现浇段、悬灌段梁底之间的紧密接触；若是边跨现浇段在落地支架上，不会因为浇筑合龙段混凝土而影响线形，因此，换重只需考虑悬灌段上设置。

（2）落地支架方案：采用落地支架施工合龙段时，支架地基处理、搭设可参照边跨现浇段落地支架施工，并与边跨现浇支架同时进行。采用该方案也应注意处理好挂篮底模系统与落地支架的干扰，在浇筑混凝土施工时不必考虑换重。

5. 合龙段钢筋及预应力管道安装

合龙段长度设计一般为 1.5~2 m，其结构尺寸复杂、钢筋、预应力管道、预埋件较多，为了保证其施工质量，必须按照制定好的工序及工艺实施：

（1）钢筋加工制作及安装严格按设计和施工规范要求进行施工。

（2）波纹管制作和安装。

① 布置波纹管时首先用钢筋加工井字架作为波纹管的定位架，纵、横向位置按设计图纸所给尺寸定位，波纹管中穿内衬塑料管，为保证波纹管的成孔质量，在浇筑混凝土时派专人来回拉动内衬管。

② 在波纹管接头处一定要将波纹管接口剪平后外套接头管，用胶带裹紧，以防止漏浆或在穿束时引起波纹管翻卷导致管道堵塞。

③ 浇筑混凝土前应检查波纹管是否有孔洞或变形，尤其是接头处是否密封好。

④ 浇筑混凝土时应尽量避免振捣棒直接接触波纹管，以防损坏波纹管，漏浆堵孔。

6. 合龙施工主要技术措施

（1）掌握合龙期间的气温预报情况，测试分析气温变化规律，以确定合龙时间并为选择合龙锁定方式提供依据。

（2）合龙前几天连续观测昼夜温度、合龙口高程及长度变化，掌握其变化规律，选定日气温较低、温度变化幅度较小的时间安装劲性骨架锁定合龙口，一般为 0∶00~5∶00。

（3）合龙口的锁定，应迅速、对称地进行，先将外刚性支撑一段与梁端预埋件焊接（或拴接），而后迅速将外刚性支撑另一端与梁连接，临时预应力束也应随之快速张拉。在合龙口锁定后，立即释放一侧的固结约束，使梁一端在合龙口锁定的连接下能沿支座左右伸缩。

（4）连续刚构桥中跨合龙段顶推施工应严格按照设计要求进行，一般应按照应力和变形双控。

（5）合龙口混凝土宜比梁体提高一级，并要求早强，最好采用微膨胀混凝土。

（6）为保证浇筑混凝土过程中，合龙口始终处于稳定状态．必要时浇筑之前可在各悬臂端加与混凝土重量相等的配重，加、卸载均因对称梁轴线进行。

（7）混凝土达到设计要求的强度后。先部分张拉预应力钢索．然后解除劲性骨架，最后按设计要求张拉全桥剩余预应力束，当利用永久束时，只需按设计顺序将其补拉至设计张拉力即可。

（8）临时束的张拉力一般宜在（0.45~0.5）R，以防在合龙过程中预应力束过载报废而需要重新更换新束。

5.5.6 体系转换施工

桥梁体系转换施工主要包括永久支座约束解除、临时支座拆除（预应力混凝土连续刚构桥无临时支座）和后期预应力张拉等内容，其施工顺序应严格按照设计文件规定进行。在桥梁合龙段施工过程中，主梁由悬臂状态向固定状态转变，桥梁体系转换施工同步进行。

Part 6 高速铁路桥梁支座、墩台与基础

6.1 高速铁路桥梁支座

支座设置在桥梁的上部结构与下部结构墩台（帽）之间，是桥跨结构的支承部分。桥梁支座的作用是将上部结构的自重及其承受的各种荷载传递给墩台，并保证桥跨结构在荷载和温度变化作用下，具有适应结构必要变形的功能。高速铁路上行车速度高、舒适度要求高，对桥梁刚度、变形、变位等都提出了非常高的要求，而为满足这些要求，不仅与桥梁梁部、下部结构的技术性能有关，而且与支座的技术性能、制造质量、安装质量及养护维修等有密切的关系。

桥梁支座按其容许变位方式分为固定支座和活动支座。固定支座既要固定主梁在墩台上的位置并传递竖向力和水平力，又要保证主梁在发生挠曲变形时在支座处能自由转动；活动支座则只传递竖向力，允许上部结构在支座处既能自由转动又能水平移动。活动支座又可分为多向活动支座（纵向、横向均可自由移动）和单向活动支座（仅一个方向可自由移动）。

高速铁路桥梁，由于长钢轨纵向力、制动力、列车动力作用和机车车辆横向摇摆力等动力影响较之普通铁路桥梁加剧，因而对支座的减振消振性能就提出了新的要求。通过合理的支座设计来减少和降低列车荷载作用下引起的桥梁振动，是近年来国内外研究的重要课题。

桥梁支座的布置主要和桥梁的结构形式有关。通常在布置支座时需要考虑以下基本原则：

（1）上部结构是空间结构时，支座应能同时适应桥梁顺桥向和横桥向的变形；
（2）支座必须能可靠地传递垂直和水平反力；
（3）支座应使由于梁体变形所产生的纵向位移、横向位移和纵、横向转角应尽可能不受约束；
（4）铁路桥梁通常必须在每联梁体上设置一个固定支座；
（5）当桥梁位于坡道上，固定支座一般应设在下坡方向的桥墩台上；
（6）当桥梁位于平坡上，固定支座宜设在主要行车方向的前端桥墩台上；
（7）固定支座宜设置在具有较大支座反力的地方；
（8）在同一桥墩上的几个支座应具有相近的转动刚度；
（9）连续梁可能发生支座沉陷时，应考虑制作高度调整的可能性。

目前在我国高速铁路桥梁上使用的有盆式橡胶支座和球形钢支座两种类型。盆式支座被广泛地应用于高速铁路桥梁上，其主要构件有橡胶垫、底盆等。橡胶垫能承受很大的压力，

大约 30 MPa，且固定和单向滑动型支座可以传递很大的水平载荷。球形钢支座相对于盆式橡胶支座的一个很大的优点就是允许较大的转角，同时球形钢支座耐久性能好于盆式橡胶支座。

盆式橡胶支座更多地用于中小跨度钢筋混凝土和预应力混凝土简支梁桥，而球形钢支座则更多地用于预应力混凝土连续梁桥和大跨度桥梁结构。从我国铁路桥梁支座的发展看，推动 7 000 kN 及以下的球形钢支座用于高速铁路桥梁支座中，以便取代盆式橡胶支座，从而取得更好的适用及耐久性能，将成为必然趋势。

6.1.1 盆式橡胶支座

高速铁路桥梁设计年限 100 年与实际橡胶支座的使用年限 30 年不一致问题成为一个主要的遗留问题。若均采用橡胶支座，在 100 年设计年限内需要几次大面积更换支座，这对于全封闭、全立交条件下，桥梁数量庞大的高速铁路而言显然是非常困难的。由此可见，对于高速铁路桥梁来说，对使用年限长、少维护及便于维护的钢支座是非常需要的。目前我国高速铁路钢支座一般在钢梁桥上和大跨度桥梁上使用，如 KTQZ 球形钢支座，其设计竖向承载力由 3 000 kN 至 60000 kN 共分 27 级，已在高速铁路连续梁桥和其他大跨度梁桥中使用。

京津城际铁路采用高速铁路铁路桥梁调高盆式橡胶支座（TGPZ），是针对高速铁路桥梁对轨道平顺性要求高、需要方便快捷地实现调高而研发的一种支座。

目前，高速铁路桥梁盆式橡胶支座经过多年的研制、开发，国内形成了 KTPZ-T/KTPZ-P、KTPZ、KTPZ-TG、CGPZ-T/ CGPZ-P 四种系列支座。中国铁路经济规划研究院组织各支座设计单位编制了《高速铁路常用跨度简支梁盆式橡胶支座安装图》（通桥〔2007〕8360）通用参考图，统一高速铁路常用跨度简支梁盆式橡胶支座的安装接口，并于 2007 年 6 月 8 日发布。

1. 高速铁路盆式橡胶支座主要技术条件

成品支座的竖向承载力、水平承载力、位移、转角和摩擦系数应满足支座设计要求。支座用材，如钢材、铜等金属材料，橡胶、聚四氟乙烯板、硅脂等非金属材料的物理机械性能应满足相关规定。下面主要说明高速铁路盆式橡胶支座的加工及装配技术条件。

（1）支座底盆与盆塞配合面粗糙度 $R_a \leqslant 1.6~\mu m$，底盆、盆塞与橡胶块配合面粗糙度 $R_a \leqslant 3.2~\mu m$。

（2）支座零部件加工尺寸偏差应符合设计图纸要求，以下几项公差配合必须满足：

组装后支座底盆与盆塞之间的配合净空间隙≤0.5 mm；单向活动型支座导轨与滑动板导槽之间的净空间隙要求控制在 0.3~0.7 mm；剪力销与滑动板（固定支座为盆塞）之间的配合等级为 H7/p6；剪力销与上锚碇板（上板）之间的配合净空间隙≤0.75 mm。

（3）调高支座。

① 下座板中心的竖向油路偏离圆心不得大于 0.5 mm。

② 承压橡胶板内油嘴底面与下座板顶面配合间隙不大于 0.2 mm。

③ 油路接口部位与油嘴的连接螺纹应符合相关标准中精密级 N 级要求。

④ 承压橡胶板与油嘴硫化黏结前应进行橡胶与钢板的剥离强度检验，必须在相同硫化工艺条件下，采用与检验合格的、同材质的胶料、黏结剂及钢板进行硫化黏结，保证橡胶与油嘴钢板的剥离强度大于 10 kN/m。油腔成型应严格按设计要求制造。油腔密封性好、无堵塞、

无渗漏。油腔内油嘴偏离圆心不得大于 0.3 mm。

⑤ 承压橡胶板内油腔上下壁厚度偏差不大于 ±2 mm，油腔直径偏差控制在 ±1 mm 以内，油腔圆心位置偏差不大于 ±1 mm。

⑥ 调高钢垫板的高度偏差为 ±0.2 mm，垫板锚栓孔距与上下支座板的螺栓孔距纵横向偏差为 ±0.5 mm，对角线尺寸偏差为 ±1 mm。

（4）连接块焊接时应满足以下要求：

焊接块双边倒坡口后与底盆焊接，焊接时不应有未焊透、裂纹、夹渣、气孔等缺陷；

对焊接部位需逐件进行超声波探伤，质量需满足相关标准中规定的Ⅰ焊缝级要求，内部不允许有裂纹。

（5）支座组装：

① 每个支座在承压橡胶板安装于钢盆并连接好各油路接口后，均应对油路进行压力检验。经检验油路无泄漏后，将油路接口拧入堵塞，防止在运输过程中油路接口堵塞。

② 调高盆式橡胶支座应在专用的平台上进行组装。组装后支座上平面和底平面不平行度不大于长边尺寸的 2‰。上、下支座板对称线垂直投影不重合偏差不超过 ±0.5 mm。支座各部位位置正确后，预压 50 kN 荷载，然后用临时连接板将支座连接为整体。

③ 支座组装后整体高度偏差：

竖向承载力<20 000 kN 时，偏差不大于 ±2 mm；

竖向承载力≥20 000 kN 时，偏差不大于 ±3 mm。

④ 支座组装后聚四氟乙烯板 4 个角点的外露高度容许偏差为 0~0.2 mm。

（6）支座防腐涂装及防尘体系：

① 涂装表面必须进行处理，首先应清除附着于钢材表面的杂质，用稀释剂或清洁剂除去油污及脏污，并对边角和焊缝进行打磨，如有腐蚀性盐类，应用清水冲洗干净并吹干其表面。

② 用喷射和抛射除锈法将待涂装表面的氧化皮、铁锈及其他杂质清除干净后，用真空吸尘器将钢材表面再清除一次，处理后机加工表面应达到 GB/T8923 中规定的 Sa2.5 级。

③ 在表面处理后 4 h 之内进行涂装，以防处理表面生锈，各道漆层均采用无气喷涂法。环氧富锌底漆干膜平均厚度要求为 80 μm，环氧云铁中间漆平均干膜厚度 100 μm，面漆为可复涂灰色丙烯酸脂肪族聚氨酯面漆三道，干膜平均厚度为 70~80 μm。漆膜厚度未达到要求处，必须补涂。

④ 支座用螺栓采用多元合金共渗或锌铬镀层（即达克洛）等方法进行防护。

⑤ 支座的防尘装置应严格按照设计图纸的要求制造和安装。

2. 高速铁路 TGPZ 型调高盆式橡胶支座示例

1）适用范围

根据《客运专线铁路常用跨度简支梁盆式橡胶支座安装图》（通桥〔2007〕8360）而编制的 TGPZ 型支座安装图，相关安装接口及技术要求完全符合通桥〔2007〕8360 的要求。TGPZ 型支座分为 TGPZ-T 和 TGPZ-P 两种类型：

（1）TGPZ-T 是自带油腔、调高时自顶升的调高支座，借助油泵的油表可进行测力（需进行测力标定），适用于软土地区、无砟轨道等对支点不均匀沉降要求严格的桥梁及需要对支座反力进行调整的桥梁。

（2）TGPZ-P 是不带油腔的盆式橡胶支座，支座螺栓预留了调高条件，借助于千斤顶顶梁后可调整支座高度，沉降区和非沉降区均可采用。

（3）叁桥〔2007〕8360 系列支座适用于时速 200～350 km 客运专线铁路及轨道交通工程：

① 叁桥〔2007〕8360-T1/叁桥（2007）8360-P1

用于设计地震动峰值加速度 $A_g \leq 0.1g$ 地区简支梁。

② 叁桥〔2007〕8360-T2/叁桥（2007）8360-P2

用于设计地震动峰值加速度 $0.1g < A_g \leq 0.15g$ 地区简支梁。

③ 叁桥〔2007〕8360-T3/叁桥（2007）8360-P3

用于设计地震动峰值加速度 $0.15g < A_g \leq 0.2g$ 地区简支梁。

④ 叁桥〔2007〕8360-T4/叁桥（2007）8360-P4

用于设计地震动峰值加速度 $0.2g < A_g \leq 0.3g$ 地区简支梁。

当 $A_g > 0.3g$ 时，支座可另行设计。

2）支座代号

TGPZ 型调高盆式橡胶支座代号规则见图 6-1。

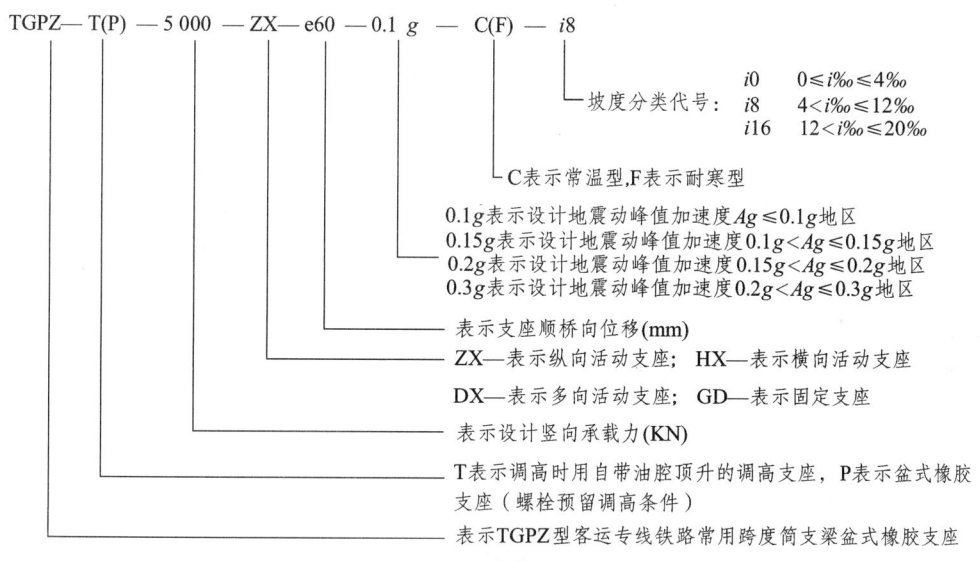

```
TGPZ— T(P) —5 000—ZX—e60—0.1 g — C(F)—i8
```

- 坡度分类代号：$i0$　$0 \leq i‰ \leq 4‰$
- $i8$　$4 < i‰ \leq 12‰$
- $i16$　$12 < i‰ \leq 20‰$
- C 表示常温型，F 表示耐寒型
- 0.1g 表示设计地震动峰值加速度 $A_g \leq 0.1g$ 地区
- 0.15g 表示设计地震动峰值加速度 $0.1g < A_g \leq 0.15g$ 地区
- 0.2g 表示设计地震动峰值加速度 $0.15g < A_g \leq 0.2g$ 地区
- 0.3g 表示设计地震动峰值加速度 $0.2g < A_g \leq 0.3g$ 地区
- 表示支座顺桥向位移（mm）
- ZX—表示纵向活动支座；HX—表示横向活动支座
- DX—表示多向活动支座；GD—表示固定支座
- 表示设计竖向承载力（KN）
- T 表示调高时用自带油腔顶升的调高支座，P 表示盆式橡胶支座（螺栓预留调高条件）
- 表示 TGPZ 型客运专线铁路常用跨度简支梁盆式橡胶支座

图 6-1　支座代号规则

本例表示：客运专线铁路常用跨度简支梁设计地震动峰值加速度 $A_g \leq 0.1g$ 地区用设计竖向承载力为 5 000 kN，纵向活动，顺桥向位移为 ±60 mm，常温型，支座顶板坡度 8‰，自带油腔自顶升的 TGPZ-T 型调高盆式橡胶支座。

3）支座技术性能

（1）竖向承载力分级。

竖向承载力分级为 1 000 kN、1 500 kN、2 000 kN、2 500 kN、3 000 kN、3 500 kN、4 000 kN、4 500 kN、5 000 kN、5 500 kN、6 000 kN 和 7 000 kN。

（2）支座的设计转角 0.02 rad。

（3）设计水平力（主力）。

固定支座各向、纵向活动支座横桥向、横向活动支座顺桥向的设计水平力为支座竖向设计承载力的：

15%——设计地震动峰值加速度 A_g≤0.1g 地区；
20%——设计地震动峰值加速度 0.1g<A_g≤0.15g 地区；
30%——设计地震动峰值加速度 0.15g<A_g≤0.2g 地区；
40%——设计地震动峰值加速度 0.2g<A_g≤0.3g 地区。

多向活动支座各向、纵向活动支座顺桥向及横向活动支座横桥向的设计水平力为支座竖向设计承载力的 5%。

当地震动峰值加速度大于 0.3g 时可另行设计。

（4）设计位移。

① 多向活动（DX）支座和纵向活动（ZX）支座顺桥向设计位移：

② 支座竖向设计承载力 3 000 kN 以下为 ±50 mm，其余为 ±60 mm。

③ 多向活动（DX）支座和横向活动（HX）支座横桥向设计位移为 ±10 mm。

（5）本系列支座采用加垫钢板的方式调高（可在上座板顶与梁底之间或下座板底与垫石之间加垫钢垫板，优先选择在上座板顶与梁底之间加垫钢垫板）。支座安装图中所列各支座最大调高量均为上、下最大可调高量之和。

TGPZ-T 系列支座设计调高量不小于 50 mm，单次最大设计顶升量为 8 mm；TGPZ-P 系列支座预留调高量不小于 50 mm。当需要的调高量大于支座尺寸表中所列数值时，可另行设计。

（6）支座设计摩擦系数：活动支座在有硅脂润滑条件下的设计摩擦系数取值：

常温型 μ≤0.03，耐寒型 μ≤0.05。

（7）适用的温度范围：

常温型（采用氯丁橡胶或天然橡胶）：−25 ℃ ~ 60 ℃，用 C 表示；

耐寒型（采用三元乙丙橡胶或天然橡胶）：−40 ℃ ~ 60 ℃，用 F 表示。

（8）支座使用线路坡度为 0 ~ 20‰，预制架设简支梁采用改变上支座板顶面坡度的方式以适应梁体的坡度要求：

坡度为 0≤i≤4‰时，不设坡度；

坡度为 4‰<i≤12‰时，预设 8‰坡度；

坡度为 12‰<i≤20‰时，预设 16‰坡度。

当线路坡度大于 20‰时，支座上座板顶面不设坡度，采用梁底调整。现浇简支梁支座上座板顶面不设坡度，线路坡度采用梁底调整。

⑨ 采用本支座时，梁体混凝土等级不低于 C50，支承垫石混凝土等级不低于 C40。

3. 支座一般布置原则

叁通桥〔2007〕8360 系列盆式橡胶支座类型可分为固定支座（GD）、横向活动支座（HX）、纵向活动支座（ZX）、多向活动支座（DX）四类。

（1）用于单箱简支箱梁时，根据横桥向两个支座中心距的大小，支座布置方式如图 6-2 所示。

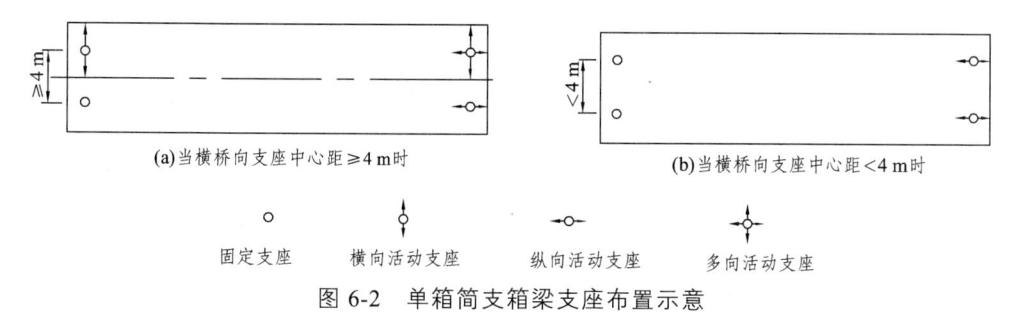

(a) 当横桥向支座中心距≥4 m时

(b) 当横桥向支座中心距<4 m时

○ 固定支座　　↕ 横向活动支座　　⟷ 纵向活动支座　　✛ 多向活动支座

图 6-2　单箱简支箱梁支座布置示意

（2）用于双线双箱组合箱梁时，支座宜按图 6-3 布置。

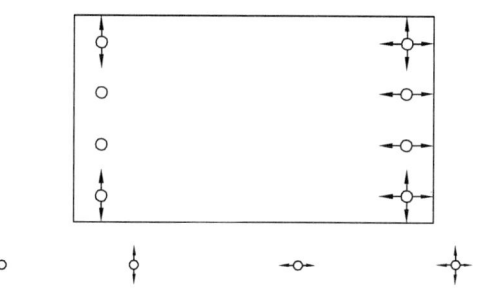

○ 固定支座　　↕ 横向活动支座　　⟷ 纵向活动支座　　✛ 多向活动支座

图 6-3　双线双箱组合箱梁支座布置示意

（3）用于双线简支 T 梁时，支座宜按图 6-4 布置。

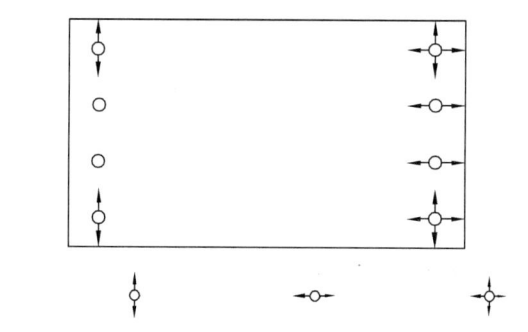

○ 固定支座　　↕ 横向活动支座　　⟷ 纵向活动支座　　✛ 多向活动支座

图 6-4　双线简支 T 梁支座布置示意

（4）用于单线简支 T 梁时，支座按图 6-5 布置。

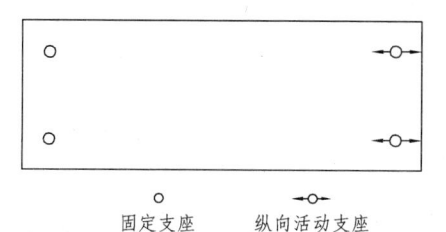

○ 固定支座　　⟷ 纵向活动支座

图 6-5　单线简支 T 梁支座布置示意图

4. 安装工艺要求

（1）盆式橡胶支座在工厂组装时应仔细调平，对中上、下支座板，并预压 50 kN 荷载后用连接板及连接螺栓将支座连接成整体。在支座安装前，工地应检查支座连接状况是否正常，但不得松动连接螺栓。

（2）采用本支座时，垫石顶面四角高差不得大于 2 mm。为方便安装、养护维修、调高和更换支座，梁底与墩顶净高一般不宜小于 50 cm。同时，TGPZ-T 系列为方便顶升梁体时支座油嘴与油泵油管之间的连接，安装时应将支座油嘴置于横桥向外侧。

（3）本系列支座与梁体连接采用在梁底预埋套筒后用锚固螺栓连接的方式，与墩台的连接需在墩台顶面支承垫石预留锚栓孔。锚栓孔预留尺寸详见支座尺寸表。

（4）为方便运营调高时填塞钢垫板，安装前应采取在支座底板底油漆涂层等可靠措施，保证提升下支座板后支承垫石顶面平整，使调高垫板填塞顺利。

（5）安装工艺具体要求。

① 预制架设简支箱梁支座安装。

梁体吊装前，先将支座安装在预制箱梁的底部，上支座板与梁底预埋钢板之间不得留有空隙，拧紧支座锚螺栓。凿毛支座就位部位的支承垫石表面，清除预留锚栓孔中的杂物，并用水将支承垫石表面浸湿。

A. 安装方案一：

a. 安装灌浆用模板，灌浆用模板可采用预制钢模，底面设一层 4 mm 厚橡胶防漏条，通过膨胀螺栓固定在支承垫石顶面，见图 6-6。

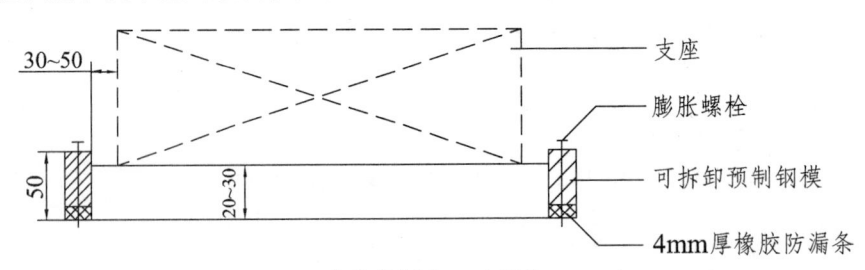

图 6-6 灌浆模板布置（单位：mm）

b. 吊装预制箱梁（带支座），将箱梁落在临时支撑千斤顶上，通过千斤顶调整梁体位置及高程。各千斤顶的反力不超过平均值的 5%，如图 6-7 所示。

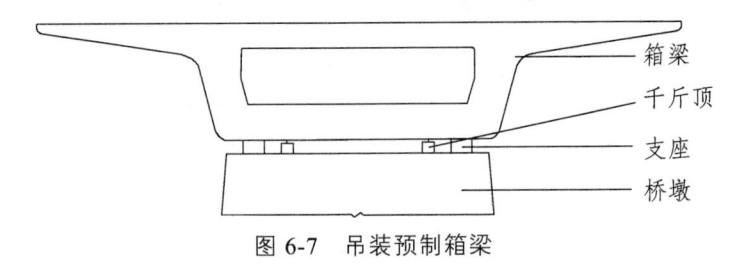

图 6-7 吊装预制箱梁

c. 支座就位后，在支座板与桥墩或桥台支承垫石顶面之间应留 20~30 mm 的空隙，以便灌注无收缩高强度灌注材料。灌注材料性能应满足《客运专线预应力混凝土预制梁暂行技术条件》的要求，如图 6-8 所示。

图 6-8 重力式灌浆

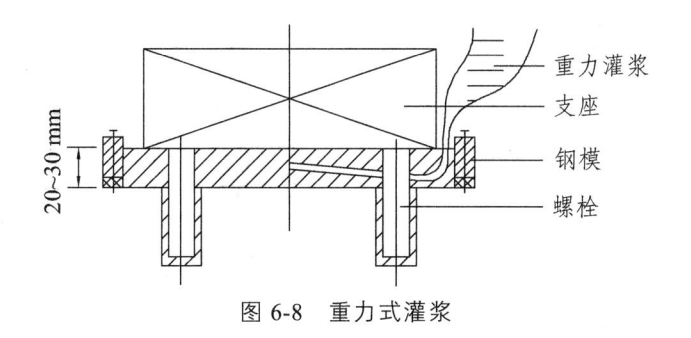

d. 灌浆采用重力灌浆方式,灌注支座下部及锚栓孔处空隙,估算浆体体积,备料充足,一次灌满。灌浆口不低于梁顶面。实际灌注体积数量不应与计算值产生过大误差,应防止中间缺浆。

e. 灌浆过程应从支座中心部位向四周注浆,直至从钢模与支座底板周边间隙观察到灌浆材料全部灌满为止。

f. 强度达到 20 MPa 后,拆除钢模板,检查是否有漏浆处,必要时对漏浆处进行补浆,拧紧下支座板锚栓,并拆除各支座上、下连接钢板及螺栓,拆除临时千斤顶,安装支座围板。

B. 安装方案二:

a. 安装灌浆用模板,灌浆用模板可采用预制钢模,底面设一层 4 mm 厚橡胶防漏条,通过膨胀螺栓固定在支承垫石顶面。

b. 架梁前,在一孔梁 4 个支承垫石旁摆放临时支撑,见图 6-9。临时支撑具体形式见图 6-10 ~ 图 6-11。

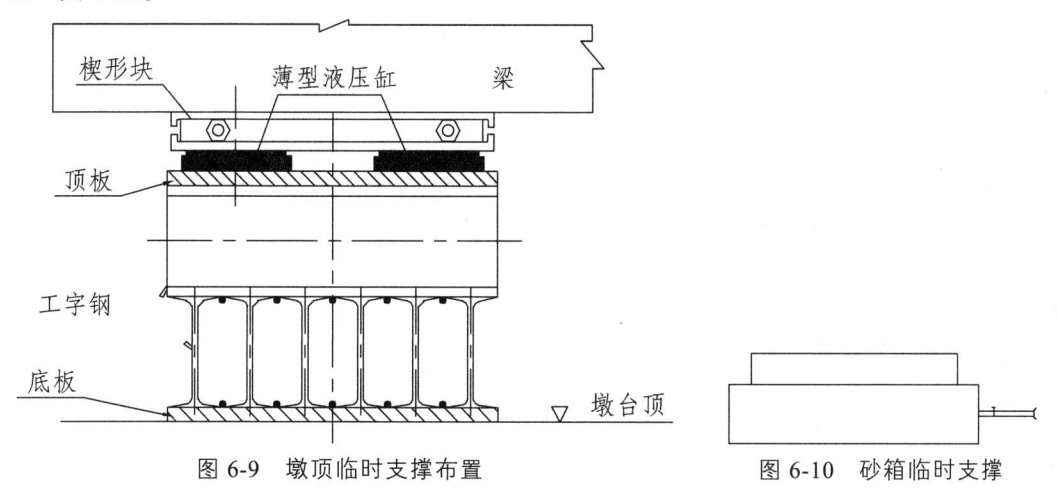

图 6-9 墩顶临时支撑布置

图 6-10 砂箱临时支撑

c. 吊装预制箱梁(带支座),利用架桥机调整梁体位置和高程,用薄型液压缸调整支点反力,使每个支点反力不超过 4 个支点平均反力的 5%,拧紧薄型液压缸的锁定螺母。

d. 在支座与支承垫石之间进行重力式灌浆。支座底板底与支承垫石顶面之间留有 20 ~ 30 mm 间隙。灌注支座下部及锚栓孔处空隙,灌浆过程应从支座中心部位向四周注浆,直至从钢模与支座底板周边间隙观察到灌浆材料全部灌满为止。灌浆前,应初步计算所需的浆体体积,灌注实用浆体数量不应与计算之产生过大误差,不允许中间缺浆。

e. 强度达到 20 MPa 后,拆除灌浆钢模板,检查是否有漏浆处,必要时对漏浆处进行补浆。

图 6-11 工字钢组合临时支撑

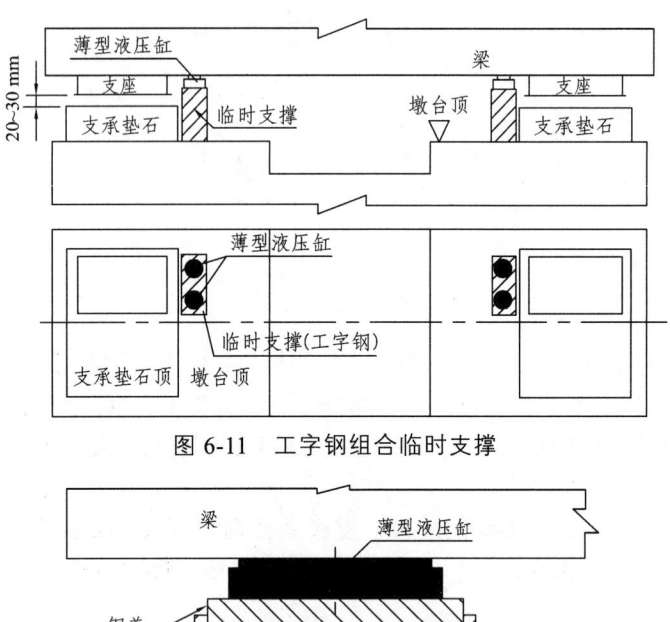

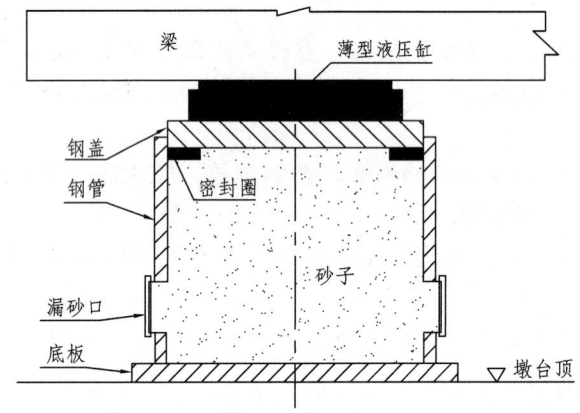

图 6-12 STC、CLP 薄型液压缸

f. 薄型液压缸回油，拆除临时支撑。拆除各支座的联结螺栓，安装支座钢围板，完成支座安装。灌注材料性能应满足《客运专线预应力混凝土预制梁暂行技术条件》的要求。

上述两种架设预制简支梁支座安装方案，架设单位可根据机具情况、工期要求等择优选用。

② 现浇简支箱梁支座安装工艺。

A. 重力式灌浆法：

a. 凿毛支座就位部位的支承垫石表面，清除预留锚栓孔中的杂物，并用水将支承垫石表面浸湿，安装灌浆用模板、灌浆用模板可采用预制钢模，底面设一层 4 mm 厚橡胶防漏条，通过膨胀螺栓固定在支承垫石顶面。

b. 支座四角采用垫块调整高程，支座就位后，在支座板与桥墩或桥台支承垫石顶面之间应留有 20～30 mm 的空隙，以便灌注无收缩高强度灌注材料。灌注材料性能应满足《客运专线预应力混凝土预制梁暂行技术条件》的要求。

c. 灌浆采用重力灌浆方式（图 6-8），灌注支座下部及锚栓孔处空隙，估算浆体体积，备料充足，一次灌满。灌浆口不低于梁顶面。灌注实用体积数量不应与计算值产生过大误差，应防止中间缺浆。

d. 灌浆过程应从支座中心部位向四周注浆，直至从钢模与支座底板周边间隙观察到灌浆材料全部灌满为止。

e. 强度达到 20 MPa 后，拆除钢模板，检查是否有漏浆处，必要时对漏浆处进行补浆，拧紧下支座板锚栓。

f. 待灌注梁体混凝土后、张拉预应力筋前拆除各支座上、下连接钢板及螺栓。待梁体施工完成后，安装支座围板。

B. 坐浆法：

a. 凿毛支座就位部位的支承垫石表面，清除预留锚栓孔中的杂物，并用水将支承垫石表面浸湿。

b. 在支承垫石顶用厚 20~30 mm 的 M50 干硬性无收缩砂浆，相应锚栓孔也灌满 M50 流动性无收缩砂浆。砂浆顶面铺成中间略高于四周的形状。调整高程和水平，支座就位。

c. 待灌注梁体混凝土后、张拉预应力筋前拆除各支座上、下连接钢板及螺栓，待梁体施工完成后，安装支座围板。

③ 简支 T 梁支座安装工艺。

a. 梁体吊装前，先将支座安装在预制 T 梁的底部，拧紧支座上锚栓和地脚锚栓，上支座板与梁底预埋钢板之间不得留有空隙。

b. 凿毛支座就位部位的支承垫石表面，清除预留锚栓孔中的杂物，并用水将支承垫石表面浸湿。

c. T 梁落梁前，先在支承垫石顶面铺一层 20~30 mm 厚的 M50 干硬性无收缩砂浆，砂浆层顶面铺成中间略高于四周的形状。调整高程和水平，T 梁落梁就位，再用 M50 流动性无收缩砂浆将螺栓孔灌筑密实。

待梁体两端均就位落实后，用临时支架（或垫木）支挡梁体两侧，防止梁体侧倾。

d. T 梁安装顺序、多片梁之间的连接、湿接缝的浇筑及横向预应力筋均按梁的说明书进行。

e. 在 T 梁之间的横隔板混凝土浇筑并达到强度后，应及时拆除各支座的连接钢板及螺栓，安装支座围板，使各支座处于正常受力状态。

5. 图纸示例

以设计地震动峰值加速度 $0.1g<A_g\leqslant0.15g$ 地区的图纸示例。

（1）客运专线铁路常用跨度简支梁盆式橡胶支座（TGPZ-T 型）安装图（1 000~7 000 kN）

① 固定（GD）支座示意配图如图 6-13 所示，尺寸见表 6-1。

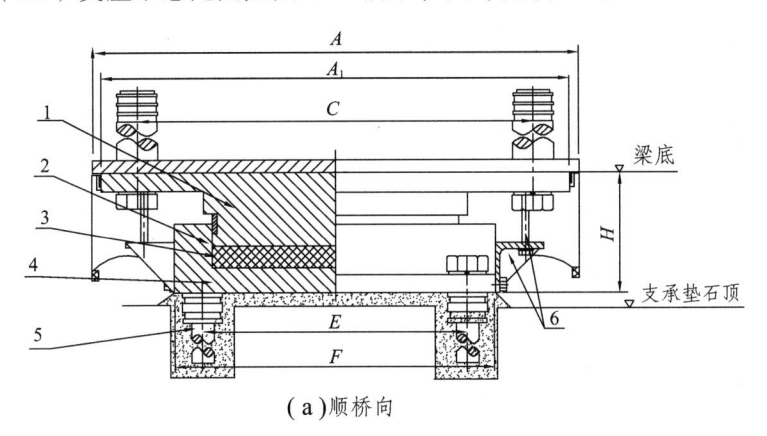

（a）顺桥向

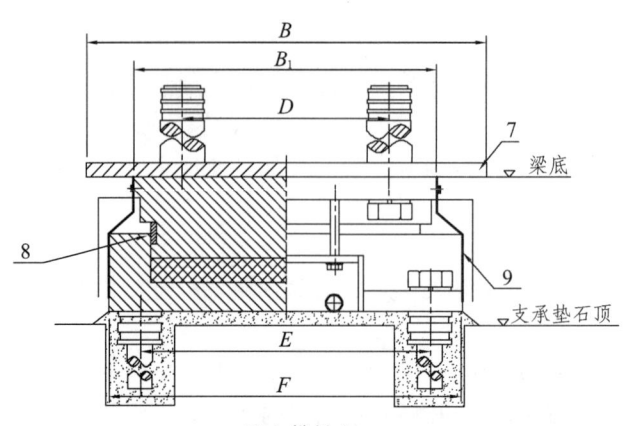

(b)横桥向

1—上支座板；2—紧箍圈；3—承压橡胶板；4—下支座板；5—地脚螺栓、套筒、螺杆；6—连接板、螺栓；
7—胶密封圈Ⅱ；8—支座围板；9—预埋钢板、套筒及螺栓；10—油管、堵块、护套

图 6-13 固定（GD）支座示意

表 6-1 固定（GD）支座尺寸

支座型号	支座反力 /kN	调高量/mm 上	调高量/mm 下	A	B	C	D	E	H	A_1	B_1	F	重量 /kg
TGPZ-T-1000-GD-0.15g	1000	30	30	390	510	200	400	260	170	380	470	320	130.5
TGPZ-T-1500-GD-0.15g	1500	30	30	420	580	200	460	300	185	410	545	365	176.1
TGPZ-T-2000-GD-0.15g	2000	30	30	460	610	200	510	330	190	450	605	400	219.1
TGPY-T-2500-GD-0.15g	2500	30	30	710	540	570	220	380	190	675	480	460	273.5
TGPZ-T-3000-GD-0.15g	3 000	30	20	770	580	630	300	420	190	745	530	510	327.7
TGPZ-T-3500-GD-0.15g	3500	30	20	830	630	680	300	460	195	805	570	550	387.4
TGPZ-T-4000-GD-0.15g	4 000	30	20	900	670	740	300	490	200	875	605	585	447.4
TGPZ-T-4500-GD-0.15g	4500	30	20	930	690	770	300	510	205	905	640	620	500.5
TGPZ-T-5000-GD-0.15g	5000	30	20	980	740	810	350	550	210	955	680	660	570.4
TGPZ-T-5500-CD-0.15g	5 500	30	20	1010	760	840	380	570	215	995	705	685	653.2
TGPZ-T-6000-GD-0.15g	6000	30	20	1030	770	860	400	600	225	1015	735	715	729.1
TGPZ-T-7000-GD-0.15g	7000	30	20	1090	870	900	500	650	230	1065	790	770	846.7

② 横向活动（HX）支座、纵向活动（ZX）支座、多向活动（DX）支座示意图、尺寸、材料限于篇幅，不再列出。

（2）客运专线铁路常用跨度简支梁盆式橡胶支座（TGPZ-P型）安装图（2 500～7 000 kN）

① 固定（GD）支座示意如图 6-14 所示，尺寸见表 6-2。

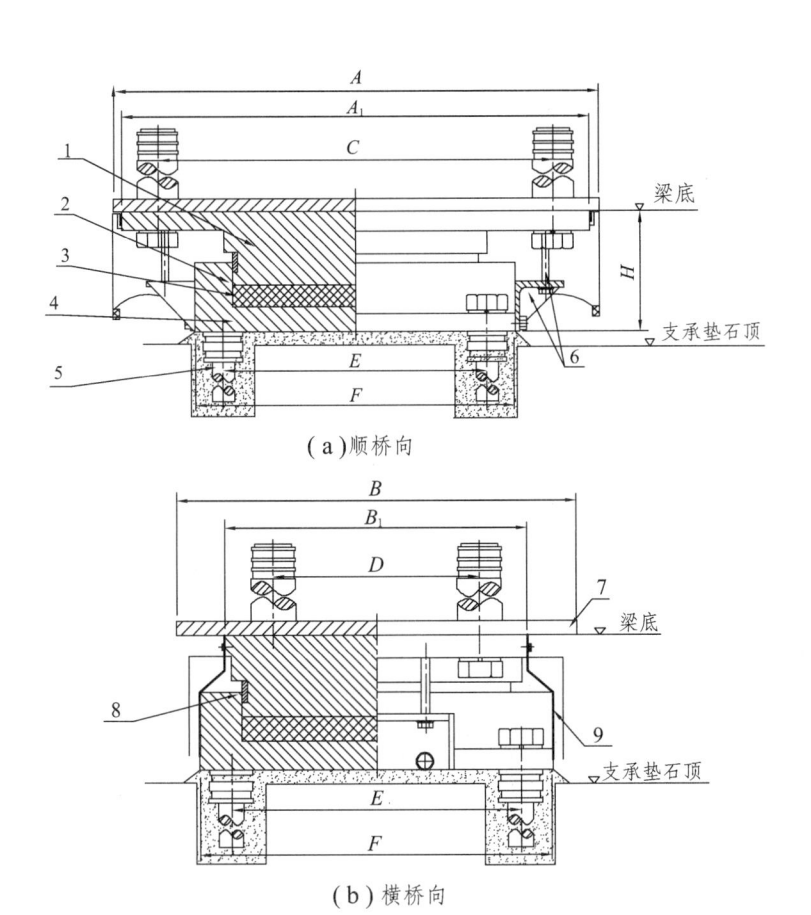

(a) 顺桥向

(b) 横桥向

1—上支座板；2—黄铜紧箍圈；3—承压橡胶板；4—下支座板；5—地脚螺栓、套筒、螺杆；
6—连接板、螺栓；7—梁底钢板、螺杆及螺栓；8—胶密封圈Ⅱ；9—支座围板。

图 6-14　固定（GD）支座示意图

表 6-2　固定（GD）支座尺寸

支座型号	支座反力 /kN	总调高量 /mm	A	B	C	D	E	H	A_1	B_2	F	重量 /kg
TCPZ-P-2500-GD-0.15g	2 500	60	710	540	570	220	380	190	670	340	460	225
TCPZ-P-3000-GD-0.15g	3 000	60	770	580	630	300	420	190	740	410	510	277.5
TCPZ-P-3500-GD-0.15g	3 500	60	830	630	680	300	460	195	795	415	560	324.5
TCPZ-P-4000-GD-0.15g	4 000	60	900	670	740	300	490	200	865	425	600	375.8
TCPZ-P-4500-GD-0.15g	4 500	60	930	690	770	300	510	205	895	450	620	415.7
TCPZ-P-S000-GD-0.15g	5 000	60	980	740	810	350	550	210	945	485	665	475.1
TCPZ-P-5500-CD-0.15g	5 500	60	1o10	760	840	380	570	215	985	525	685	522.6
TCPZ-P-6000-GD-0.15g	6 000	60	1030	770	860	400	600	225	1015	545	725	586.6
TCPZ-P-7000-GD-0.15g	7 000	60	1090	870	900	500	650	230	1055	655	785	708.5

② 向活动（HX）支座、纵向活动（ZX）支座、多向活动（DX）支座示意图、尺寸、材料限于篇幅，不再列出。

173

6.1.2 高速铁路球形钢支座

1. 球形支座的工作原理和构造

（1）球形支座的结构如图 6-15 所示，主要由下座板、球面四氟滑板、下滑板、密封装置、中座板、平面四氟滑板、上滑板和下滑板组成。

（2）球形支座的水平位移是由上（支座）滑板与中座板上的平面四氟滑板之间的滑动来实现的，另外，通过在上座板上设置导向板（槽）或导向环来约束支座的单向或多向位移，可以构成单向活动球形支座和固定球形支座。

（3）球形支座的转角是由中座板的凸球面与下座板上的球面四氟滑板之间的滑动来实现的。

（4）通常由于支座的转动中心与上部结构的转动中心不重合，而在中座板和下座板之间形成第二滑动面。根据上部结构与支座转动中心的相对位置，球面转动方向可以与平面滑动方向一致或相反。如果两个转动中心重合，则无平面滑动。

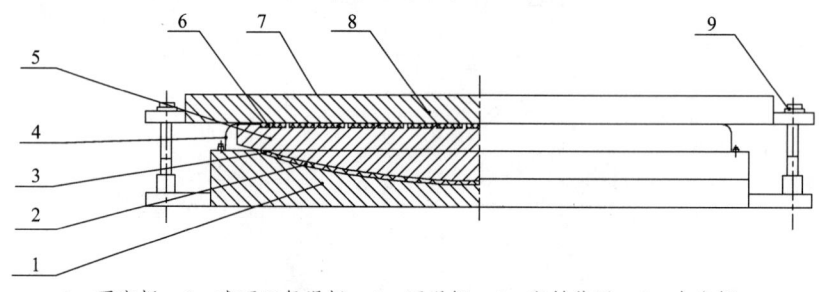

1—下座板；2—球面四氟滑板；3—下滑板；4—密封装置；5—中座板；
6—平面四氟滑板；7—上滑板；8—上座板；9—装运螺栓

图 6-15 球形支座的结构

2. 球形支座的一般特点

球形支座传力可靠，转动灵活，它不但具备盆式橡胶支座承载能力大、位移大等特点，而且能更好地适应支座大转角的需要，与盆式支座相比具有以下特点。

（1）球形支座通过球面传力，不出现力的缩颈现象，作用在混凝土上的反力比较均匀。

（2）球形支座通过球面四氟滑板的滑动来实现支座的转动，转动力矩小，而且转动力矩只与支座球面半径及四氟摩擦系数有关，与支座转角大小无关，因此特别适用于大转角的要求，设计转角可达 0.05 rad 以上。

（3）支座各向转动性能一致，适用于宽桥、曲线桥、坡道桥、斜桥及大跨径桥梁。

（4）支座不用橡胶承压，不存在橡胶老化对支座转动性能影响，特别适用于低温地区。

3. 高速铁路球形钢支座主要技术条件

1）技术要求

① 成品支座的竖向承载力、水平承载力、位移和转角应满足支座设计要求。

② 支座适用温度范围：−50 ℃ ~ +60 ℃。

③ 在竖向设计荷载作用下，支座竖向压缩变形不得大于支座总高度的 1%。

④ 活动支座有硅脂润滑在竖向设计载荷作用下平面滑动的设计摩擦系数 μ：常温（−25 ℃ ~ 60 ℃），$\mu \leqslant 0.03$；低温（−50 ℃ ~ −25 ℃），$\mu \leqslant 0.05$。

⑤ 支座设计转动力矩：

$$M = N \cdot \mu \cdot R \tag{6-1}$$

式中　N——支座竖向设计荷载；

　　　R——支座球冠衬板的球面半径；

　　　μ——球冠衬板球面镀铬层与球面滑板有硅脂润滑在竖向设计载荷作用下球面转动的设计摩擦系数，常温（$-25\ ℃\sim +60\ ℃$）时 μ 取 0.03，低温（$-50\ ℃\sim -25\ ℃$）时 μ 取 0.05。

2）材料要求

支座用平面和球面滑板材料采用改性超高分子量聚乙烯板或聚四氟乙烯板、单向活动支座侧向导槽处的滑板采用 SF-I 三层复合板、硅脂、橡胶、钢材等材料的物理机械性能应符合有关规定。

3）焊接要求

不锈钢板与基层钢板采用连续氩弧焊接，焊接后不锈钢板应与基层钢板密贴，表面不允许有划伤和碰伤，不锈钢板表面平面度公差≤0.2 mm 或平面滑板直径的 0.03%。支座其他焊接件应符合 JB/T5943 中的相关要求。

4）球冠衬板球面镀铬

球形支座球冠衬板凸球面上应镀上厚度≥100 μm 的硬铬层。镀硬铬层的显微硬度值 HV≥750，结合强度按 GB 5270 标准试验，铬层不应与基体分离。镀铬用基层钢材不得有表面孔隙，收缩裂纹和疤痕。镀铬凸球面的轮廓度公差≤0.2 mm 或球面滑板直径的 0.03%，表面粗糙度 R_a≤1.6 μm。

4. 高速铁路 KGPZ 型球形钢支座示例

1）适用范围

KTQZ 系列球形钢支座（叁桥通〔2009〕8360）适用于时速≤350 km 的客运专线铁路及时速≤200 km 的铁路连续梁、拱桥等桥梁结构（设计地震动峰值加速度 A_g≤0.2g 地区）。当地震动峰值加速度 A_g>0.2g 时，可另行设计。

2）支座的代号

KTQZ 系列球形钢支座代号规则见图 6-16。

```
KTQZ— 15 000 —ZX— 100 —0.1 g
                              └─ 0.1g 设计地震动峰值加速度 Ag≤0.1g 地区
                                 0.15g 设计地震动峰值加速度 0.1g<Ag≤0.15g 地区
                                 0.2g 设计地震动峰值加速度 0.15g<Ag≤0.2g 地区
                         └─ 表示支座顺桥向设计位移量 (mm)
                   └─ ZX—表示纵向活动支座；HX—表示横向活动支座
                      DX—表示多向活动支座；GD—表示固定支座
           └─ 表示设计竖向承载力 (KN)
     └─ 客运专线铁路桥梁球型钢支座
```

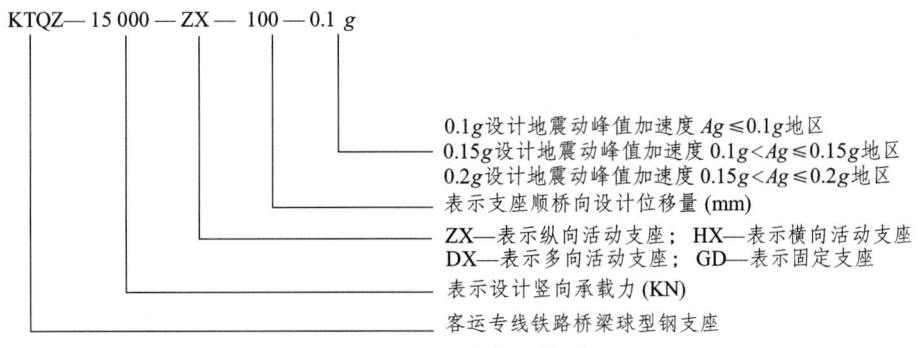

图 6-16　支座代号规则

本例表示：设计地震动峰值加速度 $A_g \leq 0.1g$ 地区用竖向承载力为 15 000 kN，顺桥向设计位移量为 ±100 mm，纵向活动型客运专线铁路桥梁球形钢支座。

3）支座的技术性能

（1）支座设计竖向承载力：

3 000 kN、3 500 kN、4 000 kN、4 500 kN、5 000 kN、5 500 kN、6 000 kN、7 000 kN、8 000 kN、9 000 kN、10 000 kN、12 500 kN、15 000 kN、17 500kN、20 000 kN、22 500 kN、25 000 kN、27 500 kN、30 000 kN、32 500 kN、35 000 kN、37 500kN、40 000 kN、45 000 kN、50 000 kN、55 000 kN、60 000 kN、65 000 kN、70 000 kN 共 29 级；竖向承载力>70 000 kN 时可另行设计。

（2）支座的设计转角：0.02 rad。

（3）支座设计水平力（主力）：

固定支座各向、纵向活动支座横桥向、横向活动支座顺桥向的设计水平力为支座竖向设计承载力的：

15% ——设计地震动峰值加速度 $A_g \leq 0.1g$ 地区；

22.5% ——设计地震动峰值加速度 $0.1g < A_g \leq 0.15g$ 的地区；

30% ——设计地震动峰值加速度 $0.15g < A_g \leq 0.2g$ 地区。

支座选型时，应根据桥梁实际设计水平力选取相应的支座。

多向活动支座各向、纵向活动支座顺桥向及横向活动支座横桥向的设计水平力为支座竖向设计承载力的 5%。

当设计水平力超过支座竖向承载力的 30%时可另行设计。

（4）支座的设计最大位移量：

多向活动(DX)支腹和纵向活动(ZX)支座顺桥向设计最大位移量为 ±100 mm、±150 mm 两级。

多向活动（DX）支座和横向活动（HX）支座横桥向设计位移为 ±10 mm。

当需要的位移量大于上述值时，可另行设计。

（5）支座设计摩擦系数：活动支座在有硅脂润滑条件下的设计摩擦系数取值：

常温（-25~60 °C）：$\mu \leq 0.03$；

低温（-50~-25 °C）：$\mu \leq 0.05$。

（6）温度适用范围：-50 °C ~ +60 °C。

（7）支座预留调高量：螺栓预留调高量不小于 20 mm。

（8）支座应平置，现浇梁支座上座板顶面不设坡度，线路坡度采用梁底混凝土调整。

4）支座布置原则

本系列支座类型可分为固定支座（GD）、横向活动支座（HX）、纵向活动支座（ZX）、多向活动支座（DX）四类，支座的布置方式如图 6-17 所示。

(a) 双线连续结构　　　　　　　　(b) 单线连续结构

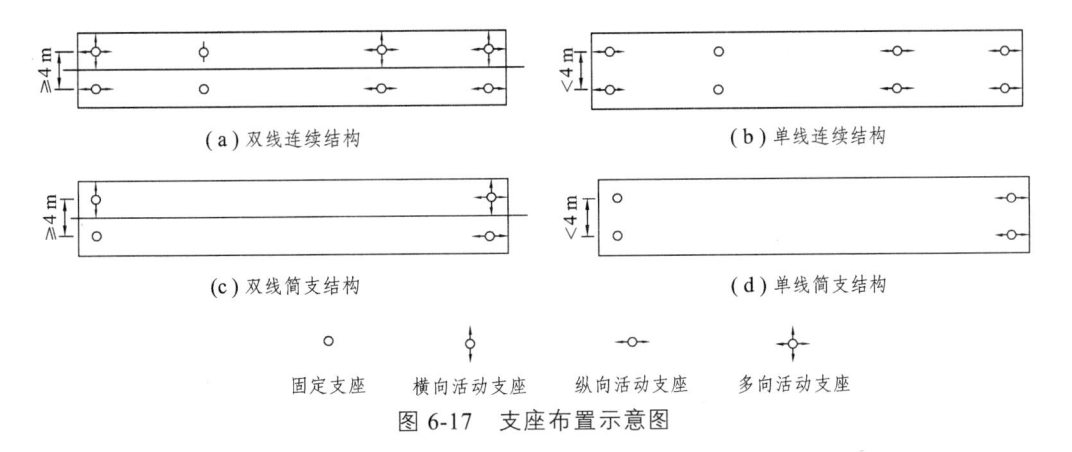

(c) 双线简支结构　　　　　　　　(d) 单线简支结构

○ 固定支座　　⊖ 横向活动支座　　⊢ 纵向活动支座　　✧ 多向活动支座

图 6-17　支座布置示意图

5) 支座选用原则

（1）在选择支座时，梁体实际竖向力可为支座设计竖向承载力的 0.8~1.05 倍。

（2）在支座选型时，应根据桥梁实际设计水平力对照支座设计水平力进行选取。

（3）应根据温度跨度及温度变化幅度引起的位移量，并考虑梁体收缩徐变、施工偏差等因素选取相应设计位移量的支座。

6) 支座安装工艺

采用本系列支座时，支座垫石的混凝土强度等级不低于 C40，垫石高度应考虑安装、养护和必要时更换支座的方便。垫石顶面四角高差不得大于 2 mm。

本系列支座与梁、墩台之间采用套筒、螺杆和锚固螺栓的连接方式，在墩台顶面支承垫石部位需预留锚栓孔，锚栓孔预留直径为套筒直径加 60^{+20}_{0} mm，深度为锚栓长度加 60^{+20}_{0} mm。预留锚栓孔中心及对角线位置偏差不得超过 10 mm。

支座安装工艺细则：

（1）球形钢支座在工厂组装时，应仔细调平，对中上、下支座板，预压后用连接板将支座连接成整体。对于需设预偏量时，可按下式预留预偏量：

支座纵向预偏量系指支座上板纵向偏离理论中心线的位置。设 Δ_1 为梁的弹性变形及收缩徐变引起的各支点处的偏移量，Δ_2 为各支点由于实际合龙温度与设计合龙温度之间的温差引起的偏移量，根据各跨合龙段施工时的气温与设计合龙温度差进行计算，各支座处的纵向偏移量由式 $\Delta = -(\Delta_1 + \Delta_2)$ 求得，式中负号表示按计算所得的反方向设置偏移量。

（2）在支座安装前，工地应检查支座连接状况是否正常，但不得任意松动上、下支座联结螺栓。

（3）重力式灌浆法安装支座：

① 凿毛支座就位部位的支承垫石表面，清除预留锚栓孔中的杂物和积水，安装灌浆用模板，并洒水将支承垫石表面浸湿。

② 用楔块楔入支座四角，安放并找平支座，并将支座底面调整到设计高程，在支座底面与支承垫石之间留有 20~30 mm 空隙，安装灌浆用模板。灌浆用模板布置如图 6-18 所示。

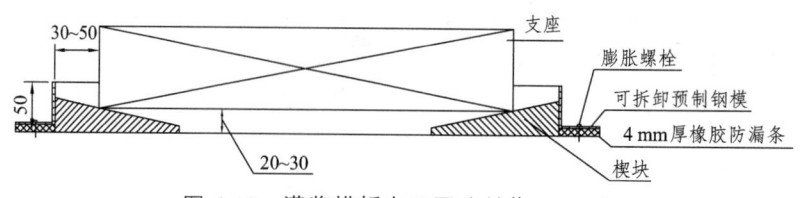

图 6-18 灌浆模板布置图（单位：mm）

③ 仔细检查支座中心位置及高程后，用无收缩高强度灌注材料灌浆。灌浆材料性能要求见表 6-3。

表 6-3 灌浆材料性能表

抗压强度/MPa	性能	限值
8 h	≥20	泌水性	不泌水
12 h	≥25	流动性	≥220 mm
24 h	≥40	温度范围	+5 ~ +35 ℃
28 d	≥50	凝固时间	初凝≥30 min，终凝≤3 h
56 d 和 90 d 后	强度不降低	膨胀率	≥0.1%

④ 采用重力灌浆方式，灌注支座下部及锚栓孔间隙处，灌浆过程应从支座中心部位向四周注浆，直至从钢模与支座底板周边间隙观察到灌浆材料全部灌满为止，如图 6-19 所示。

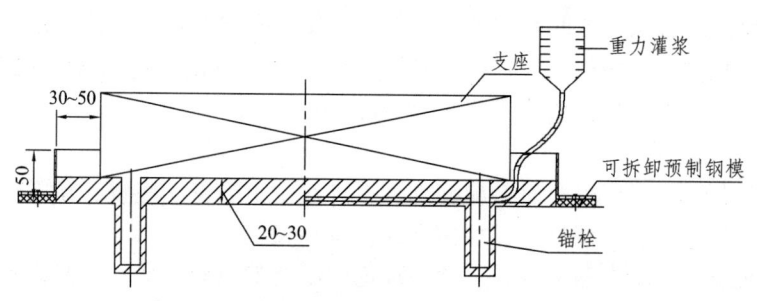

图 6-19 重力式灌浆示意图（单位：mm）

⑤ 灌浆前，应初步计算所需的浆体体积，灌注实用浆体数量不应与计算值产生过大误差，应防止中间缺浆。

⑥ 灌浆材料终凝后，拆除模板及四角楔块，检查是否有漏浆处，必要时对漏浆处进行补浆，并用砂浆填堵楔块抽出后的空隙，拧紧下支座板锚栓，待灌筑梁体混凝土后，及时拆除各支座的上、下支座联结螺栓，安装支座围板，完成支座安装。

（4）坐浆法安装支座：

① 凿毛支座就位部位的支承垫石表面，清除预留锚栓孔中的杂物和积水，并用水将支承垫石表面浸湿。

② 先在支承垫石顶面铺一层厚 20 ~ 30 mm 的 M50 干硬性无收缩砂浆，砂浆顶面铺成中间略高于四周的形状，支座就位。相应锚栓孔灌满 M50 流动性无收缩砂浆，调整支座高程和水平。

③ 待灌注梁体混凝土后、张拉预应力筋前拆除各支座上、下连接钢板及螺栓，安装支座围板，完成支座安装。

④ 安装完毕应对支座情况进行检查，并及时涂装预埋板及锚栓外露表面，以免生锈。

7）图纸示例（设计地震动峰值加速度 $0.1g<A_g≤0.15g$ 地区）

固定（GD）支座装配示意如图6-20所示，尺寸见表6-4。

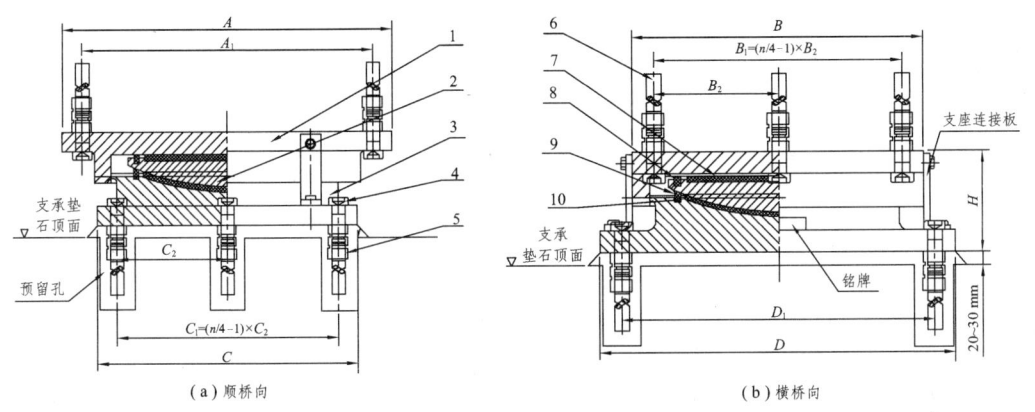

1—上支座板；2—球冠衬板；3—下支座板；4—螺栓；5—下套筒、螺杆；6—上套筒、螺杆；
7—平面滑板；8—密封圈Ⅱ；9—密封圈Ⅰ；10—支座围板

图6-20 固定（GD）支座装配

表6-4 固定（GD）支座主要尺寸　　　　　　　　　　单位：mm

支座规格型号	A	A_1	B	B_1	B_2	C	C_1	C_2	D	D_1	H	n	重量/kg
KTQZ-3000-GD-0.15g	680	590	530	420	420	490	390	390	730	620	155	8	329
KTQZ-3500-GD-0.15g	730	620	560	440	440	520	410	410	760	640	165	8	407
KTQZ-4000-GD-0.15g	770	660	600	480	480	560	450	450	810	690	165	8	459
KTQZ-4500-GD-0.15g	820	700	640	510	510	590	470	470	860	730	170	8	530
KTQZ-5000-GD-0.15g	850	730	660	520	520	620	490	490	890	750	175	8	614
KTQZ-5500-GD-0.15g	880	760	690	550	550	650	520	520	930	790	185	8	687
KTQZ-6000-GD-0.15g	920	780	710	560	560	660	530	530	960	810	190	8	750
KTQZ-7000-GD-0.15g	970	830	750	590	590	700	560	560	1 010	860	195	8	860
KTQZ-8000-GD-0.15g	1 040	880	800	630	630	740	580	580	1 070	900	210	8	1 038
KTQZ-9000-GD-0.15g	1 080	920	840	670	670	780	620	620	1 130	960	210	8	1 134
KTQZ-10000-GD-0.15g	1 130	960	870	690	690	800	630	630	1 160	980	220	8	1 272
KTQZ-12500-GD-0.15g	1 250	1 060	960	750	750	910	720	720	1 300	1 100	235	8	1 712
KTQZ-15000-GD-0.15g	1 360	1 160	1 050	830	830	990	790	790	1 410	1 200	245	8	2 082
KTQZ-17500-GD-0.15g	1 470	1 250	1 140	910	910	1 060	840	840	1 520	1 290	250	8	2 491

续表

支座规格型号	A	A_1	B	B_1	B_2	C	C_1	C_2	D	D_1	H	n	重量/kg
KTQZ-20000-GD-0.15g	1 580	1 340	1 210	960	960	1 130	890	890	1 620	1 370	255	8	2 970
KTQZ-22500-GD-0.15g	1 600	1 400	1 290	1 070	535	1 200	1 000	s00	1 650	1 440	260	12	3 255
KTQZ-25000-GD-0.15g	1 680	1 460	1 350	1 120	560	1 260	1 040	520	1 740	1 510	270	12	3 812
KTQZ-27500-GD-0.15g	1 750	1 520	1 400	1 160	580	1 320	1 090	545	1 810	1 570	290	12	4 342
KTQZ-30000-GD-0.15g	1 820	1 590	1 470	1 230	615	1 380	1 150	575	1 870	1 630	290	12	4 709
KTQZ-32500-GD-0.15g	1 930	1 670	1 540	1 270	635	1 450	1 200	600	1 980	1 710	295	12	5 550
KTQZ-35000-GD-0.15g	1 980	1 720	1 590	1 320	660	1 490	1 240	620	2 030	1 760	305	12	5 973
KTQZ-37500-GD-0.15g	2 050	1 780	1 640	1 360	680	1 530	1 260	630	2 100	1 820	310	12	6 445
KTQZ-40000-GD-0.15g	2 110	1 840	1 700	1 420	710	1 600	1 330	665	2 160	1 880	315	12	7 090
KTQZ-45000-GD-0.15g	2 220	1 940	1 790	1 490	745	1 670	1 390	695	2 270	1 970	340	12	8 291
KTQZ-50000-GD-0.15g	2 380	2 080	1 920	1 610	805	1 790	1 490	745	2 420	2 110	355	12	9 945
KTQZ-55000-GD-0.15g	2 520	2 190	2 020	1 680	840	1 870	1 540	770	2 560	2 220	365	12	11 382
KTQZ-60000-GD-0.15g	2 610	2 280	2 110	1 770	885	190	1 640	820	2 660	2 320	375	12	12 697
KTQZ-65000-GD-0.15g	2 740	2 380	2 190	1 820	910	2 060	1 700	850	2 770	2 400	420	12	15 176
KTQZ-70000-GD-0.15g	2 810	2 450	2 260	1 890	945	2 120	1 760	880	2 830	2 460	450	12	16 972

横向活动（HX）支座、纵向活动（ZX）支座、多向活动（DX）支座示意图、尺寸、材料限于篇幅，不再列出。

6.2 桥　墩

6.2.1 高速铁路桥墩类型

高速铁路对桥墩的变形有严格的要求，所以桥梁墩台结构应采用刚度较大的实体墩台或钢筋混凝土空心墩台，不应采用轻型墩台。常用跨度桥墩类型主要有圆端形桥墩、矩形桥墩、双矩形柱桥墩等几种。

1. 圆端形桥墩

圆端形桥墩是我国高速铁路最常用桥墩类型之一，一般情况下应用于跨河有水地段，在有景观要求地段或无水地段可根据实际需要使用。对于水旱混合桥梁，水中按水中桥墩处理（如圆形墩），相邻的旱地地段一般采用圆端形桥墩。

圆端形板式桥墩结构见图 6-21，京津城际铁路圆端形板式桥墩见图 6-22。

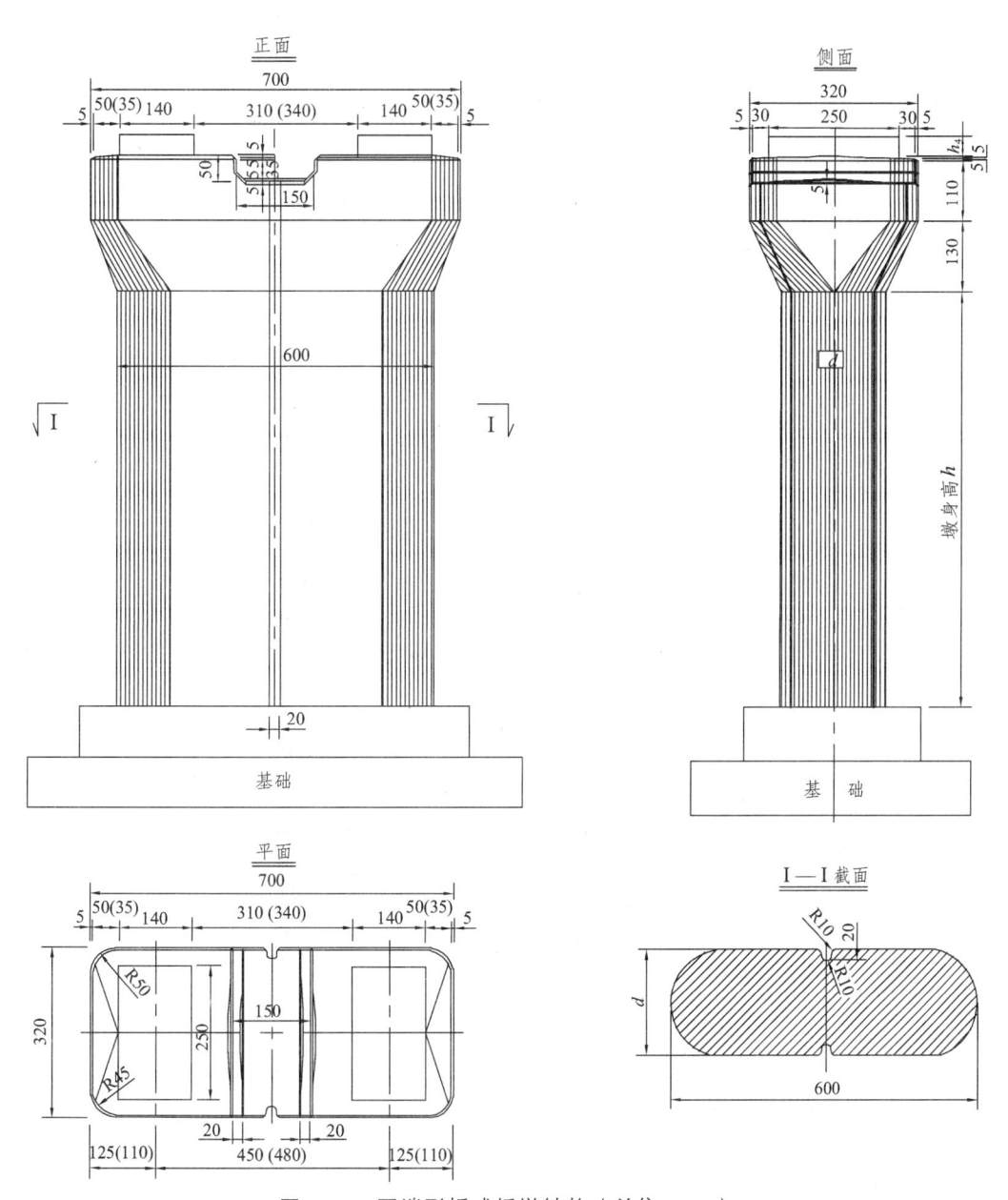

图 6-21 圆端形板式桥墩结构（单位：cm）

图 6-22 京津城际铁路网端形板式桥墩

京沪高速铁路在桥梁构造上注意结构整体的建筑效果,桥墩的选型应与梁部流线相匹配,适应桥梁上、下部结构之间景观上衔接的需要。因此,京沪高速铁路北段桥墩采用了流线型圆端实体墩。墩身较高时可采用圆端形空心桥墩结构。

2. 矩形板式桥墩

矩形板式桥墩一般情况下应用于旱桥地段。特别是在城市及城市规划区、城镇区等有景观要求地段可根据实际需要使用。

矩形板式桥墩结构图如图 6-23 所示,京津城际铁路矩形板式桥墩如图 6-24 所示。

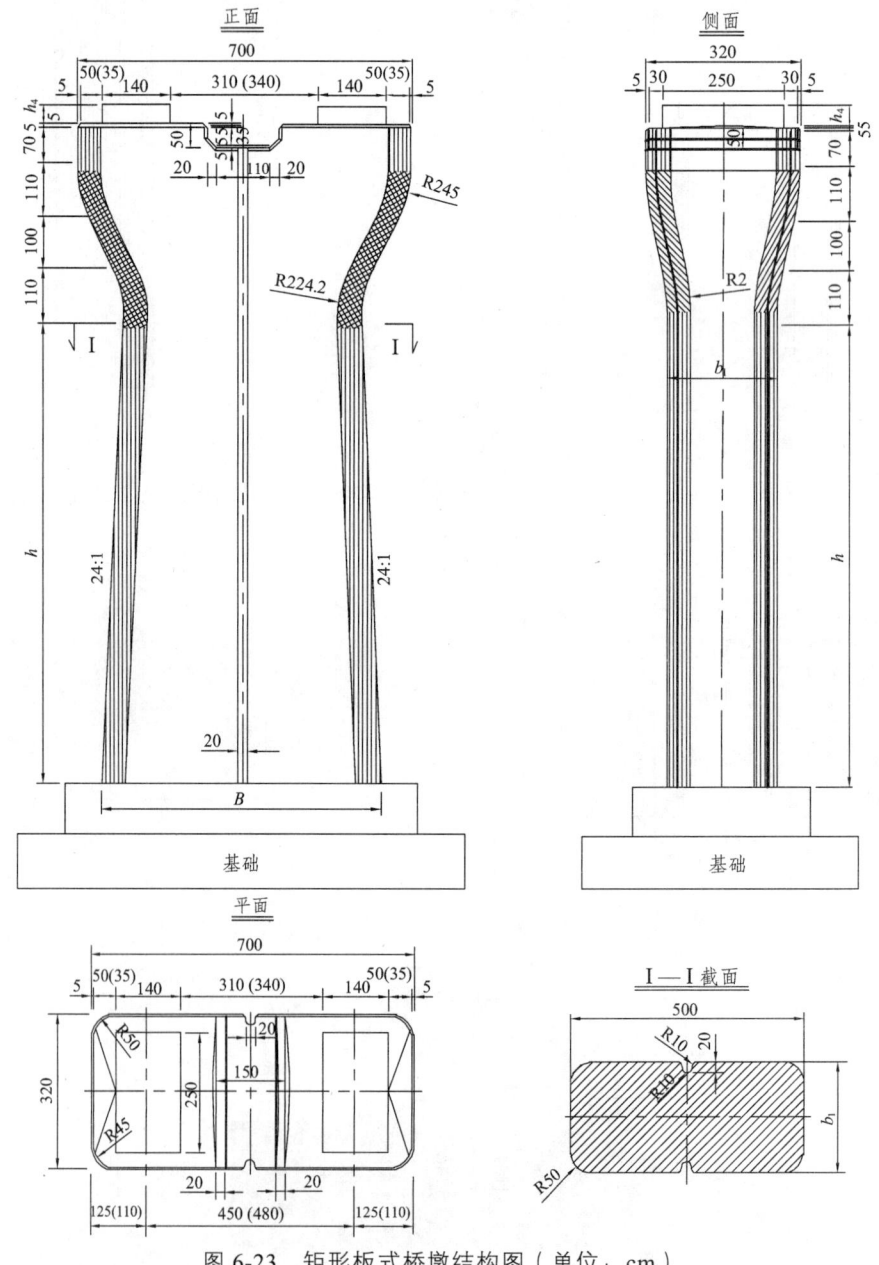

图 6-23 矩形板式桥墩结构图(单位:cm)

图 6-24　京津城际铁路矩形板式桥墩

3. 单圆柱形桥墩

单圆柱形桥墩适用于水中斜交桥墩。单圆柱形桥墩结构图如图 6-25 所示，法国单圆柱形桥墩如图 6-26 所示。

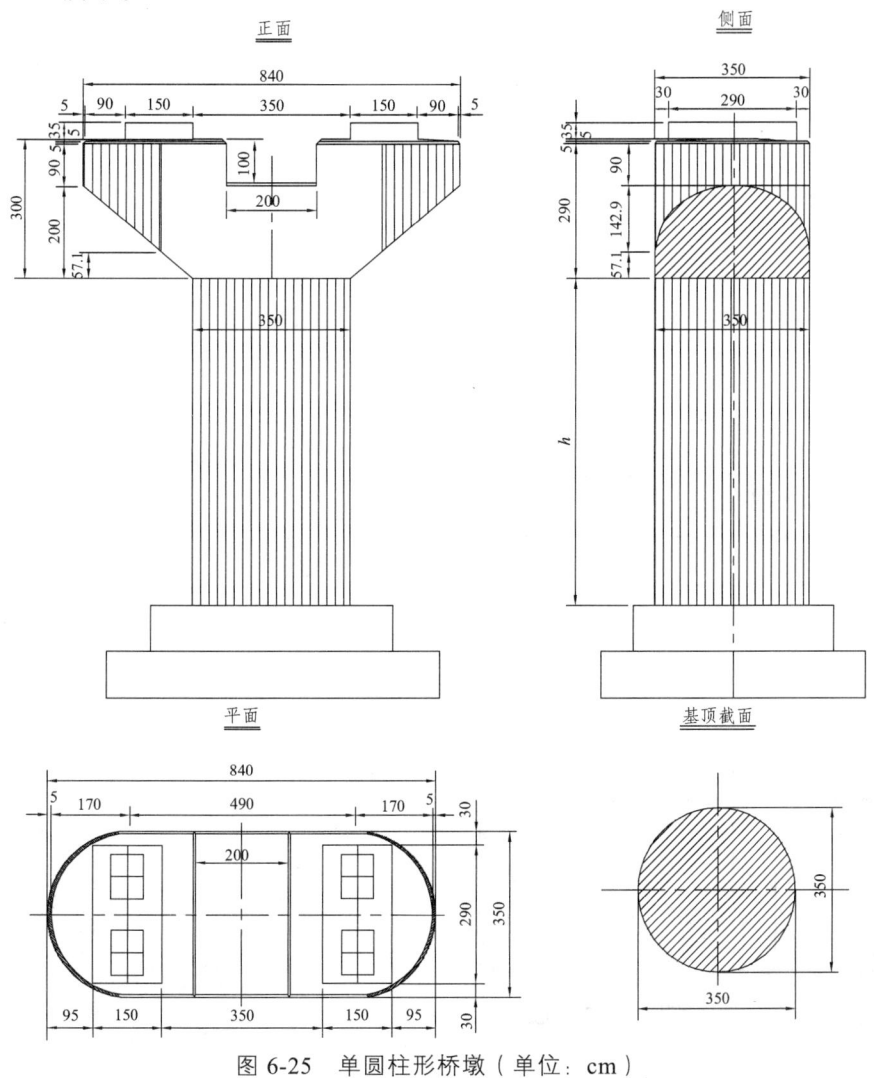

图 6-25　单圆柱形桥墩（单位：cm）

4. 双柱矩形桥墩

墩高 12 m 左右及以下的双柱矩形桥墩，在所有墩型中是圬工最省的，且能满足下部线刚度的要求，具有良好的经济性；墩型简洁，线条明快，又是可视性非常好的一种墩型。双柱式矩形桥墩结构轻巧，在降低工程造价的同时，又能满足线路行车和对乘坐列车舒适度的要求。因而，在高速铁路中，得到了最为广泛的应用。

图 6-26 法国单圆柱形桥墩

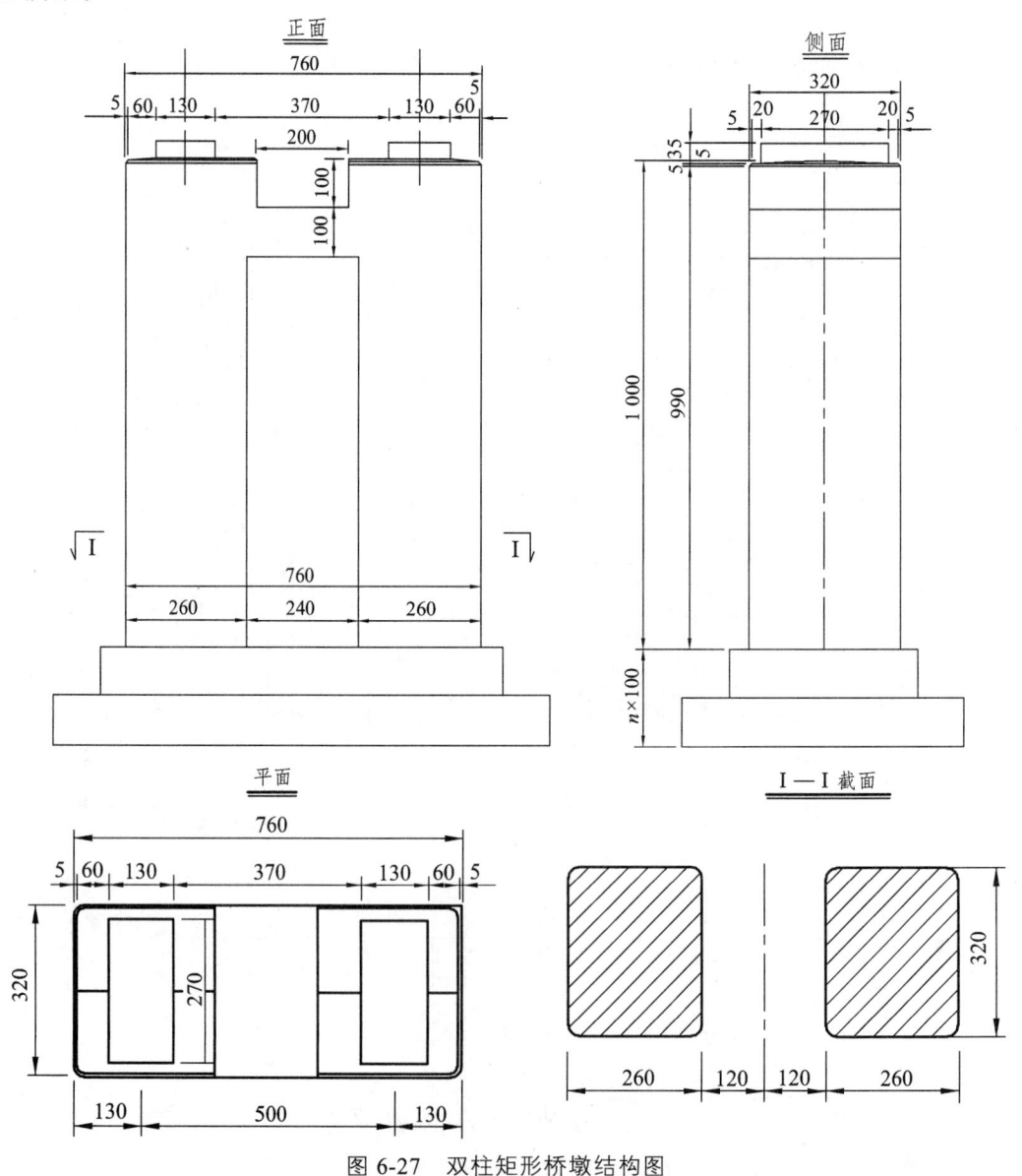

双柱矩形桥墩结构图如图 6-27 所示，实桥照片如图 6-28 所示。

图 6-27 双柱矩形桥墩结构图

图 6-28 双柱矩形桥墩

6.2.2 桥墩设计主要内容

桥墩造型选择时，应按照尊重自然环境减少人工行为对自然的破坏、与自然和谐共处的设计原则，选用与梁部协调统一、适当的艺术造型的桥墩外观，并考虑到实用性好、施工简便、易于养护维修等原则。选用双线矩形桥墩和双线圆端形桥墩，桥墩呈现流线型，截面的拐点均采用圆弧连接展示出桥墩外形的优美曲线。

1. 设计活载及主要参数

1）设计活载

设计列车活载采用"ZK 活载"，如图 6-29、图 6-30 所示。

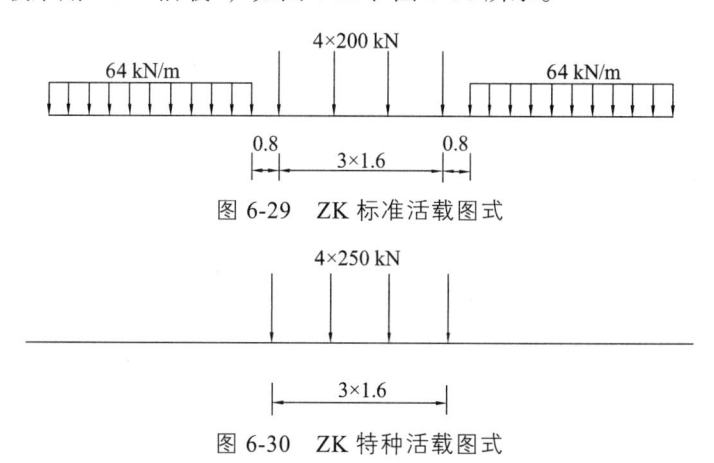

图 6-29 ZK 标准活载图式

图 6-30 ZK 特种活载图式

（1）跨度或影响线加载长度大于 6 m 的简支或连续结构，采用 ZK 标准活载图式作为设计活载图式；跨度或影响线加载长度等于或小于 6 m 的简支或连续结构，采用 ZK 特种活载图式作为设计活载图式。

（2）根据 ZK 标准活载分别作用于每一条线，选定产生基底最大应力及最大偏心时的最不利荷载位置。双线荷载作用时按 100% 计，不予折减。

（3）顶帽和墩身结构考虑列车活载的动力作用，采用支座动力系数，计算公式按《高速铁路设计规范》中的规定办理。

（4）列车横向摇摆力为活载主力，按《高速铁路设计规范》的规定取 100 kN，作为一个集中荷载取最不利位置，以水平方向垂直线路中线作用于钢轨顶面。多线桥梁只计任一线上的横向摇摆力。

（5）制动力或牵引力的计算按《高速铁路设计规范》的规定，即：制动力或牵引力按列车竖向静活载的 10%计算，当与离心力同时计算时，则按竖向静活载的 7%计算。双线桥采用一线的制动力或牵引力；三线或三线以上的桥应采用两线的制动力或牵引力。制动力或牵引力作用在轨顶以上 1.8 m 处，但是计算桥墩台时移至支座中心处，不计移动作用点所产生的竖向力或力矩。采用特种活载时，不计算制动力或牵引力。

（6）曲线上离心力按《高速铁路设计规范》中的规定办理。

2）上部结构

梁上线路设备、挡砟墙、电缆槽、接触网柱、栏杆、遮板、防水层及保护层等，分别按所采用的梁图提供的数值取值计算。

3）风荷载强度 W

有车时： $\qquad W = K_1 \cdot K_2 \cdot W_0 \cdot 80\%,\ W \leqslant 1\,250\ \text{Pa}$

无车时： $\qquad W = K_1 \cdot K_2 \cdot W_0$

施工荷载： $\qquad W = 500\ \text{Pa}$

式中 K_1——风载体型系数；

K_2——风压高度变化系数；

W_0——基本风压强度（按 800 Pa 计）。

设计还考虑桥上设置声屏障，声屏障按高出轨顶 3.0 m 计。

标准通用图设计取上述最不利者，风压强度计算见表 6-5。

表 6-5 风压强度计算表

部 位	横向风压强度/Pa				纵向风压强度/Pa			
	K_1	K_2	有车	无车	K_1	K_2	有车	无车
列 车	1.3	1.0	830	1 040				
梁、声屏障	1.3	1.0	830	1 040				
顶帽、托盘	0.9	1.0	580	720	1.1	1.0	700	880
墩 身	0.3	1.0	190	240	1.1	1.0	700	880

4）无缝线路作用于墩台顶的纵向水平力（CRTSⅡ型板除外）

《高速铁路设计规范》规定：长钢轨伸缩力、挠曲力和断轨力引起的墩台顶纵向水平力，按梁轨共同作用进行计算。

断轨力为特殊荷载，单线桥和多线桥均只计一根钢轨的断轨力。

5）CRTSⅡ型板式无砟轨道作用于墩台顶的作用力

当采用 CRTSⅡ型板式无砟轨道时，考虑由于轨道连续底座纵向刚度梯度和桥墩刚度不均匀，存温度作用下轨道连续底座传递给桥梁的作用力；考虑温度作用下梁体伸缩引起的轨道作用力，此作用力不与长钢轨力组合。

6）墩顶水平线刚度

（1）设计时简支梁墩顶最小纵向水平线刚度 $K_{最小}$ [kN/(cm·双线)]必须满足表6-6要求。

（2）为使墩顶水平线刚度满足要求，当墩顶作用单位水平力（1 kN）时，墩顶水平总位移不得大于 $1/K_{最小}$（cm）。

表6-6 墩顶最小水平线刚度限值

梁 型	设计跨度 L/m	纵向水平刚度[kN/(cm·双线)]
简支梁	20	190
	24	270
	32	350
连续梁	3×24	800
	2×32	650
	2×40	850

7）连续梁固定墩、非固定墩及联间墩（梁端）纵向水平力分配原则

（1）制动墩承受100%的制动力。

（2）非固定墩墩顶纵向水平力按支座摩阻力计。

（3）联间墩墩顶纵向水平力按墩顶纵向两排支座摩阻力之差计算。

（4）支座摩擦系数按0.03~0.05取值。

8）设计时考虑运梁车运梁和架桥机架梁时的荷载（根据实际架桥机荷载确定）

从以下几个方面对墩台进行检算：墩台顶帽局部承压强度检算；墩台顶帽局部抗剪强度检算；墩台顶帽整体抗弯、抗剪强度检算；墩身整体抗弯强度检算；墩身整体纵向稳定性检算。

2. 构造设计

1）顶帽和托盘的设计

（1）垫石尺寸按《客运专线铁路常用跨度简支梁盆式橡胶支座》（图号通桥〔2007〕8360）支座设计确定，并满足规范有关规定；同时还考虑满足顶梁、维修和更换支座需要，将支承垫石加高，加高值根据梁底与顶帽顶面的高度减去支座高度确定。梁底与顶帽顶面的高度按60 cm考虑，设计时按规范有关规定设置钢筋。

（2）顶帽尺寸。由于墩身尺寸较小，而支座纵向中心距较大，故须设置顶帽。顶帽截面采用圆端形截面，顶帽纵向宽度3.0 m，横向宽度7.8 m。另外，顶帽上还须设置不小于3%的排水坡。顶帽和墩身相互不设飞檐，采用流线顺接。

2）检查设备

在桥墩台顶横向支承垫石之间对应于梁底进人洞位置设置深0.5 m、横向宽1.5 m、纵向与顶帽等宽的凹槽，并沿桥墩四周设置吊篮（吊篮至梁底160 cm左右），供检查维修时使用。凹槽底面设置排水坡。

如桥下净空由设计水位控制，吊篮可能被洪水淹没或有流冰、流木撞击时，可在洪水时将吊篮临时拆除。

3. 墩身截面设计

（1）墩身如采用圆端形截面。为简化设计，便于施工，同一跨度的直曲线桥墩墩身采用相同的尺寸，如跨度 23.5 m 简支梁与跨度 31.5 m 简支梁墩身采用相同的尺寸。

（2）实体桥墩按混凝土偏心受压构件计算。

① 墩身截面合力偏心距 e 须满足《铁路桥涵混凝土和砌体结构设计规范》的规定和专设标〔2001〕010 号文的要求，并且考虑弯矩增大系数的影响。

主力	$e \leq 0.5S$
主力+附加力（圆形截面）	$e \leq 0.5S$
主力+附加力（其他形式截面）	$e \leq 0.6S$
主力+施工荷载	$e \leq 0.7S$

对于主力+特殊荷载（无缝线路断轨力），按 $e \leq 0.8S$ 考虑。S 为沿截面重心与合力作用点的连线上量取，自截面重心至该连线与截面外包轮廓线交点的距离。

② 墩身受压的整体纵向稳定性按《铁路桥涵混凝土和砌体结构设计规范》中规定处理。

③ 墩身截面强度的计算按《铁路桥涵混凝土和砌体结构设计规范》中规定处理。

④ 墩身外侧根据构造要求设置护面钢筋。

（3）空心桥墩按混凝土偏心受压构件计算，但设置护面钢筋。

① 空心墩除按满足混凝土实体桥墩的要求外，还应检算墩身局部稳定和截面拉应力以及墩身与顶帽下实体过渡段联结、墩身与基础联结处固端干扰的影响。

② 温度应力仅考虑太阳辐射温差引起的位移（太阳辐射温差按 15 °C 考虑）。

③ 墩身设护面钢筋和抗固端干扰力的短钢筋。钢筋锚固长度：钢筋伸入顶帽 70 cm，伸入基础 100 cm。

（4）桥墩顶帽面弹性水平位移 Δ 应满足《高速铁路设计规范》的规定，同时参照《铁路桥涵设计基本规范》的规定、日本铁路规范、法国铁路规范、秦沈客运专线桥墩的设计情况，按以下原则进行检算：

① 顺桥方向除满足纵向刚度要求外，还须满足 $\Delta \leq 5\sqrt{L}$（mm）要求。

② 横桥方向按表 6-7 的要求控制桥墩横向位移。

表 6-7　墩顶横向位移限值

跨度组合/m	19.5+19.5	23.5+23.5	31.5+31.5	39.5+39.5
$[\Delta]$/cm	1.035	1.235	1.635	2.035

墩台纵向及横向水平刚度应满足高速行车时列车安全性和旅客乘车舒适度要求，应对最不利荷载作用下墩台顶的横向及纵向计算弹性水平位移进行控制。

在 ZK 活载、横向摇摆力、离心力风力和温度的作用下墩顶横向水平位移引起的桥面处梁端水平折角应不大于 1.0‰。

4. 地震力验算

地震力验算按《铁路工程抗震设计规范》中的梁式桥多遇地震下桥墩抗震计算的简化办法进行。

5. 耐久性设计

《铁路混凝土结构耐久性设计暂行规定》规定，桥梁设计明确提出桥梁结构的设计使用寿命为 100 年的目标，桥墩设计均设置钢筋，所以设计时必须充分重视其耐久性。

影响钢筋混凝土结构耐久性的主要因素有：结构构造、材料性能、施工质量、构件养护和运营维护等。桥墩设计应从以下几个方面入手采取措施以满足 100 年的使用要求：

（1）采用具有良好的工作性、均匀性、密实性、抗裂性的高性能混凝土。

（2）采取必要构造措施：

① 采用的结构类型、结构布置和结构构造应尽可能隔绝或减轻环境对混凝土的作用；

② 防止或控制混凝土开裂，桥墩结构棱角尽可能做成圆角；

③ 增加钢筋保护层厚度。桥墩墩身设计时混凝土保护层厚度按 5 cm 考虑；

④ 桥墩结构上设置排水管，墩顶设排水坡。

（3）对所用骨料进行成分分析及碱活性试验，防止碱—骨料反应。

（4）加强结构预埋件的防腐处理。

（5）考虑运营后的定期检查和维护的需要，在桥墩上设置吊篮和检查梯。

6. 材料

（1）支承垫石：采用盆式橡胶支座时，采用 C40 钢筋混凝土，采用钢支座时，采用 C30 钢筋混凝土。

（2）顶帽、托盘采用 C30 钢筋混凝土。

（3）墩身采用 C30 混凝土，空心墩身还设置护面钢筋。

（4）明挖基础采用 C30 混凝土。

（5）钢筋：主筋采用 Ⅱ 级（HRB335）钢筋、Ⅲ 级（HRB400）钢筋，其余采用 Ⅰ 级（HPB235）钢筋。

（6）墩顶开设的小门采用钢板设计，外侧涂漆，与顶帽颜色一致；吊篮采用角钢与钢板设计。

7. 双线双柱桥墩设计示例

1）设计范围

目前在客运专线和高速铁路桥梁设计中，梁部采用单箱双室的整孔箱梁（有砟轨道、无砟轨道），双线双柱桥墩与其配套设计。

设计跨度及设计墩高：

等跨墩：24 m+24 m（梁高 2.45 m）、32 m+32 m（梁高 3.05 m）。

不等跨墩：24+32 m（24 m、32 m 梁高均为 3.05 m），24+32 m（24 m 梁高 2.45 m，32 m 梁高 3.05 m）。

设计墩高：双线双柱桥墩，设计墩高 1~15 m。

2）桥墩结构

高速铁路桥梁中，桥墩的配套设计对下部结构的线刚度有一定的要求。双柱墩一般用于 12 m 以下的低矮桥墩，经过计算比较，双柱墩的位移、下部线刚度一般不是控制因素，对桩基础而言，基础承载力为控制因素。

根据设计墩高的不同，做了两种设计。当墩高 $H = 2.5 \sim 15$ m 时，每个柱的截面尺寸为 2.2 m×3 m，柱中心距为 4.6 m，在离墩顶 1.0 m 处设 1.0 m（高）×2.4 m（宽）的系梁；当 $H<2.5$ m 时，将系梁取消，每个柱的截面尺寸为 2.2 m×3 m。墩身结构如图 6-31 所示。

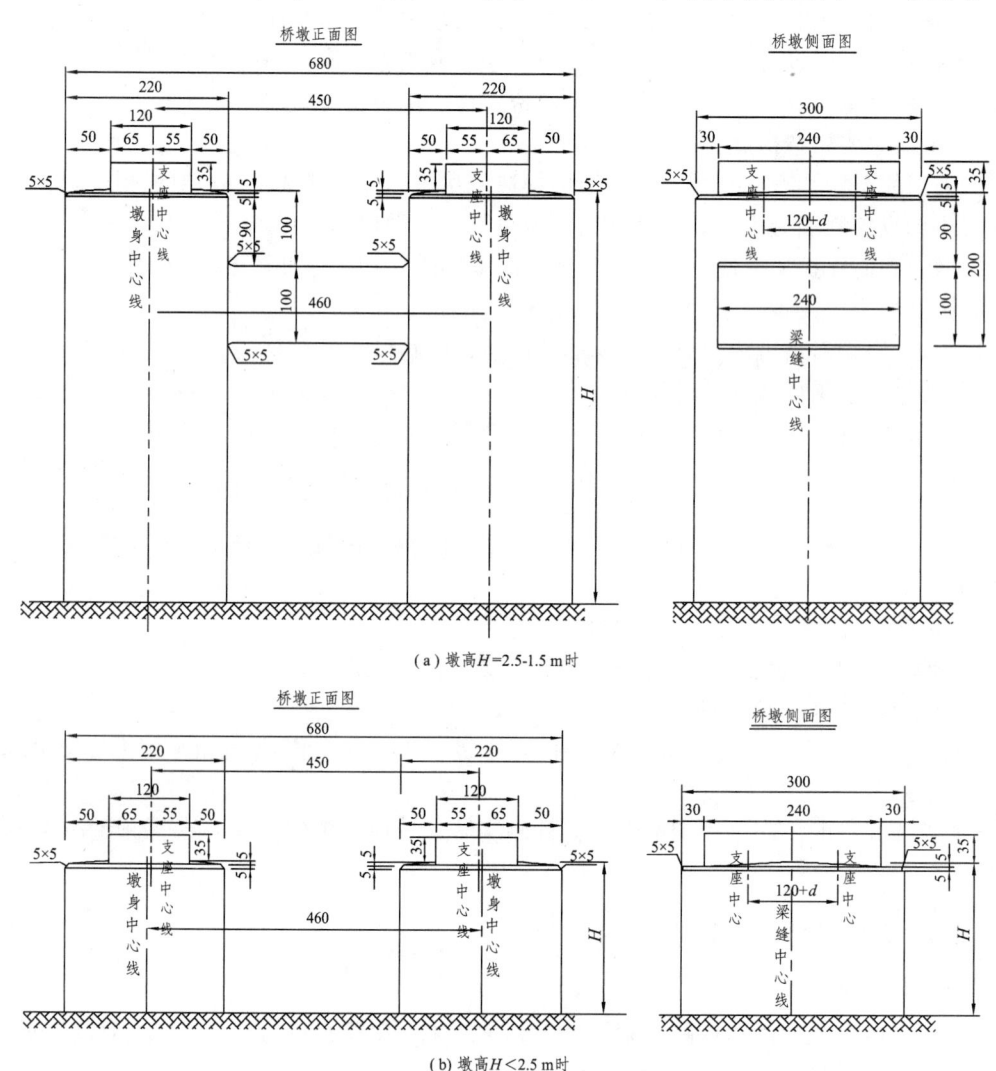

(a) 墩高 $H=2.5-1.5$ m 时

(b) 墩高 $H<2.5$ m 时

图 6-31 双柱墩结构（单位：cm）

3）结构计算

（1）横桥向支承垫石顶外力分配原则。

纵桥向水平力　　$F_{x1} = 1.1 F_x/2$

横向向水平力　　$F_{y1} = F_y$

竖向力	$N_{z1} = 1.1 N_z/2 \pm M_y/$支座中心距 4.5 m
纵桥向弯矩	$M_{x1} = M_x/2$
横桥向弯矩	$M_{y1} = 0$

（2）计算模型。

对 $H = 1 \sim 2.0$ m 高的桥墩，为独立的两个单柱，按一般的单柱墩计算；$H = 2.5 \sim 15$ m 设系梁的双柱墩。

纵桥向按整体桥墩计算，横桥向结构计算可采用有限元软件进行计算。

横桥向按平面杆件建立计算模型。模型按墩高 2H5 m、4H0 m、15 m 分别建模。墩身与系梁刚接，边界条件按岩石地基上的明挖基础、桩基础外包设计。

岩石明挖基础，地基系数 $C_0 = 2\,750\,000$ MPa，明挖基础尺寸为 3.4 m（长）×7.2 m（宽）×2.0 m（高），根据该基础模拟，横向水平刚度 $K_1 = \infty$，转角刚度为 1.8×10^9 kN·m/rad。

桩基础按横向水平刚度 $K_1 = 4.1 \times 10^5$ kN/m，横向转角刚度 $K_2 = 1.7 \times 10^7$ kN·m/rad 模拟。

（3）计算结果分析。

按整体桥墩计算，整体桥墩计算结果见表 6-8。

表 6-8 墩高 4~15 m 双柱墩整体计算结果表

双线双柱桥墩	墩高/m	纵向位移 墩身位移/mm	纵向位移 下部容许位移/mm	横向位移 墩身位移/mm	横向位移 下部容许位移/mm	最小应力 计算应力/kPa	最小应力 容许应力/kPa	最大应力 计算应力/kPa	最大应力 容许应力/kPa	偏心 计算偏心	偏心 容许偏心
	4	0.27	28.1	0.04	16.4	−198	0	3 022	10 000	0.52	1
	15	3.37	28.1	0.69	16.4	−16	0	3 925	10 000	1.45	1

计算偏心满足规范要求，可按素混凝土结构设计，其他指标均满足规范要求。

横桥向计算结果：

① 系梁剪应力。

墩高 $H = 15$ m 的刚性基础，双线荷载双孔重载（主+横附）作用下，系梁剪应力最大，$\tau_{max} = 415$ kPa，$\tau_{max} \leq [\tau]$。

② 系梁抗弯。

墩高 $H = 15$ m 的柔性基础，双线荷载双孔重载（主+横附）作用下，系梁弯矩最大 $M = 2\,248 \times 0.9$ kN·m，经计算需 37 根 $\phi 22$ 钢筋，实际配置 37 根。裂缝计算满足设计要求。

③ 墩身截面。

A. 墩高 $H = 4$ m 的刚性基础，双线荷载双孔重载（主+横附）作用下控制墩身设计。墩底截面的弯矩最大 $M_h = 8\,430$ kN·m，最大竖向力 $N = 8\,870$ kN，钢筋应力 $\sigma_g = 142$ MPa<$[\sigma_g] = 230$ MPa；混凝土应力 $\sigma_h = 6.8$ MPa<$[\sigma_c] = 8.0$ MPa。

但偏心 $e = 0.95$ m，$0.6s = 0.6 \times 2.2/2 = 0.66$ m，$e > 0.6s$，为钢筋混凝土结构设计。

B. 墩高 $H = 4$ m 的刚性基础，双线荷载双孔重载（主+横附）作用下控制墩身设计。墩底截面的弯矩最大 $M_h = 3887$ kN·m，最大竖向力 $N = 12\,880$ kN，钢筋应力 $\sigma_g = 4.6$ MPa<$[\sigma_g] = 230$ MPa；混凝土应力 $\sigma_h = 3.5$ MPa<$\sigma_c = 8.0$ MPa。

偏心 $e = 0.3$ m，$0.6\,S = 0.6 \times 2.2/2 = 0.66$ m，$e < 0.6\,S$，可按素混凝土结构设计。

当 $H = 2.5 \sim 15$ m 时，按刚性、柔性两种基础形式模拟的桥墩，墩身墩身钢筋采用 $\phi 16$ 间距 12.5 cm 满足设计要求。

4）双柱墩的配筋原则

（1）支承垫石布置。

钢筋采用间距 5 cm 的 HRB335 直径 12 mm 钢筋，钢筋弯钩为直钩。箍筋采用 HPB235 直径 10 mm 钢筋，钢筋弯钩为弯钩。

（2）墩身采用 $\phi 16$ 间距 12.5 cm 的钢筋。

（3）系梁顶底均配置双束 $\phi 22$ 钢筋，间距 12.5 cm，系梁与墩身相接处设 5 cm×5 cm 的梗肋，梗肋处设 $\phi 12$ 间距 125 cm 的连接筋。

6.2.3 时速 350 km 客专线铁路桥墩通用图

部分时速 350 km 客运专线铁路桥墩通用图一览表见表 6-9。

表 6-9 时速 350 km 客运专线铁路桥墩通用图一览

	图号	标准图	孔跨及使用范围	编制单位	等级
桥墩	叁桥通(2006)4308-A	时速 350 km 客运专线铁路双线圆端形桥墩	$L = 20$ m、24 m、32 m	铁三院	院通
	叁桥通(2006)4310-A	时速 350 km 客运专线铁路双线矩形桥墩	$L = 20$ m、24 m、32 m	铁三院	院通
	叁桥通(07)4330-Ⅰ-A、B	时速 350 km 双线流线型圆端实体墩	$L = 20$ m、24 m、32 m、40 m	铁三院	院通
	叁桥通(07)4334-A、B	时速 350 km 客运专线铁路双线单圆柱桥墩	$L = 20$ m、24 m、32 m	铁三院	院通
	叁桥通(07)4312-A、B	时速 350 km 客运专线铁路双线圆端形桥墩	$L = 20$ m、24 m、32 m	铁三院	院通
	叁桥通(07)4330-Ⅱ-A、B	时速 350 km 双线流线型圆端实体墩	3×24 m、2×32 m	铁三院	院通
	叁桥通(07)4340-A	时速 350 km 客运专线双线圆端形桥墩	(32+48+32)m、(40+56+40)m、(40+64+40)m、(48+80+48)m	铁三院	院通
	叁桥通(07)4336-A	时速 350 km 客运专线双线矩形桥墩	(40+56+40)m、(40+6+40)m、(48+80+48)m	铁三院	院通
	叁桥通(07)4316-A	时速 350 km 客运专线双线圆端形桥墩	(32+48+32)m、(40+56+40)m、(40+64+40)m、(48+80+48)m	铁三院	院通
	叁桥通(07)4332-Ⅰ-A	时速 350 km 客运专线双线圆端形空心桥墩	24 m、32 m	铁三院	院通
	叁桥通(07)4332-Ⅱ-A	时速 350 km 客运专线双线圆端形空心桥墩	3×24 m、2×32 m	铁三院	院通
	叁桥通(07)4318-A	时速 350 km 客运专线双线矩形桥墩	(32+48+32)m、(40+56+40)m、(40+64+40)m、(48+80+48)m	铁三院	院通
	叁桥通(07)4314-A	时速 350 km 客运专线双线矩形桥墩	20 m、24 m、32 m	铁三院	院通
	叁桥通(07)4330-Ⅲ-A、B	时速 350 km 客运专线双线圆端形实体矮墩	20 m、24 m、32 m、3×24 m、2×32 m	铁三院	院通

注：表中部分标准图已升级为部通用参考图。

限于篇幅，这里仅列出《时速 350 km 客运专线铁路双线圆端形桥墩》（叁桥通〔2006〕4308-A）。

适用范围：

（1）为配合新建高速铁路工程无砟轨道后张法预应力混凝土双线简支箱梁而设计。

（2）按照一次建成双线、直线及曲线设计；适用的曲线半径 $R \geqslant 5\,500$ m；直曲线上线间距均采用 5.0 m。

（3）设计跨度及与其配合的梁图见表 6-10。

表 6-10　设计跨度及与其配合的梁图

梁　型	设计跨度	施工方法	梁图号
双线简支箱梁	20 m	架桥机架设	通桥（2005）2322-Ⅳ
	24 m		通桥（2005）2322-Ⅰ
	24（高）m		通桥（2005）2322-Ⅴ
	32 m		通桥（2005）2322-Ⅱ

1. 直、曲线墩，$L = 20$ m、24 m、32 m 简支梁（$A_g \leqslant 0.15g$）

（1）墩高 $h = 2 \sim 16$ m。

桥墩结构如图 6-32 所示，墩身尺寸及工程数量见表 6-11。

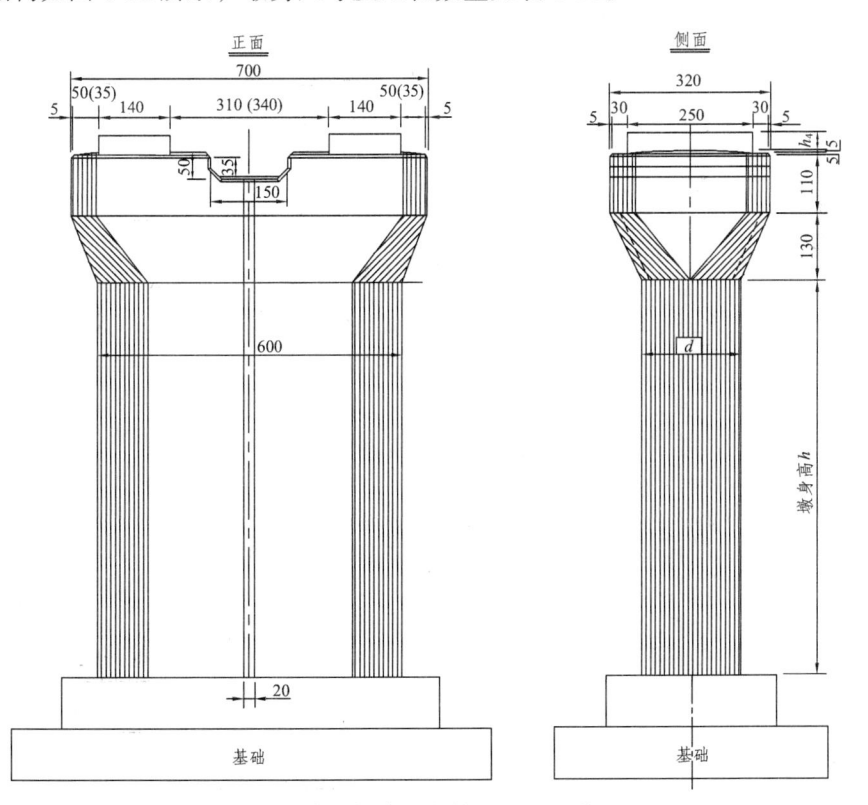

图 6-32　圆端形板式桥墩结构图（单位：cm）

表 6-11 墩身尺寸及工程数量

部 位	墩身纵向宽度 d/m	混凝土 /m³	钢 筋			
^	^	^	$A_g \leq 0.10g$		$0.10g < A_g \leq 0.15g$	
^	^	^	HRB335	HPB235	HRB335	HPB235
顶帽及托盘	2.0	46.2	4 064.4	905.1		
^	2.3	47.01	4 066.3	934.3		
^	2.5	47.65	4 079.5	1 045.3		
^	2.8	48.60	4 081.7	1 075.6		
墩身高 h/m	2.0	22.28	1 130.4	783.6	1 130.4	786.0
3.0	^	33.42	1 372.5	1 005.0	1 372.5	1 005.0
4.0	^	44.57	1 614.5	1 228.4	1 614.5	1 216.8
5.0	2.0	55.71	1 856.6	1 442.5	1 856.6	1 442.5
6.0	^	66.85	2 098.7	1 763.5	2 736.4	1 756.3
7.0	^	77.99	2 582.8	1 894.6	3 126.7	1 894.6
8.0	^	89.13	2 582.8	1 894.6	3 126.7	1 894.6
9.0	^	100.27	2 824.8	2 059.9	3 516.9	2 059.9
10.0	^	111.42	3 066.9	2 215.6	3 907.2	2 208.3
11.0	2.3	139.31	3 579.1	2 602.5	4 770.2	2 606.7
12.0	^	151.98	3 840.9	2 786.1	5 195.0	2 790.8
13.0	2.5	177.56	4 180.1	3 097.1	4 906.7	3 003.6
14.0	^	191.22	4 446.9	3 258.3	5 277.1	3 161.3
15.0	2.8	226.76	4 975.5	3 791.9	6 130.2	3 683.6
16.0	^	241.88	5 257.1	3 980.5	6 535.4	3 865.9

吊篮:(一个桥墩)HPB235(12+1628.3)kg;涂装面积 72.43 m²

注:计算吊篮数量时,若 $h \leq 1.5$ m,h 采用 1.5 m。

(2)墩高 h = 17~22 m。

桥墩结构如图 6-33,墩身尺寸及工程数量见表 6-12。

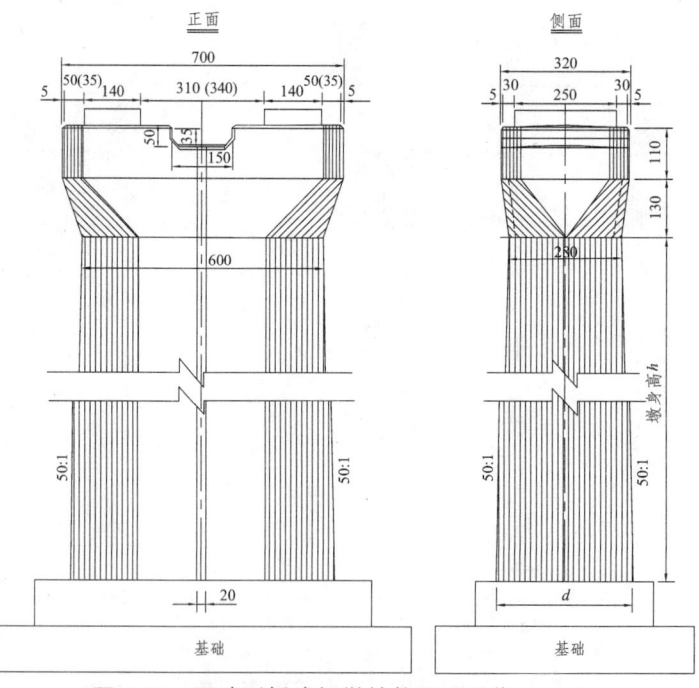

图 6-33 圆端形板式桥墩结构图(单位:cm)

表 6-12 墩身尺寸及工程数量

部位		墩身纵向宽度 d/m	混凝土/m³	钢筋/kg			
				$A_g \leq 0.10g$		$0.10g < A_g \leq 0.15g$	
				HRB335	HPB235	HRB335	HPB235
顶帽及托盘		2.8	48.60	4081.7	1075.6		
墩身高 h/m	17	3.48	304.00	5831.4	4505.1	7396.4	4505.1
	18	3.52	325.02	6229.9	4732.1	7918.4	4732.1
	19	3.56	346.50	6531.2	4989.4	8343.2	4989.4
	20	3.60	368.16	6944.6	5210.2	8880.1	5210.2
	21	3.64	390.30	7251.2	5443.4	9310.2	5443.4
	22	3.68	412.83	7679.4	5707.5	9861.9	5707.5
吊篮：(一个桥墩) HPB235 (12h+1529.3) kg；涂装面积 72.43 m²							

注：计算吊篮数量时，若 h≤1.5 m，h 采用 1.5 m。

6.3 桥 台

6.3.1 高速铁路桥台类型

高速铁路桥梁一般采用整孔箱梁结构形式，由于稳定性的要求，我国高速铁路桥台主要有矩形桥台（一字形）和空心桥台两大类。

1. 矩形桥台（一字形）

矩形（一字形）桥台是在原来老的耳墙式桥台的基础上，依据现行的规范，优选出的一种介于耳台与T台之间的新台型。矩形（一字形）桥台台身截面采用矩形截面，从平面看，台身纵向尺寸较横向小得较多，形状似一字形。无论从结构受力方面，还是从施工方面，桥台都较原耳墙式桥台、T形桥台有着显著的优越性，其广泛适宜在中等高度的桥上使用，在深基础或双线桥上使用时，经济效益更好。

矩形（一字形）桥台结构如图 6-34 所示，实景如图 6-35 ~ 图 6-37 所示。

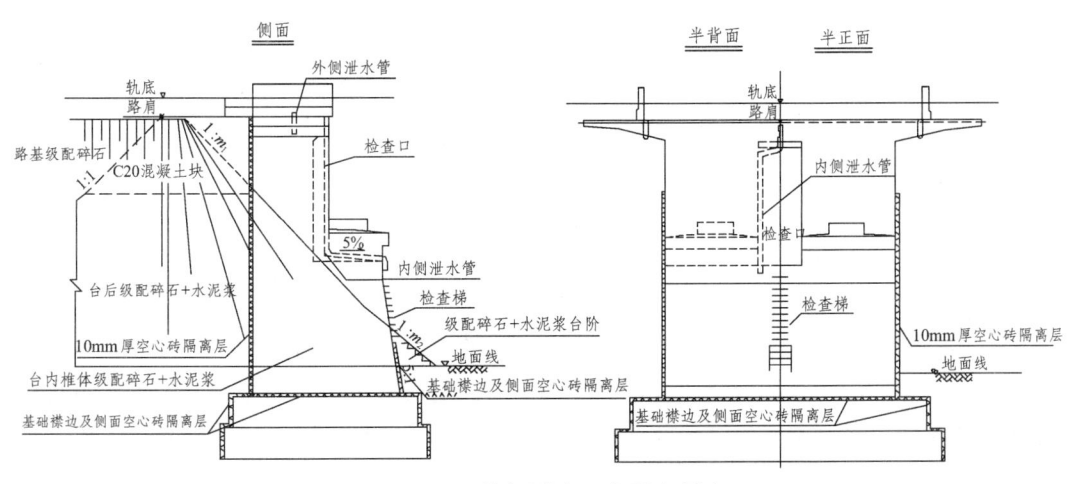

图 6-34 双线矩形（一字形）桥台

图 6-35　京津城际铁路双线矩形（一字形）桥台

图 6-36　双线矩形（一字形）桥台正面 　　　图 6-37　双线矩形（一字形）桥台侧面

2. 空心桥台

整孔箱梁底宽为 6.2~6.5 m，支座横向中心距 4.6~5.0 m，桥台顶帽及其前墙横宽取 6.8~7.2 m 就可满足支承构造要求；而两线线间距为 4.6~5.0 m，考虑台后肋板的行车要求，桥台后墙宽度在 7 m 左右。故对于整孔箱梁可采用矩形空心桥台。而对于组合式箱梁，其两片箱梁边支座横向中心距 8.1~8.5 m，桥台顶帽及其前墙构造要求横宽达 10.2~10.6 m，桥台后墙构造要求宽度也为 7 m 左右，从受力合理及节约圬工考虑，将前墙与后墙设为不等宽，即 T 形空心桥台。

空心桥台立体图如图 6-38 所示，空心桥台平面图如图 6-39 所示。

空心桥台的基本构思是将两个单线 T 形桥台组合。单线 T 形桥台的台身作为空心桥台肋板，肋板中心距取为两线的线间距，以利于列车活载的有效传递。而 900 t 特大型整孔箱梁架桥机的两个前、后支腿也正好可放置在肋板中心区域，这样能确保架桥机安全工作。再通过顶帽及台后挡板将台身形成一个闭合箱形截面，使得桥台有了良好的整体性及纵、横向刚度。

图 6-38　矩形空心桥台立体图　　图 6-39　T 形空心桥台平面图

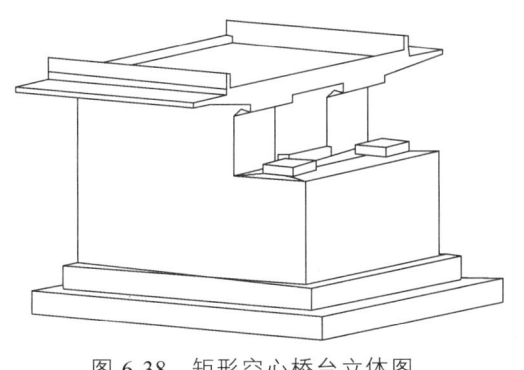

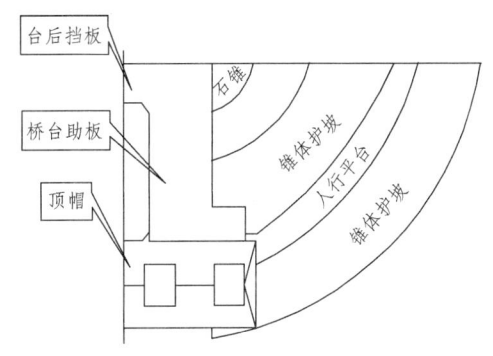

桥台台背设为直坡。因高速铁路要求路桥间竖向刚度能平顺过渡，对台后路基过渡段的刚度及施工工艺也就有更高的要求。台背直坡有利于台后路基的大型机械化施工，并能保证其碾压质量。同时也使得桥台模板搭建方便，混凝土灌筑质量有更可靠的保证。

桥台台顶的纵向水流可随线路纵坡排水；当线路为平坡时，通过调整保护层厚度在台顶形成 0.3% 的纵坡。台顶横向设置了双向 2% 的排水坡，坡底设有 PVC 管统一收集台顶水流。对于无砟轨道，还可结合其构造在双线轨道板间有无排水功能的特点，确定是否在台顶中心处增设排水坡。为防止桥面雨水通过梁缝流到顶帽，在台顶与箱梁间设有与桥面伸缩缝功能结合在一起的梁端防排水装置。同时桥台顶帽上还有防水挡板，能有效地阻止雨水进入台身空心部分。

桥台锥体没有检查平台从路基检查台阶连接到桥台锥体，台顶前墙设有 70 cm 缺口，以便从锥体上到桥台顶帽。顶帽靠台身空心侧设角钢栏杆，栏杆下设简易爬梯至台底，一侧的肋板上也设有简易爬梯。这样，工作人员便可从顶帽下到台身内部检查，并能从顶帽进到箱梁内部。而在台顶前墙缺口处设置铁门并上锁，以防止闲杂人员进入。如此一来，就形成一个从"路基—锥体—桥台—箱梁"的简单、便捷的检修通道。

6.3.2　桥台设计主要内容

1. 设计活载及主要参数

1）设计活载

设计列车活载采用"ZK 活载"，如图 2-4 所示。

（1）跨度或影响线加载长度大于 6 m 的简支或连续结构，采用 ZK 标准活载图式作为设计活载图式；跨度或影响线加载长度等于或小于 6 m 的简支或连续结构，采用 ZK 特种活载图式作为设计活载图式。

（2）根据 ZK 标准活载分别作用于每一条线，选定产生基底最大应力及最大偏心时的最不利荷载位置。双线荷载作用时按 100% 计，不予折减。

（3）曲线上离心力按《高速铁路设计规范》中的规定办理。

（4）土压力计算。

① 台后主动土压力。

按《铁路桥涵设计基本规范》中公式计算，台身按土与台背的实际接触面计算；基础后端按假想的斜墙背计算，见图6-40。

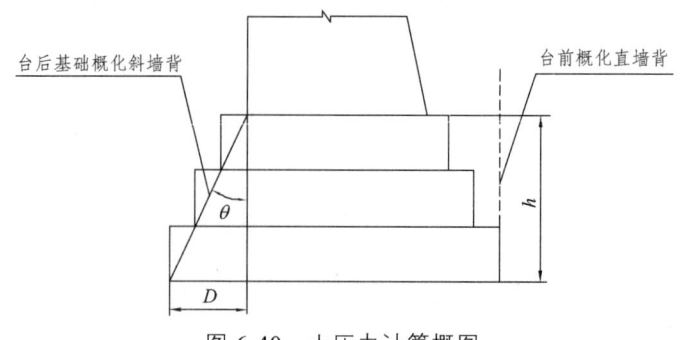

图6-40 土压力计算概图

② 台前主动土压力。
计算土层厚度的确定：
当地面至基底总深度$h \geq 2.5$ m时，采用2.5 m；
当地面至基底总深度$h<2.5$ m时，采用h（铺砌面至基底）。

③ 台前主动土压力及静止土压力均按前端基础最外襟边作为垂直概化墙背计算，内摩擦角$\varphi = 40°$，外摩擦角$\delta = \varphi/2$，$\gamma = 22$ kN/m³，静止土压力计算中的侧压力系数$\xi = 0.5$，计算宽度均按各层基础的加权平均值计。

（5）列车横向摇摆力为活载主力，按《高速铁路设计规范》中的规定取100 kN，作为一个集中荷载取最不利位置，以水平方向垂直线路中线作用于钢轨顶面。多线桥梁只计任一线上的横向摇摆力。

（6）制动力或牵引力的计算按《高速铁路设计规范》中的规定，即：制动力或牵引力按列车竖向静活载的10%计算，当与离心力同时计算时，则按竖向静活载的7%计算。双线桥采用一线的制动力或牵引力；三线或三线以上的桥应采用两线的制动力或牵引力。制动力或牵引力作用在轨顶以上1.8 m处，但是计算桥墩台时移至支座中心处，不计移动作用点所产生的竖向力或力矩。采用特种活载时，不计算制动力或牵引力。

2）上部结构

梁上线路设备、挡砟墙、电缆槽、接触网柱、栏杆、遮板、防水层及保护层等，分别按所采用的梁图提供的数值取值计算。

3）风荷载强度W

风荷载强度W取值参考标题6.2.2.1下小标题（3）。

4）无缝线路作用于墩台顶的纵向水平力（CRTS Ⅱ型板除外）

《高速铁路设计规范》的规定：长钢轨伸缩力、挠曲力和断轨力引起的墩台顶纵向水平力，按梁轨共同作用进行计算。

断轨力为特殊荷载，单线桥和多线桥均只计一根钢轨的断轨力。

符合《新建铁路无缝线路设计暂行规定》（铁建设〔2003〕201号）的计算条件时，应按该规定办理。

① 设计时考虑无缝线路作用于桥台顶的纵向力——伸缩力、挠曲力和断轨力，并按桥

台位于无缝线路固定区考虑。

② 长钢轨纵向力按《新建铁路桥上无缝线路设计暂行规定》的规定计算。简支梁桥台按固定区取值，其中伸缩力按该"暂规"附录 A 中表 A.0.1 取用；挠曲力按表 A.0.3 取用；断轨力按 3.4.2 条规定计算；连续梁桥台按支座摩阻力控制。

5）其他影响

设计时如有冰压力和船只、排筏、车具等撞击力影响，应另行考虑。

6）台顶水平线刚度

① 设计时简支梁和连续梁台顶最小纵向水平线刚度 $K_{最小}$ [kN/（cm·双线）]必须满足大于等于 3 000 kN/cm 要求。

② 为使台顶水平线刚度满足要求，当台顶作用单位水平力（1 kN）时，台顶水平总位移不得大于 1/$K_{最小}$（cm）。

2. 构造设计

1）台顶设计

（1）垫石尺寸：按《客运专线铁路常用跨度简支梁盆式橡胶支座》（图号通桥〔2007〕8360）支座设计确定，并满足规范有关规定；同时还考虑满足顶梁、维修和更换支座需要，将支承垫石加高，加高值根据梁底与顶帽顶面的高度减去支座高度确定。梁底与顶帽顶面的高度按 60 cm 考虑。设计时按规范有关规定设置钢筋。

（2）顶帽尺寸：在满足构造要求的条件下，顶帽横向不再突出台身，而是与台身相齐，顶帽上设置不小于 3%的排水坡，顶帽纵向设 20 cm 飞檐。

（3）一般情况桥台设计不再设置托盘，但在顶帽以下 0.9 m 直段高度范围内采用钢筋混凝土材料。

（4）台顶道砟槽的设计与梁部一致，其纵向长度延至台后混凝土块尾部。

2）台顶排水

本图台顶排水设计参照国外高速铁路的做法，在台背尾部与台后混凝土块之间，从地面起紧贴台身砌筑空心砖墙至桥台顶面；台身横向两侧，亦从地面起砌筑空心砖墙至锥体护坡面，以此作为台顶渗水层。台顶纵向向台后，砌块顶向前（台尾）设置>2%的排水坡，将台顶雨水排至纵向渗水层；台顶横向自中心起向两侧设置>2%的排水坡，通过挡砟墙底开的泄水孔，将台顶雨水排至横向渗水层。在砖墙底部设混凝土暗槽或埋管将台顶渗水排离路基范围以外。

3）台后混凝土块

为避免台后路基过渡段与桥台主体刚度相差悬殊对行车的不利影响，同时解决架桥机运架梁的支腿放置位置的问题，本设计自台身尾部起，根据锥体护坡线距离顶帽后缘≥30 cm，台尾伸入路肩最少 75 cm 的原则，确定台后混凝土块纵向设计长度应在 2～3 m，高度自台顶以下 2～3 m，混凝土块横向截面与台身相同。

混凝土块采用 C20 混凝土，其下部及两侧填料采用级配碎石+5%的水泥浆的办法处理。

4）检查设备

长桥宜每 200 m 左右在梁底或梁缝设进入孔一处。设进入孔的桥台，高度超过 4 m 时应设挂栏和吊篮，台阶用于检查。

如一字形桥台在桥台顶帽横向支承垫石之间设置自顶帽顶向下 1.4 m 起至与梁部开槽口相齐高度、横向宽 2 m、纵向伸入台背 1.0 m 深的凹槽，供检查维修时使用。在桥台纵向及两侧设置围栏，围栏底与凹槽底相平。在台前自地面起至凹槽底面，设置混凝土台阶式护坡，其坡度与两侧锥体护坡一致，横向两侧各伸出台身宽度 1.0 m，以便于从台身两侧检修台顶支座。

3. 台身截面设计

（1）台身截面：直曲线合并设计，横向宽度为 7.8 m。台背胸墙厚度 2.5 m。

（2）台身截面合力偏心距 e 必须满足《铁路桥涵混凝土和砌体结构设计规范》的规定和专设标〔2001〕010 号文的要求：

主力　　　　　　　　　　$e \leqslant 0.5S$
主力+附加力　　　　　　$P \leqslant 0.6S$
主力+施工荷载　　　　　$e \leqslant 0.7S$

对于主力+特殊力（无缝线路断轨力），按 $e \leqslant 0.8S$ 考虑。

式中　S——沿截面重心与合力作用点的连线上量取，自截面重心至该连线与截面外包轮廓线交点的距离。

（3）线间距：直曲线上桥台均按线间距 5.0 m 设计。

（4）桥墩顶帽面弹性水平位移 Δ 应满足《高速铁路设计规范》的规定，同时参照《铁路桥涵设计基本规范》的规定、日本铁路规范、法国铁路规范、秦沈客运专线桥墩的设计情况，按以下原则进行检算：

① 顺桥方向除满足纵向刚度要求外，还须满足 $\Delta \leqslant 5\sqrt{L}$（mm）要求。

② 横桥方向按表 6-13 的要求控制桥墩横向位移。

表 6-13　台顶横向位移限值

跨度组合/m	19.5	23.5	31.5	39.5
[Δ]/cm	2.07	2.47	3.27	4.07

墩台纵向及横向水平刚度应满足高速行车时列车安全性和旅客乘车舒适度的要求，应对最不利荷载作用下墩台顶的横向及纵向计算弹性水平位移进行控制。

在 ZK 活载、横向摇摆力、离心力风力和温度的作用下墩顶横向水平位移引起的桥面处梁端水平折角应不大于 1.0‰。

4. 抗震强度和稳定性验算

（1）根据《铁路工程抗震设计规范》进行抗震强度和稳定性验算。

（2）桥台的地震作用采用静力法计算。

（3）验算的荷载组合，验算范围与普通双线铁路相同。

5. 桥台耐久性设计

（1）结构及主要可更换部件的设计使用年限。
（2）结构所处的环境类别及其作用等级。
（3）结构耐久性要求的混凝土原材料品质、配合比参数限值以及耐久性指标要求。
（4）结构耐久性要求的构造措施（包括钢筋的混凝土保护层厚度）。
（5）与结构耐久性有关的主要施工控制要求。
（6）严重腐蚀环境条件下采取的附加防腐蚀措施。
（7）与结构耐久性有关的跟踪检测要求。
（8）与结构耐久性有关的养护维修要求。

6. 材料

（1）支承垫石当采用盆式橡胶支座时，采用 C40 钢筋混凝土；当采用钢支座时，采用 C30 钢筋混凝土。
（2）顶帽及以下 0.9m 范围内台身均采用 C30 钢筋混凝土。
（3）台身及台后混凝土砌块均采用 C20 混凝土。
（4）明挖基础采用 C30 混凝土。
（5）钢筋：主筋采用 II 级（HRB335）钢筋，其余采用 I 级（HPB235）钢筋。
（6）台后混凝土块以下填料及桥台两侧锥体均采用级配碎石+5%水泥浆压实填筑。

7. 矩形（一字形）桥台设计示例

客运专线铁路一般路基填土较低，一字形桥台正好适用在中等及以下填土高的客专桥梁。但由于桥台主体截面尺寸相对较小，纵向整体线刚度随着填土高的增加而变小，因此对于填土高度超过 10 m 的桥台不再适用。一般桥台设计思路是重主体轻附属，而一字形桥台通过对台后附属结构设计的加强，使主体结构受荷载作用减弱大大减少了不必要的主体圬工，是一种值得推荐采用的新台型。

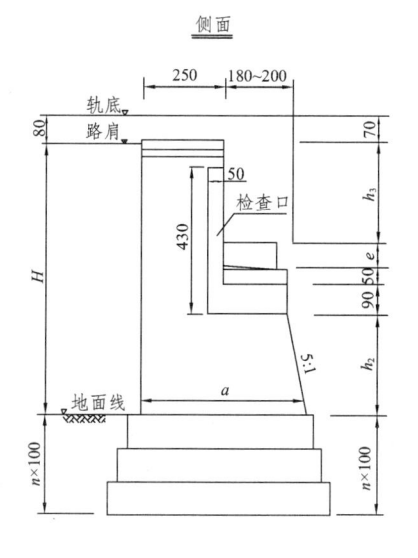

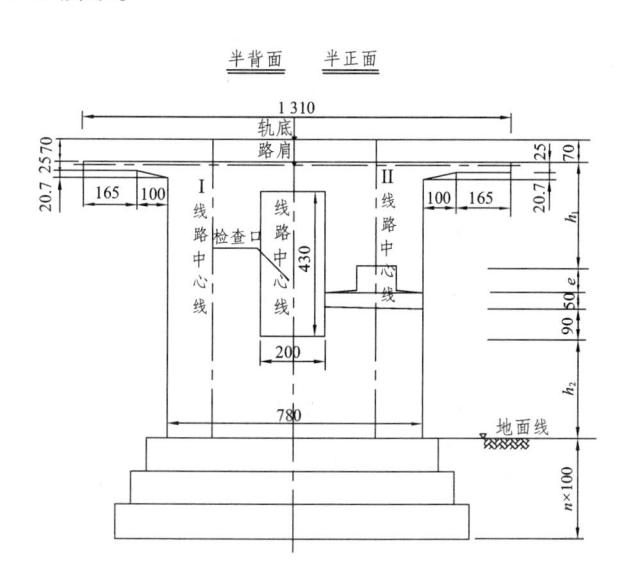

京津城际铁路矩形桥台概图如图 6-41 所示。

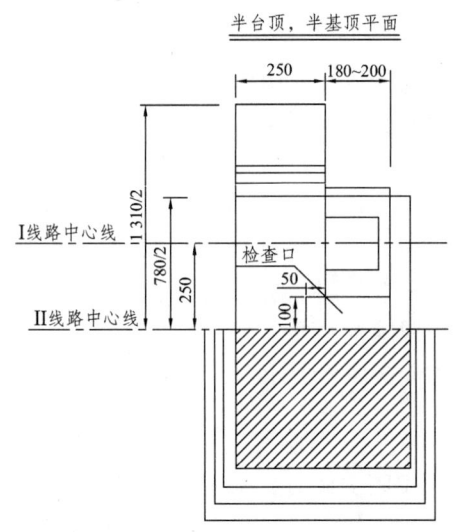

图 6-41 京津城际铁路矩形（一字形）桥台概图（单位：cm）

1）桥台主体结构尺寸设计

（1）支承垫石及顶帽设计。

支承垫石及顶帽、托盘尺寸应满足规范的构造要求，《京沪高速暂规》第 6.4.5 条表 6.4.5 列出各种跨度梁支座垫板边缘到墩台边缘的最小距离，而"桥规"第 5.3.8 条规定，支座垫板至垫石边缘为 0.15～0.2 m，垫石边缘至顶帽边缘的距离与《京沪高速暂规》表 6.4.5 一致，两种规范相比，顶帽纵向尺寸《京沪高速暂规》比"桥规"缩小了 0.15～0.2 m。京津城际铁路采用双支座整体箱梁，支座吨位达 7000 KN，由于顶梁设备所占空间较大，为便于顶梁设备操作应在顶帽上留有合适的位置和空间，《京沪高速暂规》规定的顶帽构造纵向尺寸较小，为便于今后支座养护维修应尽量预留大一点的操作空间，因此仍沿用"桥规"的构造要求拟定垫石及顶帽尺寸，即：垫石纵向尺寸 a = 墩台梁缝值+梁端至支座中心的纵向距离+支座下座板纵向尺寸/2+（0.15～0.2）m；垫石横向尺寸 b = 支座下座板横向尺寸+2×（0.15～0.2）m，曲线时还考虑曲线弯道布置引起的垫石横、纵向加宽。

由于客运专线桥台一端均设置两个支座，不像以前双线 T 梁一样，一端需设置四个支座，因此顶帽横向尺寸可以大大减小。为满足从地面进出入梁部的需要，客运专线梁端部横向中心底板设有检查口，考虑检查人员从顶帽处进出通道的高度不能低于 1.6 m，因此梁底至顶帽顶的高度采用 60 cm，顶帽下挖 1.0 m 深的凹槽。相应支承垫石高度为（60 cm − 支座高度 − 2～3 cm 厚干硬性砂浆垫层）。

（2）台身及基础设计。

决定台身尺寸的因素很多，如梁型、填土高、建筑材料、直曲线等，确定台身及基础尺寸时重点从以下几个方面考虑。

① 桥台横向尺寸。

客运专线箱梁梁底部宽度较小（6 m 左右），考虑景观要求桥台横向尺寸不宜宽出梁底过多才能与桥梁上部结构从视觉上产生和谐的美感，拟定桥台顶帽及台身横纵向尺寸时，在满足台顶的构造要求的情况下应尽量缩小桥台的横向尺寸。

② 刚度要求。

客运专线铁路要求墩台必须具有足够的刚度，根据《新建铁路无缝线路设计暂行规定》的要求：桥台纵向水平线刚度必须满足：单线$[K] \geq 1\,500$ kN/cm；双线$[K] \geq 3\,000$ kN/cm 的要求，桥台台身及基础尺寸除了按力学指标控制外，还必须结合地基土的情况进行水平线刚度控制。客运专线桥台胸墙与梁端相接处的台身纵向需设置 50 cm 的进入洞，该进入洞削弱了整个胸墙截面，因此胸墙厚度适当加厚至 2.5 m。

③ 地质情况的要求。

一字形桥台设计时考虑尽量多的适用于各种地质条件桥台。如京津城际铁路桥梁多数位于软土地基，基础均采用桩基，所以在台身尺寸拟定时还必须结合基础的配置情况统筹考虑。按当前的台身尺寸，当采用 1 m 桩径的摩擦桩，桩长按 35 m 计算，桥台纵向水平线刚度 $K = 3000$ kN/cm 作为控制设计的条件时，在地基很差的情况下（桩周 $m_0 = 3\,000$ kPa/cm^2，承台侧 $m_0 = 0$ kPa/cm^2），采用梅花桩的布置形式，能够满足纵向刚度限值要求。

④ 施工要求。

京津城际驮运及架设整孔箱梁均采用新研制的大吨位架桥机，设计借鉴秦沈线在台后耳墙范围内设置混凝土块以利于支腿放置及运梁车平稳上台的经验，用混凝土块替代耳墙，使混凝土块既作为施工中必不可少的附属结构，又起到了连接路基和桥台这一软一硬的过渡段的作用。

2）桥台附属结构设计

（1）台后混凝土块。

为避免锥体过多进入桥孔、减小台后路基过渡段与桥台主体刚度相差悬殊对行车的不利影响，同时解决架桥机运架梁的支腿放置位置的问题，一字台设计时自台身尾部起依据锥体护坡线距离顶帽后缘不小于 30 cm 和台尾伸入路肩最少 75 cm 的原则，确定台后混凝土块纵向长度 3 m，高度自台顶以下 3 m，混凝土块横向与路基宽度相同，混凝土块材料采用 C20 混凝土，其下部及两侧填料采用级配碎石+5%的水泥浆泵送混凝土填筑。

（2）空心砖隔离层设置。

设计参照国外高速铁路的做法，在台背尾部与台后混凝土块之间紧贴台身砌筑空心砖墙至桥台顶面；其他与填料相接触的三面同样从基顶起砌筑空心砖墙至锥体护坡面，基础襟边上及四面均设置空心砖，空心砖作为桥台主体与附属结构的隔离层使桥台主辅结构受力明确。

（3）检查设备。

当托盘底至地面高度较高时利用台前锥体做一段检查台阶，检查台阶以上采用检查梯（在台身前墙预埋 U 形钢筋）至顶帽检查口，在台阶顶部桥台三侧设置围篮。为便于养护维修人员自梁内下到顶帽上检查维修支座，在顶帽横向中心 1.5 m 宽，自顶帽顶向下 1.0 m，顶帽纵向长度范围内挖凹槽；凹槽纵向深入胸墙 0.5 m，自顶帽顶向上一定高度。胸墙内侧正对梁端检查口的墙面设爬梯，以便于从梁端进出。

6.3.3 时速 250～350 公里客运专线铁路桥台通用图

部分时速 250～350 公里客运专线铁路桥台通用图一览表及适用范围见表 6-14、表 6-15。

表6-14 时速250~350公里客运专线铁路桥台通用图一览

图号	标准图	孔跨及使用范围	编制单位	等级
叁桥（05）4232-A	250 km 客货共线铁路双线一字形桥台	L = 24 m、32 m	铁三院	院通
叁桥（06）4302-A、B	时速 350 km 客运专线铁路双线一字形桥台	24、32 m 无砟轨道后张法预应力混凝土双线简支箱梁	铁三院	院通
叁桥（06）4304-A、B	时速 350 km 客运专线铁路双线一字形桥台	3×24 m、2×32 m 无砟轨道后张法预应力混凝土双线连续箱梁	铁三院	院通
叁桥（07）4300-A、B	时速 350 km 客运专线铁路双线一字形桥台	适用无砟轨道后张法预应力混凝土双线刚构-连续梁	铁三院	院通

表6-15 时速350公里客运专线铁路桥台通用参考图目录及适用范围

图号	图纸名称	适用梁型	配套梁（图号）	地震烈度	路肩至地面填土高/m
叁桥通(2007)4300	双线一字形桥台	无砟轨道钢筋混凝土双线刚构-连续梁	通桥(2006)1301-Ⅰ、Ⅱ、Ⅲ、Ⅳ、Ⅴ	A_g<0.2g	5.0~8.0
叁桥通(2006)4302	双线一字形桥台	跨度：24 m、32 m 无砟轨道后张法预应力混凝土双线简支箱梁	通桥(2006)2322-Ⅰ、Ⅱ	A_g≤0.2g	5.0~8.0
叁桥通(2006)4304	双线一字形桥台	跨度：3×24 m、2×32 m 无砟轨道后张法预应力混凝土双线连续箱梁	通桥(2005)2342-Ⅱ、Ⅲ	A_g≤0.2g	5.0~8.0

限于篇幅，这里仅列出《双线一字形桥台》（叁桥通〔2006〕4302）。

1. 适用范围

（1）按照一次建成双线、直线及曲线设计。设计时速 v = 350 km/h，适用的曲线半径 R ≥ 7 000 m。直曲线上线间距均采用 5.0 m。

（2）设计跨度及与其配合的梁图详见表6-16。

表6-16 设计跨度及与其配合的梁图

梁型	设计跨度/m	施工方法	梁阁号
无砟轨道双线整孔简支箱梁	24	架桥机架设	通桥(2005)2322-Ⅰ
	32		通桥(2005)2322-Ⅱ

（3）支座。

① 按客运专线铁路桥梁调高盆式橡胶支座设计。支座图号为"通桥（2007）8360-TGPZ"。

② 桥台按固定支座设计。

（4）适用于无砟桥面，相同跨度的直、曲线桥台采用相同的台身尺寸。

（5）桥台设计范围见表 6-17。

表 6-17　桥台设计范围

跨度 L/m	路肩到地面填土高 H/m	台身入土 h_1/m	
		岩石地基	非岩石地基
24、32	5.0~8.0	0~2.0	0~3.0

（6）该图设计时环境类别及作用等级为：一般大气条件下无防护措施的地面结构，环境类别为碳化环境，作用等级为 T2。

（7）该图适用于地震动峰加速度 $A_g \leq 0.2g$ 的地区。

（8）该设计桥面系包含防撞墙、声屏障、电缆槽、人行道栏杆、遮板、人行道挡板、台顶防水层、保护层、泄水管及配件图、伸缩装置等，均参照无砟轨道梁部设计。

（9）该设计包括桥台锥体护坡、混凝土砌块及检查设备图。

2. 叁桥通（2006）4302 台身尺寸及工程数量（24 m）

具体如图 6-42 所示。

3. 叁桥通（2006）4302 台身尺寸及工程数量（32 m）

具体如图 6-43 所示。

6.4　基　础

6.4.1　基础类型

高速铁路桥梁基础形式，主要取决于桥址处的水文及地质情况，一般采用明挖基础和桩基础二类。对于高速铁路桥梁来说除满足地基强度和稳定的要求外，最主要的是由于轨道平顺性要求，控制地基的工后沉降比较严格，因此对于非岩石地基的桥梁往往采用较明挖基础易于控制沉降的桩基础形式。

6.4.2　桩基础布置

1. 桩基础布置形式

高速铁路桥梁桩基础桩径大多为 1.0 m、1.25 m 和 1.5 m。一般情况，简支梁下选用 8ϕ125 钻孔灌注桩，连续梁下选用 8ϕ150 钻孔灌注桩，承载力控制时通过加桩处理。桩基础的平面布置形式有行列式和梅花式之分。图 6-44 为 8 根直径 1.25 m 的桩的两种布置方式。

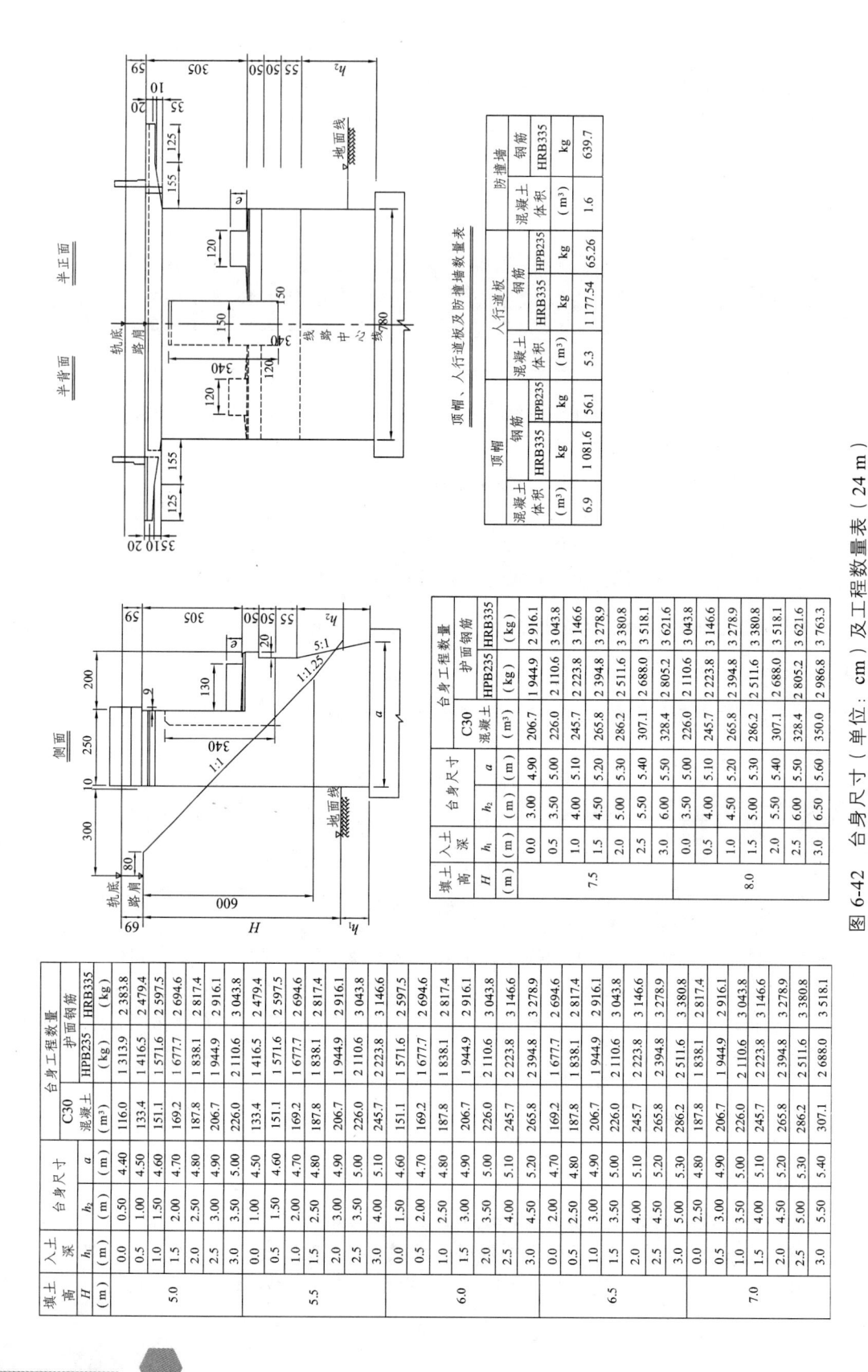

图 6-42 台身尺寸（单位：cm）及工程数量表（24 m）

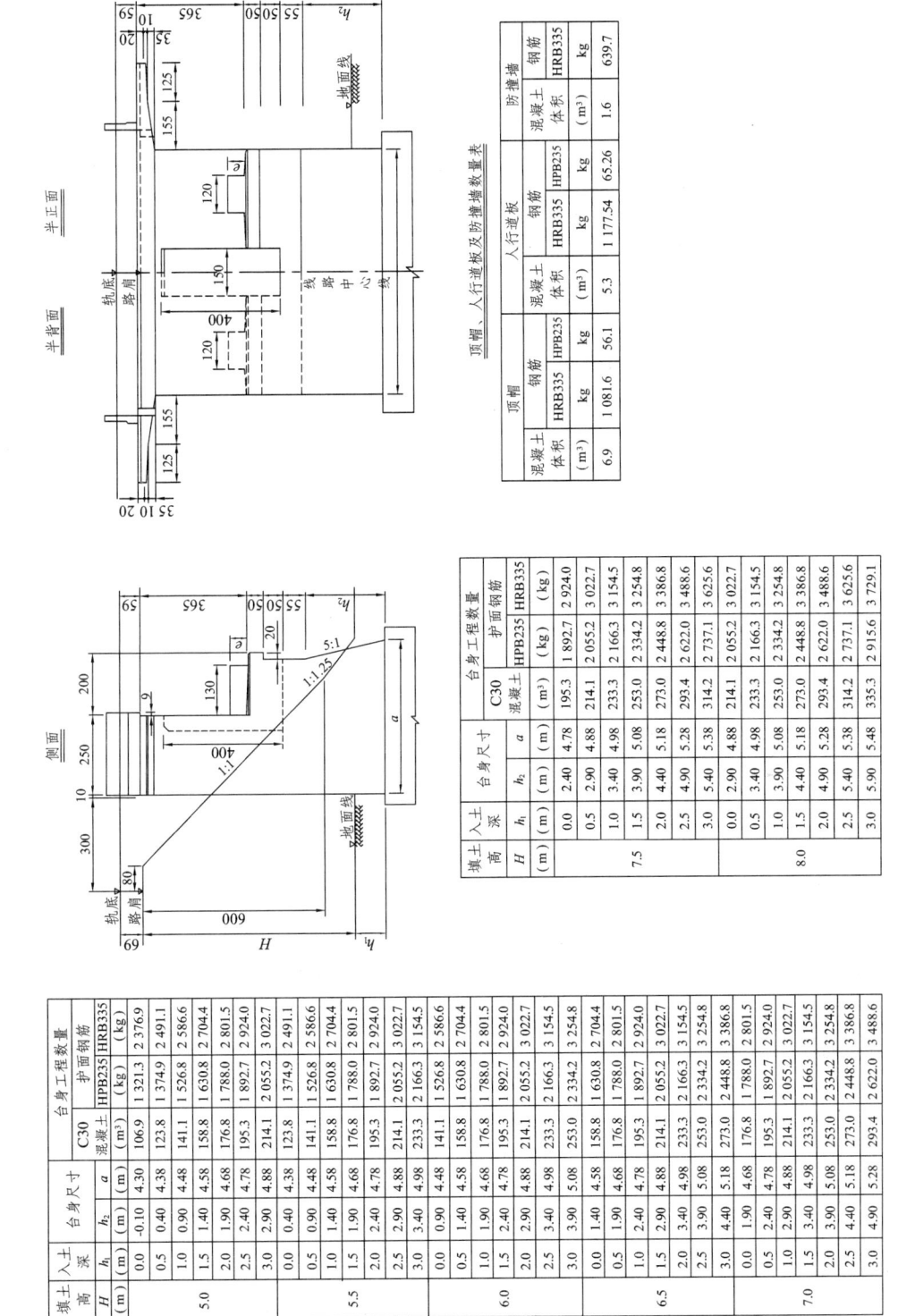

图 6-43 台身尺寸（单位：cm）及工程数量表（32 m）

（a）梅花式　　　　（b）行列式

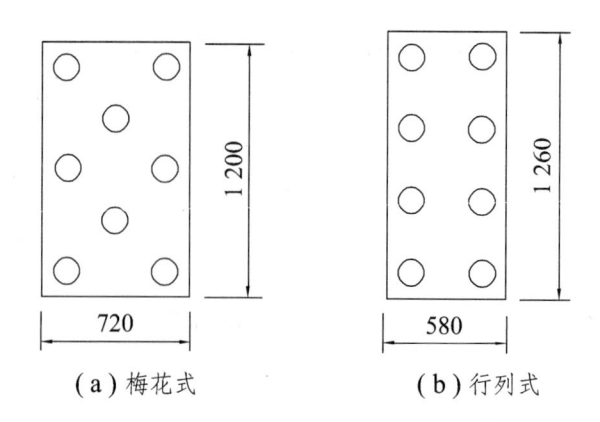

图 6-44　桩基础布置形式（单位：cm）

高速铁路桥梁首先须满足桥梁墩顶纵横向水平线刚度的要求，在特殊困难条件下，也可以突破上述限值，但需通过梁轨共同作用检算。

在湿陷性黄土地区同一条件下，选择墩高 11.5 m，表 6-18 为梅花式和行列式两种布置方式下桥墩纵横向刚度比值。对于桥墩的横向刚度来说，梅花式是行列式的 0.89 倍，而纵向刚度是行列式的 1.24 倍。

表 6-18　不同排列方式桩的纵横向刚度比值

排列方式	墩高/m	桩基	纵向刚度比	横向刚度比
行列式	11.5	8 根 1.25	1.00	1.00
梅花式	11.5	8 根 1.25	1.24	0.89

桩的直径选择，对于墩高 20 m 以下的桥墩基础，在一般地质条件下，按 $8\phi1.00$ m、$9\phi1.00$ m、$11\phi1.00$ m、$12\phi1.00$ m 布置，如采用 $\phi1.25$ m 桩径，则按 $6\phi1.25$ m、$8\phi1.25$ m、$9\phi1.25$ m 布置。在一般地层，小直径钻孔桩的经济性比大直径钻孔桩的经济性好。多数情况下，从分散受力的角度出发，应尽可能采用小直径钻孔桩，但是，当桩长超过 50 m，由于构造的原因，应采用较大直径的钻孔桩。

桩侧土的摩阻力，应根据试验资料确定，无试验资料时可按规范办理。但软土、湿陷性黄土地基应考虑负摩阻力的影响。湿陷性黄土地段桩基础的负摩阻力可按《湿陷性黄土地区建筑规范》取值。

桩基配筋根据计算确定，但不小于 0.5%。对于软土、湿陷性黄土地基的桩基应通长配筋。

2. 承台尺寸的确定

我国高速铁路承台尺寸是根据外力条件和桩基布置、桩径等条件而确定的。同时承台刚性角需满足 45°的规范要求和以下规定。

（1）承台桩间距按 2.5 倍成孔桩径进行布置。

（2）承台外边缘至最外一排桩的中心距，当桩径 1.0 m 时采用 1.0 m，桩径 1.25 m 时采用 1.15 m、桩径 1.5 m 时采用 1.3 m。

（3）底层承台厚度对于简支梁为 2.0~2.5 m，连续梁 2.0~3.5 m；加台厚度简支梁 1.0~1.5 m，连续梁 1.0~2.5 m。

3. 京津城际铁路常用跨度桥梁桩基础示例

京津城际铁路全线的地质情况总体上属于软弱土地基，具体表现为表层 5~10 mm 范围内为软土和松软土，承载力 100 kPa，5~10 m 以下有所改善为可塑-硬塑黏性土、粉土、粉细砂，承载力 120~300 kPa，其中北京范围的地质条件要稍好于天津范围。因此京津城际桥梁全部采用桩基础作为基础形式。

1）桩径的选择

针对京津城际铁路的地质条件，直径 1.0 m 的钻孔桩其纵向和横向刚度、位移、沉降等技术条件均能满足规范要求，同时还能有效降低工程投资、节约投资，因此采用桩径 1.0 m 的钻孔桩为常用跨度桥梁的首选桩径，桩径 1.25 m 和 1.5 m 的钻孔桩使用于高墩、水中墩或连续梁桥墩。

2）桩基设计

（1）桩基础布置形式。

对于常用跨度简支梁，一般桥墩采用直径 10 或 12 根直径 1.0 m 钻孔桩，当为水中桥墩或桥墩较高时可采用 8 根或 10 根直径 1.25 m 钻孔桩。

桩基布置要综合考虑适宜的刚度、适宜的桩长、合理控制沉降，同时要满足承台刚性角一般情况下不超过 35°的要求，通过加强承台钢筋也不得超过 45°。旱桥当地面平坦时尽量减少承台埋深，墩底处理深控制在不小于 0.5 m。

图 6-45 为 10 根、12 根直径 1.0 m 钻孔桩布置图。

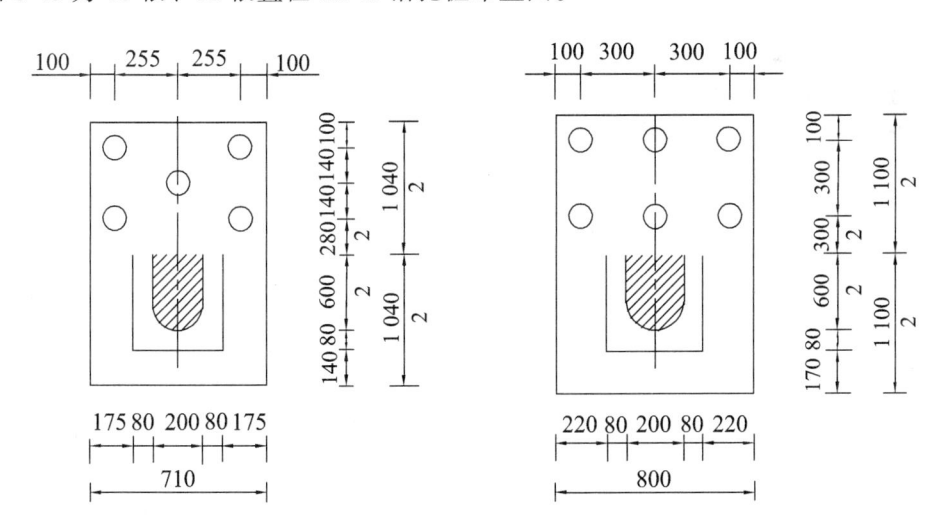

图 6-45 10 根、12 根直径 1.0m 钻孔桩布置（单位：cm）

（2）桩基计算。

① 桩长。

依据规范要求无砟轨道墩台工后均匀沉降量≤20 mm，相邻墩台沉降差≤5 mm，同时由于京津城际所处范围地质土层承载力较差，存在着软弱夹层和部分液化土层，桩基计算显示桩长在满足承载力要求后还需检查是否满足沉降限值要求。一般情况下沉降控制桩基长度。

② 桩身配筋。

桩身配筋长度按照 25 m 进行布置，同时针对桩顶部分钢筋应力较大的情况，在承台底以下 6 m 范围设置双筋加强桩头的抗弯能力，同时保证桩身配筋长度范围内均满足最小配筋率 0.5%的要求，桩身箍筋在承台下 3 倍桩径范围内间距为 10 cm，以下部分按 20 cm 布置。按照新抗震规范，7 度地区墩身配筋率为 0.25%，桩基配筋率为 1.2%；8 度地区墩身配筋率为 0.38%，桩基配筋率为 1.4%。

地震力一般不控制承载力，只控制桩身配筋，桩基布置形式一般可不改变，但桩身配筋，尤其是桩头配筋将有较大幅度的提高。采用 8 根 1.0 m 钻孔桩，桩头配筋较大，最大配筋面积达到 100 cm^2；采用 10、11 及 12 根 1.0 m 钻孔桩，地震力控制桩头配筋需要加强桩头配筋。

以杨村特大桥 319 号墩为例，墩高 8 m，墩全高 10.87 m，承台尺寸 10.4 m × 7.1 m×3 m，布置 10 根 1.0 m 钻孔桩，设计桩长 51 m，纵向刚度 944，横向刚度 2014，沉降值 13.3 mm。

6.4.3 承台设计

1. 一般要求

铁路桥梁桩基础一般由承台和桩群组成，承台用于联结桩顶，将外荷载传给基桩，并借以校正墩台身和桩的设计位置因基桩施工误差产生的偏差。

我国铁路桥规桥梁桩基础采用位移法分析，假定以下 4 个条件。

（1）设桩基结构物是二维的：

（2）把承台看成为刚体；

（3）设桩头与承台是完全刚接（埋入的情况）：

（4）承台竖直、水平与转动刚度系数为与荷载无关的常数。

通过"m"法计算得到如下位移：

当构件顶面作用单位横向力 $H = 1$ 时，构件顶面处的横向位移和转角（δ_1 和 δ_3）；

当构件顶面作用单位力矩 $M = 1$ 时，构件顶面处的横向位移和转角（δ_3 和 δ_2）。

然后其顶面借无限大刚度的承台联结时，则每一构件顶面的上述位移，可利用公式进行计算，然后按结构力学求出承台底面坐标原点的竖向位移 b，水平位移 a 和转角 β，最后可求得承台作用于每构件顶上的轴向力 N_i、横向力 Q_i 和弯矩 M_i。

如果承台非刚体时，以上的分析计算就不能适用，也就是说桥规的规定也不能适用，那将另行研究分析方法，如采用弹性地基梁法去进行内力分析。

《铁路桥涵地基与基础设计规范》规定：承台的厚度和配筋应根据受力情况决定。厚度不宜小于 1.5 m，其混凝土强度等级，不得低于 C30。承台的底部应布置一层钢筋网，当基桩桩顶主筋伸入承台联结时，此项钢筋网在越过桩顶处不得截断。当基桩桩顶直接埋入承台内，且桩顶作用于承台的压应力超过承台混凝土的容许局部承压应力时（计算此项应力时不考虑桩身与承台混凝土间的黏着力），应在每一根桩的顶面以上设置 1~2 层直径不小于 12 mm 的钢筋网，钢筋网的每边长度不得小于桩径的 2.5 倍，其网孔为 100 mm×100 mm 至 150 mm×150 mm。

该规定是鉴于目前我国铁路桥梁桩基一般采用刚性承台，与通常所说的弹性板是不同的。刚性承台受力的分析比较复杂，可采用有限元法进行分析。

2. 京津城际铁路承台示例

京津城际铁路承台采用 C30 混凝土，钢筋采用 HRB335。通过计算可知承台的设计是由地震力荷载控制配筋。对确定采用的承台尺寸进行构造配筋，包括承台顶层直径 16 mm 间距 20 cm 钢筋和侧面的直径 14 mm 间距 20 cm 护面钢筋，而底层钢筋则由计算结果确定。采用有限元分析方法对承台进行受力分析，结果显示采用新抗震规范后地震力荷载均成为控制承台配筋的控制工况，底层钢筋按照 $\phi 20$ mm 和 $\phi 25$ mm 的双筋进行布置，钢筋间距 20 cm。

由于京津城际简支梁桥墩桩基多数均采用 10 根 1.0 m 钻孔桩为基础，因此选择具有代表意义的杨村特大桥 DK56+021.40 的 319 号桥墩为例进行计算。该桥墩高度 8 m，承台尺寸 10.4 m×7.1 m×3 m（加台尺寸 7.6 m×3.6 m×1 m），桩基采用 10 根直径 1.0 m 的钻孔桩，桩长 51 m，如图 6-46 所示。

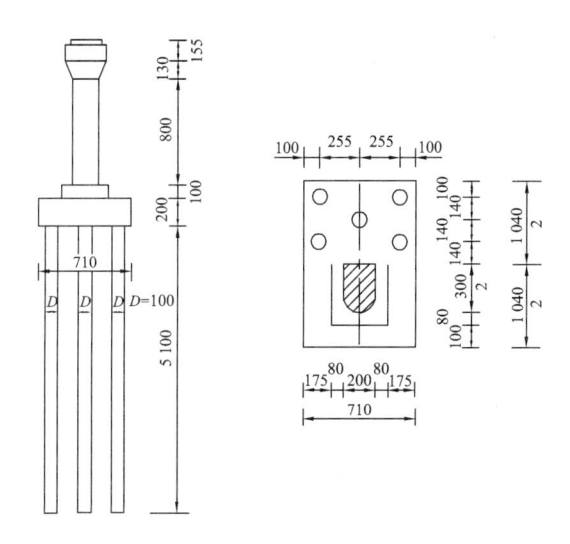

图 6-46　杨村特大桥 319 号墩示意图（单位：cm）

6.4.4　高速铁路桩基检测方案及工程试桩

1. 客运专线铁路混凝土灌注桩桩身质量检测的有关要求

客运专线铁路混凝土灌注桩桩身质量检测及验收，应严格执行铁道部《客运专线铁路桥涵工程施工质量验收暂行标准》（铁建设〔2005〕160 号）、《客运专线铁路桥涵工程施工技术指南》（TZ 213—2005）、《铁路工程基桩检测技术规程》（铁建设〔2008〕85 号）有关规定。所有混凝土灌注桩桩身质量均应进行检测及验收，对于桩长小于或等于 50 m 的灌注桩应优先采用瞬态时域频域分析法进行桩身质量检测及验收；对于桩长超过 50 m 或地质变化异常复杂地区的混凝土灌注桩柱身质量应采用声波透射法进行检测及验收。

2. 桩基检测

1）检测项目及检测依据

（1）基桩质量检测项目。

① 低应变反射波法（瞬态时域频域分析法）检测。

② 声波透射法检测。

（2）检测依据。

① 设计文件（第一层面）。

铁路客运专线工程有关设计文件和要求；

铁路客运专线公司有关检测合同条款和技术要求。

② 遵照执行标准（第二层面）。

《客运专线铁路桥涵工程施工技术指南》（TZ 213—2005）；

《铁路工程基桩检测技术规程》（铁建设〔2008〕85号）；

《铁路工程基桩无损检测规程》（TB 10218—99）；

《客运专线铁路路基工程施工质量验收暂行标准》（铁建设〔2005〕160号）；

《客运专线铁路桥涵.工程施工质量验收暂行标准》（铁建设〔2005〕160号）；

《铁路工程地质原位测试规程》（TB 10041—2003）；

《铁路工程土工试验规程》（TB 10102—2004）。

③ 参照执行标准（第三层面）。

《建筑基桩检测技术规范》（JGJ 106—2003）；

《建筑桩基技术规范》（JGJ 94—94）；

《建筑地基基础设计规范》（GB 50007—2002）；

《建筑地基处理技术规范》（JGJ 79—2002）。

2）桥梁基桩检测方法及原理

（1）检测目的：检测桩身混凝土的均质性和完整性。

（2）检测方法：基桩完整性检测方法有低应变反射波法和声波透射法。有疑问的桩进行钻探抽芯检验，作为辅助方法验证。

（3）检测仪器：桩基完整性测试分析仪、数字超声波仪。

（4）检测比率：按总桩数的100%进行检测。

（5）检测方法及原理。

① 低应变反射波法。

低应变检测采用瞬态激振时域频域法。该方法是建立在一维杆波动理论的基本原理上，工作中采用小能量锤对桩顶进行锤击，激发弹性波，弹性波沿桩身向下传播，当遇到波阻抗界面（桩底、桩身缺陷、桩身几何面积变化等）时，产生反射和透射，由安装在桩顶的速度或加速度传感器接收来自桩身的反射波信号，对反射波信号进行时域和频域的分析，对桩身的完整性进行评价。评价标准依据规程规定进行。

图6-47为低应变检测示意图。

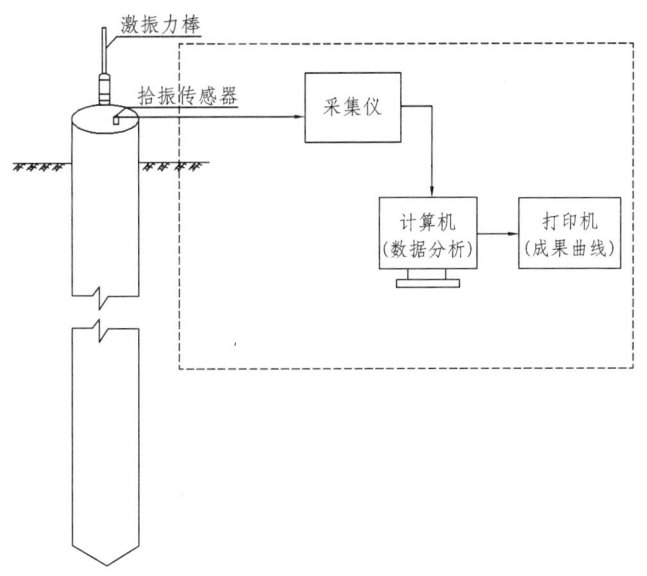

图 6-47 低应变检测示意图

② 声波透射法。

桩径小于 1.0 m 的基桩，埋设 2 根声测管；桩径 1.0～2.0 m 的基桩，埋设 3 根声测管；桩径 2.0 m 及以上的基桩，埋设 4 根声测管。

声测管采用焊接或绑扎形式固定在主钢筋内侧，保证声测管垂直并相对平行，可采用相隔一定距离焊接支撑架的方法，声测管在桩中位置应等分桩的圆周。

声测管的连接应尽量采用丝扣连接，以保证声测管内的顺直通畅。声测管底部与桩底等齐。存埋设过程中，应检查声测管是否畅通，并事先灌满清水，做好管底封闭、管口加盖等工作。依据设计方与业主要求布设声测管。通常情况下声测管布设方式见图 6-48，安装方式见图 6-49。

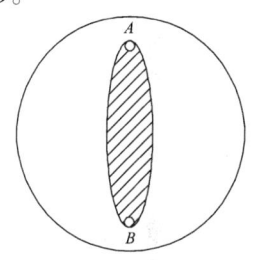

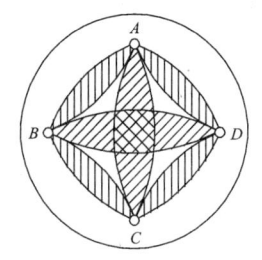

图 6-48 声测管布设方式

检测要求：

A. 灌筑桩应剔凿至设计高程，声测管要等高齐平，高出桩顶面不少于 30 cm。

B. 管内注满清水。

C. 为保证检测工作顺利进行，事先应用 φ34 mm 的探头对全部声测管探测一遍，同时核实核对桩长。

D. 被检桩的混凝土龄期应大于 14 d。

利用超声脉冲波检测混凝土缺陷是依据脉冲波在混凝土传播中遇到缺陷时产生绕射，可根据声时及声程的变化，判别和计算缺陷的大小；在缺陷界面产生散射和反射，到达接受换能器的声波能量（波幅）显著减小，可根据波幅变化的程度判别缺陷的性质和大小；同时各频率成分在缺陷界面衰减程度不同，接收信号的频率明显降低，可根据接收信号主频或频率谱的变化分析判别缺陷情况；超声脉冲波通过缺陷时，部分声波会产生路径和相位变化，不同路径或不同相位的声波叠加后，造成接收信号波形畸变，可参考畸变波形分析判断缺陷。

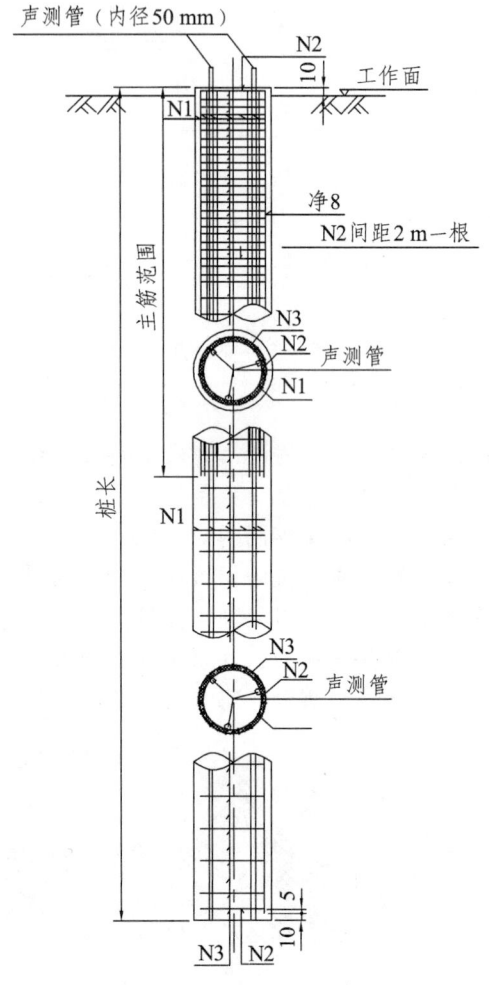

图 6-49 声测管安装示意图

当混凝土的组成材料、工艺条件、内部质量及测试距离一定时，各测点超声传播速度、首波幅度和接收信号主频等声学参数一般无明显差异。如果某部分混凝土存在空洞、不密实或裂缝等缺陷，破坏了混凝土的整体性，通过该处的超声波与无缺陷混凝土相比较，声时明显偏长，波幅和频率明显降低。超声法检测混凝土缺陷，正是根据这一基本原理，对同条件下的混凝土进行声速、波幅和主频率等声学参量测量值的相对比较，从而判断混凝土的缺陷情况。

③ 钻芯法。

该方法适用于检测混凝土灌注桩的桩长、桩身混凝土强度、桩底沉渣厚度和桩身完整性，判定或鉴别桩端持力层岩土性状。

钻取芯样宜采用液压操纵的钻机。

混凝土芯样试件抗压强度代表值应按一组三块试件强度值的平均值确定。同一受检桩同一深度部位有两组或两组以上混凝土芯样试件抗压强度代表值时，取其平均值为该桩该深度处混凝土芯样试件抗压强度代表值。受检桩中不同深度位置的混凝土芯样试件抗压强度代表值中的最小值为该桩混凝土芯样试件抗压强度代表值。

桩端持力层性状应根据芯样特征、岩石芯样单轴抗压强度试验、动力触探或标准贯入试验结果、综合判定桩端持力层岩土性状。

（6）基桩完整性评定标准。

① 低应变反射波法。

表 6-19 为低应变反射波法评定标准。

表 6-19　低应变反射波法评定标准

类别	时域信号特征	频域信号特征
I	$2L/c$ 时刻前无缺陷反射波，有桩底反射	桩底谐振峰排列基本等间距，其相邻频差 $\Delta f = c/2L$
II	$2L/c$ 时刻前出现轻微缺陷反射波，有桩底反射	桩底谐振峰排列基本等间距，其相邻频差 $\Delta f = c/2L$，轻微缺陷产生的谐振峰与桩底谐振峰之间的频差 $\Delta f' = c/2L$
III	有明显缺陷反射波，其他特征介于 II 类和 IV 类之间	
IV	$2L/c$ 时刻前出现严重缺陷反射波或周期性反射波，无桩底反射波；或因桩身浅部严重缺陷使波形呈现低频大振幅衰减运动，无桩底反射波	缺陷谐振峰排列基本等间距，相邻频差 $\Delta f' = c/2L$ 无桩底谐振峰；或因桩身浅部严重缺陷只出现单一谐振峰，无桩底谐振峰

注：对同一场地、地质条件相近、桩型和成桩工艺相同的基桩，因桩端部分桩身阻抗与持力层阻抗相匹配导致实测信号无桩底反射波时，可按本场地同条件下有桩底反射波的其他桩实测信号判定桩身完整性类别。

② 声波透射法。

I 类桩：各检测剖面的声学参数均无异常，无声速低于低限值异常。

II 类桩：某一检测剖面个别测点的声学参数出现异常，无声速低于低限值异常。

III 类桩：某一检测剖面连续多个测点的声学参数出现异常；两个或两个以上检测剖面在同一深度测点的声学参数出现异常；局部混凝土声速出现低于低限值异常。

IV 类桩：某一检测剖面连续多个测点的声学参数出现明显异常；两个或两个以上检测剖面在同一深度测点的声学参数出现明显异常；桩身混凝土声速出现普遍低于低限值异常或无法检测首波或声波接收信号严重畸变。

③ 钻芯法。

桩身完整性类别应结合钻芯孔数、现场混凝土芯样特征、芯样单轴抗压强度试验结果，按表 6-20 特征进行综合判定。

表 6-20　钻芯法评定标准

类别	特征
I	混凝土芯样连续、完整、表面光滑、胶结好、骨料分布均匀、呈长柱状，断口吻合，芯样侧面仅见少量气孔
II	混凝土芯样连续、完整、胶结较好、骨料分布基本均匀、呈柱状，断口基本吻合，芯样侧面局部见蜂窝麻面，沟槽
III	大部分混凝土芯样胶结较好，无松散、夹泥或分层现象，但有下列情况之一： 芯样局部被破碎且破碎长度不大于 10 cm； 芯样骨料分布不均匀； 芯样多呈短柱状或块状； 芯样侧面蜂窝麻面，沟槽连续
IV	钻进很困难； 芯样任一段松散，夹泥或分层； 芯样局部破碎且破碎长度大于 10 cm

基桩完整性等级评定：I 类桩为桩身质量优良桩；II 类桩为合格桩；III 类桩有明显缺陷，需与有关单位研究，以确定修补方案或继续使用，按要求修补后或经研究可继续使用的视为合格桩；IV 类桩为不合格桩。

3）检测方法适用范围

低应变（瞬态时域频域分析法）和声波透射法的应用范围可根据《关于做好客运专线铁路桩基检测工作的通知》参照对比试验结论部分，提出本次检测方案。钻探取芯作为一种有效的辅助检测方法，可采用按约定比例抽检或者对疑问桩、争议桩检测判定（因工效低、费用高，后者较好）。

4）各种桩基检测方法的使用范围

（1）对于软土、松软土地区桩径小于等于 1.25 m 的摩擦桩，桩长小于 52 m 时，建议利用低应变反射波法进行检测；桩长大于 52 m 时，建议利用声波透射法进行检测。

（2）对于非软土、松软土地区桩径小于等于 1.25 m 的摩擦桩，桩长小于 50 m 时，建议利用低应变反射波法进行检测；桩长大于 50 m 时，建议利用声波透射法进行检测。

（3）对于柱桩，建议利用声波透射法进行检测。

（4）对于桩径大于等于 1.5 m 的桩基础，建议利用声波透射法进行检测。

（5）低应变反射波法检测的可靠性与检测单位和检测人员的技术水平、经验有很大关系，长大桩更是如此。尽管试验对 60 m 桩低应变能够得到明显的桩底反射，但是正线工程的基桩检测仍应考虑施工质量和检测单位的平均水平等因素的制约。

（6）低应变反射波法和声波透射法两种检测手段的检测原理完全不同，各自都存在局限性。高速铁路长大桩比例较高，而工程桩的施工质量参差不齐，质量检测若以低应变替代声测，实施难度较大，很容易造成质量隐患。建议将二者有机地结合，综合检测成本、工期、质量控制，结合工程特点，选用合适比例的多种方法。必要时，采用钻芯法验证疑难桩。桩身质量的分类应在符合规范要求的基础上，着重结合缺陷深度和对基桩承载能力的影响情况分析，给出合理的判定。

（7）质量控制要从源头 ty 手。基桩检测只是一种检验手段，而根本解决基桩质量问题，必须加强施工过程控制，一旦发现桩基质量问题，势必直接对工期造成损失，若存在质量问题而未发现，后果则不堪设想。

3．工程试桩

1）试桩位置及数量

试桩的位置宜选择在有代表性地质的地方，并尽量靠近地质钻孔或静力触探孔。根据《铁路桥涵工程施工质量验收标准》规定，桩基静载试验数量由设计单位确定；《公路桥涵施工技术规范》规定在相同地质情况下，桩基静载试验数量为桩基总数的1%，并不得小于2根。

对于长大线路来说，按《公路桥涵施工技术规范》规定，试桩数量大，费用高，于是也有采用以下方案：一般地段摩擦桩试桩数量 1 根/km；地质情况较为复杂地段，原则上每种类型的岩土不少于试桩1根，另外，每座桥应至少有试桩1根。

总之，试桩的位置及数量应根据工程具体情况酌情处理。

2）试验内容

常规检验性试验，主要进行承载力检验，是否满足设计要求，施加荷载至设计值2倍。

3）试验方法

（1）慢速维持荷载法（锚桩反力）。

4根锚桩方案：对于基础为8根桩的，需要在承台桩外增打1根锚桩；对于基础为8根桩以上的，锚桩可全部借用工程桩。但锚桩的配筋长度和直径均需要单独计算、加强。

2根锚桩方案：全部借用工程桩，锚桩通筋。作为锚桩的工程桩，建议通过检算抗拔反力，适当加长。

（2）自平衡法。

该方法目前在铁路桥梁上应用较少，但有它一定的适用范围和优势。对于设计荷载大、地理环境复杂的桩，可采用自平衡法试验；对于常用跨度桩采用自平衡法试桩时，应进行静压对比试验。

（3）堆载法。

常规施工，选择任意工程桩作为试验桩，通过在试验平台上堆放配重铁块或沙袋提供测试反力。其缺点为测试费用高，试验现场安全性差，一旦倒塌容易造成伤亡事故。

Part 7 高速铁路钢桁架桥

7.1 概 述

7.1.1 钢桁梁的组成

当跨度增大,板梁桥及结合梁桥所需的梁高和用钢量将增加。一般当桥梁跨度大于 40 m 时,采用钢桁梁结构比较经济。简支钢桁梁桥是一种最常用的铁路桥梁结构。

钢桁梁桥按桥面位置的不同,可分为上承式、下承式和双层桁梁桥。桁梁桥由主桁、联结系、桥面系及桥面组成,如图 7-1 所示。

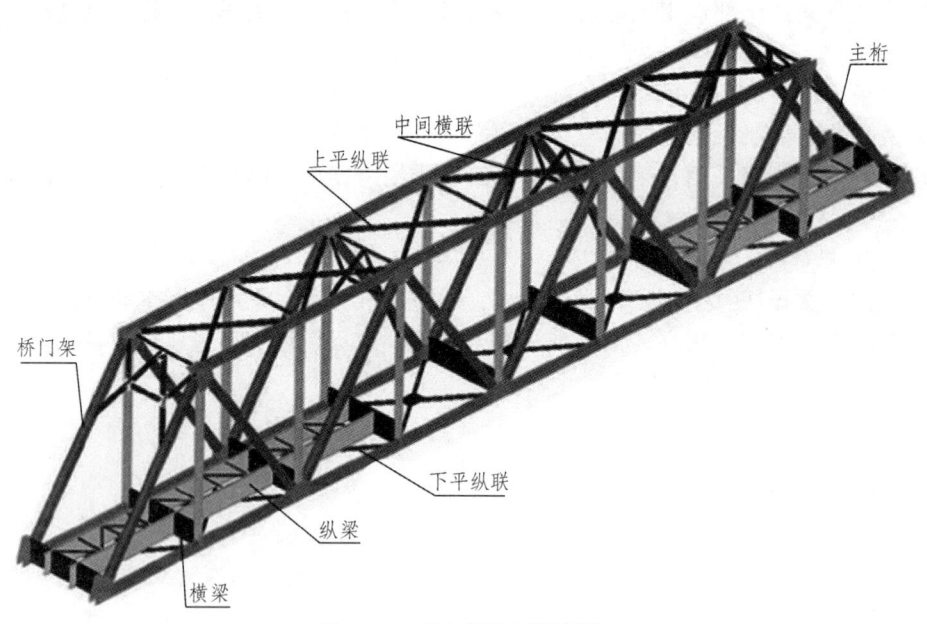

图 7-1 下承式简支钢桁梁

1. 主桁架

主桁架是钢桁梁桥的主要承重结构,其作用是承受竖向荷载,将荷载通过支座传给墩台。主桁架由上、下弦杆和腹杆组成。腹杆又分为斜杆和竖杆两种,有些桁架没有竖杆,杆件交汇的地点成为节点。有斜杆交汇的节点，受力及构造比较复杂，节点板尺寸也比较大，通常被称为大节点；仅有竖杆和弦杆交汇的节点，受力及构造较简单，节点板尺寸也较小，被称为小节点。在大节点处左右弦杆的内力不等，截面也不同，通常在节点中或节点旁弦杆是断开的。小节点处左右弦杆的内力相等，截面也相同，故弦杆在小节点处不必断开。节点之间的距离为节间。节间的长度一般也是钢桁梁桥面系横梁的间距及纵梁的跨度。

2. 联结系

联结系分纵向联结系和横向联结系两种。联结系的作用是将主桁架联结起来，使桥跨结构成为稳定的空间结构，能承受各种横向荷载。

纵向联结系设在主桁架的上、下弦杆的平面内，分别称为上部水平纵向联结系与下部水平纵向联结系（简称上平纵联与下平纵联）。平纵联的主要作用为承受作用于桥跨结构上的横向水平荷载，包括作用于主桁架、桥面系、桥面和列车上的横向风力、列车横向摇摆力及曲线桥上的离心力。平纵联的另一个作用是横向支撑弦杆，减少弦杆平面以外的自由长度。此外平纵联对桥梁的横向刚度及横向自振频率影响较大，对铁路桥梁尤其是高速铁路桥梁，必须特别关注。

横向联结系设在桥跨结构的横向平面内。位于桥梁端部的横联，在下承式桁梁桥上叫桥门架。位于桥跨结构中部的称为中横联。桥门架设在主桁架端斜杆平面内。中间横联的间距一般不大于两个节间。中横联的作用是增加钢桁梁的抗扭刚度。当桥跨结构受到不对称的竖向荷载或横向荷载时，中间横联还可以适当调节两片主桁或两片纵联的受力不均。

3. 桥面系

钢桥的桥面系是指纵梁、横梁及纵梁之间的联结系，如图 7-1 所示。桥面传来的荷载先作用于纵梁，再由纵梁传至横梁，最后由横梁传至主桁架节点。纵梁之间的联结系将两片纵梁联成整体。

4. 桥面

桥面是供车辆和行人走行的部分。桥面的形式与钢梁桥及结合梁桥相似。

7.1.2 主桁架的图式及特点

1. 主桁架的几何图式

主桁架是钢桁梁桥的主要组成部分。拟定主桁架的图式，应根据桥位的具体情况，选择一个较为经济合理的方案。对于城市桥梁，还应该适当考虑与周围环境相协调的美观问题。根据腹杆几何图形的不同，主桁架常见的几何图式可归纳为四种基本类型，如图 7-2 所示。下面对常用的几种基本图式做简要介绍。

1）三角形桁架

由斜腹杆与弦杆组成等腰三角形的桁架称为三角形桁架，如图 7-2（a）所示。它是目前世界上应用最广的一种桁架式样，适用于各种跨度的桥。其主要优点是：弦杆的规格和有斜杆交汇的大节点的个数较少；支撑横梁的竖杆只承受局部荷载，内力很小而截面相同；不支承横梁的竖杆只起支撑弦杆的作用，内力为零，有时可以省去。节间较小的三角形桁架也可不带竖杆。节间太大的三角形桁架，为避免纵梁太长，可用节间再分的办法减小纵梁的支承跨度。

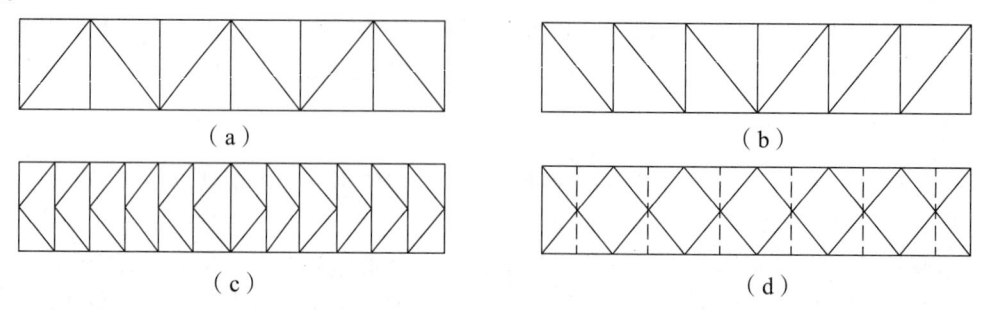

图 7-2 主桁架的常用类型

三角形桁架较其他类型桁架构造简单，适应钢桁梁桥设计定型化，便于制造和安装。它是我国铁路中等跨度（$L = 48 \sim 80 \text{ m}$）下承式栓焊钢桁梁桥标准设计采用的形式。

2）斜杆形桁架

相邻斜杆互相平行的桁架称为杆形桁架，如图 7-2（b）所示。它与三角形桁架相比，其弦杆规格多，每个节间都有变化；竖杆不仅规格多，而且内力大，所有节点都有斜杆交汇，均为大节点。因此，在构造及用钢量方面都不及三角形桁架优越。目前已很少采用这种桁式。

3）K 形桁架

斜杆与竖杆构成 K 字形的桁架称为 K 形桁架，如图 7-3（c）所示。由于主桁架同一节间内的剪力有两根斜杆分担，其斜杆截面较上述两种类型要小。但这种桁架的杆件规格品种多，节点多，节间较短，且纵、横梁的件数和连接较多，用于中小跨度时，构造显得复杂，偶然在大跨度桥上采用。但 K 形桁架具有杆件短小、轻便的优点，故适宜于装拆式桥梁。

4）双重腹杆形桁架

双重腹杆形桁架式有两个不带竖杆的三角形桁架叠合而成。如图 7-2（d）所示。由于斜杆只承受节间剪力的一半，故杆件短、截面小，如用于大跨度梁，受压斜杆短，对于屈曲稳定有利。斜杆截面小，则在节点板上的连接栓钉数也少，有助于解决大跨度桁架节点板尺寸过大与钢板供货尺寸有一定限制的矛盾。我国大跨度钢桁梁多数采用带辅助竖杆的双重腹杆形桁架（又称菱形桁架或米字形桁架），如武汉、南京两处的长江大桥和我国铁路标准设计（$L = 96 \sim 120 \text{ m}$）下承式简支栓焊钢桁梁桥。

2. 主桁架的主要尺寸

主桁架的主要尺寸包括：桁架高度、节间长度、斜杆倾角和两片主桁架的中心距。这些尺寸拟定得是否合理，对钢桁梁的技术经济指标有决定性影响。

1）桁架高度

桁架高度是由用钢量、刚度等要求来确定。在上承式桁梁中，还要考虑容许建筑高度的要求，下承式应保证净空要求。

桁架高度大，弦杆受力较小，截面也小，可以减少弦杆的用钢量，但腹杆增长，用钢量会有所增加；桁架高度小，则反之。从理论上讲，当总的用钢量与腹杆用钢量相等时，桁架的用钢量最省。对于一定跨度的桁架桥，当选取的桁架高度为用钢量较经济时，称为经济高度。

钢桁梁桥应具有必要的竖向刚度。通常把挠度作为衡量竖向刚度的标志，挠度大，梁端的转角也大，影响行车的平顺和安全，节点刚性次应力和活载动力作用也大。主桁高度对钢梁桥的挠度影响甚大，拟定主桁高度时，应对挠度进行初步验算。

简支钢桁梁的梁高可参考表7-1中所列高跨比的范围选用。

表 7-1 简支钢桁梁的梁高范围

桥型	铁路桥		公路桥	
	平行弦桁架	多边形桁架	平行弦桁架	多边形桁架
下承式	$1/7L$	$(1/5\sim1/6.5)L$	$(1/7\sim1/10)L$	$(1/5.5\sim1/8)L$
上承式	$(1/7\sim1/8)L$		$(1/8\sim1/10)L$	

2）节间长度

主桁架的节间长度直接影响主桁架纵横梁的跨度和斜腹杆的倾角。节间长，则纵梁的跨度大，纵梁用钢量多，横梁数量减少，横梁用钢量也减小。由于纵梁占桥面系用钢量的比值较大，因此纵梁跨度（节间长度）不宜过大。

解决主桁节间长度与纵梁跨度之间矛盾的办法是适当压缩主桁节间长度和放大纵梁跨度。但在大跨度桥梁中，过分加大纵梁跨度，势必增加桥面系重量，加大主桁架的自重。在这种情况下，必须从腹杆体系或主桁体系上来解决这一问题。

中、小跨径的桁架，上承式桁架的节间长度一般为 3~6 m，下承式桁架的节间长度一般为 6~10 m，跨径较大的下承式桁架可达 12~15 m。公路桥的节间长度可适当增大，对桥面总重量的增加比值不会很大。

3）斜杆倾角

斜杆倾角由主桁高度与节间长度的比值决定，对腹杆用钢量和节点构造有很大影响。倾角过小，腹杆数少，但腹杆长度增大，而且腹杆内力很大。倾角过大，则腹杆内力小，但腹杆数量增多。此外，倾角过小或过大，均使斜杆无法伸入节点中心，节点板变得很长或很高，使面外的刚度很差。有竖杆的桁架的合理倾角为 50°左右；无竖杆的桁架的合理倾角为 60°左右。

斜杆倾角与桁高、节长有矛盾时，可在合理范围内进行调整。

4）主桁架中心距

钢桁梁桥主桁架的中心距离由横向刚度和稳定性决定。

铁路钢桥中若主桁间距太小，会使钢桁梁的横向刚度不足，导致列车过桥时引起桥跨结构剧烈的横向振动，轻则影响旅客舒适性，重则导致列车脱轨。由于桥梁横向振动的机理和计算方法尚不成熟，目前我国铁路单线钢桁桥主桁间距主要由横向刚度控制，在确定主桁中心距时必须特别注意，对特殊类型桥梁必须进行桥梁结构动力分析。

下承式钢桁梁桥的主桁中心距还应满足桥梁建筑限界的要求。上承式桁梁桥的主桁中心距还要考虑横向倾覆稳定性的要求，抗倾覆稳定安全系数不得小于 1.3。

在拟定上述尺寸时，考虑了标准化和模数化，目的在于使设计、制造、安装、养护和更换工作简化及方便。

7.1.3 连续桁梁及悬臂桁梁桥

跨度大于 120 m 的多孔桥，采用连续桁梁桥较为合理。由于连续梁的最大弯矩比简支梁小，因此比简支梁节省约 8%~10% 的钢材。连续梁在遭到局部破坏时，不易整孔塌落桥下，损害不及简支梁大，修复也较容易。

连续梁特别适合于用悬臂拼装法安装，或采用纵向拖拉及顶推方法安装就位。用上述方法安装时，安装内力比较接近于设计内力，故安装时需要加强的杆件也较少。

连续梁桥最常采用的每联跨数是两跨或三跨，极少超过五跨。跨数多固然可以改善线路运行条件，但所带来的经济效益有限，而且会使固定支座承受较大的制动力，增大活动支座一段的伸缩量。

二孔连续梁应做成等跨的。三孔时为使各孔弯矩平衡，跨度的合理比例是 7∶8∶7。但为了美观，特别是遇到两联以上的长桥时，也常采用等跨布置，如我国的武汉长江大桥就采用 3 联 3×128 m。

连续梁因竖向刚度大，其梁高可以做得比简支梁矮一些，通常为跨度的 1/7~1/8。跨度很大时，为避免弦杆截面尺寸相差过分悬殊，难以设计，可将支点上方桁高适当加大。一般可为跨中桁高的 1.2~1.5 倍。但不宜将加高部分的外形做得太尖。为了美观、制造标准化及安装时便于爬行吊车在上弦移动，近代修建的连续钢桁梁桥常做成平行弦的。

7.2 桁梁桥构造

7.2.1 主桁杆件构造

1. 主桁杆件的截面形式

桥梁主桁为重型桁架，杆件截面较大，一般采用双壁式截面。杆件的截面积主要集中于两个平行的竖肢上。交汇于节点的相邻杆件，其两竖肢连接在两块平行的节点板上。与轻型桁架（如联结系或屋架）的单壁式截面相比，双壁式截面可以扩充得很大，两块平行的节点板上可以布置较多的连接螺栓，而且在桁架平面外有较大的刚性。

双壁式截面的组成形式有 H 形截面与箱型截面两种，如图 7-3 所示。

焊接 H 形截面由两块竖板（也称翼板）与一块平板（也称腹板）组成，如图 7-3（a）所示。其优点为：组装工作简单，组合焊缝不用开坡口，便于采用全自动焊，矫正焊接变形较容易，工地连接螺栓安装方便，因此我国钢桁梁广泛采用 H 形截面。H 形截面的主要缺点是界面绕 X 轴的刚度小，用作压杆时不太经济，此外，当 H 形杆件平置时，腹板上必须开泄水孔。

焊接箱形截面由两块竖板与两块平板组成，腹板内设有间距不大于 3 m 的隔板，如图 7-3（b）所示。为防止腹腔内壁在运营期间锈蚀，端隔板必须密封焊接。箱形截面的组装、焊接、矫正焊接变形和在工地安装连接螺栓都比 H 形截面费工费事。箱形截面的优点是截面对 Y 轴与 X 轴都有较大的刚度，由于截面用四块板组成，板厚相对于 H 形截面可以薄一些。故箱形截面适用于内力和长度较大的压杆。

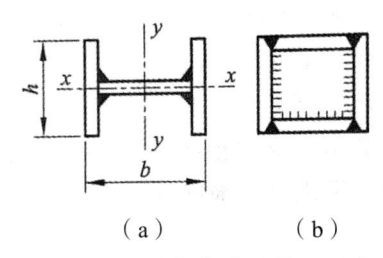

图 7-3 主桁杆件的截面形式

2. 主桁杆件的外廓尺寸

主桁杆件的外廓尺寸对主桁的技术经济指标有重要影响。拟定主桁杆件外廓尺寸时，应考虑下列因素：

（1）同一主桁中各杆件的宽度 b（指两节点半内壁间距）必须一致，使各杆件在节点处能用节点板相连。标准设计中跨度相近的主桁，其杆件应采用相同的宽度 b，便于工厂成批生产，以简化制造，使不同跨度间尺寸完全相同的杆件可以互换使用。

（2）上、下弦杆在各节间的高度应尽可能一致。杆件高度 h 过小，杆端在节点板上的连接螺栓的纵向行数少，横向列数增多，节点板尺寸势必加大；杆件高度 h 过大，则主桁节点刚性次应力加大。《铁路桥规》规定：连续桁梁若杆高 h 不大于杆长的 1/15，简支桁梁若杆高 h 不大于杆长的 $L/10$，可不计算节点刚性次应力。我国《公路桥涵设计规范》也有类似规定。

（3）外廓尺寸过小，杆件的刚度小，如果是压杆，则总体稳定性差，截面设计不经济。外廓尺寸过大，总体稳定虽然改善，但分肢的板薄，局部稳定性差。故应兼顾二者的要求。

（4）拟定 H 形截面的宽度 b 和高度 h 时，应考虑能容纳自动电焊机小车在竖板形成的槽形空间内行车。

（5）根据工厂组装胎型和机器样板的标准栓线网格布置，我国钢桁梁主桁杆件的宽度 b 有 460 mm、600 mm、720 mm 等三种；高度 h 有 260 mm、440 mm、600 mm、760 mm、920 mm、1 100 mm 等多种。

3. 主桁杆件截面分肢

确定杆件分肢板的厚度时，应满足以下要求：

（1）过薄的钢板在运营期间因锈蚀而导致截面的相对损耗大，且在制造、运输和安装时容易变形，故规范有对结构各部分截面最小尺寸要求。表 7-2 为《铁路桥规》的构件各部分截面最小容许尺寸，主桁杆件板厚不得小于 10 mm；挂杆受力比较复杂，应力分布很不均匀，其翼板厚度不得小于 12 mm；板梁腹板较高，其厚度过小，焊接时变形不易控制，故当跨度大于或等于 16 m 时，其厚度不得小于 12 mm。

由于公路荷载小于铁路荷载，《公路桥规》的规定稍松一些。主梁、行车系、联结系用钢板或型钢肢厚度不得小于 8 mm；节点板、焊接梁腹板或纵横梁及主梁相互连接用角钢厚度不得小于 10 mm；填板厚度不得小于 4 mm。

表 7-2 截面最小容许尺寸

部件类别	最小厚度或尺寸 /mm	部件类别	最小厚度或尺寸 /mm
钢板（除下列情况外）	10	联结系用钢板或角钢肢的厚度	8
挂杆翼板	12	填板	4
跨度≥16 m 的焊接板梁的腹板	12	纵梁与横梁、横梁与主桁的连接角钢	100×100×12

（2）H 形截面的主桁杆件只有翼板与节点板连接，腹板应力靠翼板间接传递给节点板，在节点附近，其应力低于整个截面应力，材料不能充分利用，故杆件截面也不能很好地整体工作。故《铁路桥规》还要求：

焊接杆件翼板厚 $\delta \geq 24$ mm 时，腹板厚 $\geq 0.5\delta$；

焊接杆件翼板厚 $\delta < 24$ mm 时，腹板厚 $\geq 0.6\delta$；

铆接杆件翼板厚腹板厚 δ 在任何情况下，腹板厚 $\geq 0.4\delta$。

（3）焊接杆件的最大板厚应考虑供货条件。铆接杆件的板束总厚度应考虑铆钉的容许握距。

（4）压杆的各分肢钢板或板束的宽厚比 b_i / δ_i 应满足局部稳定的要求。

4. 主桁杆件的刚度要求

刚度不足时，杆件在自重作用下会产生较大的挠曲，在活载作用下容易发生较大的振动，导致连接松动和降低疲劳强度，在运输安装过程中也容易发生变形。现行规范对杆件采取长细比（λ）限制，表 7-3 为《铁路桥规》对杆件容许最大长细比的规定。《公路桥规》也有类似的规定，比表 7-3 稍松一些。

表 7-3 杆件容许最大长细比

杆件			长细比
主桁杆件	弦杆、受压或受反复应力的杆件		100
	不受活载的腹杆		150
	仅受拉力的腹杆	长度≤16 m	180
		长度>16 m	150
连接系杆件	纵向联结系、支点处横向联结系、制动联结系		130
	中间横向联结系		150

7.2.2 桥面系梁格构造与连接

桥面系梁格一般由纵梁、横梁及纵梁之间的联结系组成，主要应用在铁路钢桁梁中。我国铁路下承式各种跨度的栓焊钢桁梁标准设计，其桥面系采用统一布置及统一尺寸，见图7-4、图7-5。

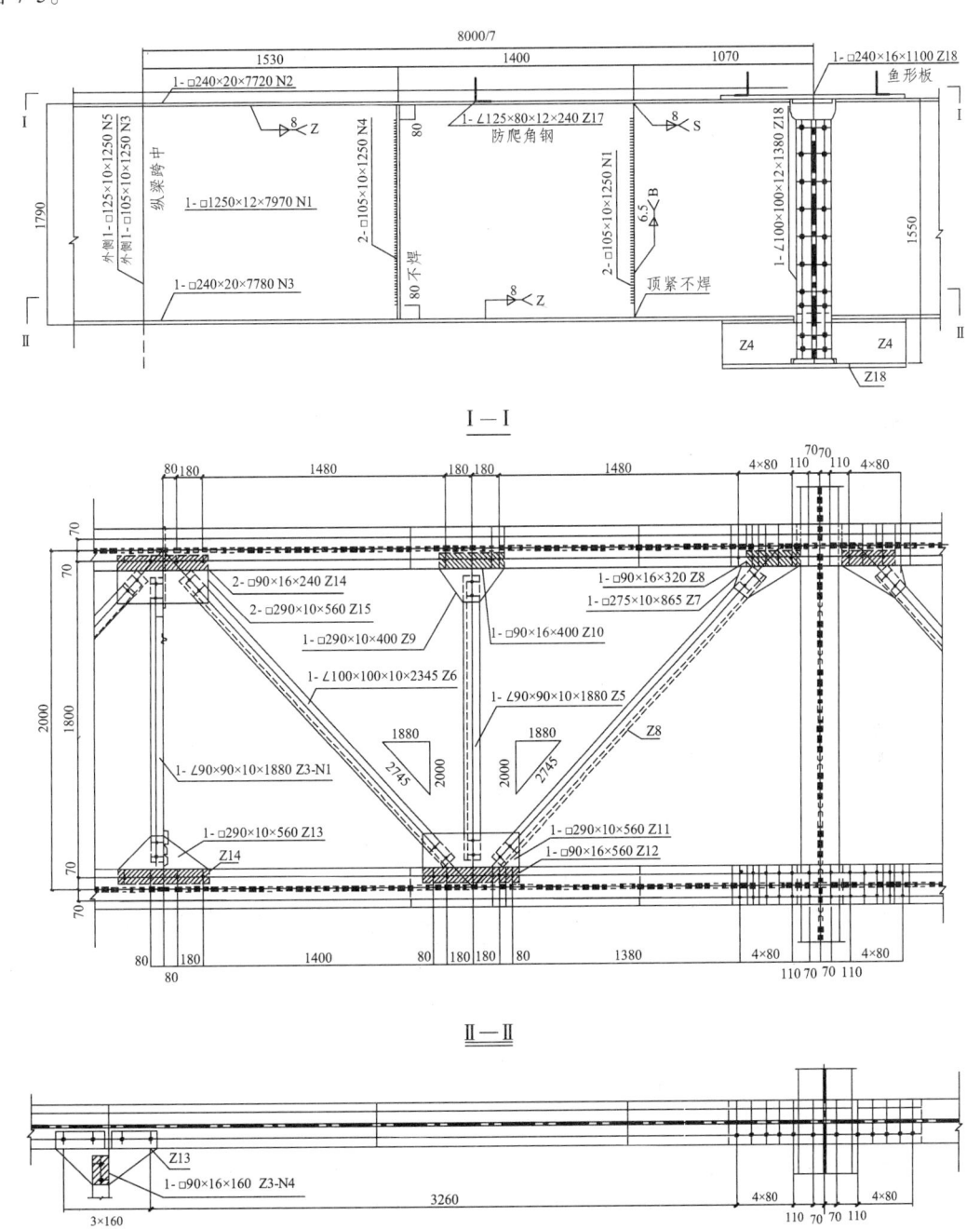

图7-4 铁路标准设计焊接纵梁立面及平面（单位：mm）

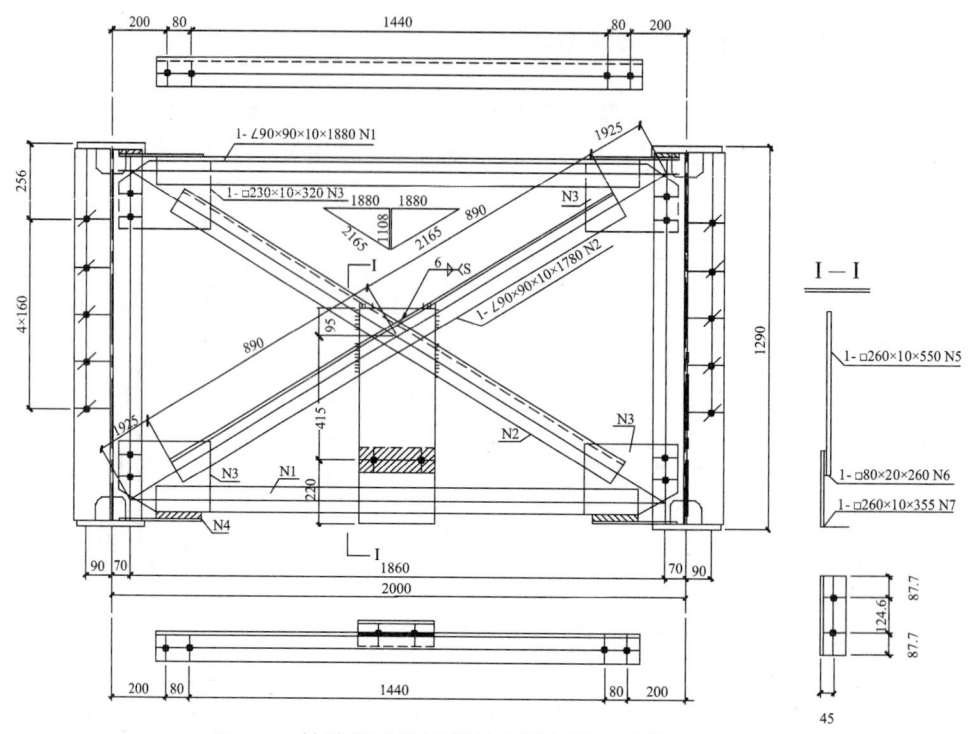

图 7-5　铁路标准设计焊接纵梁剖面（单位：mm）

1. 纵梁和横梁

纵梁与横梁一般均为板梁。当跨度小于 6 m 时，纵梁也有用大号工字钢做成的。

铁路桥纵梁上翼缘直接承受桥枕压力，纵梁的上翼缘宽度不宜小于 240 mm，焊接纵梁上翼缘伸出肢的宽厚比不得超过 10 mm。

铁路桥的纵、横梁翼缘与腹板的厚度至少是 10 mm，公路桥至少是 8 mm。

纵、横梁的腹板应根据板的局部稳定需要设置加劲肋。由于受拉翼缘上的横焊缝会降低疲劳强度，加劲肋顶端不得焊在梁的受拉翼缘上，但可焊在受拉翼缘上，加劲肋与纵梁腹板的竖焊缝不得焊至纵梁翼缘边。在图 7-4 中，纵梁加劲肋上端焊在上翼缘上，一以帮助翼缘支承桥枕。横梁在剪力作用的区段也设有加劲肋，但不必焊在翼缘上。端横梁又是起重横梁，在准备放千斤顶的地方要设置支承加劲肋和千斤顶座板。支承加劲肋与横梁下翼缘必须顶紧，以便传力，但不得焊接。

为了线路的平顺和降低横联钢架作用在竖杆中引起的附加应力，纵梁与横梁的高度宜大一些。铁路桥纵梁的高度一般是其跨度的 1/7～1/8，横梁的高度一般是其跨度的 1/4～1/6。公路活载比铁路轻，纵、横梁高跨比分别为 1/8～1/10，1/6～1/8。

2. 纵梁与横梁的连接

单线铁路桁梁，常把纵、横梁做成一样高，使纵梁梁端连接的构造简单一些。图 7-6（a）就是等高的纵、横梁的连接形式，在纵梁腹板上设一对连接角钢，与横梁腹板相连。在纵梁上下翼缘上各设一块鱼形板，与横梁及相邻的纵梁的翼缘相连。这种构造简单，传力较好，目前常采用这种构造。时间证明：纵梁梁端只设连接角钢而无鱼形板，连接角钢与螺栓在运营过程中往往容易发生松动或断裂现象，加设鱼形板以后，此种现象即可避免。

对于双线公路或公路桥梁，其横梁跨度较大，要求较大的梁高，纵、横梁常采用不等高的形式。如图 7-6（b）所示，可将纵梁端向下方局部加高。当受建筑高度限制而必须降低纵梁标高时，可采用图 7-6（c）所示形式，但上鱼形板从横梁腹板穿过，削弱了横梁截面。

图 7-7 所示的构造形式比较简单，即一侧用短连接角钢设于纵梁的上下翼缘之间，另一侧用长连接角钢设于横梁的翼缘间，从纵梁的上、下翼缘端部切口通过。由于不用鱼形板，连接处将产生很大的附加应力，疲劳破坏的危险增大，铁路桥中不允许采用这样的构造。还应当注意在采用这类构造时，切口的地方必须设圆口，以防发生裂缝。

采用图 7-4 中的连接构造，指点弯矩可以充分地被传递，其纵梁受力类似于连续梁。当纵梁受不对称荷载作用，横梁将受到附加扭矩，在纵梁跨度较大的情况下尤其要引起注意。

3. 横梁与主桁的连接

图 7-6 为桁梁桥横梁与主桁的几种连接方式。当纵、横梁等高时，一般将横梁下翼缘与主桁下弦中心平齐[7-6（a）]。如不等高，应让纵梁下翼缘与主桁下弦中心平齐，使主桁下平纵联的斜撑得以从纵梁下方通过，由于此时横梁下翼缘降至下弦中心平面以下，故下平纵联的水平节点板要被横梁腹板隔开[图 7-6（b）]。当连接角钢上排不下计算所需的连接螺栓时，可在横梁的端部加接肋板，使连接角钢得以加长[图 7-6（c）]。

端横梁梁端处设有连接角钢外，还设有一块盖板，将横梁上翼缘与两块主桁节点板相一连，以便承受梁端弯矩（见图 7-5、图 7-7）。

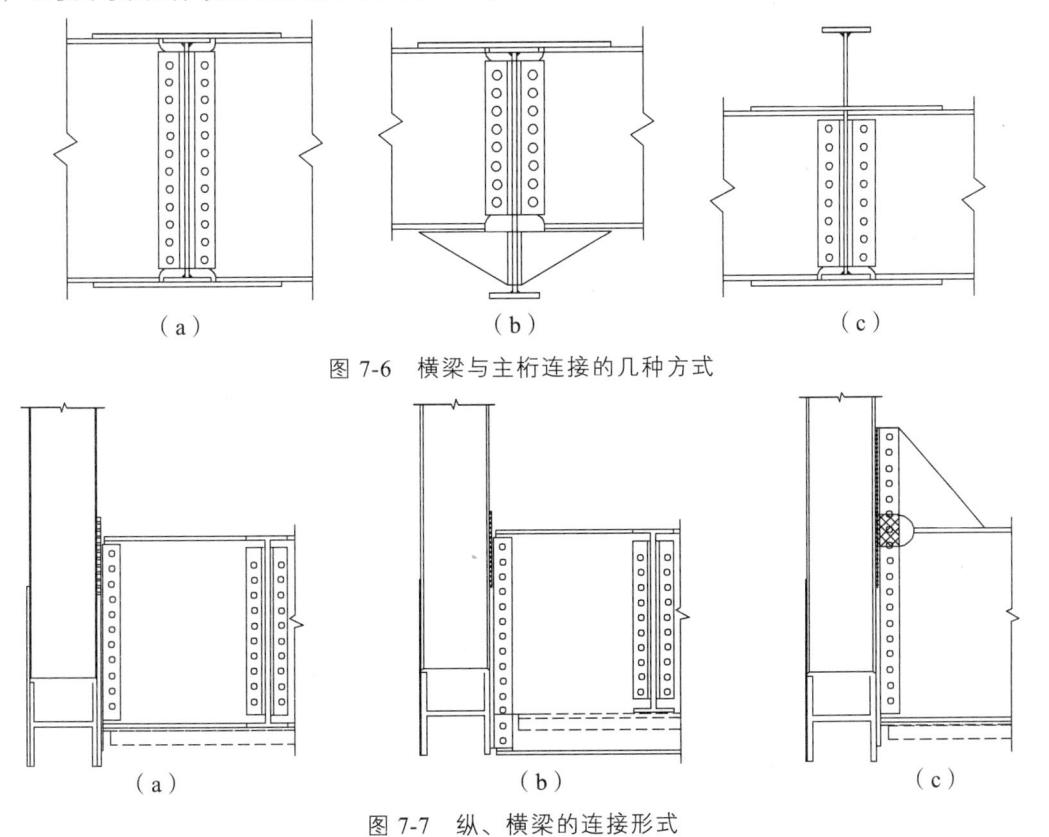

图 7-6 横梁与主桁连接的几种方式

图 7-7 纵、横梁的连接形式

4. 纵梁断缝

在竖向荷载作用下，桁梁桥主桁弦杆变形时，由于钢桁梁的空间作用，桥面系跟随弦杆一起变形。此时纵梁受到一定的轴力作用，横梁则产生较大的水平弯矩。此项附加力随主桁跨度的增大而增加，因此《铁路桥规》规定：对于跨度大于 80 m 的简支桁梁，应设有纵梁断缝。一般纵梁断缝设置在跨中的一个节间内，如图 7-8 所示。纵梁的活动端通过一对特制的支座支承于短伸臂上。纵梁活动端可以纵向滑动，也可转动。为了避免行车时纵梁活动端上下跳动，特设一块铰，把纵梁活动端连到短伸臂上。在安装架设钢梁时，活动纵梁与短伸臂应临时连成一体。

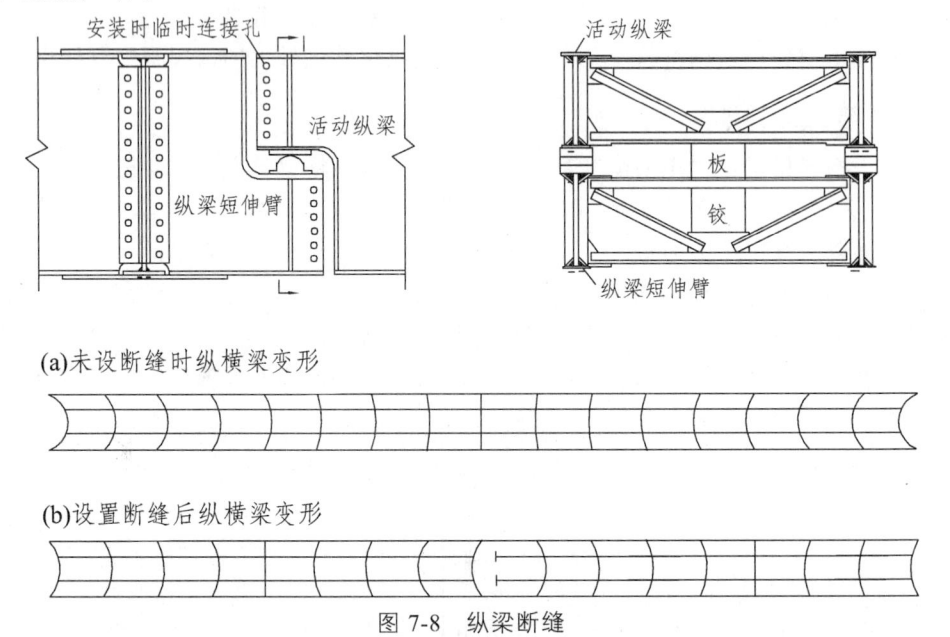

图 7-8 纵梁断缝

另外为了减少恒载引起的上述附加力，架设过程中可先用临时螺栓将纵梁、横梁试拼在一起，等到全部恒载作用到桥上之后，再用扩孔器调整螺栓孔，重新用螺栓拧紧。

7.2.3 节点构造

钢桁梁的节点即是主桁杆件交汇的地方，也是纵、横联杆件及横梁连接于主桁的地方，它连接位于主桁、纵联、横联三个正交平面内的杆件，构造一般都比较复杂。

1. 节点构造形式

1) 外贴式节点

外贴式节点的杆件全部采用焊接组成，在杆件两侧放节点板，然后用铆钉或高强螺栓把杆件连接起来。弦杆可以连续不断地通过节点，这类节点构造简单、拼装方便、应用很广，铁路钢桥的标准设计均采用这种方式。

图 7-9 为 $L = 64$ m 单线铁路下承式栓焊桁梁的下弦节点 E_2、E_1 和段节点 E_0 的一般构造图，这是较常见的外贴式节点板连接形式。64 m 钢桁梁主桁杆件采用 H 形或箱形截面，杆件宽

460 mm。弦杆接头设在大节点中心，相邻弦杆顶端留有 60 mm 间隙，以免顶住。对下弦大节点 E_2，左右弦杆在节点中心中断后，用拼接板 P_3、P_4 连接。由于左右弦杆翼板厚度不等，在拼接板与左边弦杆翼板间有 8 mm 的空隙，用填板 B_3 垫平。填板的最小厚度是 4 mm，故设计弦杆时相邻两弦杆厚度的差额不小于 4 mm。标准设计 H 形弦杆的腹板均未拼接，腹板应力通过翼板上的拼接板间接传递。这是由于腹板拼接板上的螺栓或铆钉被斜杆和竖杆挡住，不便于打铆钉或拧螺栓，栓孔也难于用立体机器样板钻制。横梁公用 24 个螺栓与竖杆相连，横梁上翼缘高出节点板上缘部分用填板 B_4 垫平。横梁的下翼缘与下平纵联斜撑通过水平节点板 L_{24} 与弦杆相连。

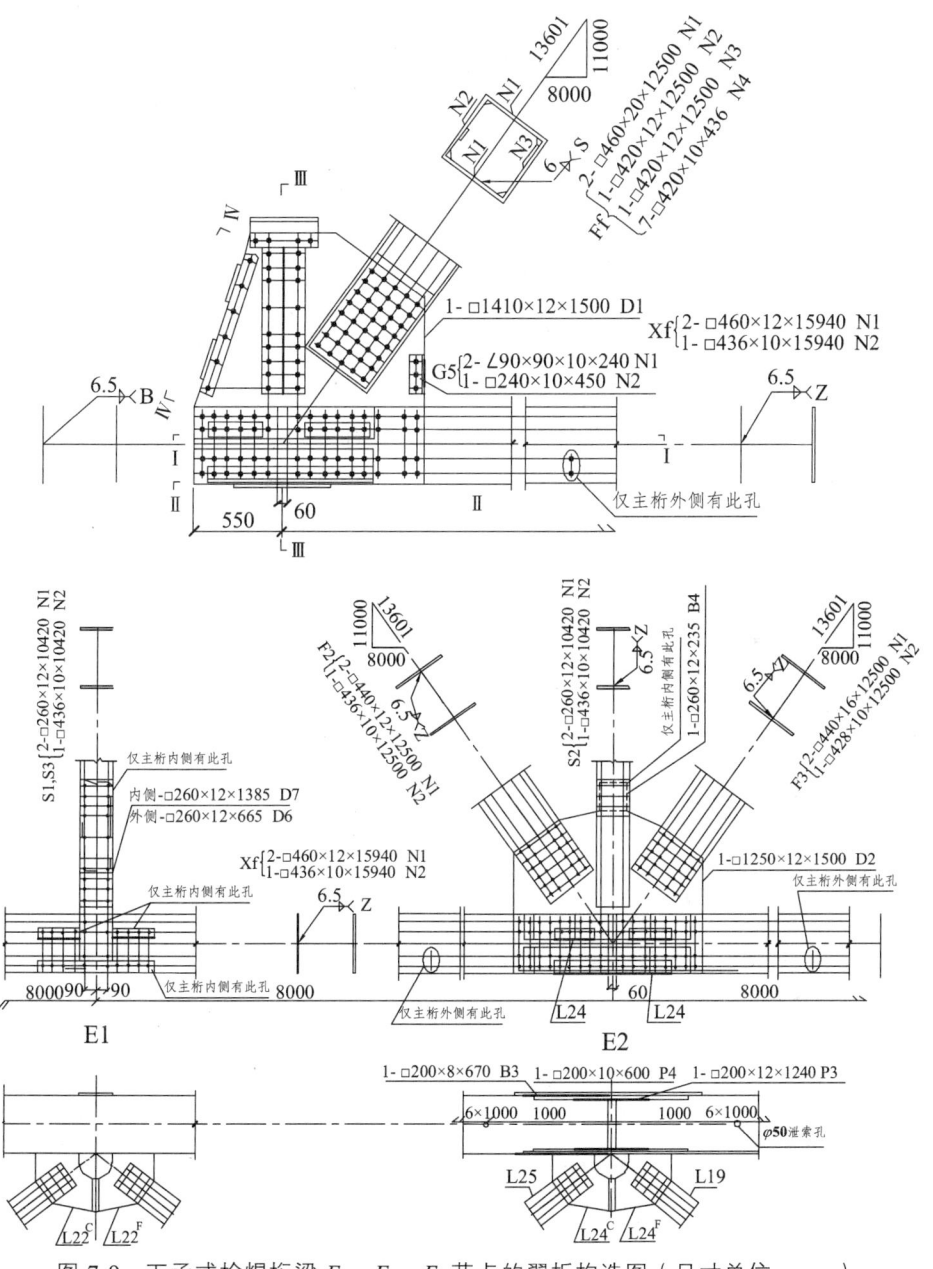

图 7-9 下承式栓焊桁梁 E_2、E_1、E_0 节点的翼板构造图（尺寸单位：mm）

下弦端节点 E_0 只有端弦杆 E_0E_2 与端斜杆 E_0A_1 两根杆件相交，节点下为支座。端弦杆通过与其截面相同的隔板 G_1 向前延伸 550 mm，并用拼接板 P_1 与 P_2 彼此连牢。此延伸段的作用有三：① 提供设置支座的位置；② 保证节点中心竖直截面具有足够的强度，以承受端斜杆水平分力与弦杆水平力所形成的拉力；③ 多空梁悬臂拼装或连续拖拉架设时，能在相邻端节点间设置临时连接杆。对于 $L = 48 \sim 160$ m 简支桁梁，自支座中心伸出的距离一律为 550 mm。为了使端横梁反力传至外节点板，在两块节点板间的横梁腹板延长面内设有隔板 G_2。端横梁的上翼缘通过水平板 B_2、连接角钢 J_3 与连接板相连，以传递节点负弯矩。节点板 D_1 与下拼接板 P_2 的下缘磨光顶紧于座板 B_1，以传递支座反力。座板与连接角钢 J_1 用 20 个 M22 工地远面埋头螺栓相连，座板上开有 A38 栓孔八个，与支座上摆相连。为了增加节点板在面外的刚性，在节点板的前后缘设置了隔板 G_3 与加劲肋 G_5。

2）内插式节点

内插式节点板是预先在工厂用坡口焊缝和弦杆的腹板焊成整体，在两块节点板中间插入腹杆，并用栓钉把二者连接起来。节点板起到了弦杆腹板的作用，轴向力产生的正应力是通过对接焊缝传递。当弦杆腹板与节点板不等厚时，必须把较厚的那块板伸出至少 25 mm。这种连接形式用钢量少，制造复杂，适用于大跨度桁梁。

图 7-10 为德国的 Wildberg 桥，这是一座斜交简支桁架铁路桥。节点板用坡口焊缝和左右弦杆的腹板焊成整体，在节点的附近，节点板也既作弦杆的腹板；在腹杆箱形截面杆端将上、下两水平板向杆件中轴处弯折，并在两折板相汇与杆中轴处用一水平板为其延续，将该部分的腹板加厚。这就可以将一箱形杆在两端处转变为工字形截面，以利工地高强螺栓的安装。

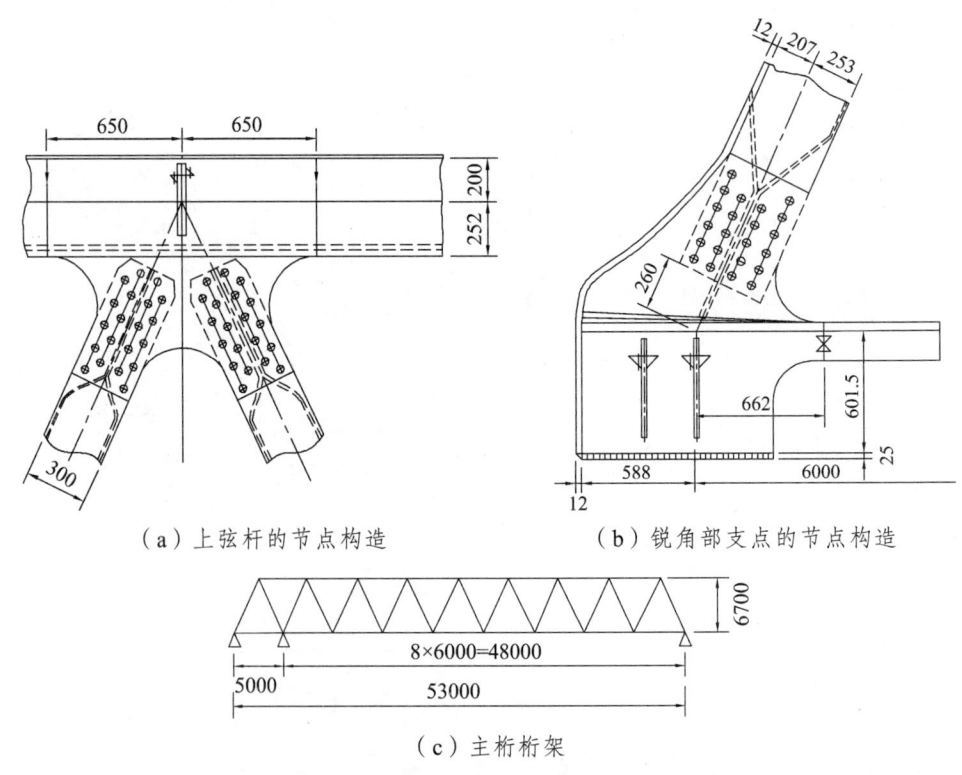

（a）上弦杆的节点构造　　（b）锐角部支点的节点构造

（c）主桁桁架

图 7-10　Wildberg 铁路桥上弦杆的节点构造图

图 7-11 为孙口黄河桥节点示意图。箱形腹杆与节点板采用四面拼接，使杆件受力改善。在节点连接和拼接处，为了安装钉、栓的需要，在焊接箱形杆件的底面水平板设置"手孔"。

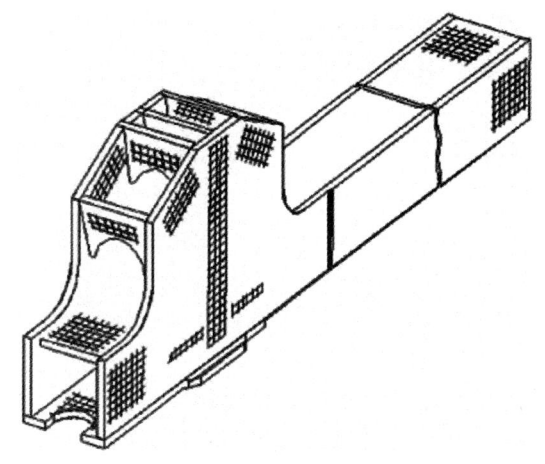

图 7-11　孙口黄河桥节点示意图

3）全焊节点

图 7-12 为 Stuttgart—Vaihingen 桥的全焊节点构造图。

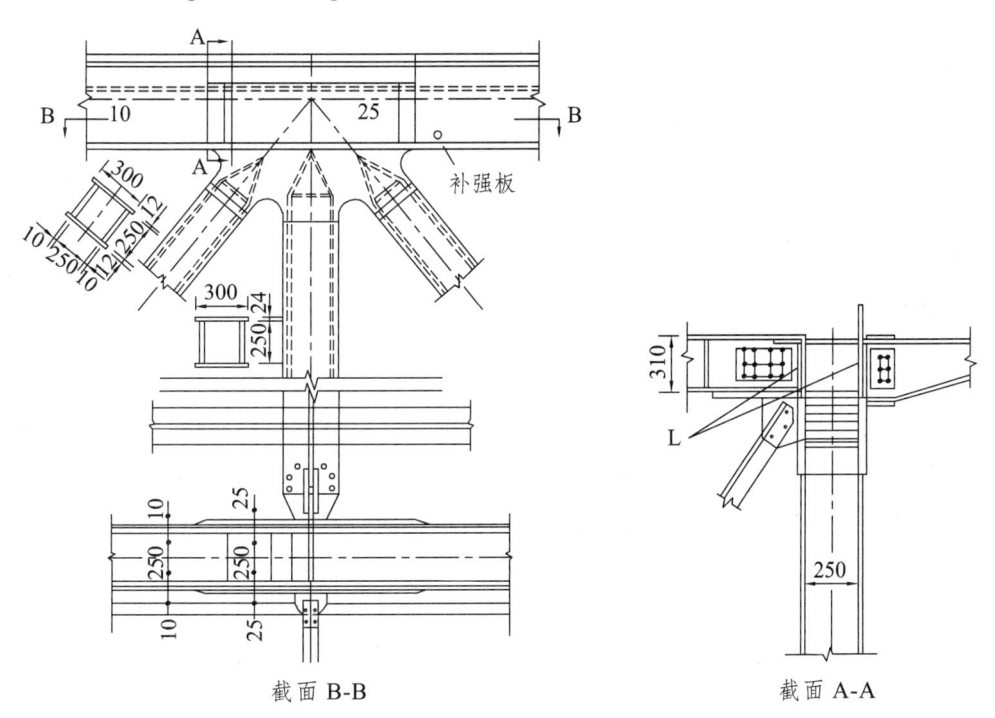

截面 B-B　　　截面 A-A

图 7-12　Stuttgart-Baihingen 桥的节点构造图

全焊节点工地焊缝太多，焊接变形不易控制，目前应用还不够广泛。

2. 节点的基本要求

1）受力方面的要求

（1）各杆件截面重心线应尽量在节点外交于一点，以免产生节点偏心的附加应力。如有偏心，应计算偏心影响；杆端连接螺栓群的合力线也尽量与杆件的截面重心线重合。以上要求对于联结系杆件较难做到，由于其节点偏心与连接偏心对结构影响不大，一般不予考虑。

（2）主桁杆件所需的连接螺栓个数应按杆件的承载力计算。连接系内力受活载影响不大，其所需连接螺栓个数，可按杆件内力计算。

（3）有条件时，杆件进入节点板的第一排螺栓数，可适当少布置几个，以减少杆件的截面削弱。

（4）弦杆在节点中心处中断时，单靠节点板来连接弦杆，多半强度不够，一般均需添设弦杆拼接板。

（5）所有杆件应尽量向节点中心靠拢，连接螺栓应布置紧凑，这样可使节点板平面尺寸小些，也有利于降低节点刚性次应力和增加节点板在面外的刚度。

（6）为了加强节点板的面外的刚度、屈曲稳定和抗碰撞能力，必要时得在节点板的自由地段设置加劲角钢或隔板（如图 7-11）。用缀板连接的组合杆件，端缀板应尽量伸入节点板。

2）制造、安装和养护方面的要求

（1）节点板形状应简单端正，不得有凹角。因凹角不便剪切，且有应力集中。必要时可适当放大节点板尺寸，增加一些螺栓。多于计算要求的螺栓，可按最大栓距排列。

（2）标准设计的节点板，螺栓位置必须按机器样板的固定栓线网格布置。所谓机器样板，就是在厚 12～20 mm 的钢板上，按孔眼设计位置，精确地嵌入经过渗碳淬火处理的钢制钻孔套。钻孔套是悬制的，硬度比钻头大 2～3 洛氏硬度级。钻孔套直径公差只有 0.05 mm，孔心距公差为 0.25 mm。钻孔时将机器样板覆盖在要加工的部件上，用卡具夹紧。钻头即通过钻孔套钻制加工部件上的安装孔；用机器样板钻出的孔，精度高而统一，并可省去号孔工作。

（3）同一杆件两端的螺栓排列应尽量一致，以减少不见得类型和便于安装时的互换。

（4）应避免不同平面内的栓钉钉头发生冲突。所有工地安装螺栓的位置，均应考虑施工时螺栓扳手工作的空间。

（5）立柱与上弦杆的连接要考虑拼装吊机在上弦工作时的荷载，端节点的构造要考虑悬臂拼装和连续拖拉多孔钢桁梁时，相邻二孔钢桁梁之间临时连接杆件的设置。

（6）节点内不得有积水、积尘的死角及难于油漆和检查的地方。

7.2.4 联结系构造

联结系有纵向和横向两种。它与主桁一起使桥跨结构形成稳定的空间结构，可承受各种纵、横向荷载。

1. 纵向联结系

纵向联结系是指同一平面两弦杆之间的联结杆件，即斜撑与横撑。

纵联杆件内力不大，截面较小，截面尺寸往往由刚度要求控制。在选择其图式时，应使杆件不要过长，以保证杆件有较大的刚度和作为压杆时使容许应力的折减不至太大。图 7-13 为纵联常用的几种图式；(a) 三角形；(b) 交叉形；(d) K 形。

（a）三角形　　　　　　（b）交叉形　　　　　　（c）K 形

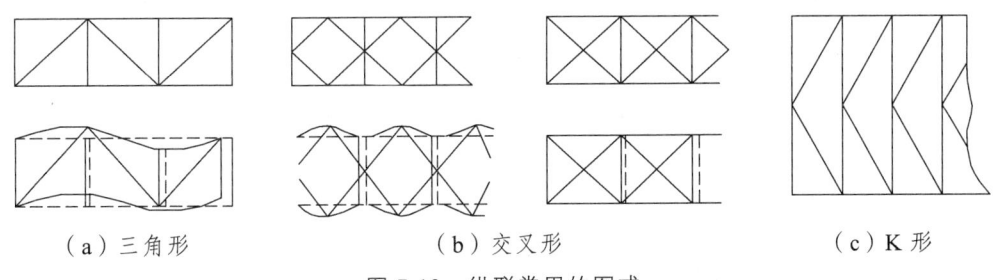

图 7-13　纵联常用的图式

三角形纵联斜撑自由长度较大，一般只用于主梁中距不大的小跨度上承式钢板梁及桥面系纵梁。交叉形和菱形纵联斜撑较短，多用于中等以上跨度的钢桁梁。

在竖向荷载作用下，由于空间作用，主桁弦杆变形时会带动纵联一起变形，在纵联杆件中产生内力。三角形与菱形纵联的横撑内力使弦杆受到附加弯矩[见图 7-13（a）、(b)]。当横撑是桥面系横梁时，此项附加弯矩更大，故最好不要采用这两种式样。交叉形纵联没有这个缺点，使用较为广泛，我国铁路桁梁桥标准设计都采用交叉形纵联形式。

图 7-13（c）为 K 形纵联。K 形纵联在竖向荷载作用下，弦杆变形所引起腹杆附加力很小，自由长度又较小，适合用于宽桥。

图 7-14 为我国铁路单线 64m 栓焊桁梁上、下平纵联的构造图。纵联采用交叉形，杆件采用交叉形，杆件截面全部采用工形，与主桁弦杆用双节点板相连。此外，上、下平纵联各自斜撑的交点与主桁弦杆中心线采用偏心连接，偏心距为 225 m，这样做是为了使节点板不至过长。由于平纵联斜撑内力不大，在节点中相邻斜撑的纵向分力与弦杆轴力形成的偏心距也不大。此项偏心距大部分由刚度较大的弦杆处承受，因此在计算中对纵联与弦杆的影响都很小。

纵联节点板由水平板与竖板焊成 2 片 L 形。斜撑与横撑上下翼缘分别连接在 2 片水平板上，并通过 L 形板中竖板连接在弦杆上。在主桁小节点上，竖板与主桁弦杆直接相连，竖板外壁与纵联几何图形的弦杆线相距 5 mm。在主桁大节点上，竖板与主桁弦杆隔着主桁内节点板相连，故竖板外壁距纵联几何图形的弦杆线为 17 m，即增加了一块内节点板的厚度 12 mm。

为避免交叉斜撑在交点冲突，上平纵联中有一根斜撑在交叉处中断，通过上、下两板节点板（如上平纵联 L10）实现交叉相连。在设有制动撑架的节点，斜撑交点尚有制动撑杆交汇，故用了一块较大的节点板。

上平纵联横联同时也是中横联的楣杆，采用工字形截面，通过节点板 L7、节点板 L8 与上弦相连，其节点板由两块板组成 L，兼作中横联的竖节点板。下平纵联的横撑即为桥面系横梁的下翼缘。

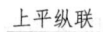

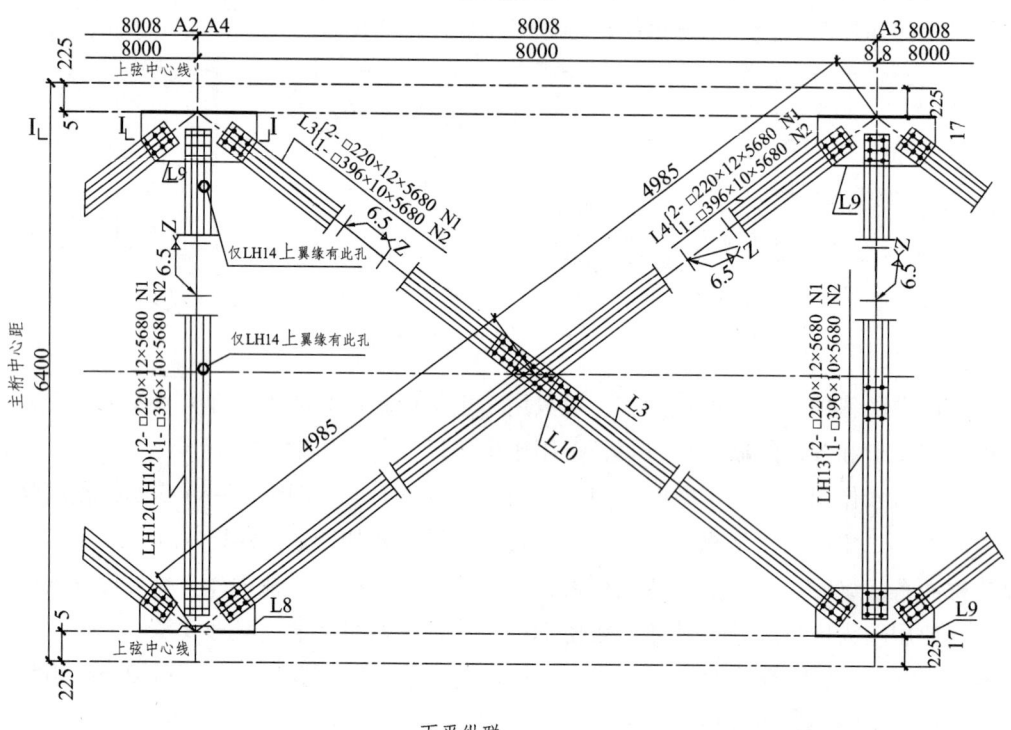

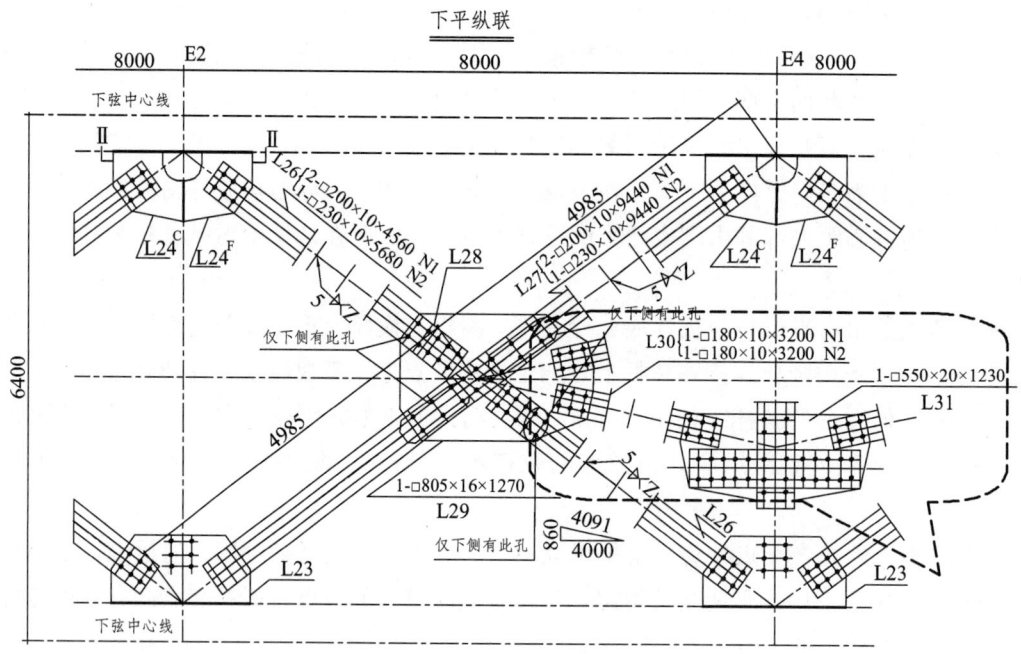

图 7-14 64 m 下承式栓焊桁梁纵向联结系构造图（尺寸单位：mm）

2. 横向联结系

布置桥门架和横向联结系图式的原则与纵向联结系相同，即应使联结系杆件不要太长，斜撑倾角以接近 45°为宜。图 7-15 为不同桁高与桁宽时，上承式桥与下承式桥横联的几种图式。下承式桥的桥门架和中横联，应尽可能使楣部件的下缘逼近桥梁建筑限界，腿杆的自由长度可以短些，以增强闭合框架的刚度。

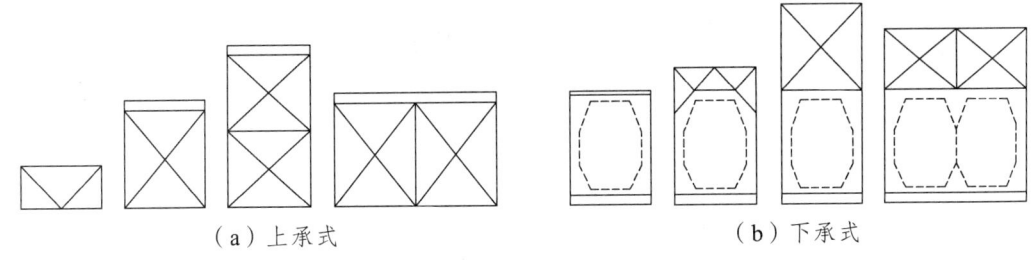

（a）上承式　　　　　　　　（b）下承式

图 7-15　桥门架与横联的几种图式

横联杆件截面较小，多半采用单壁式截面；桥门架楣杆内力较大时，有时也采用双壁式截面。

新建铁路桥梁横向联结系通常采用板式结构，如孙口黄河桥桥门架，在上平联I形横撑下叠焊桥门（或横联）构件，桥门架和横联也是I形。这种结构横向刚度大、新颖美观、安装方便。

3. 制动联结系

列车在桥上行驶时变速所产生的制动力或牵引力经由钢轨和桥枕传给纵梁，由纵梁传给横梁，横梁会出现过大的水平挠曲。为使这种纵向力水平直接传给主桁节点，通过主桁弦杆传往固定支座，以减少横梁所受的水平弯矩，需要设置制动联结系。制动联结系一般宜设在跨中（或在纵梁断开点与桥梁支点间的中部）。因为在该处横梁在弦杆变形时不发生弯曲，其相邻节间的纵梁与纵向联结系斜杆的纵向相对位移也较小，在该处设置制动联结系，可以减少制动联结系参与桥面系和弦杆的共同作用。

制动联结系往往在纵横梁交点及纵向联结系斜杆交点间加设四根短斜杆即可形成制动联结系，如图 7-14 所示。

公路钢桥车辆在桥上制动的纵向力比起列车的制动纵向力要小得多，常可不设制动联结系。

7.3　工程实例

7.3.1　东新赣江特大桥

1. 工程概况

东新赣江特大桥为（126+196+126）下承式变高度钢桁梁（见图 7-16），采用N形桁上弦变高桁式，中跨跨中和边跨端部桁高 19 m，中间支点桁高 35 m，节间长度 14 m；一个主墩（39#）设纵向固定支座，其余设纵向活动支座，两片主桁结构，主桁中心距 28.8 m，共搭载四线铁路：向蒲客运专线（时速 200 km/h）两线，预留杭南长客运专线（时速 350 km/h）两线。

图 7-16 东新赣江特大桥

2. 合龙总体布置

1）合龙方案

钢桁梁设采用从两侧往跨中架设、跨中合龙的总体方案，钢梁采用浮吊架设，中跨钢梁共有 14 个节间，合龙前，乐化侧中跨钢梁悬臂 7 个节间；向塘侧中跨钢梁悬臂 6 个节间，第 7 节间留为合龙口。

2）合龙方法

钢梁采用边墩顶落（主墩不起顶），并结合纵移的方法进行合龙。即合龙时，通过 38/41# 墩钢梁顶落来调整钢梁合龙口的竖向高程和转角，通过向塘侧（40#墩）钢梁的向中跨方向的纵移，调整合龙口的纵向里程差，合龙口尺寸调整到位后，依次合龙下弦、斜杆、上弦。

3. 合龙计算

1）计算模型

（1）采用 Midas 2006 软件进行计算，计算模型中钢桁杆件均按梁单元模拟，桥面板按梁格法进行等效模拟；

（2）计算中新安装的单元要考虑其由于已安装单元转角引起的初始位移；

（3）结构通过施加温度荷载来考虑杆件的伸长缩短，以反映预拱度的影响。

2）计算荷载

荷载组合：杆件自重+桥面临时荷载+安装平台荷载

其中钢梁杆件自重系数取为 1.12，其他临时荷载见表 7-4。

表 7-4 其他临时荷载

序号	作用荷载	荷载值	加载位置	备注
1	桥面临时荷载	2 kN/m	左右两幅桥面均加载	
2	安装平台	6.3 kN/m	在距前端 4 个节间范围内的下弦加载	
3	合龙段自重	661 kN/桁，弯矩 4625（kN·m）/桁	向塘侧钢梁前端	包括下弦、斜杆、上弦
4	上弦人行走道	1.0 kN/m	两个边桁上弦	

3）合龙前状态计算结果

合龙前状态计算结果见表 7-5。

表 7-5 合龙前状态计算结果

项目	钢梁前端位移/mm					支点反力/kN		反力/MPa
	上弦 ΔX	上弦 ΔZ	下弦 ΔX	下弦 ΔZ	转角 θ/(°)	边墩	中墩	最大应力
乐化侧钢梁	28	19	-23	19	0.154	3 122	41 098	拉应力/104 压应力/-77
向塘侧钢梁	-15	130	-14	130	-0.003	4 450	37 483	拉应力/81 压应力/-63

4）顶落及纵移量

边墩落梁，主墩不顶落，向塘侧钢梁纵移，具体数据见表 7-6。
乐化侧：边墩落梁 230 mm，主墩起顶 0 mm；
向塘侧：边墩落梁 102 mm，主墩起顶 0 mm，同时向中跨侧纵移 37 mm。

表 7-6 顶落及纵移量

项目	钢梁前端位移/mm				
	上弦 ΔX	上弦 ΔZ	下弦 ΔX	下弦 ΔZ	转角 θ/(°)
乐化侧钢梁	-7	198	-23	198	0.049
向塘侧钢梁	7	198	23	198	-0.049

4. 合龙措施

1）合龙总体步骤

（1）钢梁上到主墩后且在悬臂 2 个节间前，对钢梁中线进行调整，对钢梁进行边墩预落和纵向预偏，预落量和预偏量取理论边墩顶落量和纵移量的 90%；

（2）钢梁继续上前悬臂架设，直至合龙口（乐化侧中跨钢梁悬臂 7 个节间，向塘侧中跨钢梁悬臂 6 个节间）；

（3）安装合龙口杆件（向塘侧中跨钢梁悬臂第 7 个节间的下弦、斜杆和上弦）的向塘侧一端；

（4）实测合龙口尺寸，首先调整两侧钢梁的横向偏差，之后根据实测结果对边墩顶落量和纵移量进行微调，或采用顶拉等辅助措施进行微调；

（5）依次合龙下弦、斜杆和上弦，最后安装联结系，完成钢梁合龙。

2）合龙主要措施

（1）横向位移的调整主要在钢梁上到中墩后且在悬臂 2 个节间前完成，主要由各个支点的横向起顶设备来调整。钢梁合龙前，需对横向位移进行微调，此时主要采用导链横向对拉等微调手段。

（2）合龙口纵向间距的调整主要通过向塘侧钢梁的纵移来实现，乐化侧钢梁不纵移。纵向间距的调整主要在钢梁上到中墩后且在悬臂 2 个节间前完成，此时完成理论总纵移量的 90%，其余留在合龙前通过纵向对拉对顶、利用温差等微调措施完成。

（3）合龙口竖向位移和转角的调整主要采用边墩顶落来实现，两个中墩均不起顶。两个边墩的顶落主要在钢梁上到中墩后且在悬臂 2 个节间前进行，此时完成理论总顶落量的 90%，其余留在合龙前进行顶落量微调或通过纵向顶拉、压重等微调措施完成。

3）合龙步骤

（1）两侧钢梁采用对拉，再度精调中线；

（2）打入下弦长圆孔钢销[此时悬臂端间隔距离与设计尺寸的间距差为（0，+100）mm]；

（3）对钢梁进行纵移微调，当合龙口尺寸与设计尺寸偏差在 30 mm 左右甚至更小时，不需再进行纵移，等待温度变化即可，当偏差在 0.5 mm 以内时，打入下弦圆孔钢销；

（4）当步骤（3）完成后，将 40#墩临时固定支座释放为活动支座，完成体系转换；

（5）利用上弦顶拉设施调整上口间隙至当偏差在 0.5 mm 以内时，打入上弦圆孔钢销（上弦未设长圆孔，在节点外合龙）；至此，钢梁在跨中呈四点铰支状态。

（6）依次在下弦、斜杆及上弦的合龙点上打入 50%冲钉、上足 30%高栓，然后按照正常的顺序进行冲钉的替换、高栓初拧和终拧，同时退出钢销。至此，完成主桁合龙。

7.3.2 京沪高铁南京大胜关长江大桥

1. 工程概况

1）主桥桥式布置

南京大胜关长江大桥（图 1-5）是京沪高速铁路的控制性工程，也是沪汉蓉铁路及南京铁路枢纽的重要组成部分。

2）设计标准

按六线标准设计，京沪高速双线、沪汉蓉双线、南京地铁双线。

3）钢梁桁架结构

主桥采用三片主桁连续钢桁拱结构，一跨主拱共有 26 个节间（见图 7-17）。

图 7-17 主桁连续钢桁拱

4）主桁杆件

主桁节点为焊接整体节点（见图 7-18）。桁拱轴线为折线杆件。

5）桥面系

桥面采用正交异性板与桁下弦结合、道砟槽板与整体钢桥面结合的型式（见图 7-19）。

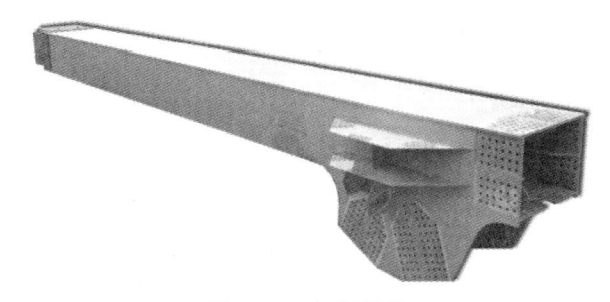

图 7-18　主桁杆件

图 7-19　板桁组合结构

2. 主要技术特点

（1）主桥钢梁为三片主桁连续钢桁拱结构，架设技术要求高，线形控制难度大。

（2）杆件吊重大、吊高高，采用水上大型浮吊安装，对位难度大。

（3）主墩钢梁采用双悬臂架设，同时在我国首次采用双主拱合龙方案（见图 7-20）。

图 7-20　主拱合龙

3. 主跨钢梁合龙方案

1）主跨钢梁安装步骤

（1）挂设第一层索；

（2）挂设第二层索；
（3）挂设第三层索，钢梁架设至合龙口。

2）总体合龙方案

（1）主跨钢梁采用双悬臂跨中合龙，先合龙拱肋后合龙系杆，先南主跨合龙后北主跨合龙（图7-21）。

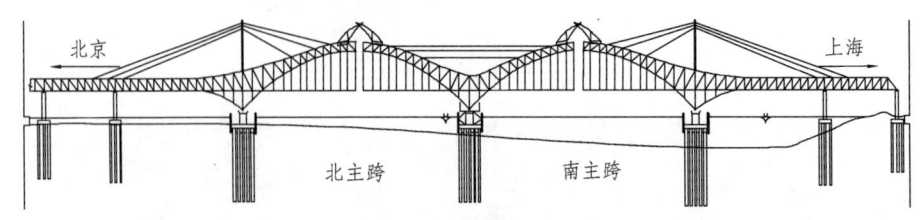

图7-21 主跨合龙图

（2）依次合龙拱肋下弦、斜杆与上弦，完成拱肋合龙。

（3）拱肋合龙后，释放第三层索索力，使主跨系杆节点栓孔对应，安装系杆合龙点，进行系杆合龙，完成全桥合龙（图7-22）。

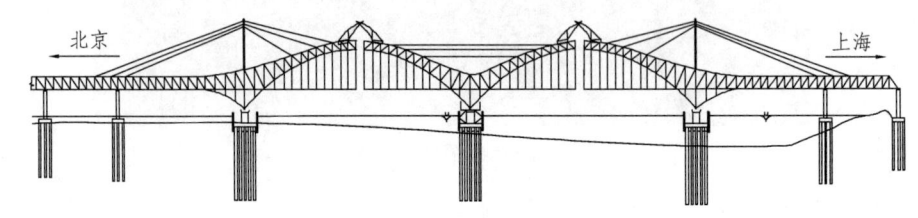

图7-22 全桥合龙图

3）主跨合龙难点

（1）合龙口位移调整手段受限；
（2）悬臂跨度长，合龙对位困难；
（3）主跨钢梁刚度大，位移调整难度大；
（4）合龙点多。

4）合龙措施

（1）主要合龙措施。

边跨合龙后，钢梁整体向跨中方向纵移150 mm，以克服拱肋合龙时的纵向偏差，主跨合龙前，通过6#、8#墩调整索力，调整钢梁前端位置，使其主动迎合7#墩两侧钢梁位置，从而实现主拱合龙。

（2）辅助合龙措施。

① 在合龙杆件上采用长圆孔加圆孔合龙铰的结构措施；
② 钢梁整体纵移微调；
③ 温度变化微调；
④ 水平顶拉设施微调；
⑤ 逐步打入冲钉调整。

5）合龙步骤

（1）7#墩两侧对称安装拱肋合龙杆件；

（2）两侧钢梁采用对拉措施，再度精调钢梁中线；

（3）调整水平索、斜拉索索力，使合龙口相对节点高差、转角一致；

（4）打入下弦长圆孔钢销；

（5）利用钢梁纵移微调或下弦顶拉设施，调整下弦合龙口尺寸，等待温度变化，打入下弦圆孔钢销；

（6）7#墩两侧对称安装系杆，打入长圆孔钢销，利用系杆顶拉设施、索力释放微调，等待温度变化打入系杆圆孔钢销。

参考文献

[1] 铁道部经济规划研究院. 客运专线铁路桥涵工程施工技术指南[M]. 北京：中国铁道出版社，2006.

[2] 铁道部安监司. 中国高速铁路安全规章汇编[G]. 北京：中国铁道出版社，2011.

[3] 铁道部运输局. 高速铁路工务知识读本[M]. 北京：中国铁道出版社，2011.

[4] 铁道科学研究院高速铁路技术研究总体组. 高速铁路技术[M]. 北京：中国铁道出版社，2005.

[5] 秦沈客运专线工程总结编委会. 秦沈客运专线工程总结[M]. 北京：中国铁道出版社，2006.

[6] 铁道部劳动和卫生司，铁道部运输局. 高速铁路桥隧维修岗位[M]. 北京：中国铁道出版社，2012.

[7] 范立础. 桥梁工程：上册[M]. 2版. 北京：人民交通出版社，2012.

[8] 郑健. 中国高速铁路桥梁[M]. 北京：高等教育出版社，2008.

[9] 孙树礼. 高速铁路桥梁设计与实践[M]. 北京：中国铁道出版社，2011.

[10] 李小珍. 高速铁路桥梁工程[M]. 成都：西南交通大学出版社，2010.

[11] 唐浩先. 32 m/900 t 级先张预应力混凝土箱梁整孔预制施工技术[J]. 四川建筑，2007（3）.

[12] 铁道部工程管理中心. 节段预制拼装移动支架造桥机施工技术要点手册[M]. 北京：中国铁道出版社，2009.

[13] 王新国，桂嫜. 时速250公里客运专线（城际铁路）简支箱梁通用参考图设计简介[C]//高速铁路桥梁技术国际交流会论文集：上. 北京：中国铁道出版社，2008.

[14] 夏建中. 客运专线铁路预应力混凝土简支箱梁通用参考图简介[J]. 铁道标准设，2006（11）.

[15] 雷俊卿. 桥梁悬臂施工与设计[M]. 北京：人民交通出版社. 2009.

[16] 徐君兰. 大跨度桥梁施工控制[M]. 北京：人民交通出版社，2008.

[17] 向中富. 桥梁施工控制技术[M]，北京：人民交通出版社，2010.

[18] 卿三惠. 高速铁路施工技术：桥梁工程分册[M]. 北京：中国铁道出版社，2013.

[19] 焦胜军. 高速铁路桥梁施工与维护[M]. 成都：西南交通大学出版社，2011.

参考标准及图集

[1] TB 10002.1—2005　铁路桥涵设计基本规范.
[2] TB 10002.3-2005　铁路桥涵钢筋混凝土和预应力混凝土结构设计规范.
[3] TB 10110—2011　铁路混凝土梁支架法现浇施工技术规程.
[4] TB 10424—2010　铁路混凝土工程施工质量验收标准.
[5] TB 10621—2009　高速铁路设计规范（试行）.
[6] TB 10752—2010　高速铁路桥涵工程施工质量验收标准.
[7] TZ 210—2005　铁路混凝土工程施工技术指南.
[8] TZ 324—2010　铁路预应力混凝土连续梁（刚构）悬臂浇筑施工技术指南.
[9] JTG/TF 50—2011　公路桥涵施工技术规范.
[10] CJJ/T 111—2006　预应力混凝土桥梁预制节段逐跨拼装技术规程.
[11] 铁建设〔2004〕8号　新建时速200公里客货共线铁路工程施工质量验收暂行标准.
[12] 铁建设〔2005〕160号　客运专线铁路桥涵工程施工质量验收暂行标准.
[13] 通桥〔2006〕8388　客运专线铁路常用跨度梁桥面附属设施.
[14] 通桥〔2007〕8360　客运专线铁路常用跨度简支梁盆式橡胶支座安装图.
[15] 通桥〔2009〕1301　钢筋混凝土斜交刚构连续梁.
[16] 通桥〔2009〕8302　客运专线铁路桥上救援疏散设施.
[17] 通环〔2009〕8323　时速350 km客运专线铁路桥梁插板式金属声屏障图.
[18] 科技基〔2005〕101号　客运专线桥梁伸缩装置暂行技术条件.
[19] 科技基〔2005〕101号　客运专线桥梁盆式橡胶支座暂行技术条件.
[20] 科技基〔2006〕45号　TGPZ型调高盆式橡胶支座暂行技术条件.
[21] 科技基〔2007〕56号　客运专线桥梁混凝土桥面防水层暂行技术条件（修订稿）.
[22] 科技基〔2007〕95号　客运专线桥梁盆式橡胶支座暂行技术条件补充规定.
[23] 科技基〔2009〕117号　客运专线铁路桥梁混凝土桥面喷涂聚脲防水层技术条件.
[24] 工管〔2006〕18号　客运专线综合接地系统设计原则（暂行）.
[25] 铁集成〔2006〕220号　客运专线综合接地技术实施办法（暂行）.
[26] 京沪桥通—22　高速双线桥梁综合接地钢筋布置图.